中国经济项目非常感谢

澳大利亚政府发展援助局（AusAID）

对"中国经济前沿"丛书所提供的资助，

以及力拓公司（Rio Tinto）通过力拓公司与澳大利亚国立大学中国合作

项目（Rio Tinto - ANU China Partnership）

对此所提供的资助。

 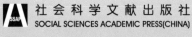 社会科学文献出版社
SOCIAL SCIENCES ACADEMIC PRESS(CHINA)

B | Brookings Institution Press

"中国经济前沿"丛书
China Update Book Series

中 国
未来二十年的改革与发展

〔澳〕郜若素（Ross Garnaut） Jane Golley

宋立刚　主编

CHINA
The Next 20 Years
of Reform and Development

作　者

Prema-chandra Athukorala：澳大利亚国立大学亚太研究院 Arndt-Corden 经济分院，堪培拉。

陈春来：澳大利亚国立大学克劳福德（Crawford）经济与政府学院，堪培拉。

蔡　昉：中国社会科学院人口与劳动经济研究所，劳动与人力资本研究室，北京。

Ross Garnaut：墨尔本大学，墨尔本；澳大利亚国立大学，堪培拉。

Jane Golley：澳大利亚国立大学克劳福德（Crawford）经济与政府学院，堪培拉。

黄益平：北京大学中国经济研究中心，北京；澳大利亚国立大学克劳福德（Crawford）经济与政府学院，堪培拉。

Archanun Kohpaiboon：泰国国立政法大学，曼谷。

孔　涛：澳大利亚国立大学经济研究所、经贸学院，堪培拉。

Ryan Manuel：牛津大学，牛津。

Huw Mckay：Westpac 银行，悉尼。

孟　昕：澳大利亚国立大学经济研究所、经贸学院，堪培拉。

盛　誉：澳大利亚农业与资源经济局（ABARE），堪培拉。

宋立刚：澳大利亚国立大学克劳福德（Crawford）经济与政府学院，中国经济项目，堪培拉。

Rod Tyers：西澳大学商学院，珀斯。

王碧珺：北京大学中国经济研究中心，北京。

王美艳：中国社会科学院人口与劳动经济研究所，劳动与人力资本研究室，北京。

吴延瑞：西澳大学商学院，珀斯。

胡永泰：美国加州大学戴维斯分校，布鲁金斯学会，华盛顿特区；中央财经大学，北京。

肖　耿：哥伦比亚大学全球中心东亚区，北京。

姚　洋：北京大学中国经济研究中心，北京。

张丹丹：澳大利亚国立大学经济研究所、经贸学院，堪培拉。

张　莹：西澳大学商学院，珀斯。

张永生：国务院发展研究中心，北京。

张中祥：东西方研究中心，夏威夷。

目 录

第一篇 长远发展：趋势与问题

第二篇 全球化：挑战与机遇

第三篇　政策与改革：未完成的任务

第一篇
长远发展：趋势与问题

第一章
中国的经济改革与发展：
成就、挑战与未完成的任务

Jane Golley 宋立刚

开始于20世纪70年代末期的中国经济转型被认为是人类历史上最著名的社会变革之一。仅仅经过30年的时间，中国已经成功地使自己由一个中央计划体制、封闭的经济体转变成为融入世界市场的、世界上最具活力的经济体之一。邓小平推行的改革开放政策和制度改革中所释放出的活力，极大地释放了企业家的创业能量，并推动了持续不断的资本积累、生产力提高以及贸易和收入的增长，而且这种提高和增长是以人类历史上从未有过的速度进行的。在此期间，中国的GDP、工业产出、外贸，以及更为重要的平均资本收益分别相应增长了16倍、27倍、123倍以及12倍①。这种经济的高速发展使得中国国内的贫困人口的范围和贫困程度大幅度缩减。世界银行2009年的一份报告显示，在1981~2004年间，中国以当今的购买力计算的每日可支配收入低于1美元的人口在总人口中所占的比例由65%下降为10%，而且有近5亿人口脱离了贫困。中国的成就对削减世界上绝对贫困人口的数量作出了巨大贡献，实际上，"在如此短的时间内使得贫困人口数量减少如此之多也是史无前例的"（世界银行，2009）②。

截至目前，大多数研究中国的观察家们对于中国能够取得这样大的成就的关键原因也是比较熟悉的。以市场为导向、以价格体系改革为核心的变革

---

① 根据国家统计局（2009）数据计算得出。

② "新千年贫困削减计划"（The Millennium Proverty Reduction Target）的目标是到2015年，将生活在绝对贫困状态下的人口占世界总人口中的比例削减为1990年的比例的一半。

直接提高了资源分配效率，也使得最具有活力的私人部门开始繁荣起来，并由此提高了整个经济体的总体效率。以中国所具有的比较优势为基础，一系列自由化进程导致了贸易和外国直接投资的繁荣，为中国带来了巨大的贸易收益。而中央集权程度的降低以及所有制改革又解决了经济中的激励问题，提高了企业和政府绩效。进一步的制度变革抛弃了几十年来对于劳动力流动的各项限制，开启了史无前例的城市化进程，使得中国城镇中的人口在总人口中的比例由 20 世纪 70 年代末的低于 20% 上升至 2009 年的 46%。渐进式的改革开放进程还碰巧遇上了中国的工作适龄人口的爆发式增长，由此产生了巨大的"人口红利"。而且 Cai 和 Wang 2005 年的研究表明，1982～2000年间的单位资本 GDP 的增长的约 1/4 由"人口红利"因素贡献。由此带来的中国经济的持续、高速增长已经显著地改变了中国经济状况及其在世界上的地位。

与此同时，在过去的近 30 年里，一些有利的内、外部条件和因素也使得中国受益匪浅。从内部来讲，有一些遗传自计划经济体制的因素是有利于改革和经济增长的，其中包括一个基本的工业基础、合理的基础设施、农业灌溉系统以及相对来说发展良好的教育体系。而"文化大革命"的后果之一，就是国内有了巨大的要求变革的力量，这有助于克服那些拒绝改变的保守力量的限制，在改革的初期尤其如此。中国经济发展的低起点又使得中国经济享有了生产上的低成本优势，这一点极大地促进了产出的增长和经济竞争力的提升。此外，作为经济发展的后来者，中国还具有后发优势，这种优势就是指中国相对来讲具有可以更快地采用世界上更为先进的新技术的能力。

从外部来看，中国的改革刚好遇上了新一轮的全球化进程。这一轮全球化的第一个特征是一个更为开放的全球贸易环境，当然这都得益于"二战"后多轮的多边贸易谈判，以及 20 世纪 80 年代中期以来西太平洋地区的单边经济自由化带来的关税和其他形式的贸易保护措施的大幅度削减。本轮全球化的第二项特征是快速的全球经济结构调整，这种结构调整主要是为了应对迅猛发展的资本、劳动力和技术的跨国流动。此次全球化的第三个特征则是交通运输、通信以及信息管理技术的显著进步所带来的交易成本的大幅降低。"由此，国际市场为中国提供了机遇（当然还有风险），而这种机遇远远超过了日本和韩国在其经济爆发式增长时所面对的机遇"（Brandt 和Rawski，2008：13）。

在未来的 20 年里，上面提到的这些有利条件有一些将会继续存在并继续有助于中国经济的发展，但同时也有一些因素不会再像以往一样为中国经济的发展作出显著贡献。如果中国想要沿着这条引人瞩目的经济改革与发展之路继续走下去的话，就需要各方面作出调整以适应这些内部和外部条件的变化，同时还要有技巧地应对一系列挑战。本书强调中国应深化诸如国内要素市场、汇率机制和医疗卫生体系等关键领域改革，这些改革与有效的政策实施通道的强化和经济增长方式的调整相结合将会有助于中国应对面临的挑战。这些挑战包括：如何应对即将到来的无限劳动力供应时代的终结；如何在减少全球贸易不平衡的努力中担任一个具有建设性的角色；如何促进企业提高创新能力以帮助它们在全球经济中进行竞争；如何更好地应对史无前例的人口迁移、城市化和不平等问题；以及在低碳增长已经成为唯一选择的时代背景下如何处理日益增长的能源和钢铁需求。

来自本书和其他地方的许多证据都显示出，中国已经到进入经济增长的转折点，或者更准确地来讲是一个"转折期"。这种转折是以过剩劳动力供给时代的结束以及随之而来的经济中的某些部门的工资快速增长为标志的。劳动力市场的紧张其实是计划生育政策实施 30 年和较快的收入增长综合影响中国的人口出生率的结果，目前中国的人口出生率已经预示着老龄人口数量的快速增长，同时预计劳动力供应增长率将会在 2020 年转为负数（Tyers等，2009）。这种状况也预示着，当中国失去作为其以往经济增长的引擎的劳动密集型产品的出口这一比较优势以后，中国必须调整行业结构和贸易构成。为了顺利推进这种调整，通过教育来构建人力资本优势，利用创新来加速技术变革，以及通过进一步推动劳动力市场变革来提高劳动生产率，都逐渐成为整个国家工作的重中之重。

以往的经济增长是以一系列结构失衡所带来的粗放型增长为特征的，这种结构失衡包含大量的高资源和能源密集型产品的生产。现在中国的经济增长的钢铁和能源强度（即每单位 GDP 的钢铁与能源消耗量）已经异常的高。全球在资源和能源产品的供给和需求间取得平衡的压力急剧加大，此类产品在世界市场上的影响力也会更大（Garnaut 和 Song，2006）。面对这种挑战，中国需要加快经济结构调整的步伐，更快向高附加值的工业产品领域和服务业转移，同时在所有的生产领域采用更为节能和节省资源的新技术。在这方面，改革能源和自然资源的价格机制，使得价格可以真正反映供给和需求间的平衡状态将是极为关键的一步。这样的价格改革将有助于扩大供给能力，同时激励节能和节省自然资源的技术的发展，促进自然资源替代品的使用以保护自然资源。

作为世界上最大的经济体之一，同时也是最大的碳排放国，中国需要更快地向低碳增长型经济转变以应对环境恶化和气候变化问题。这不仅仅是为了中国人的健康和福祉，同时也是为了在毁灭性的灾难发生之前大幅度削减全球碳排放这一目标顺利实现（Stern，2007；Garnaut，2008）。考虑到中国目前的人均收入水平较低，工业化进程也尚未完成，巨大的地域差别又导致各地区间收入和工业发展水平的不同，中国需要克服许多困难。向一个低碳经济体发展转变并不必然意味着要损失经济的发展速度，因为发展环境友好型的工业也可以为经济带来新的增长源。主要的挑战在于如何设定一个适当的体制，使得相关方，包括中央政府、地方政府、企业和股东们，都有足够的激励来作出必要的调整（Cai 和 Du，2008）。目前的经济发展模式和自然界之间的矛盾有力地说明，中国现在已经到了作出一些调整来巩固经济长期增长的基础的时候了（McKay 和 Song，2010）。

中国向低碳型经济发展模式转变过程中关键性的一环在于提高生产力。而提高生产力的关键又在于技术进步和创新。通过大量吸收、运用和提高来自于发达国家的绿色技术，中国具有很大的潜力来改变经济产出和碳排放之间的关系。而为了确保发挥出这种潜力，政府应该扮演一个至关重要的角色，这个角色最重要的作用在于为具有活力的私人部门积极参与这项事业提供便利。通过各界的共同努力来研发环境友好型的技术并使之商业化同样可以使中国加快工业结构调整的步伐，改变目前的工业化进程的轨道。

中国经济增长策略的另一个特征是增长严重依赖于出口和投资。而这进一步导致了最近几十年全球经济不均衡程度的上升，也引发了中国国内大量结构性问题的出现。为了解决这些问题，中国可以选择的方法并不多，目前一个广泛的共识是，中国需要更多地依靠国内消费和生产力的提升来实现经济的均衡增长。虽然拉动国内消费需要一定的时间，但是我们同样有一些可供选择的改革措施可以从中到积极的作用。例如，Song 等人（即将发表）就提出，通过给予农民工城市居留权来加快这些移民工人城市化的步伐就是一项拉动内需的有效方式，因为据估计中国这类工人目前约有 1.6 亿，而给予他们城市居留权可以改变他们的消费习惯。而这项特殊任务只能通过进一步深化与劳动力流动性和社会保障体系有关的制度改革来实现。当然，持续不断的经济发展也会起到积极的作用。因为随着中国进入经济发展的转折期，人们工资收入的增长很自然地会导致国内消费的提高，而且很可能其对消费的拉动作用要大于任何其他的制度变革的作用。高消费还会拉动中国的进口需求，从而使中国为全球经济的更均衡增长作出贡献，并成为拉动全球经济增长的一个可持续的引擎。此外，中国的汇率体制和土地管理制度的变革在解决一系列不均衡问题的过程中也会起到重要的作用。中国的经济增长策略存在问题，这导致了许多社会问题，低消费只是其中之一，这些问题都表明中国的经济增长策略需要调整。例如，世界银行（2009）发现，过去一些年，经济增长在削减贫困中所起的作用有所下降。日益严重的收入不均、不断扩大的地区间的发展不均衡、医疗卫生服务和社会保障体系获取中的不公平都是过去一些年快速的经济增长所引发的副作用。这些问题如果不能得到妥善解决，将会严重威胁社会稳定，继而成为接下来几十年经济增长和发展的重大障碍。虽然中国经济发展进入转折期会使收入不均的状况有所减缓，但是需要我们做的事还有很多。除了强化政府的再分配功能和创建一个更为全面的社会保障体系之外，为了在保持生产力和人民收入继续增长的同时缩小不同社会群体的收入差距，实行进一步的改革以促进城乡间的融合将成为至关重要的一步。而如果政府追求的目标是更为合理的经济发展的话，那么通过对现行的地方政府间的转移支付体系进行改革，并发展公共卫生体系来强化地方政府的财政也就非常有必要了。

最后，如果不考虑计算方式差异的话，到 2030 年，中国很有可能会成为世界第一大经济体（Maddison，2001）。中国成长为全球经济中的一个强大的力量将会使自身在一系列全球事务中承担更多的责任——无论中国本身是否想要这些责任。因此人们会期望中国通过与全球体系中的其他各方相互合作来为世界的稳定、进步和繁荣作出积极的贡献。在战略上与中国密切相关并需要中国参与的事项主要有：降低全球经济失衡、改革国际金融体系、在 WTO 框架内推进多边贸易谈判、应对气候变化的挑战以及削减全球贫困等。在所有这些领域之中，涉及的绝不仅仅是中国如何管理自己的对外经济关系的问题，还涉及中国如何在政治上进行改革。

在以往 30 年的改革和转型过程中，中国在改革自己的制度方面取得了巨大的进步。而中国已经取得的成就又为中国在下一个阶段的发展过程中继续深化制度变革打下了良好的基础。只要未来制度变革和经济增长之间的关系继续存在，我们就有理由保持乐观，因为"一旦经济开始增长，制度就会越来越多地向着有利于经济增长的方向改变，并因此强化推动经济增长的各项力量"（Lewis，1955）。过去 30 年中国的经验已经印证了这一点。

随着中国开始奉行一种新的、不仅追求效率同时也强调可持续性和公平性的经济增长模式，接下来 20 年，中国的改革和发展很可能将会面对比以往更多的挑战。实际上，中国在未来几十年要面对的第一项挑战就是如何成功地向这一新的增长模式转变。而为了成功实现这个转变，中国必须要解决一系列尚未完成的任务，包括深化要素市场的改革从而完成向一个真正的市场经济体制的转变，在经济、政府管理、法律法规体系和政治领域实施更为全面的制度改革。如果这些任务都取得成功的话，接下来的 20 年我们将会见证中国上升成为全球的领导者，或者至少也是与美国一起成为全球的领导者。但是成功想起来容易，真正实现却很难。中国平稳地上升到全球第一的位置需要改变许多现状，而本书接下来的每一章都会从不同的角度来研究这些问题。

本书的第一部分着重研究中国的长期发展趋势和问题，这部分始于第二章 Ross Garnaut 对中国经济发展的转折期的分析。Garnaut 在 Arthur Lewis 的劳动力过剩的经济体的经济发展模型的基础上发展出了一个新的概念框架，为我们更好地理解中国在劳动力过剩时代结束的时期及以后的转变打下了基础。他仔细思考了 2006 年的"中国经济前沿"报告——《中国经济发展中的转折点》（*The Turning Point in China's Economic Development*）一书中的有关章节，该书提供了早期的、部分的证据证明中国已经开始进入经济发展的转折期。而此处又总结了近期的一些证据说明中国正在更果断、更深入地进入这个转折时期，其中一个重要的标志就是从 2004 年以来实际工资的快速上涨。Garnaut 认为中国经济未来的成功与否取决于以下几个因素：经济的灵活性、对外贸易、投资和思想的开放性、人力资源的质量，以及与将要出现的更复杂的经济体相适应的监管体系。Garnaut 认为，通过经济的灵活性和结构调整，中国经济的发展在通过"刘易斯转折期"（Lewis turning period）的时候并不必然会减速。

很多人认为中国渐进式的、逐步的经济改革是一种更为可取的促进经济发展的方式，这一点在许多关于"北京共识"与"华盛顿共识"对比的著作中也有所反映。"北京共识"通常被认为是一个专制的政府严重干涉大部分经济活动的发展模式，而"华盛顿共识"则是指需要相对较快地转变为新古典经济学所描述的那种以市场为基础的经济体适用的发展模式。姚洋（第三章）分析了中国的发展模式，并对这些看法进行了对比，他认为中国的改革和发展非常符合"华盛顿共识"，而且"中国模式"是一种向新古典主义观点靠近的进程。姚洋将中国政府描述为在中国国内的各种社会团体之中仍然能够保持公正无私的政府，没有被排他的利益集团所俘获。相对于专制主义来说，这种公正无私使得那些促进发展的政策成为可能，虽然这些政策在制造出受益者的同时也制造出了输家，但是却在过去30年里提高了全体国民的生活标准。尽管中国模式到今天为止取得了很大的成功，但姚洋认为中国未来的发展模式将不可避免地需要更清晰的政治改革和深入的民主化，以此来抵消一些怀有不同目标的强力的利益集团的形成。

姚洋认为民主化在未来是平衡政府行为和公众利益的一种方式，而张永生（第四章）则认为民主化是建立有效的中央－地方政府间关系的一种方式，而这种关系的演化发展将对未来中国的发展产生决定性的影响。张永生提出了一种新的分析框架来分析政府间的关系，这种框架基于两个截然不同的尺度——人员与财政，这两个尺度每一个都可以是"自上而下"的或者"自下而上"的。这样就可以将世界上大部分政府间关系归为四种可能的结构。张永生认为，大部分的西方工业化国家都符合第一种结构，这种结构是自下而上的人员关系和自上而下的财政关系的结合。改革时期中国的中央政府和地方政府间的关系则被描述为由第三种结构（自上而下的人际关系和自上而下的财政关系）向第四种结构（自上而下的人员关系和自下而上的财政关系）转变，这种转变主要是由 1978～1994 年间的财政分权政策导致，而在 1994 年税收改革之后，中国又开始回归到第三种结构。张永生认为，在可以预见的将来，中国中央－地方间的关系最可能的一种结果依然是自上而下的人际关系和自上而下的财政关系（第三种结构），而地方－中央间的关系则是自下而上的人员关系和自上而下的财政关系（第一种结构）。为了成功地在所有级别的政府间关系上进化为第一种结构，张永生认为有两个因素不可或缺：加强法律的作用、深化草根阶级的民主化。但是，正像中国许多其他方面的改革一样，张永生清楚地指出，这种进程将会是渐进的，而且肯定会有一些中国特色。

Huw McKay、盛誉和宋立刚（第五章）则将经济发展和钢铁消耗联系在一起进行研究，并通过考察整个工业化进程历史上有关国家的经验来研究中国未来对钢铁需求的状况。这一章明确证实了钢铁业的库兹涅茨倒 U 形曲线（KCS）的存在，并确认了关于钢铁单位消耗量的综合观点——技术的跃进和不断进化的消费者偏好都对钢铁单位消耗量的高低有决定性的作用。他们采用的计量经济学方法分析显示，当中国的人均 GDP 超过 15000 美元的时候，中国将会达到自己的 KCS 曲线的转折点，目前普遍预测这一水平大约会在 2024 年达到。他们得出结论认为，随着中国向高收入水平迈进，中国不太可能沿着以极高的钢铁单位消耗量为特点的韩国模式前进。因为中国将不得不改变目前过于依赖重工业、投资和出口的发展模式。因此，他们预计，在钢铁单位消耗量的路径上，中国的发展模式最终将会融合北美、独联体、西欧、日本和亚洲新兴化国家各自经验中的某些方面。

过去30年中国经济的快速发展和工业化对于全球和本国的环境影响是巨大的。无论是在国内还是国际上，中国的领导人都受到越来越大的压力，要求他们在发展计划中更多地体现出与气候变化作斗争的决心，而根据张中祥（第六章）的说法，中国的领导人们已经开始行动了，这一点最先也最好地体现在中国提出了到2020年将减少40%～45%的碳排放量，这个目标远远高于惯例。张中祥指出，提出一个伟大的目标是一回事，而达到这个目标则是另一回事。在这个前提下，他也承认中国的能源和GDP数据匮乏并缺少可靠性会使人们很难评定所取得的进步，当然也会引发可信性问题。此外，基层政府与中央政府在目标上的冲突也会抵消而非支持中央层面的环境目标的实现。尽管存在这些问题，张中祥也提供了许多详尽的证据表明迄今为止中国在能源保护和碳减排方面所取得的成就。最后，他得出结论认为，中国达成自己的环境目标的可能性有赖于加强目前的政策，摆脱高能耗、高污染、以资源密集型产业为主的工业结构，而且需要地方政府的合作。

Jane Golley（第七章）则研究了一个令中国领导者头痛了几千年的问题——各地区发展不均衡。现在这届政府设立了一个令人难以置信的目标——到2050年"大幅度缩小"西部与其他地区的差距，这个其他地区主要是指东部，因为中国的工业化进程大部分发生于东部地区，在改革开放时期更是如此。Golley分析了各省2000～2007年间的工业增长率，结果显示，东部地区的好日子就要结束了，尽管东部在中国的工业产出中仍然占据明显的主导地位。虽然Golley提出了一些乐观的理论上和实践上的原因说明一些产业可能在接下来的20年扩展到西部地区去，但是有关平衡发展的各项证据还是表明这仅能在很小程度上降低地区间的发展不均衡。对于中国来说，在将来相当长的一段时间里，降低地区之间的不平衡仍将是一项有待完成的任务。

本书的第二部分转向中国在融入全球化过程中可能遇到的挑战和机遇。肖耿（第八章）、Rod Tyers和张莹（第九章）对争论持续不断的人民币汇率问题提出了自己的见解。这两章都是以关注人民币升值压力为开端，这种关注主要依据巴拉萨－萨缪尔森假说（BSH）。该假说认为，在一个正经历可贸易品部门生产力迅速提升的发展中国家，由于与此同时工资和非贸易品价格也在提高，该国很可能会出现实际汇率升值的情况。聚焦于全球的不平衡问题，肖耿认为，中国仍然不愿意让人民币升值，中国可能会考虑其他诸如私有化和减少管制等替代政策来降低私人部门的过度储蓄，并采取措施增加国内消费。接下来，肖耿的研究转向其认为导致全球经济不平衡的关键因素——低成本的资金。他认为成本很低的资金导致了全球的房地产市场和股票市场的泡沫，这其中也包括中国，而且低息资本对于拉低中国的产品价格作用显著（因此也就使得实际汇率保持在较低的水平）。肖耿认为，为了解决这个问题，中国需要提高利率并改进资本管理机制，以确保资本流入国内或者国际更有效率的投资之中，而非流向投机或无效投资中。肖耿最后指出，未来中国国内物价的提高会促进实际汇率升值，当然前提是中国可以容忍升值。这一过程越快发生，来自外部的要求人民币升值的压力也就会越快得到缓解。

Tyers 和张莹进一步研究了中国一段时间以来的实际汇率变动过程。他们注意到，尽管很早就存在巴拉萨 – 萨缪尔森效应的期待，但中国的实际汇率一直到 2004 年才出现升值的趋势。从那时开始，实际汇率开始大幅度升值，而这又促使农业部门的价格和工资开始上升，并延缓了贸易改革的步伐。接下来他们又仔细解释了为什么中国政府制定的人民币汇率机制不能像评论家们所建议的那样实行完全自由波动。他们还认为，无论来自国际上要求人民币名义汇率升值的压力是通过紧缩的货币政策还是通过限制出口使人民币升值，其对中国和世界的整体利益都是有害的。这一章和肖耿的研究都揭示了理解中国过渡期经济的特殊性是很重要的，这一话题也是当今最热的一个话题。

陈春来（第十章）阐述的是另一个问题：中国最近几十年在吸引外国直接投资（FDI）方面取得的巨大的成功是否以其他发展中国家，特别是亚洲国家的损失为前提。他利用计量经济学方法分析了 1992～2008 年间中国吸引 FDI 的"中国效应"对其他 12 个亚洲发展中国家和地区的影响，结果显示，通常所说的对于中国在吸引 FDI 方面的主导地位的恐惧是没有事实根据的。特别是，陈春来发现进入中国的 FDI 增加与进入其他亚洲经济体的 FDI 增加是具有显著的正向关系的。他将所分析的时间段中存在的这种投资创造效应归因于快速发展的中国经济所带来的对自然资源需求的增长和亚洲地区内的产业网络活动。考虑到亚洲地区的进一步融合以及对中国经济继续快速增长的预期，陈春来预测这种正向的联系很可能会在未来的 20 年里进一步加强。而且，随着中国人口老龄化和财富的增长，其他的亚洲经济体不仅会成为吸引劳动力密集型制造业的新目的地，而且也会成为中国不断增长的对外投资可以选择的目的地。对于发展中的亚洲来说，至少平均来讲，中国在吸引 FDI 方面的成功会是一个双赢或多赢的结果。

Prema-chandra Athukorala 和 Archanun Kohpaiboon（第十一章）检验了全球金融危机后，中国和东亚其他国家在危机前的贸易模式背景下是如何应对出口方面的压力的。这种分析主要源自于"脱钩"理论，这种理论假设东亚地区已经成为一个自给自足的经济体，而且有能力独立于工业化世界的情况而保持活力。通过检验自全球金融危机以来东亚内部相互之间和对外的贸易份额的变化，Athukorala 和 Kohpaiboon 否定了这一假设。通过强调将要素和最终产品包含在贸易流分析中的重要性，他们指出，全球生产分工的不断增长实际上强化而非弱化了东亚与世界经济的联系。他们指出，即便乐观地来看，全球经济在中期也将只是部分复苏，所以我们需要一种一体化的东亚政策回应，从单纯注重出口回到均衡增长，强调国内市场。对于中国更是如此。他们的发现提醒我们要防止以反对对外贸易开放来实现均衡增长的政策出现，同时他们的研究也提出了要承诺在长期内实现非歧视性的多边和单边贸易自由化。

在全球金融危机对于城乡融合的影响方面，孔涛、孟欣和张丹丹（第十二章）有了一些出人意料的发现。全球金融危机导致中国在 2008 年下半年的出口订单急剧减少，人们一般认为受到影响最大的应该是城市中的农民工——无论是雇用量还是工资都会减少，确实有几百万被解雇的农民工丢掉了工作并对关闭的工厂提出了抗议。但是通过"中国和印度尼西亚城乡融合项目"对城市里的农村移民和农村家庭的样本调查，她们发现，2008～2009 年间雇佣人数方面只发生了很小的变化，而且城市中的农民工的工资几乎没有下降。相反，她们发现实际的影响主要发生在农村地区，因为2009 年几乎有 1500 万农民工由城市回到了农村，其中 80% 回到农村的农业产业中。因此，是农业部门为回归的农村人提供了有效的缓冲，也为原本脱离了农业生产的农民工提供缓冲，因为这部分人也受到了经济下行的影响。尽管这些证据表明全球金融危机期间，这些城市中的农民工的收入相对来说令人惊奇地有正向变化，她们还是指出，农业部门未来不可能继续提供这样的缓冲作用，因此移民工作方面的冲击在未来必须通过其他方式来解决。建立一个广泛的社会福利保障体系和保障农村土地的财产权被看做是关键的解决方式。

本书的第三部分着重于"政策和改革：未完成的任务"。该部分以胡永泰（第十三章）的文章开始，他将中国经济描述为一辆正在加速的汽车，其面临着三种潜在的失败风险。财政弱化和生产力增长速度减缓被认为是两个潜在的"硬件故障"，是主要的经济机制的故障；管理方式上的瑕疵则关系到乘车人之间的冲突所引起的问题，这是潜在的"软件故障"；而严重的环境恶化被看做自然的或外在施加的限制，而"能源供给故障"则会使车撞到墙上。在揭示了为什么这些特定的风险或失败都可能在可预见的未来发生之后，胡永泰提出了一个避免遭遇这些问题或中国在走向繁荣之路的过程中可能出现的其他障碍的改革议程表。他提出的避免遭遇"硬件问题"的方法包括培养更多新的企业家、根据未来的住房拥有情况推进城市化，以及发展一个现代化的金融体系以使私人部门起到更大的作用。"软件改革"则是以政治改革为核心——采取自由选举机制、新闻出版自由以及独立的司法权。至于中国这辆车在"能源供应"方面的问题，其解决则有赖于中国有没有能力动员世界各国在全球主要问题上达成一致与合作。如果能够坚持这些措施，那么胡永泰的计划表将有望使中国在通往繁荣的崎岖之路上走得更加顺畅。

黄益平和王碧珺（第十四章）阐述了中国的结构不平衡问题的演化过程，并提出了一个总体的解决方式——要素市场改革。具体来说，他们认为中国的结构不平衡主要反映在 GDP 中的投资占比过高、经常项目盈余畸高、自然资源使用的低效率、收入差距较大以及环境恶化等方面，而结构不平衡的主要原因在于中国渐进式的、逐步的经济改革使得产品市场已经完全自由化，而要素市场仍然是扭曲的。这导致劳动力、土地、资本、自然资源和环境的真实价格受到压制，作者认为这相当于向生产商、出口商和投资者提供了相当的补贴。虽然这在过去很明显有利于中国经济的增长，但是同样也增加了与不完整的改革相伴的结构风险，如果不认真对待这些风险，将进一步威胁到中国未来的发展模式的稳定性、平衡性和可持续性。黄益平和王碧珺认为中国的领导人致力于解决这些问题的努力是很有限的，他们需要在政策上实现大的转变，并对要素市场进行一揽子的综合性改革。或许这些改革的某些部分需要几十年的时间来完成，但是只有在成功实施这些改革之后，中国才能真正完完全全地转变成为一个市场化经济体。

中国经济改革和发展进程的所有方面几乎都显示出了"中国特色"，蔡昉和王美艳（第十五章）的研究指出中国的城市化也不例外。这一章从展示证明中国已经到达"刘易斯转折点"的证据开始，当然他们认为更确切地说是一个"转折期"，而非一个时点，同时他们认为这个转折期开始于2004 年。他们对于近期人口由农村向城市迁移的趋势和劳动力市场上普遍出现的变化的调查显示出，农业已经不再是剩余劳动力的储蓄池，而且农村工人向城市转移并定居于城市地区已经成为不可逆转和不可避免的趋势。结果，在这个问题上的一个主要争论在于，中国的政策制定者们需要抛弃"托达罗教条"（Todaro dogma）（该理论将二元经济体中的劳动力迁移描述为一种"有来有去"的模式，而非永久定居的模式）。这导致中国实施了一系列控制甚至限制人口由农村向城市迁移的政策，中国的户口体制就是一个实例。蔡昉和王美艳肯定了中国迄今为止所进行的户口制度改革，但是他们也指出，户口制度的缺陷导致农民转变成为农民工但却难以享受所在城市的公共卫生服务和社会保障，因此使得这一城市化进程带有了中国特色。进一步的户口制度改革将是至关重要的，这将有助于在未来的几十年里将"农民变农民工"转变为"移民变城市居民"。

吴延瑞（第十六章）认为，内生性的创新对于中国未来几十年的可持续增长和发展是非常重要的。通过研究过去 30 年中国在创新、技术等方面所取得的成就，吴延瑞在企业层面上对中国的创新进行了计量经济学方法的分析，然后考虑了中国在国际化背景下的表现。在展示了快速增加的促进创新方面的投资如何使创新性产出快速提高之后，吴延瑞接着指出，中国与世界上领先的创新国之间存在着明显的差距，并质疑中国在创新数量上的增长是否以创新质量的丧失为代价。根据上述分析，吴延瑞接下来给出了政策建议，其中两个最重要的政策建议就是缩小中国与主要国家在创新方面的差距并提高创新质量，他在企业层面所做的分析显示出多种政策困境。具体来说，他的分析显示，相对于外商投资企业和私企来说，国有企业（SOEs）在研发的意愿和努力方面的表现要更好。吴延瑞指出，我们需要具体的政策措施来鼓励非国有企业参与创新，还应该改进法律体系并保护知识产权，从而确保未来私有化的进行不是以损失创新为代价。

最后，Ryan Manuel（第十七章）的研究着重于中国改革中引起许多不满的一个领域——医疗卫生体系。Manuel 回顾了中国的医疗卫生体系发展的历史背景。中国在集体医疗时期（1950～1979）取得了很大的成就，就"花小钱办大事"的水平来说，当时中国的公共医疗体系是世界领先的。而在后集体化时期（1980～2003），Manuel 认为中国的医疗卫生体系变得不公平、花费巨大并且低效率。从那时候开始，新型农村合作医疗制度（NCMS）的引进以及公共财政"覆盖农村"运动的实施都使得更大规模的公共财政资金被注入卫生医疗体系之中。尽管投入大幅增加，Manuel 认为，除非中国政府可以有效地解决个人医疗服务提供者所面临的激励问题，同时解决政府在监督、合作、管理方面的缺失的问题，否则，未来 20 年中国的医疗改革中将继续出现更多问题。

（王之堂 译）

参考文献

1. Brandt, L. and Rawski, T. G. 2008, 'China's great economic transformation', in L. Brandt and T. G. Rawski (eds), *China's Great Economic Transformation*, Cambridge University Press, Cambridge and New York, pp. 1 – 26.

2. Cai, F. and Du, Y. 2008, 'The political economy of emissions reduction in China: are incentives for low carbon growth compatible?', in L. Song and W. T. Woo (eds), *China's Dilemma: Economic growth, the environment and climate change*, ANU E Press and Brookings Institution Press, Canberra and Washington, DC, pp. 226 – 42.

3. Cai, F. and Wang, D. 2005, 'Demographic transition: implications for growth', in R. Garnaut and L. Song (eds), *The China Boom and Its Discontents*, Asia Pacific Press, Canberra, pp. 34 – 52.

4. Garnaut, R. 2008, *Climate Change Review Report*, Cambridge University Press, UK.

5. Garnaut, R. and Song, L. 2006, 'China's resources demand at the turning point', in R. Garnaut and L. Song (eds), *The Turning Point in China's Economic Development*, Asia Pacific Press, Canberra, pp. 276 – 93.

6. Lewis, W. A. 1955, *The Theory of Economic Growth*, Unwin University Books, London.

7. McKay, H. and Song, L. 2010, 'China as a global manufacturing powerhouse: strategic considerations and structural adjustment', *China and World Economy*, vol. 18, no. 1 (February), pp. 1 – 32.

8. Maddison, A. 2001, The World Economy: A millennial perspective, Organization for Economic Cooperation and Development, Paris.

9. National Bureau of Statistics (NBS) 2007, China Statistical Yearbook 2007, China Statistics Press, Beijing.

10. Song, L., Wu, J. and Zhang, Y. (forthcoming), 'Urbanisation of migrant workers and expansion of domestic demand,' *Social Sciences in China*, vol. XXXI, no. 3 (August).

11. Stern, N. 2007, *The Economics of Climate Change: The Stern review*, Cambridge

University Press, Cambridge and New York.

12. Thirlwall, A. P. 2006, *Growth and Development with Special References to Developing Countries*, Palgrave Macmillan, New York.

13. Tyers, R., Golley, J. and Bain, I. 2009, 'Projected economic growth in the People's Republic of China and India: the role of demographic change', *From Growth to Convergence: Asia's next two decades*, Palgrave, London.

14. World Bank 2009, From Poor Areas to Poor People: China's evolving poverty reduction agenda, an assessment of poverty and inequality in China, March, East Asia and Pacific Region, The World Bank, Washington, DC.

第二章
中国经济发展的转折期：
一个概念性框架和新的实证证据

Ross Garnaut

1978年，中国作为一个劳动力富余的经济体开始了市场改革和持续强劲增长的时代。在一个相对稳定不变的实际工资水平上，这个现代的工业经济体的快速经济增长获得了它所需要的充足的非熟练劳动力。这个特点也造就了中国在改革后期的经济发展中出现的一系列现象：相对的劳动密集型产品出口的快速增长、储蓄和投资在GDP中的比重不断提高、贸易与经常账户盈余出现增长的趋势，以及收入分配方面日益严重的不公平。

现在，极有说服力的证据可以证明，劳动力过剩和合理的、稳定不变的非熟练工人的实际工资水平已经一去不复返了——以往的实际工资较少变化是以人口不断大规模地由农业转移到工业、从农村转移到城市来支撑的。这种改变对于中国发展的各个方面来说都影响深远。本章将探索这些实际影响，并重新考虑这种结构性转变的急迫性。

四年前，本系列丛书是以《中国经济发展的转折点》（*The Turning Point in China's Economic Development*，Garnaut和Song，2006）为题目。那本书开启了一个热烈的讨论，即中国正处于或接近一个由劳动力过剩经济体向劳动力短缺经济体转变的过渡点（Garnaut，2006；Garnaut和Huang，2006；Cai和Wang，2006；Garnaut和Song，2006：第1，2，9章）。对于这个讨论有重要贡献的学者们于2010年4月参加了由北京大学中国经济研究中心和中国社会科学院人口与劳动经济研究所在北京举办的一个研讨会。这次研讨会上的一些论文经过遴选和编辑之后作为一个专题发表在了2010年的《经济学季刊》（*China Economic Journal*）上。蔡昉等人在那次研讨会上建议将一个精确的时间点——2004 年——作为这个转折点。

2006 年的那本书的第二章是 Garnaut 和黄益平的研究成果，他们对中国经济进行了宏观分析，总结了不断出现的证明在中国部分地区出现劳动力短缺的证据，同时证明中国的工资增长率存在加速的趋势。这都符合阿瑟·刘易斯的有关劳动力过剩的理论，正是他的理论首先提出了与劳动力有关的经济发展中的转折点理论。Garnaut 的那篇文章通过展示一些人口统计学和劳动力市场方面的图表，证明中国经济到 2020 年将会产生结构转变，而原因就是快速增长的对于非熟练劳动力的需求和不断减少的劳动力供应的矛盾。

蔡昉和王德文在 2006 年那本书的第九章指出，中国在 2001 年加入了世贸组织（WTO），那时候还远没有像一些人害怕的那样出现失业问题，相反，入世使得中国以国际为导向的经济增长加速。不断增加的对于城市劳动力的需求以及中国新兴的人口转变都导致了农民工短缺，这在某种程度上表明农村劳动力供给正在从无限过剩向有限过剩转变（Cai 和 Wang，2006：143）。

而当 2008 年的金融危机所带来的经济萧条影响到中国的时候，早先认为劳动力短缺和实际工资上升会很快成为影响中国经济发展的重要因素的观点被淹没在相反的现实大背景中。在 2008 年末和 2009 年初，对中国出口品的需求出现了大幅度、急剧的下滑，相伴出现的还有中国沿海城市对劳动力需求的减少（Garnaut 和 Llewellyn-Smith，2009，尤其是第九章）。

尽管劳动力市场的衰退非常严重，但这种衰退也是很短暂的。非熟练工人的短缺和实际工资的增长很快又成为现实，这部分是由于 2008 年末中国开始实施的扩张性的货币政策和财政政策刺激了中国经济的复苏。

所以，现在是时间来再次关注中国经济发展的转折点问题了。

本章将会提供一个概念性的框架来研究中国的转折点的影响，并检验目前的实证证据和未来可能的趋势。这方面的一些概念性的材料将另外构成一篇文章的主要内容，并即将发表于《经济学季刊》上。本章的实证方面的内容则是通过吸收和列举《经济学季刊》上相关专题中的其他文章的观点来对 Garnaut 和黄益平（2006）以及蔡昉和王德文（2006）的观点进行更新、升级。

劳动力过剩的经济

"转折点"这一概念来自于一个很流行的关于某个劳动力过剩的经济体

的经济发展的模型，该模型首先由威廉·阿瑟·刘易斯（Arthur Lewis，1954）提出。这个模型后来被不断完善，并被 Fei 和 Ranis（1964a，1964b，1966；Ranis 和 Fei，1961，1963）用来研究东亚的情况。同时该模型还被 Minami（1973，1986）使用在他关于日本经济发展的著名著作中。

这个模型中的劳动力过剩的经济体是二元的，包含一个具有高度生产力和活力的"现代的"、"城市的"、"工业化的"、"资本化的"部分和一个相对来说非生产性和停滞未发展的"传统的"、"乡村的"部分。在典型的劳动力过剩经济模型中，农村地区的劳动力的边际产出远远低于农村地区的贫穷居民所享受的生活标准（在这个模型的某些版本中，在经济发展的早期，农村地区劳动力的边际产出为零甚至是负数。）

农村人口的生活水平仍然在这些劳动力的边际产出之上，这是因为他们得到了制度的扶助，这类制度包含一些收入和劳动雇佣的共享因素。对于这些人来说，从农村移居去城市是存在风险和成本的。除了农村典型的生活标准之外，通过评估这些风险和成本，就可以确定劳动力的"保留价格"，或者我们可以称之为农民决定向城市迁移的城市工资水平。而城市中的劳动力的边际产出是绝对的正数。

当一个工人由农村转移到城市，整个经济的产出就提高了：城市的产出提高较多，而农村产出几乎没有减少或减少得较少。人口由农村向城市迁移是平均生产力和总产出增长的主要来源。从数学方面来看，农村地区的平均产出增长也是由人口迁移造成的（因为产出不变而人口减少）。但是在现代经济扩张的早期阶段，农村地区仍然存在过剩的劳动力，劳动力的边际产出仍会很低甚至为零，而且这个阶段可能会持续相当长的时间。农村劳动力的保留价格也会依然很低，而且在一定时期内不会因为城市对于劳动力的需求增加而有所提高。

来自农村的具有"无限弹性"的劳动力的供给的存在对于城市经济和农村经济增长具有重要的意义。

城市经济的快速扩张和增长可以不引起实际工资的增长。随着时间推移，基础设施的完善、劳动力素质和管理水平的提高都促进了生产力的发展，而生产力的发展从投资回报率提高、现代产业收入利润率增长中就可以反映出来。经济中现代产业份额的增长也促进了整个经济的利润率的提高。

相比于工资来说，储蓄是利润中占比例更大的一个部分，因此收入利润率的提高常常伴随着整个经济中储蓄率的提高。而更多的储蓄反过来又会支撑更多的投资，因为一般情况下各国都偏爱投资。接下来，高投资回报率又可以进一步促进和鼓舞本国投资的发展。

消费占比的下降则是储蓄占比增加的另一个后果。同样从数学角度来看，如果储蓄的增长远远超出了投资方面的需要，那么产出的增长率就会降到较低的水平，而这也与近些年中国的现实情况高度相关。在一个劳动力过剩的经济中，这并不会导致国内资源日益利用不足，但是它会导致经济增长率的无谓降低，而这又会进一步导致农村经济中未充分就业的劳动力转移到城市现代部门的进程有所延缓。

另外，如果现代部门的投资回报率较高而且不断增长的话，投资在经济中的比例将会比储蓄所占的比例增长得更快，这就会使对外贸易和经常账户有出现赤字的趋势。而如果公共部门所占用的资源增加得很快，甚至比吸收多余的私人部门储蓄所必需的资源增长速度还要快的话，那么同样的结果也会出现。只有在该国允许资本自由进入国际市场的前提下，这样的对外经常账户赤字才是可持续的。如果赤字是可持续的，那么经济的可持续增长率也会提高，而这一增长率正是农村的剩余非充分就业劳动力被现代的、更具效率的产业吸收的增长率。

随着投资回报和利润的增加以及随之而来的储蓄在收入中占比的增长，我们可以预计，随着时间的推移，投资在经济中的比率也会增长。而投资的增长和不断扩张的现代部门在总体经济中的比例很可能会导致产出增长率随着时间不断加速上升。

在农村地区，劳动的边际产出仍然远远低于通常的最低收入水平。现代行业的扩张和农村人口向城市迁移使得人们没有压力去提高劳动生产率。农村地区的平均生活标准提高了，却没有对转移到城市现代部门中的低收入工人的典型的收入水平产生显著影响。

在劳动力过剩的经济中，当一个充满活力的现代化产业出现之前，比较优势起初在商品出口中并不重要。而现代化的经济增长和城市经济的发展使得国际贸易在比较优势的指导下转向以劳动密集型制造业产品为主，随着现代部门的扩张和这些现代化产业所占据的出口份额的增长，出口的增长越来越有赖于比较优势了。随着资本在现代部门中快速积累，以及劳动力快速学习行业纪律和技术，在现代产业中生产多种可贸易品和服务就变得利润丰厚了。一些更为复杂的产品的生产中出现了新的比较优势，同时却没有减弱劳动密集型可贸易产品生产方面所具有的竞争力。在这个阶段，在可贸易品部门中也没有要求缩减劳动密集型产业的压力。

在劳动力过剩的经济中，随着工资在收入中所占的比例不断下降，与之相伴随的是收入分配方面的不公平日益严重。投资和产出增长得越快，收入分配不公恶化的速度也就越快。但是经济增长得越快，人口由农村向城市迁移的速度也就越快，农村中的剩余劳动力被更具有生产力的现代化部门吸收的速度也越快，这个经济也就能越早达到由劳动力过剩向劳动力稀缺转变的那个转折点。

转　折　点

如果现代化部门经济增长的速度比人口由农村向城市迁移的速度快得多，甚至快于农村中就业年龄人口自然增长速度的话，那么农村地区迟早将不再会有剩余劳动力。当达到这一点的时候，人口由农村向城市的任何迁移都会使得农村地区的劳动边际生产力高于该地区的工资，从而使得农村和城市地区的实际工资增长。这一点就是"经济发展过程中的转折点"。

从这个转折点开始，工资在国民收入中的比例开始上升，而利润的比例开始下降。而消费所占的比例应该会随着工资的增长而上升。消费在整个经济中的比例上升，而储蓄所占的比例则会下降。

城市中工资水平的上涨很可能会导致现代化部门中的劳动密集型产业的投资的回报率下降。投资利润率下降，而一般家庭开始偏向于投资使得储蓄减少，都可能使总投资减少。

如果所有条件保持不变，一般认为随着投资的减少，经济增长率也会下降。但是，这并不是经济发展到达转折点时所必然发生的现象。在两种情形下，经济增长率不会出现下滑。第一种情况是，在转折点之前，储蓄就达不到投资的需要，致使对外贸易和经常账户出现盈余。这样，转折点之前的经济增长率是比较低的，因此经济发展的转折点就会不必要地被延后。在这种情况下，经济消耗的再平衡由投资需求向消费转变，收入中工资所占的份额也上升，但不会引起资本存量增长率的降低。

第二种在经济发展到转折点之后可以不引起经济增长率降低的情况，则是全要素生产力增长率的增加可以平衡降低的投资率和资本存量增长率。我们有理由相信在转折点之后生产力增长率会有所增加。工资的增长会促使人们节约劳动力使用量，并且会提高农村地区和城市地区的生产力增长率。

结果就是，经济增长率会更高，在转折点之后的增长率则会与劳动力过剩时期的增长率相似或稍低。

无论转折点对于经济增长率的影响如何，储蓄率下降的趋势都可能远远强于投资率下降的趋势，导致对外贸易盈余减少或赤字增加。

转折点之后，经济增长会有逆转的趋势，收入分配不公的情况会恶化。但最终，农村地区和城市中的低技能工人也可以分享现代经济增长的果实。转折点之后，投资、生产力和产出的增长率越高，农村地区的生活水平提高得就越快，农村和城市中的工人的收入水平增长得也就越快。转折点之后的增长率越高，收入差距过大也就能越快得到遏制。

转折点之前的经济快速发展对于缓解收入分配不公所起的最主要的作用，在于它可以及时显示出劳动力何时变得稀缺以及劳动收入从何时开始增长。而在转折点之后，经济快速增长在缓解收入分配不公方面所起的最主要的作用，则在于它加速了实际工资的增长，也加速了农村地区生活水平改善的速度。

在转折点前后，劳动收入在收入比例中的份额变化是解释"库兹涅茨曲线"的一种方式。"库兹涅茨曲线"是描述这样一种趋势的曲线：现代的经济增长一开始总是会加剧收入差距和分配不公，而后来又可以减轻收入分配不公的现象，至少在经济发展的转折点之后的一段时间可以缓解这种现象。

劳动力过剩的经济体并不必然会达到转折点。只有当现代部门的增长率足够快，而且劳动密集型产业吸收农村劳动力的速度远远快于农村地区人口的自然增长的时候，转折点才会出现。如果劳动力过剩经济中的现代化部门相对于人口增长率来说增长得太慢，或者政策的扭曲导致增长与对劳动力的低需求相伴的话，那么现代经济增长就可能伴随着实际工资的持续稳定和收入分配不公的持续恶化。

实际工资在经济发展的转折点之后随着持续的经济增长而快速增长。而这是不是通货膨胀则主要取决于货币政策。只要经济增长适度地、强劲地持续下去，那么相对于国际可贸易产品的价格来说，实际工资的增长会提高国内成本。也就是说，实际汇率会上升。而且无论名义汇率管理机制是怎样的，实际汇率都会上升。实施使国内货币的国际交换价格上升——也就是名义汇率升值——的货币政策可以在实际汇率上升的同时更有效地将通货膨胀率维持在较低的水平。转折点之后的经济增长的过程中避免通货膨胀的出现，需要在名义汇率升值的时候执行坚挺的货币政策。

当然也会有经济政策错误的风险，如果这种风险成为现实，那就会不必要地降低经济增长率，并降低城市与农村地区的实际工资增长和生活水平提高的速度。如果政府在试图避免名义汇率升值（或许是出于保护竞争力下降的劳动密集型产业的考虑)的同时担心出现通货膨胀,就可能寻求紧缩政府购买来力图使通胀率维持在较低的水平上。这又会使得对外贸易和国际账户出现盈余。短期内,经济增长率会被拉低到可持续增长的水平之下。贸易账户的盈余也会产生货币政策扩张的趋势,同时也会使通胀压力再次出现。最后,经济增长率很可能会向着可持续的水平发展,实际汇率也会在通货膨胀之后升值。

任何试图保护旧的、劳动密集型产业并最终希望阻止本国货币升值的行动,最终都被证明只会有暂时的作用。而这种暂时的行为可能会潜在地产生更大的成本:整个经济会经历不必要的通货膨胀,而且会无谓地损失一部分经济产出、实际工资和生活水平的增长机会。在比较糟糕的情况下,通货膨胀会破坏政治和经济生活的稳定,并对经济增长和潜在的生活水平改善方面造成更大的损失。

转折点之后,国际贸易方面的比较优势会由劳动密集型产品转向更为资本密集型或更具有技术含量的产品和服务上去。这些技术上更为复杂的产品需要高质量的人力资源(教育和培训)投入,还需要通信设施以及金融和管理上的安排。这些需求都对政府提出了更高的要求。与经济发展的转折点之前相比,这些领域更可能在转折点之后成为阻碍经济快速持续增长的瓶颈。

典型的劳动力过剩模型在现实世界中的变动

像其他任何模型一样,刘易斯(Lewis)的劳动力过剩经济体模型也具有现实意义。这其中有一些对于分析当今中国经济的发展有很大意义。本部分将揭示当把这个模型应用到中国经济发展中的时候,中国的现实与模型中的典型经济可能存在差异的几个地方。

中国的现实与该模型存在的最重要的一个不同就在于,在广阔的中国经济背景下,劳动力市场上存在的地理上的自然分化。在中国,劳动力在各省和各地区之间的流动是不完全的,因为在各个农村地区和城市间存在着不同的壁垒。劳动力的不完全流动性和各种各样的壁垒可以由中国不同地区存在着不同的工资水平和不同的物质生活标准体现出来。这一特点的结果就是,当城市对于劳动力的需求增加的时候,某个地区提供的劳动力数量与其他地区所提供的劳动力数量相比可能会不成比例地多或少。农村的某个地区可能会发现当地的富余劳动力已经完全被现代经济部门所吸收,由该地区迁移的工人所要求的实际工资开始大幅增长，但是在其他地区却又可能还存在着过剩的劳动力和"传统"的低工资现象。在某些城市，相对低技能的劳动力可能会变得相对稀缺，而且实际工资会增长，但是在其他一些城市又可能以低成本找到足够的劳动力。

中国广阔的地域和各地区间差异巨大的劳动力市场所带来的一个最主要的结果就是随着实际工资大幅增长，中国经济会出现一个"转折期"而非"转折点"。某些城市的实际工资大幅上涨，迫使收入利润率开始下降，消费开始增加，简单的、劳动密集型的产品和技术开始出现结构性变革，但同时，在某些其他地区的城市中低工资依然存在，劳动密集型产业也可以继续繁荣和扩张。农村地区也与此类似，某些农村地区的劳动力开始变得相对稀缺，生活水平也大幅度提高，生产逐步从劳动密集型产业转移，但与此同时，某些地区的农村仍然存在富余劳动力。

劳动力过剩模型与中国现实的第二个差异在于，对于那些潜在的农村移民来说，模型假定生活标准是稳定不变的，一直到有足够的移民可以将农村劳动力的边际产品提高到这个标准之上为止。而事实上，在农村居民向城市转移的早期，更高的平均的物质生活标准和消费水平都可能通过农村这些潜在移民的生活状况的改善反映出来。结果，在现代经济发展的早期，农村劳动力的保留成本在某种程度上就会上升，也就是说城市工人的工资水平会上升。经济进入转折期的标志是工资增长加速，而非实际工资从基本稳定变为大幅增长。

劳动力过剩模型与现实的第三个背离在于，在现实中，由于教育、培训和在现代经济中经历的不同，劳动力在技能方面会存在着高度的差异。模型强调的是相对低技能的劳动力，但是这类劳动力随着教育、培训和各种经历的增加会不断减少。这个因素的变化会影响转折期的到达时间和持续时间，因为正是在转折期内，这类非熟练劳动力变得稀缺而他们的工资也开始上升。特别需要指出的是，在人均教育水平上的投资不断增加，现代经济中的人们在实际中的技能累积也在增长，这些都在减少低技能劳动力的储备。这也使得中国经济发展的转折期提前到来。再加上20世纪70年代和80年代以来的人口出生率大幅下降所带来的人口逐步减少，所有这些因素都会导致中国与其他正走向和已经走出转折点的劳动力过剩经济体相比，会在转折期内和转折期后经历一个更为急剧的实际工资增长的过程。

劳动力过剩模型与现实的第四个背离在于实际经济中不仅仅只存在

"传统的"和"现代的"两个部门。因为还存在政府部门，政府部门为经济提供服务并修正各类劳动力的需求和供给，同时也会影响农村和城市地区的生活标准和水平。政府部门提供了经济增长所需的关键要素。在一个劳动力过剩的经济发展的早期，政府部门对于资源的掌控管理和其提供经济增长的关键要素的作用相对来说可能较小。随着现代部门的发展，政府对于资源的潜在掌控不断扩大，而随着时间的流逝，政府的作用也会在持续的经济增长中变得更为重要。

模型与现实的前两个差异所产生的最主要的影响在于，其会把转折点变为转折期。

而模型和现实的第三个差异的主要影响在于，它可能使经济及时到达这个转折期并缩短转折期的长度。

至于第四个差异，它的影响则是多方面的。农村地区政府的改进可以提高农村劳动力的保留价格，因此也就提高了城市中低技能劳动力的工资水平。而政府提供教育服务可以缩小过剩劳动力的来源池，从而使经济加速到达转折点。公共部门对劳动力的需求也会扩大经济对现代工业部门的各项需求，同样可以使经济加速到达转折点。

政府的政策可能影响人口增长率，随着时间流逝，也会影响农村地区的非熟练劳动力的数量，从而也可能影响现代部门经济增长的劳动密集度。在转折点之前，政府在经济发展过程中能否有效地提供各种要素也会影响经济增长率。但是，在转折期和转折期之后，这种影响会变得更大，因为这时候的经济增长会对基础设施、教育、技能、财政服务以及政府对私人经济活动的合理监管提出更高的要求。

2006 年中国进入转折期的证据

Garnaut 和黄益平（2006）分析了影响中国经济发展的转折点的一系列因素，最终得出结论认为：中国将在不久之后达到这个转折期。最近各个地区关于劳动力短缺的证据和实际工资的大幅增长已经开始证明这一点。大约一代人之前的出生率开始突然大幅下降导致的人口结构转变、现代部门经济强劲增长、农村教育特别是女童教育状况改善，再加上一些农村和城市地区出现的劳动力短缺现象，这些都无一例外地说明转折点即将到来。

我们观察到，在 1978 年中国开始经济改革之后的最初几年，农村地区存在的严重的非充分就业和由农村进入城市的工人所释放出的潜在生产力都为这个劳动力过剩的经济体的经济增长提供了条件。在经济改革开始后的 20 年里，大量的农村居民进入工业部门，而这些农民工的实际工资基本上一直保持稳定。我们也注意到，那些说农民工短缺的报道是存在问题的，因为权威数据显示中国还有 3 亿农业工人，这个数字大大高于目前的农业技术水平下的农业生产所需要的人数。当然还有其他原因可以说明为什么当前的短缺只是反映了暂时性的影响，而不是中国已经渡过了经济发展的转折点的结构性因素。不断增长的食物价格和政府各项改善农村人口生活状况的措施都提高了农村工人的供给价格。而缺乏一个高效的、可以反映真实情况的劳动力市场也使得中国出现了地区性的劳动力短缺现象——即便中国并没有出现全国性的劳动力短缺。城市中的雇主们需要提高生产效率并渴望找到具有两三年工作经验的工人，因此某些关于劳动力出现短缺的报告可能与直接来自于农村的非熟练劳动力无关。实际上，并不是所有来自于农村的工人都是城市所迫切需要的，18～25岁的女性是最抢手的，但在总共 7000 万工人中，这类人已经基本被发掘殆尽了。

尽管如此，有许多人都声称劳动力已经短缺而且还有一些统计数据支撑。农民工的货币工资在 2004 年上涨了 20%～40%。劳动者的附加福利在范围上和数额上也都经历了快速的扩大和增长，因为雇主们都试图使自己提供的合同更具有吸引力。

然而我们应该注意到，劳动力成本上涨是一个劳动力过剩经济体在成功的经济发展过程中出现的一种正常现象。以美元价格计算，中国 2006 年的实际制造业工资是当年美国水平的 5.6%。韩国的这项数据在 1975 年时是当年美国数据的 5.2%，直到 29 年之后达到了美国工资水平的 49.7%。我们不禁要问：要使中国的制造业工资水平超过美国水平的一半，我们需要的时间将长于还是短于韩国所耗费的时间？

在过去 20 多年的改革时期内，中国的名义工资随着通货膨胀而不断起伏波动，但是实际工资只有很小幅度的上涨。大约从世纪之交开始，实际工资的增长开始大幅度加速，而且从那时开始一直保持两位数的增幅。在那些次发达地区，实际工资的增长比广东和上海这种工业化城市的实际工资增长得更快。直到 2003 年，实际工资的增长一直慢于平均生产力的增幅，但是从 2004 年和 2005 年开始便领先于生产力的增速了。这一点可以从 2004年第四季度和 2005 年从业人员收入在工业生产附加值中所占的比例中看出，在这一时间段，这一比例有了大幅增长，彻底扭转了多年以来不断降低的趋势。

这些归纳概括都是基于一般性的工资数据，而且是混合了熟练工人和非熟练工人的因素。一项关于非熟练劳动力的历史数据的研究也指出，非熟练的农民工劳动力市场可能会紧缩。20 世纪 70 年代和 80 年代出生率的快速下降所带来的人口结构转变意味着现在总的劳动力数量将基本不会增加，因此任何大规模的人口迁移出农村都意味着农村劳动力的减少。这一趋势将随着时间而不断强化。非熟练劳动力群体的减少可能会尤其严重，因为不断增长的教育方面的公共投资是投资于数量不断减少的儿童身上，这会增加具有较高技术知识人口的数量，也就意味着劳动力大军中更多的新成员被排除在"低技能非熟练"劳动力的范围之外。我们应该注意到，所有成功的劳动力过剩的经济体都曾经过一个劳动力市场的转折点，而这对于该经济体的结构和其与世界其他国家的关系来说都具有重大的意义。我们认为在这方面中国也不会例外，而且中国的这个时刻将很快到来。

蔡昉和王德文（2006）分析了农村迁移而来的劳动力的供给和需求的发展状况，认为这两者在世纪之交以来中国农村地区的过剩劳动力的消耗方面都起到了重要的作用。

在需求层面上，中国在 2001 年加入了世界贸易组织并加速了国内的贸易自由化，这些都促进了中国的经济增长率的提高，同时也使得中国的经济增长模式更加偏向劳动密集型，当然这也是与中国在国际贸易中的比较优势相一致。因此，在 21 世纪的第一个 20 年里，尽管国有企业改革释放出了大量的劳动力，但是对于非熟练工人的需求还是经历了快速大幅的增长。

在供给层面上，中国已经进入了非熟练劳动力急剧减少的时代。适龄工作人口的数量将在 2016 年达到顶峰，然后会稳定地减少。劳动力中的那些比较年轻的人员，也就是由农村转移到城市中来的这些人，将会在这一时间之前就开始减少，因为可以从事低技能工作的这个群体的人口数量将会随着教育扩张和教育质量的提高而快速减少。

蔡昉和王德文因此认为中国已经到达了这个转折点。

2010 年的证据

2006 年该丛书的《中国经济发展的转折点》已在前文中进行了介绍，它也是说明中国进入转折期的部分证据。而《经济学季刊》上的那篇专题所提供的数据和分析则显示出中国正在更加果断、深入地进入转折期。

全球金融危机对于中国的影响使我们难以理解 2006～2010 年的新证据了，但是这种影响是比较小的。危机的影响很快就被长期的劳动力市场的紧缩趋势所掩盖。全球金融危机在 2008 年末和 2009 年初导致了以出口为导向的沿海城市对劳动力的需求大幅下降。一时之间，人类历史上最大规模的迁移出现了逆转，过剩的劳动力开始回到农村。而当 2009 年被裁减的农民工重新回到城市工作的时候，有报告称就业出现了下滑。

为了应对全球金融危机所带来的萧条，中国政府实施了世界上最大规模的凯恩斯主义扩张政策，来消除全球经济衰退对中国的影响（Garnaut 与 Llewellyn-Smith，2009）。到 2009 年中期，这一系列扩张性政策的成功表现在从农村向城市的人口迁移开始重新出现，之后这一迁移的趋势甚至超过了危机之前的水平，从而也加快了中国经济发展进入和通过转折期的进程。

而我们在中国 2009～2010 年的劳动力市场上看到的现象也正是这两个事件所引起的综合效果。

Du 和 Wang 采用复杂的分析方法研究了中国劳动力市场的数据。最终得出坚定的结论：在经过 20 多年的停滞之后，非熟练工人的实际工资在 21 世纪初期开始大幅度增长，而且实际工资的增长态势在金融危机冲击之后很快恢复过来。非熟练农民工的实际工资的增长势头在危机之前是非常强的，仅 2008 年一年就增长了 20%，这一势头在后来劳动力市场紧缩时期一度短暂中断，但在 2009 年又迅速恢复，当年的实际工资增长率又恢复为正数。2001～2009 年间，农民工的实际小时工资增长了 90%，2003～2008 年间就增长了 80%。非工资福利收入比工资收入增长得更快。

通过进一步的研究，他们发现将评估基于目前还有的 3 亿农村工人之上是极具误导性的。这些农村工人中很大一部分人已经有大笔的非农业收入。对于许多人来说，非农业收入甚至是他们的主要收入。根据 2004 年和 2008 年的经济统计，第二产业和第三产业就业人数分别增长了 3000 万和 5000 万。经济增长中就业的弹性和第二产业及第三产业的扩张都预示着，在接下来的几年中就业量将每年增加约 2400 万（如果这种弹性或者经济增长不被劳动力短缺或上涨的实际工资所制约的话）。

那么劳动力市场的现实会支撑就业以这样强劲的速度增长吗？人们普遍预计，适龄工作人口数量会从 2006～2010 年的年均增长 700 万人下降到 2011～2015 年的年均增长 310 万人，然后 2016～2020 年则会年均减少约

100 万人，2021～2025 年更是会年均减少 500 万人。教育方面的人均投资的快速增长意味着未来低技能非熟练劳动力市场缩减巨大。政府近些年来着重于提高农村地区的人均收入和服务的政策，再加上农村人口非农业收入的增长，城市在过去一些年又吸收了大量的年轻的农村工人，这些都进一步限制了农民工劳动力供给的增长。

Du 和 Wang 的分析使人们注意到了劳动者总体的实际工资增长有加速的强劲趋势，而非熟练工人更是如此。

蔡昉提出了另一个问题，即人口数据显示出在接下来的一个阶段可能会出现更为严重的劳动力市场的紧缩。定期的农业成本调研显示，农村剩余的劳动力中潜在的可能会转移到城市就业的人数要远低于其他被广泛引用的研究中所提出的人数。结果就是，农村劳动力的边际产出，也就是劳动力的供给价格，要远远高于此前我们普遍预计的水平，而且还在不断上涨。

居民调查数据和城市住户报告体系之间的差距也说明在城市地区有超过9500 万农民工，这一数量也大于此前普遍推测的数量。

进一步的，2000 年的人口普查和 2005 年的样本统计数据显示，国民的出生率低于我们平时进行测试所采用的出生率水平。

所有这些证据都给我们指出了这样一个合理的预期，即保持实际工资快速增长，其中低技能工人的实际工资增长更快，是使失去控制的劳动力需求重新与劳动力的可得性保持一致的唯一方法。

转折点对于中国经济发展的影响

那么转折点对于中国经济的继续发展、对于中国与全球经济的互动以及中国的经济政策有什么影响和启示呢？作者在此会聚焦于四个最重要的结果，提及一个大家广泛预期和担心的结果，同时还会简要探讨一个在进入转折期后中国的经济增长理念受到影响的方式。

随着中国更深入地进入转折期，实际工资水平以及工资在收入中的比例都将会继续大幅增长。而自 20 世纪 80 年代以来收入分配方面出现的日益严重的不公平的趋势将得到逆转。这是一个重要的结果。而收入中工资所占的比例提高可能会反映在经济中消费所占比例的提高。国民的储蓄率则会出现下降。

投资率可能会上升，至少在一定时期内是这样。而无论是否出现这种情况，中国的储蓄率将会比投资率降低得多。这将会使贸易和经常账户的盈余降低，因此也就有助于缓解经常账户不均衡和汇率方面的压力。对于中国来说，确保私人和公共部门的投资和消费组成的国内总需求有足够的扩张，从而确保上述情形出现将是很明智的行为。

因此，中国经常账户的盈余下降是经济走向转折期的第二个后果。这有助于缓解其他国家特别是美国的紧张感，因为这些国家已经将中国的经常账户盈余当做导致它们自己经济问题的首要原因。令人遗憾的是，中国的盈余的缩减将不会像这些国家想象的那样有助于解决其自身的经济问题。实际上，中国的储蓄相对于投资来说大幅度减少将会使全球长期内的利率面临上涨压力，同时也会迫使那些在管理对外债务和公共债务方面存在问题的国家减少在商品和服务方面的国内花费，这其中就包括美国。这种情况下，这些国家的经济管理问题会变得更加困难，而非更加简单。

中国走向转折期所带来的第三个重要的后果是，中国在国际贸易方面所具有的比较优势的核心将会迅速由相对较少的劳动密集型产品转移到更大范围、更具资本密集性和技术复杂度的产品上去。这一点有助于缓解中国在面对世界其他国家时所存在的某些贸易问题（其他发展中国家就竞争问题所施加的压力和工业化国家就某些行业的调整所施加的巨大压力），当然也会使得某些问题变得复杂（工业化国家将会有更多的产业感觉到竞争的压力）。中国的比较优势的多样化可能会使中国出口产品的价格停止下滑，因为此前中国出口产品的增长大部分集中于较少种类产品出口的扩张。

中国进入转折期所带来的第四个后果涉及接下来的一段时期内关系到经济稳定性和经济增长的一系列政策风险。不断增长的实际工资、不断增长的对非贸易品和服务的需求所带来的巨大压力可能会造成通货膨胀，除非与此同时中国实施坚实的货币政策并使人民币升值。尽管如此，中国当局可能会试图维持人民币兑美元的固定汇率以避免出口导向型的劳动密集型产业的调整压力，自20世纪80年代中期以来，这类产业在中国经济增长过程中起到了巨大的作用。

在转折期和转折期之后保持人民币对美元的固定汇率只能推迟而不能避免结构调整，因为这种调整是中国经济增长到目前阶段的一种必然产物。经常账户盈余最终会压倒政府的努力，从而使货币政策无效。最终调整还是会发生，而且是通过通货膨胀的方式。

中国政府很可能通过紧缩的货币政策和财政政策来应对高通胀。这将会不必要地降低经济增长率（指降低到可持续增长率之下），从而使应该在转折期前后发生的生活水平的提高推迟。通货膨胀和推迟调整收入分配不公可能会破坏国内政治的稳定性。而推迟削减对外账户盈余则必然会破坏中国与国际经济和社会的有效互动合作。

我想通过指出一个经济体进入转折期和在此之后可能出现的一个结果来结束本文，很多人担心这个结果，但是这个结果只有在出现了错误的经济政策的时候才可能变得重要。同时我还要指出一个中国经济增长理念方面的重要启示。

我们没有理由认为中国在进入转折期和转折期之后其单位工人产出的增长率会下降。当中国走向转折期，实际工资的增长很可能会导致全要素生产率也上升。在本质上，这都会集中于那些生产相对来说更为复杂和资本更密集的产品的产业中，因为这些产业对实际工资的增长不太敏感。而为了减少对外经常账户盈余，中国需要增加国内需求，这又需要投资率在一定时期内增加。再加上劳动力增长的加速，这些因素都会促进单位工人的产出增长率有所提高，比 21 世纪早期的水平更高。这一点将会给世界一个惊喜，同样也会使中国感到惊喜，但是在接下来的时间里则需要维持内外的平衡。

在实际工资增长的时期内，中国在经济上能够取得多大的成功将取决于经济的灵活性，也取决于在对外贸易、投资方面的开放性，以及吸收世界上先进企业管理经验的有效性，还取决于过去的 20 多年里快速扩张的教育体系所培养的人力资源的质量，以及将在更复杂的经济环境中采用的管理体系的质量。很可能的一种情况是，中国总产出的增长率将会维持在改革开放以来的几十年的平均水平上下，直到中国"追上"工业化国家并接近工业化国家的生产力和生活水平。

无论中国能否在达到世界经济水平之前保持如此高的总体经济增长速度，既然现在中国进入到了转折期，大多数观察家们将会被中国如此迅速追上世界经济所震惊。中国的实际汇率会快速上升，无论是通过通货膨胀的方式、名义汇率升值的方式还是二者结合的方式。而中国的产出的价值，无论是以本国货币衡量还是根据当今的汇率转换成为国际货币衡量，都将会代表更高的"购买力"。通过研究增长率这样的传统方式衡量国民产出的中外人士会发现，中国追赶世界上最具生产力的经济体的人均产出并赶上美国的总产出的速度将会远远高于他们的预期。

致　谢

本章概念上的核心内容来自于即将发表于《经济学季刊》上的一篇论文：《经济转折点的宏观经济含义》（"Macro-economic implications of the turning point"）。作者在此感谢该杂志主编同意将相关内容在此发表。

（王之堂　译）

参考文献

1. Cai, F. (forthcoming), 'Demographic transition, demographic dividend, and Lewis turning point in China', *China Economic Journal*, Special Edition.

2. Cai, F. and Wang, D. 2006, 'Employment growth, labour scarcity and the nature of China's trade expansion', in R. Garnaut and L. Song (eds), *The Turning Point in China's Economic Development*, Asia Pacific Press, Canberra, pp. 143 – 71.

3. Du, Y. and Wang, M. (forthcoming), 'A discussion on potential bias and implications of Lewisian turning point', *China Economic Journal*, Special Edition.

4. Fei, J. C. H and Ranis, G. 1964a, *Development of the Labor Surplus Economy: Theory and policy*, Richard D. Irwin, Homewood, Ill.

5. Fei, J. C. H and Ranis, G. 1964b, 'Development of the labor surplus economy: theory and policy', *Economic Development and Cultural Change*, vol. 41, pp. 147 – 74.

6. Fei, J. C. H. and Ranis, G. 1966, 'Agrarianism, dualism and economic development', in I. Adelman and E. Thorbecke (eds), *Theory and Design of Economic Development*, Johns Hopkins University Press, Baltimore.

7. Garnaut, R. 2006, 'The turning point in China's economic development', in R. Garnaut and L. Song (eds), *The Turning Point in China's Economic Development*, Asia Pacific Press, Canberra, pp. 1 – 11.

8. Garnaut, R. (forthcoming), 'Macro-economic implications of the turning point', *China Economic Journal*, Special Edition.

9. Garnaut, R. and Huang, Y. 2006, 'Continued rapid growth and the turning point in China's economic development', in R. Garnaut and L. Song (eds), *The Turning Point in China's Economic Development*, Asia Pacific Press, Canberra, pp. 12 – 34.

10. Garnaut, R. and Song, L. (eds), 2006, *The Turning Point in China's Economic Development*, Asia Pacific Press, Canberra.

11. Garnaut, R. with Llewellyn-Smith, D. 2009, *The Great Crash of 2008*, Melbourne University Publishing [Chinese translation published by China Social Sciences Academic Press, Beijing].

12. Lewis, W. A. 1954, 'Economic development with unlimited supplies of labour', *Manchester School of Economic and Social Studies*, vol. XXII (May), pp. 139 – 91.

13. Minami, R. 1973, *The Turning Point in Economic Development: Japan's experience*, Kinokuniya Bookstore, Tokyo.

14. Minami, R. 1986, *The Economic Development of Japan: A quantitative study*, Macmillan, London.

15. Ranis, G. and Fei, J. C. H. 1961, 'A theory of economic development', *The American Economic Review*, vol. 51, no. 4, pp. 533 – 65.

16. Ranis, G. and Fei, J. C. H. 1963, 'The Ranis-Fei model of economic development: reply', *The American Economic Review*, vol. 53, no. 3, pp. 452 – 4.

第三章
中国模式及其前景[*]

姚 洋

  过去 30 年（1978～2008），中国经济平均每年增长 9.7%[1]，是第二次世界大战以来、曾以 7% 以上的年增长率持续增长超过 25 年的 13 个经济体之一（The Growth Commission，2008）。2008 年，实际人均国内生产总值达到 3400 美元，是 30 年前的 12 倍[2]。30 年间，中国从计划经济过渡到"混合型"的经济体系，私营部门占全国 GDP 的 2/3。中国为什么能获得如此令人惊叹的成功？

  对此，有种解释认为中国经济的快速增长得益于威权政府——这种看法在金融危机后尤为盛行。相较于民主政府，威权政府更有能力大规模地调动资源，突破阻碍增长和制度变迁的瓶颈。的确，这一问题在对比"北京共识"（Beijing Consensus）和"华盛顿共识"（Washington Consensus）的框架下多有讨论——前者指威权主义模式和政府大力干预的综合，而后者强调新自由主义及市场信条。譬如，布鲁斯·迪克森（Bruce Dickson）对两个模式之间的差异曾有清晰评述。他著有《财富化为权力：中国共产党拥抱中国的私营部门》（*Wealth into Power*：*The Communist Party's embrace of China's private sector*）和《中国的红色资本家：共产党、私营企业家及政治变革前

---

* 本章的删节版本曾发表于《外交杂志》网站，题目为"北京共识的终结"（2010 年 2 月 2 日，http://www.foreignaffairs.com/articles/65947/the-end-of-the-beijing-consensus）。

① 中国国家统计局网站：www.stats.gov.cn。

② 中国国家统计局网站：www.stats.gov.cn。

景》（"Red capitalists in China: the party, private entrepreneurs, and prospects for political change", Dickson, 2000）等颇具影响力的著作。迪克森认为，华盛顿共识"坚持政府干预无益于经济增长，而经济自由的蓬勃发展，则需政治自由及相关的民主滋养。这一新自由主义模型在过去 20 年为国际援助和贷款项目提供了理论基础。"与之相反，

> "北京共识"认为，经济飞速发展离不开致力于增长的政治精英的积极领导，而威权统治对于维持推进增长的政策、限制提升公平和社会福利的要求而言至关重要。因此，北京共识好比华盛顿共识的镜面，迄今为止亦有违经济发展必然导向政治变革的逻辑。（Dickson, 2010: 1）

然而，这一刻画并未捕捉到北京共识和华盛顿共识的原意，也未通过事实的检验。

在约拿·拉莫（Joshua Ramo）最初的表述（2004）中，北京共识由三部分组成——任一部分都与威权主义无关：（1）技术进步；（2）平等、可持续的发展；以及（3）独立自主。[①] 中国自身的历史也与纯粹的威权主义和政府对于日常经济的大力干预等命题相去甚远。计划经济时期的中国政府比现在更专制，干预经济的力度也更大，但纵观整个时期，人们看到的更多是失败乃至灾难，而并非成功。威权政府或许比民主政府反应更快，而倘若政策失误，这一优势亦可酿成大祸。

自打约翰·威廉姆森（John Williamson）于 1989 年提出华盛顿共识，其含义便时常被曲解。在经济转型方面，一个误解便是认为华盛顿共识鼓吹快速转型，因此与提倡渐进式改革的北京共识大相径庭。首先，威廉姆森（1990）并未提到转型速度，尽管他确有强调改革的最终目标乃市场机制。其次，中国的渐进式改革其实扎根于其近代历史。

诚然，中国在很多方面具有独特性。领导集团尤为务实，因而能在不断变化的复杂环境中取得成功。渐进式的改革道路避免了制度和结构混乱，而这些在其他转型经济中时有发生。同样，尽管经济结构缺乏标准市场经济的主要特征，但从进化的角度来看，过去几十年间其适应能力颇高。类似的例

---

① 拉莫对于"北京共识"的定义本身值得讨论。尽管我们可用独立自主来形容中国的外交，但其经济增长并不能称得上是"平等"或"可持续的"——技术进步也并非增长的原动力。

子数不胜数。然而，仔细审视中国的改革进程，人们不禁要问：这些特点究竟构成了一个新的经济增长模型，还是只是向传统市场经济转型的必要过渡？中国的领导集团采取了渐进式改革，正因它力图避免快速转型可能带来的重大风险。中国共产党在执政的头 30 年间犯下了许多严重的错误：譬如各种社会运作的大型实验（包括农业的快速集体化），"大跃进"，以及灾难性的"文化大革命"。这些前车之鉴，让中共认识到快速转型到成熟的市场经济风险巨大，不宜鲁莽。与此同时，诸多不寻常的结构形态，也可视作在转型过程中，对于不寻常的政治经济环境的回应。例如，有人称赞乡镇企业（TVEs）的政府所有制是对传统私有制的挑战，但其背后的真正原因缘自20 世纪 80 年代政府对于私营企业暧昧甚至矛盾的态度。当 10 年后私营企业合法化之后，乡镇企业迅速销声匿迹（参见 Garnaut 等，2005）。

华盛顿共识的例证

在经济政策方面，中国并没有建立一个新的模式。相反，它紧随新古典经济学的指导。实际上，倘若我们列一张中国进行过的改革清单，再与华盛顿共识的建议——本质上概括了新古典经济学的政策建议——进行对比，我们会发现两者惊人地相似。在威廉姆森（1990）最初的表述中，华盛顿共识提出了以下 10 点政策建议：

1. 加强财政纪律，避免通货膨胀税
2. 把政府支出的重点从改善收入分配转向经济回报高的领域，如基础教育、医疗保健和基础设施
3. 改革税收，扩大税基和降低边际税率
4. 金融自由化，包括利率市场化的最终目标
5. 采用具有竞争性的统一汇率制度，促进非传统出口的快速增长
6. 尽快以关税取代定额贸易壁垒
7. 外国直接投资（FDI）进入自由化
8. 国有企业私有化
9. 放松政府管制，消除市场准入和自由竞争的障碍
10. 保护产权

过去 30 年间，中国准确无误地做到了大部分上述建议。

财政纪律方面，中国政府一直小心谨慎，维持收支大致平衡。通胀速率大部分时间内都保持在个位数。支出方面，纯粹再分配的计划被限制到最小；

中央政府的经济调配主要限于基础建设支出。2003 年以前，政府预算内的"社会支出"一直呈下降趋势。近年来该比例有所上升，但其水平仍较低。

税收方面，总体税收负担（税收收入与 GDP 相除之比）从 1978 年的 31% 直落至 1993 年的 12%，其主要原因在于 80 年代的财政分权（Ramo，2004）。1994 年的财政改革大大增强了中央政府的税收能力，政府税收增加到 GDP 的约 24%。不过，税收的快速增长令政府和百姓开始担忧。公司所得税率从 33% 降到 25%，而个人所得税的准予扣减数上升过好几次。就连增值税也开始降低，以鼓励投资。

国际层面，中国坚定不移地朝着贸易自由化和 FDI 准入的目标迈进，尽管开放的步伐有所控制。经济特区打开了面向外界的一扇窗。80 年代中期，出口导向型的增长模式成为国家发展战略。2001 年加入世界贸易组织（WTO）标志着中国与世界经济完全接轨。从那以后，贸易依存度——进出口与 GDP 之比——维持在 60% 左右，在大型经济体中处于较高水平。

国内方面，20 世纪 90 年代以来，私有化和放松管制奏响了改革的两道主旋律。90 年代中期开始的私有化进程已走过 15 年，国有企业大部分已转为私营或成为上市公司。只有少数仍为政府所有，尽管它们大多颇具实力。价格管制的松动甚至先于私有化。90 年代末，政府的改革已允许个体企业自由进入和退出某些特定市场。

尽管诸多领域的产权保护仍很薄弱（尤其知识产权），但过去 30 年亦有长足进步。通过几次宪法修正，以及制定《物权法》，对于财产权的保护已建立起一定的法律框架——虽然该框架有待进一步完善。整体情况不见完善，但改革方向十分明确，在朝着更好、更强的保护进步。

值得注意的是，正如威廉姆森所强调的，华盛顿共识和所谓的"新自由主义信条"有所不同，后者仍需补充资本账户自由化、浮动汇率制度以及任由市场运作无情地发挥威力——中国对于关键的最后这点明确抵制。另一方面，中国也采纳了新古典经济学理论频频推荐的其他政策——其中最显著的便是高储蓄率和高投资率，以及强调基础教育。

在金融自由化上，中国没有遵从华盛顿共识的建议。利率仍受政府管制。产业方面的管制虽有大规模放松，但国家仍掌控着所谓"战略产业"，譬如石油、电信及银行。政府认为控制利率对于掌控金融部门而言至关重要。这种控制的做法现在看来是有问题的，即使过去人们觉得它是正当的。之后我们会再讨论这一点。

中国长达 30 年的经济改革目标明确——建立一个健康运作的市场经济。

倘若没有引入市场，很难想象中国经济能够达到每年增长 10%。有些人或许认同市场的重要性，但同时坚持威权政府是使市场正常运作的必要条件。拉丁美洲独裁政权的失败便否定了这一命题，尤其奥古斯托·皮诺切特统治下的智利，便是军政府和自由市场的结合。至少，该命题混淆了威权政府和监管型政府。许多工业化国家的政府算得上是监管型政府，但它们并非威权政府，亦不直接干预经济。下述分析旨在说明，威权政府并非市场经济能在中国正常运作的必要条件。

中 性 政 府

当我们仔细考虑中国经济的成功时，我们仍需进一步提出以下的问题：中国政府为什么采取了新古典经济学的原理？

我认为答案是：中国政府一直是一个"中性"政府。此处"中性"一词取审美学中的三层含义之一①：即人们以"抽离的"或"没有偏见的"态度评判客观事物。因此，中性政府意指当不同的社会、政治团体之间出现利益冲突时，这个政府保持中立的姿态。也就是说，该政府不长期代表社会中的任一社会或政治团体，亦不受其控制。这并非意味着中性政府一心为公；恰恰相反，它不但可以心存私利，并且经常掠夺公民。关键在于这种掠夺是"不问身份的"，即总体上不在乎选择哪些社会、政治团体作为它的猎物。结果便是，相较于其他代表某些社会或政治团体利益的政府，中性政府更有可能推行发展经济的政策。

要想理解这一看法，我们不妨考虑有偏好的政府，它们采取明显有利于某些特定团体的政策，遂造成生产力和政府资源分配之间的错配，这是因为其他未受到同样优待的团体也许生产力更高。相反，中性政府可以做到独立自主，它不受社会或政治约束，因此更有可能按部门或团体的生产力高低来配置公共资源。从这点来看，中性政府更精于促进经济发展。它之所以这么做，具体有两个原因。首先，更快的经济发展给政府成员带来切实好处（如奖赏）；其次，更快的经济发展使百姓满意，便也更愿意承认政府的合法性。

上述逻辑的一个推论便是，中性政府采取的政策往往是选择性的，有可能扩大社会中的收入差距。不过，除非不平等的程度严重威胁到其统治，中

---

① 据 Rind（2002），其他两层含义指当人们考量客观存在时，觉得"不感兴趣"或"不涉及私利"。

性政府并没有激励去主动修正。

过去 30 年来，中国政府的行为表示它一直保持中性。20 世纪 70 年代末建立的"增长共识"便是最早的例子。这一共识源自中国共产党对于斯大林式社会主义的重新认识，继续这一道路不但会阻碍中国的崛起，更会危及党的合法性。共产党所要做的是，将经济发展摆到一切政府和社会努力的中心。

回顾历史，便可发现中国政府有意采取了有选择性的政策，来促进改革和经济发展——也就是说，这些政策不但造就了赢家，亦留下了输家。中国如何融入世界就是一个好例子。70 年代末，美国为了对抗苏联霸权，试图把中国拉入其阵营。中国很快抓住了这个机会。但是早期的"对外开放"政策在国内引起不满。一些经济特区享有充裕的特惠待遇，引起其他地区的嫉妒。此外，中国的出口导向型增长模式要求北京采取非平衡的发展策略，鼓励东部沿海地区快速发展，却忽视了内地。如今，中国几乎 90% 的出口依旧来自沿海九省。中国 2001 年加入 WTO 更是经过深思熟虑的一步棋。在入世之前，人们普遍认为中国在农业、汽车制造业、银行业、电信业及零售业等诸多领域将经历痛苦的结构调整。虽然如此，中央政府实际上还是加快了和 WTO 成员（尤其是美国）的谈判。尽管加入 WTO 带来了一定的沉重负担，但"入世"仍旧推动了中国出口。2002～2007 年，中国出口每年增长 28.9%，而 20 世纪 90 年代平均增长仅为 14.5%①。

国有企业私有化亦是一个好例子，说明改革措施不一定给社会中的所有群体带来好处。90 年代中国经历了转型巨变，政府不得不面对一个日益多样化的社会结构以及随之而来的全新挑战。1995～2004 年，私有化进程达到了顶峰，大约 5000 万国有企业职工失业。这一局面使政府进退两难：倘若继续私有化，有可能失去它的主要权力基础——工人阶层的支持；另一方面，中止私有化则意味着放弃市场经济转型这一更长远的目标。竭尽全力，一边悄悄地推进私有化，一边尽其所能为下岗职工提供再就业，小心谨慎地完成了这一艰难的过渡。

对于政府政策的选择性，或许争议最大的例子便是城乡差距。中国的城乡人均收入之比是 3.5∶1，其差距之大为世界之首。众多解释之中，有些与计划经济时期遗留的制度障碍有关。但从效率的角度来看，这一巨大差距并不会令政府感到烦恼，因为城市的生产力与工资确实比农村高出许多。

---

① 本段中引用的数据来自国家统计局网站：www.stats.gov.cn。

政府资源配置和不同社会群体的生产力之间出现错配，中国政府亦愿意主动修正。1985～1994年间的价格双轨制便为例证。在此体系下，国有企业能够在完成计划配额后，利用新兴市场销售产品、购买原料。虽然双轨制为国有企业的决策注入了经济激励，市场价格和计划价格日渐悬殊，亦为寻租提供了广阔空间。国有企业管理者和控制重要原料价格的政府官员携手将配额出售给其他企业和个人，便可轻易致富。然而，双轨制亦有好的一面——它无意之中造就了一些仅能获益于市场的新元素。在这点上，乡镇企业和私营企业获益尤多。它们无权使用银行信贷、重要原料等计划资源，因而必须依靠市场来存活。尽管环境恶劣，90年代初，它们依然成为中国经济不可或缺的一部分。例如，90年代初期，乡镇企业为工业增长贡献了40%，亦占出口的40%（Lin 和 Yao，2001）。这些新情况迫使政府中止价格双轨制，于是乡镇企业和私营企业可与国有企业平起平坐。

有关移民打工者的政策也说明了政府修正错配的意愿。直到最近，劳动力的自由流动一直因户籍制度带来的重重障碍所限制，这种制度现今仍存在。90年代，打工者往往受到二等公民的待遇，被剥夺自由流动、安全的工作条件、医疗保健，甚至公平的工资等基本权利。到了90年代末，中国成了"世界工厂"，打工者对于国民经济的重要性愈发清晰起来。由于打工者的权利受到压制，他们的所得占国民收入的比例远小于他们对经济的贡献，而城市居民似乎因此享受到更多本不应得的利益。这种不平等的待遇在基层激起了广泛的权利运动，以及知识分子的请愿。政府对于潜在的社会不安非常关注。随着时间推移，对于打工者的歧视性政策逐渐取消。

问题是，中国政府为什么在改革时期保持"中性"？中国共产党对于合法性的追求乃一大原因。尽管手握绝对权力，共产党一直无法忽视广大人民的愿望。此外，90年代的财政分权大大削弱了中央对地方政府的威慑，使得政府在制定地区政策时更为谨慎。国际社会对中国国内事件的关注也非常重要。现在中国已经变成了一个主要的全球性强权，却必须开始担心自己在国际舞台上的合法性。

在充斥着极端不平等的社会里——譬如许多被威权政府统治的社会——与其中最强的团体结成联盟，是政府生存下去的最大机会，因为这些团体能够为其提供充足的资源，来镇压其他不受优待的团体的反抗。然而，这种偏倚的政策最终会引起经济发展的停滞，并削弱政权合法性。相反，在一个较为平等的社会里，政府与任一特定团体结盟都是危险的，因为其他团体可以联合起来反抗政府——有时甚至取而代之。

通过 20 世纪的一系列革命，中国在社会层面较为平等。1911 年，辛亥革命推翻了封建中国的满族统治，建立了共和国。1949 年的共产主义革命进一步拉平了中国社会。土地改革有效地消除了地主阶级，均等分配土地。原本依赖国民党政府的大型商业也被收为国有。50 年代初，大陆和台湾在社会结构和治理政策方面惊人地相似，尽管两者在意识形态层面截然相反。两者都建立了国有企业，获取农业剩余，希望能够加快工业化进程。实际上在 20 世纪 50 年代，相较于大陆，台湾工业部门通过价格剪刀差从农业得到的剩余要更多。1951 ~ 1960 年间，台湾资本形成的 27% 均来自以价格剪刀差为载体的农业资本净流出[①]。同一时期，大陆用比市场更高的价格购买农产品（武力，2001）。直到 1956 年，大陆开始消除农村的小农经济和城市的私营交易，两岸才逐渐拉开了距离。从 1956 ~ 1978 年，大陆绕了一个大弯，其间的改革相当于将国家拉回到 50 年代初便已制定的道路上。

政治学家郑又平（1997）发现，在东亚，平等的社会与中立于社会的政府之间存在联系。一方面，在日本帝国"大东亚共荣圈"的设计里，中国台湾与韩国被划定为农产品的供应地，城市实业家被压制。另一方面，地主阶级也被有意地压制，因为日本人害怕这一阶级强大起来后会引发民族主义情绪，不利其殖民统治。郑又平（1997：331）写道："这种断裂产生了很强的拉平效应，使两地的收入水平比其他发展中国家更平均。这种效应为出现一个有效的干预型政府提供了肥沃的土壤，这样的政府能够比较自由地促成一个它认为合适的发展型社会联盟。"

展 望 未 来

不出意料，以效率为先的选择性政策已经在中国导致了巨大的收入不平衡。总体基尼系数达到 0.47（程永宏，2007），贫富差距愈来愈大。更糟的是，各级政府为了追求短期增长，不断侵犯民众的权利。蛮横的土地征收只不过冰山一角。政治和经济不平等引起了全国上下的广泛抗议。那么，政府是如何将选择性政策的弊端降到最低的？

首先，政府努力做到保持经济持续增长，不断提升人民的生活水平。有意思的是，无论谁来调查民意，中国政府的支持率一直高于 70%[②]。这是因

---

① 通过 Lee（1971：表3，第 29 页）的估计计算而得。

② 请参考 ISSS（2009）的最新独立调查。

为大部分中国人民快速步入中产阶级，当前体制对他们有利。在中国，中产阶级追求的并非变革，而是稳定——至少目前如此。

其次，政府通过一些特定项目，快速、有效地解决群众不满的早期预兆。这其中包括为 2000 万低收入城市居民提供最低生活保障，为下岗职工提供再就业中心，缩小区域不平等的若干项目（譬如西部大开发计划），以及旨在改善农村地区基础设施、医疗保障和教育的"新农村运动"。

再次，政府逐渐重视人民提出的要求。针对打工者的政策变迁便是例证之一。其他例子还有颁布《物权法》，提高因城市和工业扩张征地的补偿标准，以及有限公开政府的财政预算。

最后，选择性的政策本身也具有一定自我修正的效应。中性政府无法一直偏袒某些特定团体，因此长期来看，政策的优待基本平均分布——至少在制度障碍较弱的领域。举例来说，城市和农村内部的基尼系数其实并不太高——均在 0.35 ~ 0.37——与韩国和日本的水平相当（程永宏，2007）。

然而，这些措施充其量只是"镇痛药"——想要用它们来打破制度障碍，修正市场缺陷，避免激发新的威胁，怕是勉为其难了。虽然私营企业一直都承认，和官府合作才能赚大钱，但并不是只有他们才做此想。政府本身及其裙带网络和国有企业快速形成了强大的排他性利益集团。

这一局面近期甚至有所恶化。最近的几年，政府对经济的干预加强。最显著的是目前的 4 万亿人民币（合 5860 亿美元）经济刺激计划。在政府投资的帮助下，2009 年中国的 GDP 增长率达到将近 9%，赢得掌声一片。但是长期来看，这可能导致中国经济效率降低，国进民退，使中国经济窒息。

目前的经济高度依赖外需，使得中国和主要贸易伙伴摩擦不断。GDP 的 52% 由储蓄构成，消费降到历史新低。大多数先进民主国家政府在资本性投资上的支出不超过政府收入的 8%，在中国此数字却高达近 50%。作为国民收入之一的居民收入正在下降，使得经济扩张的同时，百姓却感到变穷了。中国人开始希望从经济发展中得到更多好处，政府单独使用经济发展来遏制、安抚社会不满的老药方开始失灵①。

这一切都说明为了制衡强大的、享有特权的利益集团，某种形式的明确政治转型是必要的，这样政府才有可能应对各方面的目标，甚至巩固共产党的统治地位。有一种公民社会运动正悄无声息地稳定发展，敦促政府更尊重

---

① 本段中引用的数据来自国家统计局网站：www.stats.gov.cn。

人民的权利，那便是互联网。网络不但充当关切人士分享信息的平台，而且能够帮助他们协调公开抗议，纠正政府犯下的过失。

尽管在民主国家里，利益集团之间的政治斗争十分普遍，时常造成损害，但是一个开放的、具有包容性的政治过程是制衡各个利益集团权力最有效的方法。事实上，中性政府所要做的，正是平衡不同社会群体的需求。如果适当的民主制度就位，牵制大多数的强势集团，一个民主的政府依然可以保持中立。

<h2 style="text-align:center">致　　谢</h2>

我感谢 Daniel Bromley，Edward Friedman，Ashok Gurung，黄育川，Sanjay Ruparelia 和查建英的有益意见与建议。

（罗弥　译）

参考文献

1. 程永宏，2007，"改革以来全国总体基尼系数的演变及城乡分解"，《中国社会科学》2007 年第 4 期。
2. Dickson, B. 2010. Who consents to the "Beijing Consensus"? Crony communism in China. Manuscript, The Elliott School of International Affairs, George Washington University, Washington, DC.
3. Garnaut, R., Ligang S., Stoyan T. and Yang Y. 2005. *China's Ownership Transformation：Process，Outcomes，Prospects*. International Finance Corporation, Washington, DC.
4. 中国社会科学调查中心（ISSS），2009，中国报告，北京大学出版社。
5. Lee, T. 1971. *Intersectoral Capital Flows in the Economic Development of Taiwan，1895 - 1960*. Cornell University Press, Ithaca, NY.
6. Lin, J. and Yao, Y. 2001. "Chinese rural industrialization in the context of the East Asian miracle", in Joseph Stiglitz and Shahid Yusuf (eds), *Rethinking the East Asian Miracle*. The World Bank and Oxford University Press, Washington, DC.
7. Ramo, J. 2004. *The Beijing Consensus：Notes on the new physics of Chinese power*. Foreign Policy Centre, London, < www. fpc. org. uk >
8. Rind, M. 2002. "The concept of disinterestedness in eighteenth-century British aesthetics". *Journal of the History of Philosophy*, vol. 40, no. 1, pp. 65 - 76.
9. Shirk, S. 2007. *China, Fragile Superpower*. Oxford University Press, New York.
10. The Growth Commission. 2008. *The Growth Report：Strategies for sustained growth and inclusive development*. The World Bank, Washington, DC.

11. Williamson, J. 1990. "What Washington means by policy reform?", in John Williamson (ed.), *Latin American Adjustment：How much has happened?*. Institute for International Economics, Washington, DC.

12. Woo-Cumings, M. 1997. "The political economy of growth in East Asia：a perspective on the state, market, and ideology", in Masahiko Aoki, Hyung-Ki Kim and Masahiro Okuno-Fujiwara (eds), *The Role of Government in East Asian Economic Development：Comparative institutional analysis*. Clarendon Press, Oxford.

13. 武力, 2001, "1949~1978 年中国'剪刀差'差额辨正", 《中国经济史研究》 2001 年第 4 期。

第四章
中央与地方关系如何演进：
一个分析框架及其含义

张永生

引　言

作为一个快速发展的国家，中国的政府间关系也处于动态的变化过程中。这种关系如何演进，对于中国未来的发展至关重要。20 世纪 80 年代以来，分权成为一个世界性趋势。但是，分权并不一定意味着中央政府对地方政府控制能力的削弱。从财政的角度而言，分权涉及三个概念：一是支出责任（expenditure responsibility），二是自有收入（own-source revenue），三是政府间转移支付（intergovernmental fiscal transfer payments）。对每一级政府而言，三者间的关系可用下图表示。

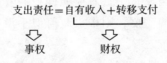

支出责任＝自有收入＋转移支付

事权　　　　财权

图 4 - 1　事权与财权之间的关系

如果分权意味着下级政府自有收入提高（或税收自主权提高）的话，则它会带来转移支付的减少。在这种情况下，上级政府的控制力会随着下级政府财政能力的提高而弱化。如果分权是指支出责任的下放，则它既可以通过提高转移支付来实现，也可以通过提高下级政府的自有收入或税收自主权来实现。在前一种情况下，上级政府的控制能力随着分权而提高，而在后一种情况下，下级政府的控制能力随着分权而得到提高。可见，不同的分权形式对不同层级的政府的控制能力有着不同的影响。

在分权过程中，属地原则是一个被广泛接受的原则，即公共服务应由距离居民最近的地方政府来提供，除非该服务由更高层级的政府来提供更有效率。这意味着，地方政府应有更多的财政自主权。但是，事实上，在大多数国家，上级政府往往控制着辖区内的大部分财政资源。世界范围内的分权运动更多地表现在支出方面，而在收入方面，则呈现相反的变化趋势，即支出的分权化和收入的集权化。下级政府自有收入和支出责任之间的差额，则由转移支付来填补。这就导致了所谓的"纵向财政不平衡"，即下级政府在财政上很大程度地依赖上级政府。这样，通过转移支付的扩大，中央政府对地方政府的控制能力反而进一步提高，而不是削弱。

为什么绝大多数的国家，包括那些推崇民主和地方自治的西方国家，在财政制度的设计上会出现这样一种集权的安排？传统的解释是，由于跨区域公共设施产生的外部性（externalities）、溢出效应（spillovers）以及地区财政均等化（fiscal equalization）等的需要，上级政府必须掌握大部分财政资源（比如，Oates，1972；Seabright，1996）。但是，这些理论不能完全解释西方发达市场经济国家中央（联邦）政府需要控制全国主要财政收入的原因。首先，如果是出于跨地区公共工程产生的外部性的考虑的话，那么很多问题通过地区间的协商机制就可以解决，不一定都非要通过中央（联邦）政府的转移支付和直接投资来解决。实际上，中央政府用国家财政来投资兴建某些跨地区的公共工程同样会产生新的外部性，因为即使不从该工程中受益的地区实际上也要为其支付税收。其次，在一些地区发展十分均衡的发达国家，中央政府照样控制着大部分财力。如果仅仅是出于地区财政均等化的需要，则中央政府似乎没有必要集中如此大的财力。

因此，西方国家财政制度设计背后一定还有更深层的原因。财政关系只是政府间关系的维度之一。目前很多讨论财政关系的文献，更多的都是就财政论财政，而忽略其他维度，比如人事的维度。本章旨在提供一个新的政府间关系分析框架，并揭示其对中国的中央和地方政府间关系演进的含义。在接下来的第二节里，我们对政府间关系的文献进行简要回顾，并提供一个新的政府间关系分析框架。随后的第三节则讨论中国当前的政府间关系及其如何演进。最后一部分是简短的结论。

政府间关系：简要的文献回顾

从纵向财政不平衡的角度看，政府间关系有三条大的研究线索。第一种是经典的财政理论（比如，Tiebout, 1956；Masgrave, 1959；Oates, 1972）。它们用政府的三大职能，即资源配置效率、社会公平和经济稳定来解释中央财政占主导的现象。这种理论更多的只是提供了一个概念性的框架，不能回答为什么一定会出现纵向财政不平衡。看起来，似乎中央无论是控制全国主要财政资源还是少数财政资源的情形都是可能的。这影响了其解释力。

第二种理论思路同税收的可持续性和税收最大化相关，它将政府间纵向财政不平衡看做是现有经济结构和税收结构下实现税收最大化的结果。一些强调激励机制、受益人原则、财政自主权、问责制、信息问题、税收流动性、税收竞争、税收成本、溢出效应等的理论，都可以归于这一理论框架下（比如，Breton, 1996；King, 1984；Scott, 1952；Hicks, 1978；Courant, Gramlich 和 Rubinfeld, 1979；Boadway 和 Tremblay, 2005）。这就是说，政府间纵向财政不平衡是为了最大化国家的总税收。如果改变这种状况的话，则不仅一个国家总的税收会下降，而且会出现税源在不同地区的转移，或者增加税收成本等问题。这里隐含的前提是，这种纵向财政不平衡是由一个全能的计划者为了保证税收最大化和可持续而设计的。并且，在纵向财政不平衡格局的形成上，这些理论往往相互冲突，即有些理论强调分权的好处，而有些则强调集权的好处。

第三种理论是宪政经济学的思路。从宪政经济学的角度来探讨财政问题实际上又有三种不同的分支。其一是强调分权。以布坎南为代表的经济学家，从内生公共产品的思路来内生政府职能，并对政府持强烈的不信任态度，认为只要是市场能够提供的公共产品，政府就不必干预（Buchanan, 1965；Brennan 和 Buchanan, 1980）。根据这种思路，他们自然对中央政府控制大部分财政收入并通过财政转移支付手段来解决地方政府财政不平衡的做法持强烈的反对态度，因而主张地方财政分权。其二是以汉密尔顿为代表的联邦主义者（Hamilton, Madison 和 Jay, 1787）。他们更多地强调中央政府集权的好处。在汉密尔顿时代，美国联邦主义者的主要目标是在邦联的基础上成立全国性的联邦政府。尽管他们当时不仅没有明确要求中央财政占全国财政收入的主体，反而还信誓旦旦地声称要限制中央政府的权力，但他们的基本思想却是强调建立一个全国性的联邦政府的好处。我们可以将其主张归纳为强调中央集权的财政思路。其三是以温格斯特为代表的经济学家（Defigureiredo 和 Weingast，1997；Weingast，2005），他们提出了所谓联邦悖论，强调中央与地方相互制衡对于一个联邦（或国家）自我执行的重要性。他们强调，一个联邦（或国家）如果要自我执行，就要解决所谓的联邦悖论问题，即中央政府和地方政府之间必须形成有效的制衡关系。如果中央政府过于强大，则地方政府的利益就会受到侵犯；如果地方政府过于强大，则中央政府的利益就会受到侵犯。这两种情况都有可能带来危机，从而导致联邦的解体。一个具有自我执行功能的联邦，正是在一次次的危机冲击（crisis shock）下最终形成的。这种强调中央政府和地方政府相互制衡的观点，同经济学强调一般均衡的概念相吻合。

一个新的分析框架

张永生（2005，2008，2009）在温格斯特等人联邦悖论的基础上，用一种新的分析框架对上述三种宪政经济学的思路进行了调和。他进一步将政府控制权分解为两个维度或变量，即人事控制权和财政控制权。一个国家或联邦能否持续（sustainable）或自我执行（self-enforcing），取决于中央和地方政府在控制力上的博弈能否取得平衡。比如，在一个有选举的民主国家，联邦或中央政府无法任命州的官员。此时，一种旨在提高联邦政府或中央政府对地方政府控制力的制度安排就成为必需。财政转移支付就成为联邦或中央政府影响地方政府的一种手段。纵向财政不平衡和转移支付可以视为一种人质机制（hostage mechanism）。由于下级政府在财政上不得不依赖于上级政府，上级政府因而就能通过转移支付对下级政府施加影响。这就可以解释为什么在大多数国家，中央政府控制着全国大部分的财政资源，以及为什么上级政府控制着其辖区内的大部分财政资源。

由于人事和财政维度均可以是自下而上或自上而下，这两个变量在上下级政府之间就可以组合成四种最基本的结构。他们可以涵盖世界上所有类型的政府间关系（见表4-1）。如果一种结构是不平衡的结构，则这种纵向政府间关系就不可能持久。此时，危机冲击就成为关键，它会促使不稳定的结构走向稳定（Weingast，2005）。纵向平衡可以经由人事和财政的双向安排来实现。但是，对于一个国家而言，仅有纵向平衡仍然不足以取得好的经济绩效。政府和市场间的横向平衡也必须同时建立起来。正如 Buchanan（1965），Brennan 和 Buchanan（1980），North（1987），以及

North 和 Weingast（1989）指出的，这需要通过宪政制度来实现对政府权力的制衡。

表 4 - 1　不同类型的政府间关系

		人事的配置	财政资源配置	例子	结果
结构一	Ⅰ. 法治完善	↑	↓	欧美日等西方好的发达市场经济	自我执行高效
	Ⅱ. 法治不完善	↑	↓	拉美等坏的市场经济	自我执行低效腐败
结构二		↑	↑	欧盟、邦联、联合国*	不稳定,整体效率不高
结构三		↓	↓	苏联式体制	中央计划体制弊端
结构四		↓	↑	分税制前的中国、1997年前的香港	效率较结构三有所提高

注："↑"表示"由下至上"，"↓"表示"由上至下"。比如，人事权"↑"表示权力是由下至上，即各地方政府官员由选举产生，不受上级控制；"↓"则表示各地方政府官员由上级控制。财政权"↓"表示上级控制主要财源；"↑"则表示下级控制主要财源。

在表 4 - 1 中，结构一表示自下而上的人事安排与自上而下的财政关系的组合。在人事维度，地方政府有自主权（虽然这并不必然意味着"选举"。自治也可以发生在封建或专制体制下），而上级政府控制着大部分的财政资源，下级政府则很大程度上依赖于上级政府的财政转移支付。绝大多数的工业化国家可以归为结构一。这是一种可以自我执行（self-enforcing）的结构。该结构可以进一步划分为两种子结构，即有好的法治的结构一（Ⅰ）和无好的法治的结构一（Ⅱ）。

结构二是一种弱中央且既不稳定也无效率的结构，正如美国的邦联，或者早期的美国及澳大利亚联邦。

结构三是一种强中央的结构，正如苏联式国家。在这种结构下，中央政府非常强大，不仅控制着全国的财政收入，而且控制官员的任免。正如 Defigureiredo 和 Weingast（2005）指出的，"中央政府过于强大会对地方政府产生机会主义行为"。长期而言，这种结构既不稳定也不可持续。

结构四是一种相对稳定的结构，正如 1994 年前执行财政联邦制度的中国或 1997 年前的香港一样。某种程度上，这种结构建立起了一种纵向平衡的政府间关系。但是，由于中央政府可以任免地方官员，地方政府并没有真正的讨价还价的能力，中央政府可以轻易地改变中央和地方政府间的财政安排。

不同的结构对于防止政府机会主义行为有不同的效果。政府机会主义行为有两种：纵向和横向。纵向政府机会主义行为指不同层级政府之间的机会主义行为。政府间关系的制衡可以用来防止此类机会主义行为。横向的政府机会主义行为是指市场上的政府机会主义行为，需要通过对政府权力的横向制衡来防止。

斯密（Smith，1776）指出，分工是经济增长的源泉。杨小凯（Yang，2001）则发展了一个超边际分析框架来进一步发展斯密的思想。在其中，分工的演进取决于交易效率的提高，特别是制度的改进会导致内生交易效率的提高。根据诺斯（North，1987），经济绩效取决于政府机会主义行为导致的内生交易费用的高低。他的这一思想可以进一步分为纵向和横向政府机会主义行为。因此，一个持续和稳定且有经济发展的政府间关系结构一定是可以将两类政府机会主义行为最小化的结构。在上面的四种结构中，结构一是迄今为止可以看到的最具有自我执行功能且内生交易费用最小的结构。结构二和三从长期来看则不具有自我执行功能。结构四则不如结构一稳定。

此章的政府间关系分析框架，可以用来分析近 20 年来世界范围的分权运动。的确，很多国家的分权带来了效率的提高。但是，并不是所有国家的分权都取得了积极的成效。根据现有的经验证据，既有好的分权例子，也有不好的分权例子（Martinez-Vazquez 和 McNab，2003；Fisman 和 Gatti，2002）。研究表明，一些国家的分权改革导致宏观经济的不稳定，而另一些国家则没有出现这种情况。根据 Stein（1999），在拉美国家，按地方政府在总公共开支中的份额来测度的所谓分权改革并没有带来高的地方政府财政赤字；而根据 Fornasari，Webb 和 Zou（2000）以及 DeMelo（2000）的研究，分权后地方政府开支和赤字的扩大往往导致中央政府开支和赤字的扩大，从而带来宏观经济的不稳定。至于分权是否加剧腐败，也有各种不同的结论。根据 Fisman 和 Gatti（2000）的研究，财政支出的分权化和腐败之间存在着高度相关关系。如果只是简单地将权力从中央下放到地方的精英阶层而没有相应的制度性改革，则腐败的机会可能会大大增加。但是，Treisman（2000）的研究却显示，财政分权和腐败之间并没有必然的联系。Faguet 和 Jean（2004）的研究显示，分权并没有加重腐败，反而使地方政府更有责任。

那么，分权为什么在一些地方有效，而在一些地方却无效呢？我们的分析框架可以对此进行解释。分权的有效性取决于政府权力是否在法治的框架内得到有效的横向制衡，以及分权能否改进上下级政府间的纵向制衡。具体而言，分权在下列条件下有效。第一，政府必须是对辖区选民负责任的政府

(democracy)，且其权力在法治（rule of law）的框架内受到有效制衡。这样，当分权带来政府权力的纵向转移时，政府权力就不致被用来向市场寻租。第二，如果是一个民主的政体，则分权不能改变中央（或上级）控制主要财政资源的格局，或者说不能改变上、下级政府在财政资源和人事上相互制衡的格局。否则，上、下级政府间的纵向制衡关系就会被打破，地方政府分权后就会出现对上级政府的机会主义行为，从而影响宏观经济稳定乃至政权的有效运转。显然，表4-1中的结构一（Ⅰ）就满足上述分权有效性的充分条件。也就是说，在结构一（Ⅰ）的框架内，分权程度越高，则效率就越高；而在结构一（Ⅱ）下就不一定。但是，如果结构一的框架内财政过于分权，则会由结构一变成结构二，分权就会更多地带来下级政府的机会主义行为。国家政权和宏观经济就难以自我稳定，国家甚至会成为一个松散的自治体的联合。

Thiessen（2003）的研究支持我们的结论。他对发达的OECD国家的研究显示，当财政分权程度从一个低水平开始提高时，经济绩效会提高，但在分权达到一定程度后如果继续分权，则会对经济产生负面影响。用我们的分析框架来解释，就是分权如果导致结构一变成结构二则效果就会适得其反。因此，在政治民主的西方发达市场经济国家，无论财政如何分权，都不会改变中央财政在国家财政中占主体的格局，下级政府必须依赖于上级政府的财政转移支付。一般来说，分权程度越高，财政转移支付的规模也就越小。

该分析框架可以分析很多分权现象。这里举美国和澳大利亚的例子。

美国自1776年独立以及1787年联邦政府成立以来，联邦政府与州政府之间的关系经历了三个阶段，即"分权→集权→分权"。1776年美国独立后，美国只是一个邦联国家，各州之上没有一个全国性的政府。由于缺乏一个全国性的政府，各州在关税、贸易、军事等方面的矛盾难以协调，美国面临着战乱的危险。这就像表4-1中的结构二，不是一种均衡的结构，国家难以自我稳定。因此，以汉密尔顿（Hamilton）为主的联邦党人极力主张建立统一的联邦政府。在1787年的费城制宪大会后，联邦党人说服各州成立了联邦政府，但此时各州和地方政府的力量要远远大于联邦政府。也就是说，尽管成立了联邦政府，但这个全国性的政府权力非常有限。具体表现为，联邦政府除了不能控制各州和地方的人事外，财政力量也非常弱小。根据Article 1，Section 8的列举权力条款（enumerated powers clause），对联邦政府的权力进行列举。而且，由于担心联邦政府日后权力扩张，又通过了宪法修正案，即权利法案（Bill of Rights），规定那些宪法未授予联邦政府也未禁止给予州的权力归各州，即"剩余权归各州"。大多数人当时都以为，这些宪法条款足以保证对联邦政府权力的限制，从而保证联邦政府维持一个小政府。但是，由于联邦政府太弱小而各州力量太强大，这种政府结构不会是一个稳定和有效的结构。这种结构面临着"要不解体，要不向稳定的结构一演变"的问题。在 20 世纪，美国全国性联邦政府的权力得到了显著增长，这种增长并不是人为设计的结果，而是美国国家稳定的内在要求。在过去的 20 年，美国也出现了所谓的分权化趋势。但实际上，美国的分权化并不像看起来那样明显，而联邦对州的财政控制力则反而在增强。

因此，美国最初关于联邦与州之间关系的制度设计并不能形成均衡，而历史上的一系列危机则为联邦提供了一个走向稳定均衡的契机。如果说美国立国之初的宪政很大程度是人为设计的，那么现在联邦和州的关系则是一个从结构二向结构一自发演进的结果，与当初的设计已经大为不同。目前所谓的分权化，也只是在结构一的框架下进行，不可能再回到过去结构二的框架。

澳大利亚的情况与美国十分相似，联邦政府的权力也是一步步由弱到强的（Dollery，2002）。1901 年 1 月 1 日，当 6 个自治的英国殖民地组成联邦时，联邦政府只在一些国际事务，如国防、外贸和移民等方面有几项列举的权力，其财政能力也非常弱小，而州政府则控制重要的公共服务，如教育、健康、法律和秩序，而且拥有剩余权力（Watts，1999）。在这种情况下，人们普遍认为，澳大利亚的宪法将保证各州的财政独立于联邦政府。但是，事实并不是这样。

澳大利亚联邦成立之初的状况就是表 4 - 1 中的结构二。这种结构是一种不稳定的政府间结构，不具有自我执行的功能。它同样面临着"要不就解体，要不就演进到稳定的结构一"的问题。这种演变的动力，正是温格斯特所说的"危机冲击"。根据最初的宪法，联邦权力列举，剩余权归各州。这属于弱中央强地方的结构二。此后，联邦政府权力一直不断提高，联邦财力不断增强，而各州权力不断削弱。1915 年，为了满足"一战"的需要，联邦政府开始征收个人收入税。1942 年，为了筹措战争经费，联邦政府对征收个人收入税有垄断权，其结果导致各州不得不依靠联邦政府的转移支付，而联邦拨款的条件则取决于联邦政府认为是否妥当。通过转移支付，联邦政府对州的控制权大大增加。在澳大利亚，联邦政府的转移支付有 45% 为一般性拨款，但在过去的 20 年，具体项目拨款的比重则持续提高。

尽管澳大利亚各州和很多经济学家一致努力扩大各州的财政自主权，但这种努力始终收效甚微。

因此，澳大利亚联邦政府与州政府间的关系也是从不稳定的结构二向结构一演变的过程。而演变的动力，则是历史上发生的一系列危机，包括两次世界大战以及大危机等。在结构一的条件下，联邦政府和州政府间的关系成为一种具有自我执行功能的稳定关系。

中国政府间关系：过去与现状

中央和省级政府间关系

中国中央和省级政府之间的关系可以大致划分为三个阶段。在改革开放前，中国的政府间关系类似结构三，即上级政府不仅控制下级政府的人事任免，而且控制地方的财政。这种财政体制被称为"统收统支"。改革开放后，中国实现了"分灶吃饭"的财政包干制，被国际学术界称为财政联邦制（fiscal federalism）。这种结构就是结构四，即中央政府控制下级政府官员的任免，但不控制地方的财政，地方财政收入在全国财政收入中占多数。这种结构是一种相对有效的结构，它能够较为有效地限制上级政府的机会主义行为，从而激发下级政府的积极性（Qian 和 Weingast，1997；Qian 和 Roland，1998；Shirk，1993）。但是，在此结构下，中央政府的财政能力明显不足。比如，1993 年，中央政府财政收入占全国总税收的比重仅为 22%（见表 4-2）。

由于中央政府缺少财政能力，在 1980 年代和 1990 年代早期，中央政府曾两次向省里"借钱"，且借而不还（孙雷，2004）。在 1994 年实行分税制前，中国既有中央向地方的专项财政补助，又有地方财政向中央财政的"反向转移支付"。在财政方面，中国经常是"中央依赖地方"，而不是像其他发达市场经济国家一样"地方依赖中央"。这种情况就是表 4-1 中的结构四。由于中央和地方分别掌握着地方的人事任免权和主要财政资源，这种结构实际上形成了中央与地方之间某种程度上的相互制衡，从而比缺乏上下级相互制衡的结构三的集权制度更有效率。但是，由于中央政府可以随时改变这种现状，这种制衡并不真正具有持久稳定的功能。因此，在经历了十余年的财政联邦制度带来的中央财政窘境后，中央终于决定要摆脱这种财政上的被动局面。1994 年实行的分税制改革，尽管用税种的形式规范中央和地方的财政关系以及政府与企业之间的关系是改革的一个根本出发点，但直接

表 4-2　中央和地方政府收入和支出比例

单位：%

年　份	收　入		支　出	
	中央	地方	中央	地方
1978	15.5	84.5	47.4	52.6
1980	24.5	75.5	54.3	45.7
1985	38.4	61.6	39.7	60.3
1990	33.8	66.2	32.6	67.4
1991	29.8	70.2	32.2	67.8
1992	28.1	71.9	31.3	68.7
1993	22.0	78.0	28.3	71.7
1994	55.7	44.3	30.3	69.7
1995	52.2	47.8	29.2	70.8
1996	49.4	50.6	27.1	72.9
1997	48.9	51.1	27.4	72.6
1998	49.5	50.5	28.9	71.1
1999	51.1	48.9	31.5	68.5
2000	52.2	47.8	34.7	65.3
2001	52.4	47.6	30.5	69.5
2002	55.0	45.0	30.7	69.3
2003	54.6	45.4	30.1	69.9
2004	54.9	45.1	27.7	72.3
2005	52.3	47.7	25.9	74.1
2006	52.8	47.2	24.7	75.3
2007	54.1	45.9	23.0	77.0
2008	53.3	46.7	21.3	78.7

资源来源：国家统计局，《中国统计年鉴2009》，中国统计出版社，第263页。

的动因却是中央财政自身难以为继。[①]

　　在分税制下，中央和地方按 75∶25 的比例分享作为主要税源的增值税。这导致了中央税收的大幅增长。中央政府和省的关系从结构四跳到结构三。在结构三，中央政府不仅控制主要省级官员的任免，而且通过转移支付控制

---

① 根据孙雷（2004）的记载，1993 年 7 月 23 日，当时正值全国财政、税务工作会议召开，时任副总理的朱镕基来到会场，对所有参加会议的人员抛出警语："在现行体制下，中央财政十分困难。现在不改革，中央财政的日子过不下去了，（如果这种情况发展下去）到不了 2000 年（中央财政）就会垮台！"

着省里的大量财政收入，使得各省不得不在财政上严重依赖于中央的转移支付。中央政府控制的财政收入的快速增长主要来自于税收的增量部分，而不是对当时财政收入分配格局的重新分配。在分税制实行之际，中央和各省达成一致，即分税制不改变各省当时的财政收入现状。但是，由于中国经济的快速增长且75%的增值税归中央，中央财政收入的增长远超过各省。这样，大量的转移支付就成为中央政府影响各省的一个新的有力工具。

除了税收以外，中央政府对经济的控制还来自于对央企的控制。根据国资委的数据（2009），中央企业2009年控制的资产总值达14.6万亿元，相当于中国GDP的40%左右。这进一步地强化了中央政府的控制能力。

自分税制改革以来，中国的中央—省级政府间财政关系已与西方发达市场经济国家趋同。中央政府控制着全国的大部分财政资源，而各省则很大程度上依赖中央的转移支付。中国的结构三和西方国家的结构一的不同之处表现在人事维度上。财政和人事维度上的双重"自上而下"安排，大大强化了中央政府的权力。因此，简单地借鉴西方发达国家的财政制度安排而忽略其背后的人事维度的区别，则可能会诱发纵向的政府机会主义行为。

省—地方政府间关系

1994年的分税制改革主要是在中央与各省之间进行，而没有在省内进行。在各省之内，所有地方政府的收入均严重依赖于省级政府的转移支付。根据我们2004年的调查，在四川的一个县，来自省里的转移支付占其当年财政支出的71.1%。在人事维度，上级政府提名县级主要官员。这种结构是一种典型的结构三，即强的上级政府和弱地方政府。这种结构诱发两类政府机会主义行为，且这两种机会主义行为会相互强化。

第一种是上级政府对地方政府的纵向政府机会主义行为。在结构三的情况下，由于上级政府既控制下级政府的人事任免，也控制地方的财政收入，就会出现温格斯特所说的上级政府侵犯地方政府利益的情况，即将支出责任尽量推给下级政府，而尽量保留财权，从而导致基层政府出现事权过大，财权不足的情况。第二种是政府对市场的横向机会主义行为。在结构三的情况下，由于上、下级政府间缺乏有效的制衡，上级政府对下级政府的机会主义行为就会导致下级政府财政困难，而在缺乏有效的横向权力制衡的情况下，下级政府就会有动力和压力去向市场寻租，不得不通过各种形式来增加收入，以缓解经费紧张的压力。比如乱收费、摊派，等等。

为了解决地方政府的财政能力不足的问题，一些人主张应提高地方政府的税收自主权，以同其支出责任相匹配。但是，我们的分析框架表明，所有国家上下级政府间的财政安排均是下级很大程度上依赖于上级政府的财政转移支付。因此，解决的方向不应是大幅提高地方政府的税收自主权，而是要改革目前省内在人事和财政维度上的双重"自上而下"的制度安排，以增强下级政府讨价还价能力，并将转移支付制度公式化，以减少上级政府的机会主义行为。这种变化可以通过发展基层民主来完成。如果地方官员可以直接选举而非完全由上级任命，且转移支付能够被制度化，则省内就可以建立起有效的纵向平衡的政府间关系。

中国政府间关系的未来的几种演进路径

中国的政府间关系正处于快速变革之中。有很多积极的变化正在影响着这种关系的演进。比如，中国政府强调建设"社会主义民主政治"，基层民主和党内民主的广泛实践与发展，以及法治与公民社会的快速成长，等等。中国政府间关系的演进对于中国的长期发展将产生深远的影响。未来中国的政府间关系将如何演进？以下四种情景均有可能。

第一种演进结果：结构三

这种情形是目前政府间关系的一种延续。在此结构下，中央不仅控制全国主要财政收入，而且直接控制央企从而控制整个国家经济命脉，以及控制税种和税率的决定权。在人事方面，中央控制主要地方领导人的任免。在一省之内，省级政府同样控制下级政府主要官员的任免及大部分财政资源。

这种结构看起来与计划经济时期有点类似，但本质的区别是引入了法制（比如分税制）及市场经济。在结构三，中央政府有很强的财政能力和权威来有效地实现所谓"国家意志"，并推动全国性的改革和发展，比如社会保险、教育和跨区域基础设施建设。

但是，正如前面讨论的，长期而言，结构三不是一个可持续的结构。它会诱发两类政府机会主义行为。要维持这种结构的社会成本和压力均非常之大。目前的很多社会经济问题，比如群体性冲突、上访、农民问题、巨额地方债、市场扭曲及腐败等，均是两类政府机会主义行为的结果。没有基层民主的发展及通过宪政制度对政府权力进行有效制衡，这些问题都有可能酿成社会危机。为避免可能的社会经济危机并建立和谐社会，一种有效的可持续的政府间关系必须要建立起来。

第二种演进结果：结构一（Ⅰ），即好的市场经济

从已有的国际经验看，这种结构可能是最稳定和可持续的一种结构。它不仅有一个稳定的纵向结构，也具备有效的对政府制衡的机制。中国具备了向这种结构演进的一些有利条件。

在两个纵向的维度上，中国中央和省级层面的财政关系已同结构一（Ⅰ）相同。不同的是，在人事维度上，中国目前的结构是一种自上而下的结构。虽然基层民主在中国得到快速发展，但它们还处于相当早期阶段。基层直选会发展到哪一层级，以及何时才能发展到该层级，现在都没有明晰的答案。

在横向关系上，中国需要通过完善法治，在各级政府层面建立起有效的权力制衡机制，以保障市场能够有效地运转。在经济快速发展的过程中，随着公民社会和自由程度的不断提高，完善的法治和民主最终会在中国建立起来。

第三种演进结果：结构一（Ⅱ），即坏的市场经济

这种结构就是通常说的拉美式的市场经济。这种市场经济最大的特点就是对政府权力缺乏有效的横向制衡。政府将经济发展作为向市场寻租的人质。中国目前正由计划经济向市场经济转轨。在这个转轨过程中，由于法治未能充分建立，权力同市场结合产生的腐败现象普遍存在。因此，如果缺少法治的条件，则民主并不能有效地解决中国的腐败问题。在这种结构下，分权在带来经济效率提高的同时，还会带来腐败、宏观经济的不稳定、中央政令不通等消极后果。而且，这种条件下建立的所谓财政转移支付公式，很有可能会异化为上级政府机会主义行为的制度保障。转移支付公式的调整也不会是一个帕累托效率改进的过程。因此，结构一（Ⅱ）不是一个好的结果，中国应该尽量避免。

从政府间纵向关系来看，这种结构看起来可持续，但不是一种有利于经济发展的结构。这种结构就是所谓坏市场经济的例子。这种结构虽然有民主，但良好的法治未能建立，法律将利益集团的利益制度化。这会导致横向的政府机会主义行为盛行（Liu 和 Yang，2001）。

现在，利益集团（而不是意识形态）已经成为中国深化经济和政治改革的主要障碍。腐败和社会不公现象严重。法律将利益集团的特权固化，市场则很大程度上被扭曲。如果这种情形不加以改变，则中国有可能会演进到这种结构。如果宪政制度不能充分建立和完善，自由不能被保障，则民主并不足以消除腐败和利益集团的特权，因为横向的政府机会主义行为会盛行。这会导致经济停滞和社会不公。因此，这种结构是中国应该极力避免的。

第四种演进结果：结构三（中央—省）＋结构一（省—县—乡）

这是一种混合的结构。不同层级的政府有着不同的关系。在中央和省级层面，其关系类似结构三，而省级和地方关系则类似结构一。这种结构看起来最有可能在中国发生。

由于中央和省级关系已经是结构三，中国要演进到这种混合的结构只需要两步：一是基层民主从乡镇发展到县级。二是省内财政关系也通过分税制来制度化。如果这些能够实现，则在每个省之内，纵向的政府间关系就成为结构一。中央和省级层面的纵向的关系，则不会有实质性的改变。但是，通过完善法治，对政府横向的制衡机制却可以有效地建立起来。这会大大减少两类政府机会主义行为。

这种混合结构意味着，中国有可能基于其 5000 年历史、传统、文化和庞大人口的国情，发展出一种独特的政府间关系。这种混合结构还为中央与省级关系进一步调整留下了余地。一旦条件成熟且确有必要，这种关系可以从结构三向结构一转变。这种混合结构同中国过去 30 年渐进式的改革道路相一致。在这种混合结构中，如何避免纵向政府机会主义行为是一个大的挑战。它在很大程度上取决于法治和最高领导人的能力和操守。

结论与政策建议

本章讨论了一个新的分析政府间关系的分析框架。一个国家要实现可持续发展，取决于不同层级政府间的控制力能否得到平衡，以防止政府间的机会主义行为的发生。在财政和人事维度上的不同安排，对于扼制政府机会主义有不同的效果，从而直接关系到一个国家的稳定和可持续。在民主国家，财政转移支付可以视为联邦或中央政府影响地方政府的一种人质。同样重要的是，要通过法治和民主来建立起对政府权力的有效制衡从而防止横向政府机会主义行为。经济绩效则取决于两类政府机会主义行为导致的内生交易费用的高低。

就财政关系而言，中国的中央—省级层面已经非常接近于西方发达市场经济国家。中央政府控制着全国主要的财政资源，而各省则在财政上较大程度地依赖于中央政府的转移支付。中国和西方发达国家的一个关键不同在于人事的维度。在中国，人事和财政的双重"自上而下"的安排导致了一个非常强的中央政府。如何既发挥这种制度安排的优势又避免这种结构下可能的政府机会主义行为就成为一个主要的挑战。

　　我们对中国未来政府间关系的演进的四种可能的情景作了分析。这四种情景分别是：第一种是结构三，即现有政府间关系的延续。第二种是有良好的法治的结构一，类似于西方发达国家。这种结构可能是迄今为止最为稳定的结构。第三种是没有良好法治的结构一，类似于拉丁美洲一些国家。这是一种中国应尽量避免的情景。第四种是一种结构一和结构三的混合结构。中央和省级关系为结构一，而省内则为结构三。随着中国基层民主的快速发展，这种混合结构看起来最有可能在中国出现。该结构还为中国今后的进一步演进提供了空间。

参考文献

1. Boadway, R. and Tremblay, J. -F. 2005, *A theory of vertical fiscal imbalance*, Working Paper, Queen's University, Kingston, Ontario.

2. Brennan, J. and Buchanan, J. 1980, *The Power to Tax: Analytical foundations of a fiscal constitution*, Cambridge University Press, New York.

3. Breton, A. 1996, *Competitive Governments: An economic theory of politics and public finance*, Cambridge University Press, Toronto.

4. Buchanan, J. 1965, 'An economic theory of clubs', *Econometrica*, vol. 33, pp. 1 – 14.

5. Courant, P., Gramlich, E. and Rubinfeld, D. 1979, 'The stimulative effects of intergovernmental grants: or why money sticks where it hits', in P. Mieszkowski and W. Oakland (eds.), *Fiscal Federalism and Grants-in-Aid*, The Urban Institute, Washington, DC, pp. 79 – 95.

6. Defigureiredo, R. J. and Weingast, B. R. 2005, 'Self-enforcing federalism', *Journal of Law, Economics, and Organization*, vol. 21, no. 1, pp. 103 – 35.

7. DeMelo, L. 2000, 'Fiscal decentralization and intergovernmental fiscal relations: a cross-country analysis', *World Development*, vol. 28, pp. 365 – 80.

8. Dollery, B. 2002, 'A century of vertical fiscal imbalance in Australian federalism', *History of Economics Review*, vol. 36, pp. 26 – 43.

9. Faguet, J. – P. 2004, 'Does decentralization increase government responsiveness to local needs? Evidence from Bolivia', *Journal of Public Economics*, vol. 88, nos 3 – 4 (March), pp. 867 – 93.

10. Fisman, R. and Gatti, R. 2000, *Decentralization and corruption: evidence across countries*, Development Research Group, The World Bank, Washington, DC.

11. Fisman, R. and Gatti, R. 2002, 'Decentralization and corruption: evidence from US federal transfer programs', *Public Choice*, vol. 113, nos 1 – 2 (October), pp. 25 – 35.

12. Fornasari, F., Webb, S. and Zou, H. 2000, 'The macroeconomic impact of decentralized spending and deficits: international evidence', *Annals of Economics and Science*, vol. 2, pp. 403 – 33.

13. Fox, W. F. 2001, Decentralization in the United States: where has the country headed?, Paper submitted to the International Symposium on Fiscal Imbalance, Canada, 13 – 14 September.

14. Hamilton, A., Madison, J. and Jay, J. 1787, *The Federalist Papers*, Online, < http://www.foundingfathers.info/federalistpapers/ >

15. Hicks, U. K. 1984, *Federalism: Success or failure*, Macmillan, London.

16. King, D. 1984, *Fiscal Tiers: The economics of multi-level government*, Allen & Unwin, London.

17. Martinez-Vazquez, J. and McNab, R. M. 2003, 'Fiscal decentralization and economic growth', *World Development*, vol. 31, no. 9 (September), pp. 1597 – 616.

18. Musgrave, R. 1959, *Theory of Public Finance: A study in public economy*, McGraw, New York.

19. National Bureau of Statistics (NBS) 2009, *China Statistical Yearbook 2009*, China Statistics Press, Beijing, p. 263.

20. North, D. 1987, 'Institutions, transaction costs, and economic growth', *Economic Inquiry*, vol. 25, pp. 419 – 28.

21. North, Douglas., and Weingast, Barry, 1989, "Constitutions and Commitment: The Evolution of Institutions Governing Public Choice in Seventeenth-Century England", *Journal of Economic History*, 49, 803 – 32.

22. Oates, W. 1972, *Fiscal Federalism*, Harcourt Brace Jovanovich, New York.

23. Qian, Y. and Roland, G. 1998, 'Federalism and the soft budget constraint', *American Economic Review*, vol. 88, no. 5.

24. Qian, Y. and Weingast, B. 1997, 'Federalism as a commitment to preserving market incentives', *The Journal of Economic Perspectives*, vol. 11, no. 4 (Autumn), pp. 83 – 92.

25. Scott, D. A. 1952, 'The evaluation of federal grants', *Economica*, vol. 19, no. 2, pp. 377 – 94.

26. Seabright, P. 1996, 'Accountability and decentralization in government: an incomplete contracts model', *European Economic Review*, vol. 40, pp. 61 – 89.

27. Shirk, S. 1993, *The Political Logic of Economic Reform in China*, University of California Press, Berkeley.

28. Smith, A. 1776, *An Inquiry into the Nature and Cause of the Wealth of Nations*, University of Chicago Press.

29. Stein, Ernesto, 1999, 'Fiscal decentralization and government size in Latin America', *Journal of Applied Economics*, vol. 2, no. 2.

30. Sun, L. 2004, 'A review on tax sharing system at its 10th anniversary' [in Chinese],

The 21st Century Report, 10 November.

31. Thiessen, U. 2003, 'Fiscal decentralization and economic growth in high-income OECD countries', *Fiscal Studies*, vol. 24, no. 3 (September), pp. 237 – 74.

32. Treisman, D. 2000, 'The causes of corruption: a cross-national study', *Journal of Public Economics*, June.

33. Liu, Wai-man, and Yang, Xiaokai, 2001: "Good Capitalism Versus Bad Capitalism: Effects of Political Monopoly of the Ruling Elite on the Extent of the Market, Income Distribution, and Development", Working Paper, Department of Economics, Monash University, No. 08/01.

34. Wallin, B. A. 2001, Forces behind centralization and decentralization in the United States, Paper submitted to the International Symposium on Fiscal Imbalance, Canada, 13 – 14 September.

35. Watts, R. L. 1999, *Comparing Federal Systems*, Second edition, Queen's University, Kingston, Ontario.

36. Weingast, B. R. 2005, 'The constitutional dilemma of economic liberty', *The Journal of Economic Perspectives*, vol. 19, no. 3.

37. Yang, X. 2001, *Economics: New classical versus neoclassical framework*, Blackwell Publishers Ltd, New York.

38. Zhang, Y. 2005, *The direction of China's reform on fiscal transfer payments learning from international comparison: a theoretical framework on intergovernmental relationship*, Research Report of Development Research Centre of the State Council, vol. 32, Beijing.

39. Zhang, Y. 2008, 'The intergovernmental assignment of expenditure and revenue', *Comparison of Economic and Social System* [in Chinese], vol. 2.

40. Zhang, Y. 2009, 'Central-local governmental relationship: a theoretical framework and its application', *Comparison of Economic and Social System* [in Chinese], vol. 2.

第五章
从国际比较的视角看中国的
人均钢铁消费及其预测

Huw McKay　　盛　誉　　宋立刚

引　言

本章有两个目的。一是从理论角度重新讨论经济发展与钢铁消费的关系，二是通过研究其他国家在工业化进程中的经历来阐明中国未来的钢铁需求。

在过去 10 年中，有关大宗商品需求的预测一直是国际社会所关心的一个重要的问题：如粮农组织（FAO，2002，2006）针对食品需求的预测，McKibbin（2006）对能源需求的讨论，Garnaut 等（2008）及联合国开发计划署（UNDP，2010）在碳排放领域的研究，国际货币基金组织（IMF，2005）对汽车的分析等。但长期以来，对钢铁需求预测却经常被忽视。这种忽略令人感到惊讶，因为自 2003 年以来，钢铁的价格无论是名义上还是实际上都出现了急剧的上涨。20 世纪 70 年代的大宗商品价格上涨使得资源安全问题变得愈发突出，从而也催生了对钢铁需求的长期预测。作出开拓性工作的是国际钢铁协会（1972）和 Malenbaum（1973，1975），他们引入并推广使用了包括强度曲线在内的一系列方法。此后，大量的研究开始探索对长期的钢铁需求预测。其中最著名的两项研究分别由 Leontief 等（1983）①及 Malenbaum（1978）作出。

----

① Leontief 的其中一个合著者 Ira Sohn 后来又写了一篇论文（Sohn，2006：表 9），仔细审查了前文已公布的对 2000 年的预测，发现所有的预测都存在显著的高估。

在本研究中，我们首次使用了跨国比较的宏观经济数据进行回归分析并借此给出了一个针对 2030 年中国的钢铁需求的预测。

作为我们讨论的起点，发展模式与钢铁需求关系很大。这里的发展模式指的是不同的工业结构、家庭消费模式、城市化、对外贸易和投资的开放程度等。在或长或短的时间内（这反映比较优势或政治战略差异），各国通过以上这些因素的不同组合实现了经济的发展，因此实证研究所发现的人均国内生产总值（GDP）与钢铁消费量之间的关系的跨国差异恰恰反映了这些不同。我们认为，钢铁使用与标准的宏观经济指标之间的关系是复杂而特殊的。有鉴于此，本研究通过考虑不同国家间的差异来分析这一关系，并以此作为我们对这方面研究的一个贡献。此外，如果我们想通过此研究的发现而得到一些普遍性的结论的话，我们将面临如何运用这一分析方法来解释中国的情况的检验。毕竟过去的相关研究都与发生在中国的现实情况不符（例如 IMF，2005b）。

我们首先总结了有关经济发展水平与钢铁人均消耗量之间联系的现有文献，并解释了我们的方法与这些文献所采用的方法的不同之处。运用钢铁使用强度的分析框架，采用投入产出表的自下而上的方法，以及使用我们引入的"钢铁库兹涅茨曲线"（即 KCS 曲线，一种倒"U"形的反映人均钢铁使用和人均收入之间关系的曲线），都不会自动转化成一个整齐的预测框架。一个良好的钢铁需求模型，无论其关注的是人均钢铁需求量还是人均经济产出的钢铁需求量，都必须同时兼顾其流量、存量、周期性以及发展与结构变化的影响。将这些变量都纳入同一个模型是一项艰巨的工作，但通过这样的尝试会增加我们对于钢铁需求和经济发展之间关系的理解。

接着本章专门讨论中国对钢铁的需求。人们以前已经注意到，1978 年之后中国钢铁使用的历史与韩国的经历有许多相似之处（Garnaut 和 Song，2006；McKay，2008；McKay 和 Song，2009）。中国是否将继续循着与韩国相同的道路走下去，即国家经济活动的人均钢铁消耗量在一段时期内持续地保持在一个较高的水平？还是会像目前的欧洲各国一样，仅仅当中国成为一个中等收入国家时钢铁强度的增长才会保持在高位？中国最终会否和日本类似，成为人均钢铁消耗量较高的高收入国家？这些问题的答案对于中国的长期经济战略和业绩是至关重要的。

本章的基本结论是，一旦中国成为中等收入国家，接下来它是不会走一条与韩国相类似的路径的。因为我们认为中国将改变其经济增长的方式。如果中国打算成功地驾驭其下一阶段的发展，那它必须改变目前对于重工业、投资（相比于消费）以及高度的出口导向的依赖（McKay 和 Song，2009）。因此，中国的最终钢铁消费路径可能会仿效北美、独立国家联合体（CIS）、西欧、日本和亚洲新兴国家的某些方面的经验，而不仅仅是沿着某一个特定国家或地区的历程而发展。

KCS 曲线和相关理论

现存的理论及我们对它的扩展

在 1993 年以前，关于钢铁使用的文献分为截然不同的两个派别：开创钢铁使用强度（IU）分析的消费者偏好派和技术升级派。消费者偏好派认为，在低收入经济体中，随着对耐用商品需求的增加，衍生出对钢铁需求的增加，从而使钢的使用强度（定义为单位产出的钢铁消费量）随之增加（国际钢铁协会，1972；Malenbaum，1973）。从这个角度来看，由于经济推动向工业化过渡，因此消费也逐步从消耗钢铁的耐用品市场向诸如保健、教育和娱乐等服务转变。因此，消费者的喜好随着收入增长的变化便创造出了一个对钢铁需求的，有着确定转折点的倒"U"形的曲线。

技术升级派则认为，随着时间的推移，低收入经济体可以具备跨代发展技术的能力，会给钢铁使用强度（IU）带来向下的偏差（Hwang 和 Tilton，1990）。实际上，技术升级派指出，在一个假想的 IU 曲线上，低收入经济体利用可以引进技术的能力将自己移植到一个与发达经济体相同点上，或者，它们可以达到一个比前几代工业国家在同等收入水平时所处 IU 曲线更低的 IU 曲线上。这意味着一个低收入经济体在其向中等收入状态移动时有可能看到其 IU 的下降，而不是看到消费者偏好派所认为的上升。

通过图 5 – 1 可以清楚地看到两派之间的差别。技术升级派认为由于引进了更多的先进技术，低收入经济体的基本趋势是向更低的 IU 移动（从 IU2 的 A 点向 IU3 上的 B 点移动）或超出 IU 曲线上的转折点，而在这个转折点之后这一抛物线是向下倾斜的。而该理论的反对者则认为，由于人们不断地消费更先进的商品和服务，因此低收入国家的基本趋势是沿着单一抛物线的上行部分移动，或在极端情况下移动到更高的 IU 曲线上（从 IU2 的 A 点向 IU1 上的 C 点移动）。

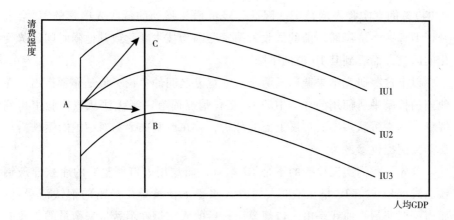

图 5 - 1 关于钢铁消费强度的理论比较

资料来源: 作者更改自 Hwang, K. H. 和 Tilton, J. E. (1990), 'Leapfrogging, consumer preferences, international trade and the intensity of metal use in less developed countries', *Resources Policy*, 1990 年 9 月, p. 211 图 1。

Lohani 和 Tilton (1993) 对此进行了整合。他们认为，双方的学说中各有正确的部分，可以通过一个相对简单的实证将二者综合成统一的理论。在 Hwang 和 Tilton (1990) 的基础之上，Lohani 和 Tilton 研究了 1977～1988 年间低收入经济体的钢铁使用强度（IU）的变化，以检验已知理论并探讨综合理论的可行性。[①]

他们的假设是，在低收入经济体的钢铁使用强度（IU）与人均收入（因购买力和消费模式而改变）以及时间（反映技术前沿变化）线性相关。如果技术升级派的极端版本是正确的，他们从横截面回归得到的针对人均收入的系数应该为零，并与其在时间趋势上的位置呈现负相关。如果消费者偏好派的极端版本是正确的，时间趋势的系数应该是零，并与人均收入正相关。因此，按照综合的统一的理论，估算的人均收入的系数应为正数，关于时间趋势的系数为负数。

检验结果证明，综合的统一的理论是成立的，具体地说，要想保持 IU 稳定，从而抵消技术升级所产生的使 IU 向下的作用力，这就需要达到大约

---

① Lohani 和 Tilton 为他们的测试假设了一个线性关系，因为他们的样本仅包括那些校准后落在 IU 曲线的向上倾斜部分的国家。请注意，他们不是测试 IU 曲线本身的鲁棒性，因为它肯定是非线性的。因此，他们没有给出 IU 曲线转折点的任何信息，而这正是本章要考虑的一个重要内容。

每年1%的真实收入增长率。因此，经济增长强劲的低收入国家的 IU 会上升，但那些经济停滞不前的低收入国家会因为技术变化或其他随时间趋势变化的因素，而看到其 IU 值的下降。①

以上这些研究结果调和了两个对立观点之间的争论。但是作者指出，在他们的检验中所使用的样本中的 IU 变化情况尚有一半无法从该检验中得到解释。本文将从多方面扩展上面的分析，并在此基础上为对中国的钢铁需求长期预测提供参考。

首先，我们实证检验的不是 IU 本身，而是用人口调整后的库兹涅茨钢铁曲线（KCS）。IU 是在不同人均收入水平下衡量单位产出的钢铁消费量；而库兹涅茨钢铁曲线是由人口规模调整后的人均钢铁消费量来衡量的。我们决定放弃 IU 框架的原因是，我们发现与 KCS 并列的其他现存的绝对和相对指标无一例外地都按人均来表达，而 KCS 是一个概括性的指标。以人口作为分母，以钢材消费作为分子还有一个好处，即使 KCS 成为了一个需求方的概念，而 IU 框架是供应方的产物。

除了证实 KCS 的存在，我们还用人均收入的形式估计其转折点。其次，我们不仅分析当前的低收入经济体的情况，还对目前中等收入和高收入经济体的早期和中期工业化阶段也做了分析。我们使用的数据是时间间隔为5年的较长时间序列的数据，而不是同一时代处于不同发展水平的多个经济体的数据。因此我们避免了横断面分析所固有的问题，特别是有数据限制的情形（McKay，2008）②。最后，我们扩大了的实证分析，加入了宏观经济变量，如投资倾向、城市化率、贸易开放度和汽车普及率。我们

---

① 考虑到技术升级现象严重依赖外国资本流动，而且无法吸引外国投资者注意的经济往往增长缓慢，因此在经济表现欠佳地区，技术升级是否会对 IU 值产生一个极其强大的下拉之力尚不确定。事实上，资金短缺将限制投资在这些经济体的 GDP 中的份额，如果投资效率低（没有外国投资者将证明事前和事后），那么人均收入的增加会很缓慢。相反，一个能够吸引大量外国投资的经济体所受到的来自越级现象的拉动力会大大高于平均拉动力。随着技术的进步，在投资基金，随之上升的投资比例以及增高的投资效率之间的良性关系会取代旧的预测，但是，人均收入迅速上升并抵消了技术升级之后，仍会对 IU 产生拉力。韩国就是一个典型的例子（Hwang 和 Tilton，1993）。

② 虽然有许多国家近年来各种各样工业战略相应的横断面钢铁消耗强度数据，但仅利用这些数据却有可能被误导。对于可比较的时间序列数据的重视对于定义 A 点（入口）到 B 点（峰值）至 C 点（完成）这样的路径十分重要。横断面分析虽然对此有所帮助，但它更可能带来误导。困难在于，横断面可以确定 A 和 C 点的性质状态，但这两个状态间的路径则可能被掩盖了，而如果样本不完善的话，B 的确定也会出错。不要将本说明与图 5-1 中的文字相混淆。

在一个联立方程系统中使用了这个增强的数据集，目的是为了找到这些关键变量对总需求的影响。这让我们能够明确检验经济发展和 IU 之间关系变化的综合的理论能否经受时间的考验，并且能否适用于不同国家和地区。

在对该实证方法和数据进行讨论之前，将 IU 框架看成是一组方程和恒等式是非常有用的。根据 Etheridge（1981）、Hwang 和 Tilton（1990），我们得到方程 5.1，其中 m = 钢铁消费水平，IU = 单位产出的钢铁消费，Y = 国内生产总值（GDP），N = 人口，S_i = 部门 i 在 Y 中的份额，i_i = 在部门 i 的产出中使用的钢铁量。

$$m \equiv IU \times \frac{Y}{N} \times N \qquad\qquad \text{方程 5.1}$$

上式两边同时除以 N 得到人均表达式见方程 5.2。

$$\frac{m}{n} \equiv IU \times \frac{Y}{N} \qquad\qquad \text{方程 5.2}$$

继续变换，我们可以得到方程 5.3 和 5.4。

$$IU = \frac{m}{Y} \qquad\qquad \text{方程 5.3}$$

$$\frac{m}{Y} = \sum \left(\frac{S_i}{Y} \times \frac{i_i}{S_i} \right) \qquad\qquad \text{方程 5.4}$$

可见，我们关注的 $\frac{m}{N}$ 的大小取决于人均收入和 IU，而 IU 值又是与钢铁相关的经济活动部门构成的函数。

扩展到一个开放经济，考虑到技术的变革，将 Y 分解为其组成部分，得到方程 5.5。

$$IU = f(DD_{IU}, EXP_{IU}, IMP_{IU}, t) \qquad\qquad \text{方程 5.5}$$

在方程 5.5 中，DD 是国内需求，EXP 和 IMP 分别是出口和进口，t 是目前的技术状态[①]。

因此，人均收入的变化，由产业结构调整（跨部门和/或部门内部）引发的国内需求的变化，一个国家的国际贸易性质的变化都可以导致钢铁需求的改变。在不经历经济结构的改变或没有因技术变革的机制而使人均收入增

---

① 在这里忽略了存货，因为在这里假定存货对经济结构是中性的。

长的情况下，*IU* 仍然有可能变化。[①] 根据技术升级派的理论，我们假设 *t* 与 *IU* 是负相关。[②]

"库兹涅茨曲线"指标和一些方法上的考虑

"库兹涅茨曲线"是一条倒 U 形的曲线，它将收入分配和人均收入联系起来，该曲线最早由库兹涅茨（1955）提出。这个原始库兹涅茨曲线的实证证据最早是来自于一些工业化国家（美国、英国和德国普鲁士/萨克森州）的时间序列和对拉丁美洲和南亚地区一些低收入水平国家的观察。[③] 时间序列数据和横截面数据的混合形成了这一倒 U 形状。在假设的曲线上，低收入经济体是曲线的隆起，"证实"了零碎的时间序列证据。

后来东亚在第二次世界大战后 1/4 个世纪内减少了低收入和中等收入发展阶段的不平等的发展轨迹经验表明，由库兹涅茨观察到的拉美和南亚的发展路径具有独特性，并不是普遍的情况。遵循发展模式的两个地区鼓励寻租精英的超常规发展，和可预见的收入分配方面的结果。因此，原来意义上的库兹涅茨曲线对于在横截面数据中寻找可预测关系的发展学者而言仅是一个具有告诫意义的故事。

在钢铁领域，可以很容易地收集到处于同一时代但收入水平不同的多个国家的横截面数据，来反映出一个明显的库兹涅茨型关系。在反映人均钢材需求与人均收入关系的曲线隆起部分，由两个中等大小的中上收入水平的北亚经济体（韩国和中国台湾）提供顶点。他们都是在过去的半个世纪中才进入工业化的国家和经济体。这些经济体在钢铁需求上所呈现出的路径是典型的还是非典型的？这一判断可能会决定以横截面数据作为代表数据是否有效，因为我们没有其他现成的中等收入经济体来替代它们。

由 McKay（2008）做的初步调查中记载了一个较长时间序列中美国人均钢铁使用量中存在一个 KCS 关系。美国长期人均钢铁需求是对库兹涅茨

---

① 相对价格的变化也可以导致 *IU* 的变化。在一个发展型国家如果重工业是一个战略部门，那么很可能国家为了支持该部门而打压生产要素的价格（如土地、劳动力、能源、资本）。移除这种打压将明显影响到 *IU*。这对于中国的情况尤为重要（Huang 和 Tao，2010）。

② 此框架明显适合于输入—输出（IO）分析，其中钢铁使用系数可以估算和应用。这项技巧非常适用于有着相对稳定的经济结构的工业化经济体。由于公布详细的投入产出表的固有延迟，再加上 5 年的间隔周期，因此要想找到一个精确的"起跳点"来评估像中国这样快速发展的国家的 IU 状况不大可能。

③ 库兹涅茨用的数据来自印度（1949 ~ 1950），锡兰（今斯里兰卡，1950）和波多黎各（1948）。

关系的强有力的实证证据支持。我们发现，美国在 20 世纪的人均钢铁用量在一个散点图中呈现出一个倒 U 形曲线，这一发现，"证实"了横截面"证据"，表明库兹涅茨框架可以应用于整个钢铁需求领域。然而，经济发展是一个复杂的过程，其中涉及城市化进程、投资方式和部门转变［在中国是指所有制变革（Garnaut 等，2006）和资源市场不完善］、不同的国际贸易方式、外国投资、金融体制、机构改革，等等。因此，将一个经济体的发展过程简化为一个工业化初始阶段所带来的高增长阶段，接下来，当从生产力水平趋同过程中受益的能力由于靠近生产力边界而降低时，就进入了一个减速阶段。这样的简化可能会产生误导。相反，由于对外围国家在其增长路径上所观察到的不均一性（Haggard，1990），有必要建立一个可以综合考虑这些差异的分析系统。

总之，对一个狭窄的可能没有代表性的样本进行概括虽然有着诱惑力，但并不恰当。我们所需要的方法应该允许在一个一致的总框架内存在相对于平均路径的偏差。因此我们的方法要估计总的 KCS 关系，以及在同步进程中掌握它的基本决定因素。

模型说明及估计策略

模型说明

为了考察长期人均钢铁需求和经济发展之间可能存在的"库兹涅茨"关系，我们依照 McKay（2008）的做法，假设人均钢铁需求是人均收入，人均收入的平方项和其他影响因素的函数（如方程 5.6 所示）。

$$lncsteel_{it} = \beta_0 + \beta_1 lncgdp_{it} + \beta_2 lncgdp\_sq_{it} + \gamma z_{it} + \varepsilon_{it} \qquad \text{方程 5.6}$$

方程 5.6 中，$lncsteel_{it}$ 表示人均钢铁消费量的对数，$lncgdp_{it}$ 和 $lncgdp\_sq_{it}$ 分别是国家 i 在时间 t 的人均 GDP 及其平方项的对数。$Z_{it} = (lnccar_{it}^1, t)$ 是其他可控因素，代表汽车普及度（定义为每 1000 人中乘用车数目的对数）及其对技术进步（定义为时间趋势）的影响。因此，如果库兹涅茨关系成立将意味着，在人均 GDP 的对数前的估计系数应该是正数，而人均 GDP 的平方项的对数前的估计系数应该是负数。此外，时间趋势的系数显著为负是对技术升级理论的支持。汽车普及度是消费者偏好理论的代理变量，因此其系数预期为正。

我们的实证形式是对 Lohani 和 Tilton（1993）的工作的发展。按照这种方式来分析，我们的检验可以全面地更新和延伸关于经济发展和 IU 之间关系的整合理论的观点。此外，这种方法可以推断出 KCS 的转折点，而这是单一的线性方程系统无法做到的。另外它还可以作为一个预测模型，用于预测中国未来钢铁需求。

方程 5.6 可以运用各种方法直接进行估计，但得到的结果孤立起来看可能不具有经济学上的意义。这是因为一个单独的方程式可能会违反如下一个经验现实：在确定长期人均钢材需求所遵循的路径时，工业化进程的性质和发展水平一样重要。为了控制这个因素，我们选择对三个方程（方程 5.6，5.7 和 5.8）联立后估算，三个方程分别含人均钢铁用量、人均 GDP 及其平方项作为因变量。估计采用 5 年的平均数据（基本上平滑的长期时间序列）作为全球经济的一个代表性的样本。这些数据来自 14 个国家和地区，时间范围从 1890 年至 2008 年。

由于进入工业化发展各阶段的条件不同（包括不同国家的不同技术起点，比较优势的不同，以及实现经济发展目标的机构性手段的多样性等），具有相似的人均收入水平的国家可能产生不同的人均钢铁需求。因此，在 KCS 分析中，人均国内生产总值似乎可以视为一个中间变量，它由代表一个国家发展模式的一些因素所确定。这些因素包括城市化进程、投资倾向、工业化和贸易的开放程度。虽然这些因素是所选择的经济发展模式所内生的因素，但从计量经济学上来看，在我们的模型中它们是人均国内生产总值的外生决定因素。

方程 5.7 和 5.8 完成了检验所需要的联立模型系统。

$$\ln cgdp_{it} = \delta_0 + \delta_1 \ln cinv_{it} + \delta_2 ur\_ratio_{it} + \delta_3 op\_ratio_{it} + \delta_4 t + u_{it} \qquad \text{方程 5.7}$$

$$\ln cgdp\_sq_{it} = \varphi_0 + \varphi_1 \ln cinv_{it} + \varphi_2 ur\_ratio_{it} + \varphi_3 op\_ratio_{it} + \varphi_4 t + v_{it} \qquad \text{方程 5.8}$$

两个方程中，$\ln cinv_{it}$ 是人均总投资额[①]的对数，ur_ratio_{it} 是城市化率（定义为城市人口占总人口的比例），op_ratio_{it} 是贸易开放指数（定义为出口加进口总额在 GDP 中的比重）。方程 5.6~5.8 使用联立方程法进行估

① 我们使用人均投资额而不是更常见的投资占 GDP 份额。这样做是因为，一个发展中的经济体其投资所占份额可能比较高，相比起它的劳动力而言，它不大可能有较大的资本存量。这使我们能够看到一个持续时间较长的资本深化过程，这个过程在采用投资份额（尤其是在投资效率随着时间推移而提高的情况中）的案例中不一定会看到。另外我们也能看到折旧支出在更高水平的发展中的重要性。

计。在得到一个正确的估算值之前有两个经济计量问题需要解决。

首先，由于我们在估计中使用的是面板数据，因此各个国家的特定因素的影响需要加以排除。如果有不随时间改变的国家的特定不可观测的因素影响了因变量（即人均钢材需求），而且还与独立变量有关（即人均国内生产总值）的话，那么估算系数可能会被高估或低估。为了解决这个问题，我们对所有变量取一阶差分，从而得到方程 5.6′，5.7′，5.8′。

$$dlncsteel_{it} = \gamma_0 + \beta_1 dlncgdp_{it} + \beta_2 dlncgdp\_sq_{it} + \gamma_1 dlnccar_{it} + d\varepsilon_{it} \qquad 方程 5.6′$$

$$dlncgdp_{it} = \delta_4 + \delta_1 dlncinv_{it} + \delta_2 dur\_ratio_{it} + \delta_3 dop\_ratio_{it} + du_{it} \qquad 方程 5.7′$$

$$dlncgdp\_sq_{it} = \varphi_4 + \varphi_1 dlncinv_{it} + \varphi_2 dur\_ratio_{it} + \varphi_3 dop\_ratio_{it} + dv_{it} \qquad 方程 5.8′$$

三个方程中，$d(.)$ 代表一阶微分。

其次，当选用联立方程回归技术时，方程间剩余误差的可能关联并导致估算系数的有效性出现问题（Zellner，1962）。换句话说，如果我们假定 $d\varepsilon_{it}$，du_{it} 和 dv_{it} 是各自独立且相同分布的（就如统计学中通常假设的一样），则所有系数估算的标准误差会有系统性误差，因为 $d\varepsilon_{it}$，du_{it} 和 dv_{it} 会通过不同方程的那些非独立变量联系起来。于是，回归技巧的统计学意义被贴上了问号。为了解决这个问题，我们使用似乎非相关回归技术（SUR）来调整我们的估算。

为了测试我们检验结果的稳定性，我们进行了两个显著性检查。一方面，我们用其他发展指标代替原来的因变量（如耗电量、铁路货运、航运船只，所有项都取人均值和对数值），发现结果并没有很大的差别。我们还采用了多种经济计量方法。[①] 我们再次发现，估算系数的预期符号和统计学意义仍然没有改变。

数据描述

该研究中使用的样本涉及 14 个国家和地区从 1890 年至 2008 年的数据。样本包括加拿大、美国、拉丁美洲、非洲、经济合作与发展组织（OECD）的欧洲成员，独联体国家（1990 年后为俄罗斯联邦）、中东、印度、中国、东南亚、大洋洲、日本、韩国和中国台湾。为了减少年与年之

---

① 替代变量为用电量，铁路货运和航运船只（所有项都采用人均值和对数值）。可选择方法一个是动态固定样本回归（指定人均国内生产总值为内生变量），另一个是四回归法（模型说明不同）。

间的波动，我们使用 5 年平均数据。研究采用与国际钢铁协会一致的对区域的定义。

我们使用的宏观经济变量为钢材用量、国内生产总值、投资额、用电量、私人汽车拥有量（全部按人口调整）、贸易开放度（按国内生产总值的比例）和城市化率。在不同国家和不同时间段对各变量都采用同样的度量。钢材用量定义为总的粗钢消费量。国内生产总值按 1990 年不变价国际美元计算。投资额是指固定资本形成总额。城市化率是指城镇居民占总人口的百分比。贸易开放度是指出口加进口占国内生产总值的比重。

这些数据主要有三个来源。粗钢产量和消费量来自国际钢铁统计数据；人口数据来自麦迪森（2003，2010）；从宾夕法尼亚世界表（国际比较中心）获得了国民经济核算变量和城市化率；美国国家经济研究局（NBER）的 CHIPs 数据库提供了每 1000 人中的私家车拥有量，人均电力消费量和其他一些国家特定变量。美国从 20 世纪 30 年代中期到朝鲜战争结束期间人均钢铁产量增长模式与加拿大、欧洲和独联体从 20 世纪 50 年代到 70 年代的情形有着明显的相似之处。日本从 20 世纪 50 年代初到 70 年代和韩国从 20 世纪 70 年代初期到今天，以及中国自 2000 年以来的情形也非常类似（图 5 - 2）。但是美国和加拿大的人均钢产量水平在到达顶峰之后就开始稳步下降（形成一个倒 U 形曲线），而欧洲和独联体国家却在较低的峰值水平上维持了更长的时间。

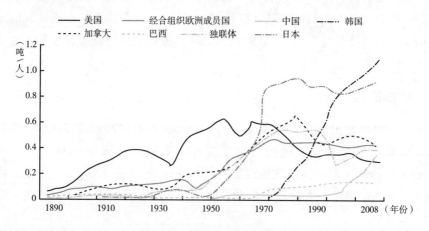

图 5 - 2 各经济体人均粗钢产量

资料来源：数据来自世界钢铁统计年鉴，国际钢铁协会。

日本人均钢铁用量在到达峰值后的几十年内保持稳定，而韩国的人均钢铁用量还没有达到峰值，但进入 20 世纪 90 年代以后增幅开始减缓。日本和韩国的人均钢铁产量水平远远高于其他工业化国家。这么高的水平在西方工业化历史上是前所未有的。图 5 - 2 也显示，在日本的案例中，加速期持续了约 20 年（1950～1970），而韩国更甚，其加速期持续了近 40 年而且还在继续。这说明先前提到的韩国独特的钢铁消费之路。中国的人均钢产量还将增长多大幅度，这个加速过程还将持续多久，都将是重大的、有待解决的问题。

图 5 - 3 说明了从 1890 年至 2008 年较长时间内主要国家和地区的人均钢铁产量和人均收入的关系。这个图有三个特点：首先，某些国家（特别是东亚国家）的轨迹似乎符合消费者偏好理论的观点，即钢铁需求随着人均收入的增加而持续上升。这个过程甚至延伸超过了其他工业化国家达到的钢铁使用强度的峰值点。其次，西方经济体已经证明其钢铁使用强度的改变模式更符合技术升级理论的观点，即当人均收入达到 10000 至 15000 美元后钢铁使用强度达到峰值并开始下降。钢铁用量于是稳定在约人均 20000 美元的水平上，约为峰值的 0.5～0.75，此后遵循周期性变化规律。

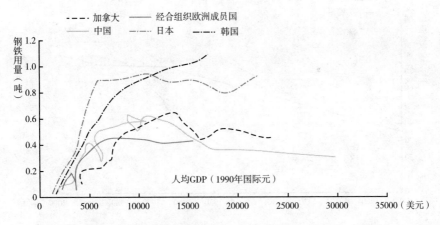

图 5 - 3　粗钢产量与国内生产总值（按人口规模）（1890～2008 年）

资料来源：数据来自世界钢铁统计年鉴，各种发行刊物，国际钢铁协会。

这些基础数据为正式的计量经济模型提供因变量。在第 3 节和第 4 节我们将详细介绍计量模型，并用其检验不同的理论及其综合的理论是否有效。这也是预测中国未来人均钢铁需求轨迹的背景。

建模任务的艰巨性可以通过一个解释性变量展现出来：城市化率（图 5 - 4）。根据著名的刘易斯部门转移说，城市化进程往往伴随着人均钢材需求的上升，因为它将直接促进 GDP 的增长。城市化进程还通常伴随着住宅和基础设施建设的扩大，以适应人口的迁移。人口聚集带动了服务行业的发展，促进了专业化，由此也提高了生产效率。这些因素都会带来收入的增长，从而推动了有效需求的增加，等等。正如这个简短描述所指出的，城市化进程对于消费者偏好论的支持者而言是一个很有吸引力的变量。但是，城市化和钢铁用量之间并没有固定的关系。例如，巴西的城市化比率接近80%，但巴西的钢铁使用强度（以及人均收入水平）仍较低。巴西还拥有储量丰富的黑色金属资源。韩国与美国城市化水平相近，但韩国的钢铁使用强度比后者高。中国的城市化水平要远低于美国和巴西，但中国的钢铁使用强度已经超过了这两个国家。中国的钢铁用量正在向独联体靠拢，而后者明显有着更高的城市化水平。就日本而言，它的城市化水平比美国低，钢铁使用强度远高于美国，尽管其人口密度较大且资源匮乏（McKay，2008）。无论从理论还是直观的角度来看，在实证检验中包含城市化率指标都是合理的。然而，对国家层面数据的快速审查突出了样本中各个国家之间的差别。

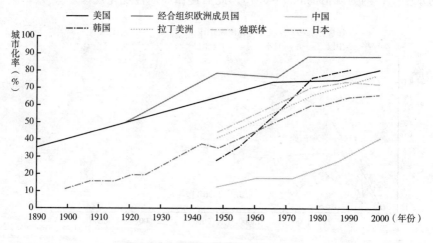

图 5 - 4 不同经济体的城市化比例

资料来源：费城宾夕法尼亚大学的宾夕法尼亚大学世界表，国际比较中心（出版日期不详）。

估算结果与预测

利用上面给出的模型得到的估算结果获得了人均钢材消费量和人均国内生产总值之间的互动关系，以及它们的共同决定因素，表 5 - 1 给出估算结果。

表 5 - 1　联立方程检验的主要结果（1890 ~ 2008 年）

因变量:钢铁需求量的对数		因变量:GDP 的对数		因变量:GDP 平方的对数	
GDP 的对数	6.299 *** (1.325)	新投资额的对数	0.418 *** (0.056)	新投资额的对数	6.664 *** (0.959)
GDP 平方的对数	-0.313 *** (0.078)	城市化比例	0.018 *** (0.006)	城市化比例	0.233 ** (-0.097)
私家车数目的对数	0.118 * (0.057)	开放比例	-0.001 (0.003)	开放比例	0.001 (0.049)
时间趋势	-0.028 *** (0.011)	时间趋势	0.009 * (0.005)	时间趋势	0.145 * (0.083)
时间趋势的平方	—	时间趋势的平方	—	时间趋势的平方	—
- 常数	0.495 ** (0.208)	- 常数	-0.128 (0.095)	- 常数	-1.853 (1.609)
调整后的 R 平方	0.48	调整后的 R 平方	0.56	调整后的 R 平方	0.52
观测数目	72	观测数目	72	观测数目	72

注: - 表示零，*** 表示 $p < 0.01$，** 表示 $p < 0.05$，* 表示 $p < 0.1$。简单起见，我们没有列出方程 5.8 的估算结果，如有需要请向作者索取。括号内的数字代表标准误差。

资料来源：作者估算。

首先，计算结果所显示 KCS 确实存在。方程 5.6′估算结果与我们的预期十分吻合。如表 5 - 1 所示，人均国内生产总值（人均 GDP）的估算系数为正，人均 GDP 平方项的估算系数为负，并且二者都在 1% 的水平上有显著统计意义。此外，汽车普及率这一变量也正如预期所料，每 1000 人所拥有汽车数量的估算系数统计学显著为正。这证明随着时间的推移，消费者的喜好对于决定钢铁消费量起到了重要作用。一般来说，普及程度越高，人均钢铁需求量很可能越大。时间趋势及其平方项的估算系数在 1% 的水平上分别显著为正和显著为负，恰好证明技术升级理论的正确。由此，消费者偏好理论和技术升级理论同时得到证明，因此对二者进行综合的观点是正确的（Lohani 和 Tilton，1993）。作为一个新的概念，KCS（McKay，2008）也在对综合观点的拓展中被更严格地确定下来。

其次，虽然这些结果是对钢铁需求领域以前工作的一个重大的升级和延伸，但只有这些还无法使我们直接从方程 5.6′进展到对中国钢铁需求的预测。不仅是因为中国的实际钢铁需求常常挫败学者们用跨国数据集对它进行解释的尝试（例如，国际货币基金组织，2005b），而且事实已经证明在所有国家，人均国内生产总值充其量只是人均钢铁消费的弱预测因素。长远来看，我们也必须明白，与工业化类型相关的许多共同因素都能同时推动 IU 和人均国内生产总值的变化。

这些共同的因素全部被包括在方程 5.7′和 5.8′中，其中根据人均投资额、城市化率和贸易开放程度对人均 GDP 及其平方项进行了回归计算。这些因素都可能影响人均收入和人均钢铁消费量。正是这些因素综合起来产生了明显的 KCS。在我们的估算结果中，不仅人均投资和城市化都对人均国内生产总值有正面贡献（1% 的显著水平），而且它们还解释了人均国内生产总值的平方项（正相关且在 1% 水平上有统计显著意义）[1]。因此，当我们把方程 5.7′和方程 5.8′代入方程 5.6′中可以看到，除了消费者偏好和技术进步两个变量之外，以上三个因素也驱动了钢铁消费量的增长。

预测实例：中国的钢铁需求和经济发展

我们的模型在不牺牲国家的多样性特征的前提下可以对中国钢铁需求进行预测。把上面介绍的数据结合经济计量学结果，再加上经济史方面的知识，可以得出结论：虽然与发展相关的宏观变量之间确实存在一个普遍的关系，但是由于各个国家的发展路线普遍存在巨大差异而使得在一个给定的人均收入水平上允许有多个可能的人均钢铁需求程度。虽然 KCS 是一个好的讨论出发点，但它并不是最终目的。在对体制随时间演变的影响因素进行分析时，我们还必须考虑其他潜藏在宏观经济动力学下面的因素。

中国已经确定了自己的轨道，走出了一条独特的经济发展之路，它的未来也将与众不同。关于中国未来对钢铁的需求将带有如韩国、日本、美国、独联体和西欧的特点，但产出将反映出中国的特色。

表 5 - 2 总结了 1980 ~ 2008 年中国主要的经济发展指标，这些数据反映了中国人均收入的迅速增长。在过去 30 年中，投资、资源需求和贸易开放程度都在迅速膨胀。城市化率也在不断增加，但速度较慢，反映了政策实施的制度约束。所有这些因素将影响到人均收入的未来走向，并随着技术的进步和不断变化的消费偏好相结合，将决定未来一定期间内的钢铁人均消费量的走向。

---

[1] 尽管贸易开放程度在我们的模型中并不重要，我们仍把它放在回归计算中，因为我们认为从概念的角度看它是一个重要的控制变量。

表 5－2　中国的经济和人均钢铁需求（1980～2008 年）

年　份	人均钢铁需求（吨）	人均 GDP（以 1990 年国际元计）	投资所占份额（%）	贸易开放度指数（%）	城市化率(%)	人均电力（TWh）	每千人的乘用车数量
1980	0.0435	809	25.1	31.5	19.6	307	—
1985	0.0555	985	34.3	32.2	23	374	0.3
1990	0.0644	1400	40.8	25.4	27.4	565	0.7
1995	0.0789	1754	43.6	32.2	31.4	842	2.1
2000	0.1002	2718	37.1	41.9	35.8	1046	4.9
2005	0.2716	3297	51.7	67.3	40.4	1131	14.1
2008	0.3752	5449	54.4	69.0	44.9	2452	21.6
复合年增长速度（从 1980 年起）	8.0%	7.0%	2.8%	2.8%	3.0%	7.7%	
复合年增长速度（从 1990 年起）	10.3%	7.8%	1.6%	5.7%	2.8%	8.5%	20.8%

资料来源：国家统计局（NBS）各年度的《中国统计年鉴》，投资份额资料来自美国华盛顿特区世界银行在线数据库的"世界发展指标"。

首先，我们提出一个情景，即目前的趋势在观测期内继续成立。利用目前的人均投资增长率、城市化指标增长率以及贸易开放指标增长率（过于简单的基线），我们推算了中国在一段时间内的人均收入与钢铁使用强度之间的关系（如图 5－5 所示），置信区间由国家的具体特点共同确定，结果采用标准偏差衡量。预测所采用的方法不是根据预定的 KCS 关系，而是基于我们的三个核心发展因素分别对人均国内生产总值和钢铁消费量的贡献。

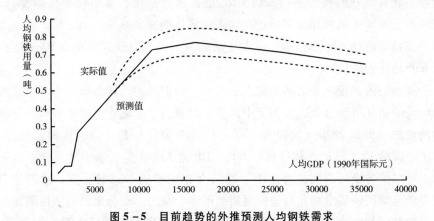

图 5－5　目前趋势的外推预测人均钢铁需求

资料来源：作者推算。

以 2008 年的升级点为基础，我们假设所有三个因素都对人均 GDP 和钢材消费量产生一个固定的边际影响（从我们的联立方程回归得到）。然后用所得到的所有结果生成人均 GDP 和钢铁消费量的前进轨迹。

在此基础上，我们关于人均 GDP 水平的估算与中国自己的 KCS 转折点保持了一致，为 15449 美元。鉴于中国在 2008 年的人均收入水平为 5449 美元（见表 5 - 2），因此在钢铁使用强度达到峰值之前人均收入要增加近两倍。从 1980 年到 2008 年，中国人均 GDP 的复合增长率为 7%。如果该增长率能够持续下去，中国的钢铁使用强度将在 2024 年达到峰值。如果采用 1990 年以后更快的增长率 7.8%（该速率意味着人均 GDP 每 10 年增加一倍以上），则转折点将提前 3 年实现。该预测的中心趋势表明，在该人均收入水平的情况下，钢铁需求峰值将出现在位于上半部分的人均 700 ~ 800 公斤的范围内。在中国的这一钢铁需求峰值水平将超过美国在 20 世纪 50 年代达到的峰值水平，也超过欧洲、加拿大和独联体在 20 世纪 70 年代达到的峰值水平。但是该水平低于日本 20 世纪 80 年代和由韩国与中国台湾在目前所达到的最高水平。通常的警告适用于这一预测，即预测结果受外生变量所选择的时间路径影响。

对预测的讨论

图 5 - 5 所示的预测是基于目前的趋势会持续到未来这一简单假设。经济史告诉我们，在中国目前的发展阶段，停滞是最不可能发生的结果。表 5 - 3 是最近一份联合国关于未来中国经济的报告（UNDP，2010）中的一个设想。联合国方的要点是：人均 GDP 增长速度放缓，城市化率持续上升，汽车普及率的增速将随着其接近高收入经济体而逐步减速，第二次产业占总体经济活动的比重仍然很高，但在逐渐减少，人均钢铁需求在 2030 年达到约 630 公斤的峰值。

将他们的假设在我们的系统上运行后，我们发现，联合国对人均钢铁产量峰值的估计可能过低，但关于中国将在其峰值水平附近持续相当长一段时间的说法（即从 2020 ~ 2040 年至少人均 590 公斤）似乎是合理的。此外，鉴于中国的 KCS 转折点预计将在人均 GDP 为 15449 美元水平时出现，由此我们可以推导出联合国认为预计在 2032 年中国到达 KCS 转折点，这与他们假设的人均钢铁需求到达峰值的时间差不多。总之，联合国的钢铁预测在整体形状和时间方面看起来十分理性，但根据他们所做的其他宏观经济假设，我们认为中国未来将达到的钢铁需求峰值会更高一些。

表 5 – 3　联合国对未来中国经济发展的预测

年　份	2005	2010	2020	2030	2040	2050
城市化率(%)	43	48	56	62	66	70
GDP 中第二产业的份额(%)	48	49	48	46	42	38
每 1000 人的汽车数量(辆)	24	70	190	300	356	400
人均 GDP(换算成 1990 年的国际元)*	3297	4990	8868	14450	22151	32079
GDP 增长速率(10 年平均,%)	—	9.5	6.6	5.5	4.5	3.5
人口(百万)	1308	1360	1450	1520	1540	1500
人均 GDP 增长速率(10 年平均,%)*	—	8.7	6.0	5.0	4.4	3.8
发电量(TWh,一切如常)	2494	3830	6603	8880	10937	12360
钢铁产量(亿吨)	3.5	5.6	8.6	9.6	9.1	8
隐含人均钢铁产量(吨/人)	0.27	0.41	0.59	0.63	0.59	0.53

*由作者从现有资料计算得来。

资料来源：联合国发展计划署（UNDP, 2010），《中国人类发展报告 2009/10. 中国可持续发展：迈向低碳经济和社会》，中国翻译出版公司，pp. 107 – 108, 3.1 的附录 3.1, 3.2, 3.3 和 3.4；p. 52 的表 3.1。

　　中国已经在许多方面确定了自己的道路，走出了一条独特的经济发展之路。在技术升级理论和消费者偏好理论方面，它仍然有可能突破常规。在确定中国能否在我们预测的时间框架内达到其人均钢铁需求峰值水平时，在确定哪个较高或较低的置信区间给出了来自中心趋势的误差的最可能方向时，或中国在长期钢铁需求方面是否会沿着与韩国一样的路径时，我们必须撇开经验而相信判断。问题在于中国的钢铁消费量将更多受到消费者偏好派理论影响，还是更接近于技术升级观点的预测。这是一个合理的问题，因为我们的模型估算结果证明这些观点相互包容。

　　例如，如果消费者偏好方面的作用远大于技术升级的影响，那么中国很可能会延长其到达峰值的时间，或者它会向较高的置信区间增加人均钢铁需求的绝对峰值水平。以上任一个或所有两个可能性都会提高中国走韩国式钢铁强度路径的机会。另一方面，如果技术升级现象非常明显，抵消了更多的消费者偏好的影响，那么有很大可能中国会缩短到达 KCS 转折点的时间，或者向较低的置信区间降低其钢铁使用强度的峰值水平。

　　根据其目前的人均收入水平，中国仍处于工业化的中期。这一阶段的特征是制造业在经济总量中比例相对较高，而且重工业占工业总产值的份额也较高（Chenery, 1986）。这一工业化阶段的主要特点是粗放型增长模式，这种模式中要素投入发挥着重要作用，尤其是有形资本投入。因此，钢铁消费量增长迅猛（见图 5 – 6）。中国还远远没有达到耐用商品的消费饱和点，比如其汽车普及率较低，仅为美国的 5%。如果考虑到中国庞大而尚未开发的农村消费市场的话，以上结论更是显而易见。这表明中国的耐用品消费增长空间巨大，对钢铁的需求也将相应增加。基于这样的根据，我们可以有把握地认为，消费者偏好将在中国未来几十年内发挥强有力的作用。

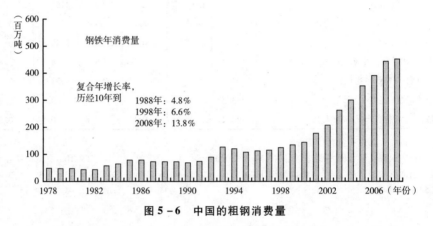

图 5 – 6　中国的粗钢消费量

资料来源：国家统计局（NBS），《中国统计年鉴 2009》，中国统计出版社；作者计算。

另一方面，越过目前的水平来看，中国正在接近长期的粗放式增长期的尽头，它将更加依赖于技术变革和生产力来扩大经济活动（Wang，2007；He 等，2007）。中国正在进入一个新时期，它的增长模式不再仅仅由在过去几十年中发挥作用的基本力量所主导。为了面对全球经济失衡、气候变化和老龄化社会的挑战，中国被迫在这一关键时刻采取新的发展战略。

考虑到中国比较优势的变化和常规发展给生态圈带来的巨大压力，因此这些战略的核心是期望改变工业化的模式。激励措施的变化有助于结构改革的进行，如对金融体系的改革、对资源和其他生产要素定价制度的改革（Huang 和 Tao，2010）。这些新战略的实施将加快中国技术跨越或升级的步伐，减缓未来其人均钢铁消费量的增长。

在中国和其他地方一样，对舒适环境的向往与人均收入之间存在着如"库兹涅茨"型的关系（Grossman 和 Krueger，1995；Bao 和 Peng，2006），但是，从来没有哪个富裕国家在其过去的发展进程中需要面对如目前一样严峻的全球环境问题。这意味着，比起我们的历史样本中其他经济体而言，中国未来必须更加追求资源节约型的技术革新。

这个简短的讨论只是强调，消费者偏好与技术升级的动态变化都将在中国今后几十年间发挥作用。而现在，我们无法判断哪一个因素会起到更大的作用。

最后，关于预测我们再提及一点说明。这项研究的目标是为中国钢铁需求确定一个可能的结果范围，而不是为了得到一个精确的预测。我们相信，我们的置信区间是对中国中心 KCS 趋势可能的上行和下行风险的合理近似。显然，如果产生中心趋势的基本假设被高估或低估，该预测的准确性则会受到影响。

结　论

本章有两个目的：一是通过建立一个新的分析框架，在有关经济发展和钢铁消费之间关系上发展一个新的估计方法。二是利用上面的分析框架来阐明中国未来钢铁需求之路。结果如下：首先，我们正式定义了一个新概念——库兹涅茨钢铁曲线；其次，针对我们采用的人均框架，验证并更新了以往人们对钢铁使用强度（IU）的综合观点——既看到技术升级或跨越的作用，也考虑不断发展的消费者偏好的影响。为了验证这种方法，我们采用了比以往的研究更广泛的数据集和更先进的计量经济技巧，考虑了钢铁需求和人均收入的内生性以及各经济体历史的不同特征；再次，针对中国钢铁消费的预测，我们发现中国自身的 KCS 的转折点大约会出现在人均 GDP 达到 15449 美元的时候。如果中国将 1980 年以后的 7% 的复合增长率保持下去的话，这个转折点会在 2024 年出现。到那时，中国的人均钢铁需求将介于 700～800 公斤，而且更接近后者。该水平要高于在美国、独联体和欧洲国家所达到的峰值水平，但比在日本、韩国及中国台湾出现的峰值低。这个预测的准确性最终将取决于很多因素，其中最主要的是全球技术变革步伐的快慢和中国消费者偏好的变化。

鸣　谢

作者感谢周依晓在模型数据的收集方面所提供的帮助。

（樊腾飞　译）

参考文献

1. Bao, Q. and Peng, S. 2006,'Economic growth and environmental pollution in

China: a simultaneous estimation', *Journal of World Economy*, vol. 11, pp. 48 – 59.

2. Bruinsma, J. 2009, The resource outlook to 2050: by how much do land, water and crop yields need to increase by 2050? Paper presented to the Expert Meeting on How to Feed the World in 2050, Food and Agriculture Organization of the United Nations, 24 – 26 June, Rome, < ftp: //ftp. fao. org/docrep/fao/012/ak971e/ak971e00. pdf >

3. Center for International Comparisons n. d. , *The Penn World Table*, University of Pennsylvania, Philadelphia.

4. Chenery, H. , Robinson, S. and Syrquin, M. 1986, *Industrialisation and Growth: A comparative study*, Oxford University Press for The World Bank, New York.

5. Etheridge, W. S. 1981, 'Demand for metals', *Materials in Engineering*, vol. 2 (March), pp. 131 – 40.

6. Food and Agriculture Organization (FAO) 2002, *World Agriculture: Towards 2015/2030 – summary report*, Food and Agriculture Organization of theUnited Nations, Rome.

7. Food and Agriculture Organization (FAO) 2006, *World Agriculture: Towards 2030/ 2050—interim report*, Food and Agriculture Organization of the UnitedNations, Rome.

8. Garnaut, R. , Howes, S. , Jotzo, F. and Sheehan, P. 2008, *Emissions in the Platinum Age: the implications of rapid development for climate change mitigation*, Garnaut Review Working Paper revised draft, 2 May 2008, HYPERLINK http: //www. garnautreview. org. au < www. garnautreview. org. au >

9. Garnaut, R. , and Song, L. 2006, 'China's resources demand at the turning point,' (with Ross Garnaut), Chapter 14 in R. Garnaut and L. Song (eds), *The Turning Point in China's Economic Development*, Asia Pacific Press: Canberra, pp. 276 – 293.

10. Garnaut, R. , Song, L. and Yao, Y. 2006, 'Impact and significance of SOE restructuring in China', *The China Journal*, no. 55 (January), pp. 35 – 66.

11. Grossman, G. and Krueger, A. 1995, 'Economic growth and environment', *Quarterly Journal of Economics*, vol. 110, no. 2, pp. 353 – 77.

12. Haggard, S. 1990, *Pathways from the Periphery: The politics of growth in the newly industrialising economies*, Cornell University Press, Ithaca, NY.

13. He, J. , Li, S. and Polaski, S. 2007, 'China's economic prospects 2006 – 2020', *Carnegie Papers*, no. 83 (April).

14. Huang, Y. and Tao, K. 2010, *Causes and remedies of China's external imbalances*, China Center for Economic Research Working Paper No. E2010002, 25 February 2010, Peking University, Beijing.

15. Hwang, K. H. and Tilton, J. E. 1990, 'Leapfrogging, consumer preferences, international trade and the intensity of metal use in less developed countries', *Resources Policy*, September, pp. 210 – 24.

16. International Iron and Steel Institute 1972, *Projection 85: World steel demand*, International Iron and Steel Institute, Brussels.

17. International Monetary Fund (IMF) 2005a, 'Will the oil market continue to be tight?', *World Economic Outlook*, April, International Monetary Fund, Washington,

DC.

18. International Monetary Fund (IMF) 2005b, 'Global imbalances: a savings and investment perspective', *World Economic Outlook*, September, International Monetary Fund, Washington, DC.

19. Kuznets, S., 1955, 'Economic growth and income inequality', *American Economic Review*, vol. 45, no. 1, pp. 1 – 28.

20. Leontief, W., Koo, J., Nasar, S. and Sohn, I. 1983, *The Future of Non – Fuel Minerals in the US and World Economy*, Lexington Books, Lexington, Mass.

21. Lohani, P. R. and Tilton, J. E. 1993, 'A cross – section analysis of metal intensity of use in the less developed countries', *Resources Policy*, June, pp. 145 – 54.

22. McKay, H. 2008, *Metal intensity in comparative historical perspective: China, North Asia, the United States & Kuznets curve*, Global Dynamic Systems Centre Working Paper 006, The Australian National University, Canberra.

23. McKay, H. and Song, L. 2009, 'Global implications of China as the manufacturing powerhouse', in R. Garnaut, L. Song and W. T. Woo (eds), *China's New Place in the World in Crisis: Economic, geopolitical and environmental dimensions*, ANU E Press and The Brookings Institution Press, Canberra and Washington, DC, pp. 261 – 302.

24. McKibbin, W. 2006, 'Global energy and environmental impacts of an expanding China" *China and the World Economy* vol. 14, no. 4, pp. 38 – 56.

25. Maddison, A. 2003, *The World Economy: Historical statistics*, Organisation for Economic Cooperation and Development, Paris.

26. Maddison, A. 2010, Statistics on world population, GDP and per capita GDP, 1 – 2008AD, Internet file, HYPERLINK http://www. ggdc. net/maddison/articles/ruggles < http://www. ggdc. net/maddison/articles/ruggles. pdf >

27. Malenbaum, W. 1973, *Material Requirements in the United States and Abroad in the Year 2000*, University of Pennsylvania Press, Philadelphia.

28. Malenbaum, W. 1975, 'Law of demand for minerals', *Proceedings of the Council of Economics*, 104th Annual Meeting of the American Institute of Mining, Metallurgical and Petroleum Engineers, pp. 145 – 55.

29. Malenbaum, W. 1978, *World Demand for Raw Materials in 1985 and 2000*, McGraw – Hill, New York.

30. National Bureau of Statistics (NBS) various years, *China Statistical Yearbook*, China Statistics Press, Beijing.

31. Sohn, I. 2006, 'Long – term projections of non – fuel minerals: we were wrong, but why?', *Resources Policy*, vol. 30, pp. 259 – 84.

32. United Nations Development Programme (UNDP) 2010, *China Human Development Report 2009/10. China and a sustainable future: towards a low carbon economy and society*, China Translation and Publishing Corporation, Beijing.

33. Wang, X. 2007, Pattern and sustainability of China's economic growth towards 2020, Presented at the ACESA 2007 Conference: China's Conformity to the WTO: Progress

and Challenges.

34. World Bank n. d. , *World Development Indicators*, Online database, The World Bank, Washington, DC.

35. World Metal Statistics Yearbook, various issues, International Steel Association, Brussels, Belgium.

36. Zellner, A. 1962, 'An efficient method of estimating seemingly unrelated regressions and tests for aggregation bias', *Journal of the American Statistical Association*, vol. 57, pp. 348 – 68.

第六章
评估中国的能源节约和碳排放强度：
如何使未来有别于过去？

张中祥

引　言

中国自 1978 年以来辉煌的经济增长一直严重依靠煤炭来驱动，这已造成前所未有的环境污染和健康风险。除了这些国内环境压力之外，全球气候变化也将在可预见的未来对中国构成威胁。

作为世界上最大的二氧化碳排放国，中国在国际气候谈判内外正面临着巨大压力，要求其在应对气候变化方面表现出更大的抱负。无论是从国内还是国际的角度来看，中国都不能再走以环境为代价换取经济增长的老路。一系列环境问题和压力促使中国下决心提高能源利用效率，增加清洁能源的使用，以帮助其向低碳经济过渡。

1980~2000 年间，中国能源消费量增加了 1 倍，却取得了国内生产总值（GDP）增长 3 倍的成就（Zhang, 2003）。按照 20 世纪 80 年代和 90 年代中国的节能和二氧化碳排放量的趋势，美国能源情报署（EIA, 2004）估计，中国将在 2030 年成为世界上最大的碳排放国。但是，中国的能源消费在 21 世纪以来却出现暴涨，在 2000~2007 年间几乎翻了一番。尽管在上述两个时期中国的经济增长率相差不大，但在这期间（2000~2007）中国的能源消费增长速度为年均 9.7%，是前 20 年增长速率（年均 4.25%）的两倍多（国家统计局，2009）。能源强度的变化导致 2001~2007 年间增加了2000 万吨的碳排放，与之形成对比的是，中国在 1980~2000 年间减少了

5.76 亿吨碳排放（Zhang，2009d）。结果在 2007 年，中国成为世界上最大的碳排放国。

为了扭转这一趋势，中国要求在 2006～2010 年的"十一五"期间，将单位 GDP 的能源消耗量（能耗强度）减少 20%。人们普遍认为这是通过"科学发展观"朝着建立一个"和谐社会"迈出的重要一步。就在哥本哈根气候峰会召开前，中国承诺将进一步削减碳排放强度，到 2020 年碳排放强度在 2005 年的水平上减少 40%～45%，以帮助在哥本哈根或之后达成国际气候变化协议。

本章着重于评估中国目前的能源节约以及提出的碳排放强度的目标。[①]首先我们讨论中国自身在节能、减少污染和促进可再生能源的广泛使用方面所做的努力。其次，为正确看待中国提出的碳排放强度目标，本章试图回答有关这个目标的一些问题：该目标是否像"十一五"经济蓝图中确定的节能目标一样具有挑战性？该目标将使中国的碳排放比预计的基准线水平低多少？如果该承诺得以实现，中国是否履行将大气中温室气体的浓度稳定在哥本哈根会议希望的水平处，亦即这一全球承诺下中国应承担的部分。

只要中国的承诺是以碳强度的形式，就必须考虑排放量和国内生产总值（GDP）数据的可靠性问题。本章还谈到中国能源和 GDP 统计数据的可靠性方面的问题。鉴于中国在过去 30 年已将对资源控制权和决策权转移给了地方政府，因此有效的环境保护职能必须置于政府权力下放的背景下。

本章的结论是，有必要仔细审查各种导致地方官员不配合国家环境保护政策的客观和主观因素，并且严格执行和协调已出台的或将要颁布的政策和措施，这对于在 2010 年实现中国目前的节能目标、在 2020 年实现提出的碳强度目标，以至于在 2020 年以后实现中国作出的任何气候承诺都非常重要。

提高能源效率减少污染

虽然中国自 20 世纪 80 年代初以来就一直在呼吁节约能源，但直到"十一五"规划才首次把能源效率的量化指标纳入五年经济计划中来。

1980～2000 年，中国能源消费量增加了 1 倍却取得了国内生产总值（GDP）增长 3 倍的成就（图 6-1）。然而，从 2002 年起，中国的能源消费增长超过了经济增长速度，这意味着能源强度不再像以前那样继续下降。这

---

① 对中国气候承诺的方式和时间框架的详细讨论见 Zhang（2000，2009a，2009b，2009c）。

一能源效率的变化趋势反映了，作为 20 世纪 80 年代和 90 年代改革组成部分的能源价格市场化改革对能源消耗量减少的促进作用在 21 世纪初已失去功效。实现能耗强度轨迹的逆转对于实现新的目标是必要的，同时这也表明，新目标将极具挑战性（Zhang，2005，2007d）。

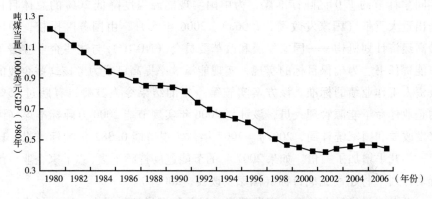

图 6 - 1　中国单位 GDP 能源消耗量

资料来源：国家统计局（NBS）编撰的各年度中国统计年鉴，中国统计出版社。

工业用能约占全国能源总消费量的 70%（Zhang，2003），因此，工业部门是中国实现其节能目标的关键。中国政府已经作出巨大努力来改变目前低能效和对环境不友好的工业增长格局。中国正在探索应用产业政策，来促进产业升级和能源节约。随着重工业能源消耗激增，中国政府从 2006 年 11 月起开始对能源和资源密集型产品征收出口税，以减少这类产品的出口，节约稀缺的能源和资源。这些措施包括对石油、煤炭和焦炭课以 5% 的出口税；对有色金属、一些矿产和其他 27 种钢铁产品的销售课以 10% 的出口税；对铜、镍、铝及其他冶金产品课以 15% 的出口税。[①]

从 2007 年 7 月开始，中国消除或降低了针对 2831 个出口项目增值税的出口退税率。这被认为是自中国加入世界贸易组织（WTO）以来最大胆的限制出口的举措。37% 的贸易产品受到这一举措的影响，包括 553 项高耗能、高污染、资源密集型产品，如水泥、化肥和有色金属产品。针对这些产品的出口退税被完全取消。这一政策将有助于提高能源效率，理顺能源和资源密集型产业，促进宏观经济政策目标实现（Zhang，2008）。

---

① 关于中国的出口税与美国气候立法中提出的碳关税之间的联系，请参考 Zhang（2009c）。

　　在节能方面，中国在 2006 年 4 月制定了"千家企业节能行动计划"。这个计划涵盖了 9 个关键的能源供应和消费行业的 1008 家企业。2004 年，这些企业每家消耗至少 18 万吨标准煤（tce），共同耗能量占当年全国总耗能量的 33%，占当年工业能源消费量的 47%。该计划目标是在 2006~2010 年间累计节约 1.0 亿吨标准煤，为中国实现能源强度降低 20% 的总体目标作出重大贡献（国家发改委，2006a）。2006 年 5 月，由国务院授权，中国最高经济计划机构——国家发展和改革委员会（NDRC）与这些企业签署了节能责任书。为确保目标的实现，实现能源效率提高已成为考核这些企业的负责人工作业绩的标准。该方案实施第一年的结果令人鼓舞，有超过 95% 的企业任命了能源管理人员，该计划 2006 年实现节能 2000 万吨标准煤（国家发改委和国家统计局，2007）。2007 年，实现节能 0.382 亿吨标准煤，比前一年几乎增加了一倍。如果 2007 年的节能速度持续下去，"千家企业节能行动计划"将超额完成目标（国家发改委，2008b）。

　　发电部门是最大的煤炭消费部门，目前其煤炭消耗量占中国总耗煤量一半以上。预计到 2020 年，这一比例将远高于 60%。因此，煤的高效燃烧和发电对于中国的能源节约和减少污染至关重要。为此，中国采取政策加快关闭数以千计的小型低效燃煤、燃油发电厂。面临被关闭命运的电站包括：低于 50 兆瓦（MW）者，或低于 100 兆瓦且运行时间超过 20 年以上者，或低于 200 兆瓦且运行时间已达到其设计寿命者，或单位发电量的耗煤量高于全省平均水平的 10% 或高于全国平均水平的 15% 者，或不符合环保标准者。2006~2010 年间关停总容量要达 500 亿瓦。截至 2008 年底，中国在 3 年内已关闭小电站 342 亿瓦，而在 2001~2005 这 5 年间，关停总容量仅有 83 亿瓦（国家发改委，2008a）。到 2009 年上半年末，关停小旧电站总容量已增至 540 亿瓦，提前一年半实现了 2010 年的目标（"二氧化硫削减目标有望提前实现"，2009 年 7 月 7 日，新浪网，< http://finance.sina.com.cn/roll/20090707/04346447872.shtml >）。

　　目前，中国政府的政策重点是鼓励建设更大、更高效、更清洁的发电机组。截至 2009 年 6 月 30 日，64% 的燃煤发电机组单机规模在 300MW 及以上（Wang 和 Ye，2009）。由于超临界发电技术有着较高的热效率和相对较低的单位投资成本，因此中国的电力工业已将该技术列为发展的重点。因此，越来越多的新建电厂采用更高效的超临界（SC）或超超临界（USC）机组。到 2007 年，SC 和 USC 机组已占燃煤发电总容量的 12%。相比之下，相应的份额在日本是 70%，而在美国约为 30%。预计到 2010 年，USC 机组占总燃煤发电规模的份额将增长到 15%，到 2020 年将达到 30%（Huang，2008；国际能源署，2009a）。

中国分三步来提高住宅楼宇的能源利用效率。第一步，要求住宅楼宇的能源使用量比中国在 1980~1981 年设计的典型的住宅楼宇能源使用量减少 30%。第二步，要求到 2010 年，新建住宅楼能源利用效率提高 50% 以上。第三步，到 2020 年的节能目标是新建住宅楼能源利用效率提高 65%（Zhang，2005，2008）。天津是中国第一个进行供热收费改革的大都市。到 2006 年底，这座城市已建成 7350 万平方米的高效节能住宅，占总住宅面积的 48%（Zheng 和 You，2007）。在北京，建筑行业在 2004 年的耗能占总能源使用量的 28%。到 2004 年底，中国首都已建成 17520 万平方米的高效节能住宅，其中有 37% 符合能源利用效率增加 30% 的要求。余下的 62.9% 达到了更高的节能 50% 的标准。在北京，这些高效节能建筑已占住宅总面积的 65%。北京的计划是到 2010 年所有新建住宅都要达到"节能 65%"这一更高效节能的标准，比国家计划的要求提前了 10 年（BMCDR，2006）。

在运输部门，车辆消费税也与时俱进不断进行了调整，以鼓励购买节能汽车。最早在 1994 年引入了在购车时征收消费税的做法。税率随着汽车发动机气缸排量增大而提高：发动机排量小于或等于 1 公升时征收 3%，发动机排量超过 4 公升时征收 8%，介于以上两个规格之间的汽车征收 5% 的消费税。自实施以来，这些汽车消费税率保持不变。自 2006 年 4 月起实施的新的汽车消费税政策扩大计税基数，税率范围从目前的 3%~8% 扩大为 3%~20%，发动机排量也细分为 6 类。表 6-1 清晰地给出了大排量汽车消费税 2 次显著上调。此外，中国削减了排量小于或等于 1.6 升的汽车的购置税，2009 年从正常的 10% 降至 5%，2010 年调至 7.5%。虽然这一税率降低是为了在经济危机期间刺激消费需求，但实际上对于节能和减少污染也有好处。

面对迅速增长的轿车数量，中国已经制定了其燃油经济性标准，该标准甚至比澳大利亚、加拿大和美国的标准更加严格，但要比日本和欧盟标准宽松一些（见图 6-2）。该标准分两个阶段实施，将车辆按重量划分为 16 类，覆盖范围包括轿车，多功能运动车（SUVs）和多用途面包车。转换为美国总体平均燃油经济性（CAFE）的测试周期，中国新的汽车平均燃油经济性标准预计在 2008 年将达到 36.7 英里每加仑（6.5 公升每 100 公里）（An 和 Sauer，2004）。

表 6 - 1　中国的汽车消费税率

发动机排量（升）	消费税（1994 年 1 月 1 日开始实行）	消费税（2006 年 4 月 1 日开始实行）	消费税（2008 年 9 月 1 日开始实行）
发动机排量≤1	3	3	1
1.0 < 发动机排量≤1.5	5	3	3
1.5 < 发动机排量≤2.0	5	5	5
2.0 < 发动机排量≤2.5	5	9	9
2.5 < 发动机排量≤3.0	5	12	12
3.0 < 发动机排量≤4.0	5	15	25
发动机排量 > 4.0	8	20	40

　　资料来源："关注消费税政策调整特别专题"，新浪网，< http：//finance. sina. com. cn/focus/ gzxfstz/index. shtml >；"九月起汽车消费税调整，大排量税率上调，小排量降至 1%"，人民网， 2008 年 8 月 14 日，< http：//auto. people. com. cn/GB/1049/7663221. html >。

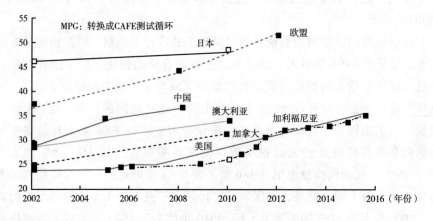

图 6 - 2　各国车辆燃油经济性标准比较

　　注：点状线代表推荐标准；MPG = 英里每加仑。

　　资料来源：修改自 An F. 和 Sauer A. 2004，*Comparison of Passenger Vehicle Fuel Economy and GHG Emission Standards Around the World*，12 月，皮尤全球气候变化中心， 阿灵顿，弗吉尼亚州。http：//www. pewclimate. org/docUploads/Fuel per cent20Economy per cent20and per cent20GHG per cent20Standards_ 010605_ 110719. pdf。

　　与此同时，越来越多的中国城市优先发展公共交通，并促进高效公共交通系统建设。但是鉴于路面上的车辆数目必然增加，中国也采取了重大步骤以控制汽车排放。继 2000 年 7 月在全国范围内淘汰含铅汽油之后，中国国家环境保护总局要求 2001 年 4 月以后所有新购买的轻型车必须符合国家第一阶段车辆废气排放标准（类似欧Ⅰ标准）。2004 年 7 月 1 日后新购车辆必须符合国Ⅱ排放标准（类似欧Ⅱ标准）。2007 年 7 月 1 日开始，中国开始实施国Ⅲ车辆废气排放标准（类似欧Ⅲ标准），国Ⅳ车辆废气排放标准（类似欧盟第Ⅳ阶段标准）于 2010 年 7 月 1 日推出（见表 6 - 2）。国Ⅲ标准比国Ⅱ标准的污染指标低 30%。国Ⅳ标准比国Ⅱ标准的污染指标低 60%（"国Ⅲ汽车排放标准推迟实行"，新华网，2007 年 7 月 7 日，< http://auto. sina. com. cn/ news/2007 - 07 - 07/1015290457. shtml >）。显然，中国的汽车废气排放标准随着时间的推移变得越来越严格。不符合新标准的新车将不能在中国出售。虽然中国的汽车废气排放标准和印度及大多数东盟（ASEAN）成员国处于相同的水平，但中国要提前数年实现这些目标。此外，虽然中国的新车排放要求仍落后于欧盟，但二者之间的差距已逐渐缩小，从 2001 年的相差约 9 年，到 2010 年相差 5 年半。显然，这些新标准将大大减小环境的负担。

表 6 - 2　中国、印度、东盟、欧盟的汽车废气排放标准及生效时间

地　区	欧Ⅰ标准	欧Ⅱ标准	欧Ⅲ标准	欧Ⅳ标准	欧Ⅴ标准
欧　盟	1992 年 7 月	1996 年 1 月	2000 年 1 月	2005 年 1 月	2009 年 9 月
中　国	2001 年 4 月	2004 年 7 月	2007 年 7 月	2010 年 7 月	
北　京	1999 年	2002 年 8 月	2005 年 12 月	2008 年上半年	
印　度	2000 年	2005 年	2010 年		
东　盟		2005 年 12 月（目标）		2010 年 12 月（目标）	
印度尼西亚		2006 年早期	2007 年第一季度	2012 年	
马来西亚		2006 年中		2010 年	
菲律宾		2006 年 12 月		2010 年	
新加坡		2005 年		2006 年 10 月（柴油机）	
泰　国			2005 年早期	2010 年	
越　南		2007 年 7 月		2012 年	

资料来源：Zhang, Z. X. 2008, 'Asian energy and environmental policy: promoting growth while preserving the environment', *Energy Policy*, Vol. 36, pp. 3905 - 3924。

可再生能源的利用

出于对气候变化、其他环境问题以及健康风险的担忧，中国已经开始寻求替代能源，以满足本国日益增长的能源需求。中国的目标是到 2020 年，

替代能源最多应满足全国 15% 的能源需求，这一比例在 2008 年是 8.9%。比起以前的 2020 年满足 10% 的目标而言，新目标向前迈进了一大步，而且早期的成功激励当局制订出更加雄心勃勃的目标。根据计划，中国的目标是到 2020 年水电装机容量达 300GW（包括大型水电机组），风电装机容量达到 30GW，生物质发电装机容量达到 30GW，并生产 1000 万吨乙醇和 200 万吨生物柴油（Zhang，2007b）。

欧盟被公认为在全球可再生能源利用方面占领先地位。欧盟的目标是到 2010 年可再生能源占一次能源的比例从目前的 6.5% 上升到 12%，到 2020 年达到 20%（欧洲委员会，2007a，2007b）。乍看之下，欧盟将可再生能源的比例从目前的水平提高 2 倍达到 2020 年的 20% 的目标似乎比中国的可再生能源目标更加雄心勃勃，但由于中国能源需求的增长速度至少是欧盟的 3 倍，因此到 2020 年中国总能源结构中可再生能源的份额翻一番就要求中国可再生能源增长速度是欧盟的 4 倍。

除了制订非常雄心勃勃的可再生能源目标之外，中国正在努力实现这些宏大目标。2009 年，中国在可再生能源领域投资了 346 亿美元，远高于第二名美国的 186 亿美元，这是美国 5 年来首次失去第一的位置。同年中国的可再生能源投资占国内生产总值的比例为 0.39%，是美国（0.13%）的 3 倍以上。这一年中国可再生能源装机容量达 52.5GW，位列世界第二，仅略逊于美国的 53.4GW（皮尤慈善信托基金，2010）。

为实现中国能源结构的多元化，风能成为中国优先发展的能源。因此，最近几年的可再生能源投资和优惠政策主要投向了风电行业。从 2003 年开始，中国把推行风电特许权项目作为其主要的战略，以进一步推动风电产业发展。在政府主导下，拍卖为期 25 年的 100MW 以上级风电项目的开发权，其中包括签订最初 30000 小时的保证优惠收购电价及其他特许运营协议。这个风电上网电价通过竞标程序来确定。如果风电上网电价高于脱硫燃煤电站上网电价，差额部分将由省级电网和国家电网的售价分担。对于剩余时段（即从最初的 30000 小时之后，直至 25 年总的特许期限结束），风电电价设置应与当地平均上网电价相同。其他促进风电发展的政策包括风力发电增值税（VAT）减半，从 17% 的正常税率减为 8.5%；按 15% 低税率缴纳企业所得税（正常的企业所得税为 25%）；合资企业进口可再生能源技术设备可免征关税。一些地方政府甚至提供了更为优惠的政策。例如，内蒙古对风力发电仅征收 6% 的增值税。

有了这些优惠政策，风力发电装机总容量在 2003～2005 年间增长了一倍，于 2005 年达到 1.3GW。随着中国的可再生能源法于 2006 年 1 月生效，装机容量增长的步伐大大加快。总风力发电装机容量在 2006 年上升到 2.6GW，仅在这一年的新装容量就比过去 20 年的总和还要多。中国的风力发电装机容量过去 5 年连年翻番（图 6 - 3）。到 2007 年底，中国风电总装机容量达到 5.9GW，已经超过了到 2010 年达到 5GW 的原定目标。2008 年，中国风电新装机容量 6.3GW，总装机容量超过印度达 12.2GW。在这个过程中，中国的风机制造商（如华锐风电，金风科技，东方电气）在新增装机中的份额持续增加，目前它们的产品在国内的市场占有率已超过 55%，而这一市场在 2008 年之前一直由外国公司所垄断。华锐风电和金风科技已跻身于世界五大风机制造商行列。

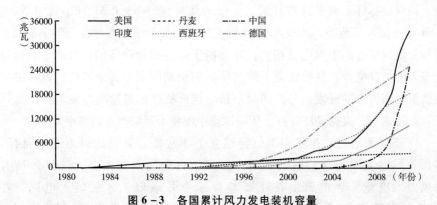

图 6 - 3　各国累计风力发电装机容量

资料来源：全球风能理事会，2010 年，2009 年全球风能报告，3 月，全球风能理事会，布鲁塞尔，< http：//www. gwec. net/fileadmin/documents/Publications/Global _ Wind _ 2007 _ report/GWEC _ Global _ Wind _ 2009 _ Report _ LOWRES _ 15th. per cent20Apr. pdf >；地球政策研究所，2008 年，全球风能机容量达 100000 兆瓦，3 月 4 日，地球政策研究所，华盛顿特区，< http：//www. earth-policy. org/Indicators/Wind/ 2008. htm >。

鉴于经济危机的影响，中国政府已将发展风电确定为促进经济增长的一个领域。2009 年，随着风电新增装机容量达到 13.8GW，中国已经超越美国的 10GW 成为世界最大的风力发电市场。而中国风电总装机容量也随之达到 25.8GW，超越德国位居世界第二（全球风能理事会，2010）。尽管美国在风电总装机容量方面仍然占据大幅领先地位，但如果中国以目前这种速度增加新的风电装机容量，它将于 2010 年超过美国成为拥有全球最大的风电装机容量的国家，提前 10 年实现其 2020 年 30GW 的目标。事实上，2008 年以来，中国已规划和设计了一个"大型风电基地计划"，其目的是 2020 年前在 6 个选定的中国省份建成规模 127.5GW 的风力发电基地。这项计划预计将使中国风力发电总装机容量在 2020 年达到 150GW 甚至更大，是 2007 年 9 月设立的目标的 5 倍。

由于电力需求和风力发电新装机容量增长速度都超过预计速度，且环境恶化进一步加剧，中国提高了其风力发电的目标。现在的目标是到 2020 年至少有 100GW 的风力发电机组联网运行。这个修订后的目标比现有目标高出 70GW，是当前风电总装机容量的 4 倍，比英国目前全部发电装机容量还要高 30% 以上。此外，国家发改委颁布的风电标杆上网电价在 2009 年 8 月 1 日生效。这意味着 2003 年实施以来备受争议的以投标为基础来确定上网电价方式的终结。根据风能资源质量和工程建设条件，中国被划分为 4 类风能区域，相应的标杆上网电价被分别定为每千瓦时（kWh）0.51、0.54、0.58 和 0.56 元（国家发改委，2009）。该上网电价与国家发改委在过去几年中批准在大部分地区实行的上网电价相当，并远高于通过招标确定的电价水平。通过公布上网标杆电价，使投资者了解其项目的预期回报率，中国政府旨在鼓励高质量风能资源的开发。与此同时，新的定价机制也鼓励风力发电厂降低投资和运行成本，提高经济效益，从而推动中国整个风电产业的健康发展。

应该强调的是，虽然中国已经建立了非常雄心勃勃的风力发电目标，但面临风电无法完全上网的难题，许多地方电网因为太弱无法接入所有的风力发电量。风电机组往往要等待 4 个月或以上才能接入电网。在 2007 年底的 5.9GW 总装机容量中，只有 4GW 接入电网（Cyranoski，2009）。在 2010 年第一季度，因为没有接入电网而废弃的风力发电量近 3 亿度。这是一个不小的数目，因为当时总的风力发电量也才 5 亿度（Chen，2010）。因此，中国需要大规模改造电网，使风电的发展与电网的规划和建设相配套。随着新的风力发电场的兴建，大量的输电线路也要随之建成。此外，由于 2020 年规划风力发电装机容量显著提高，中国现在应该更重视风电企业是否切实向电网供电及其能力，而非只是关注是否完成规划的装机容量。因此提高国产风机的质量至关重要。虽然成本较低，但国产风力发电机组出现故障更频繁，整体容量因素比国外风机低几个百分点。而这几个百分点的差异，可能恰恰是一个风力发电场是否经济可行的关键。

中国提出的碳排放强度目标：雄心勃勃还是毫无新意？

在哥本哈根气候峰会前，中国承诺到 2020 年前将其碳排放强度在 2005

年水平的基础上削减 40% ~ 45%。不少讨论开始关注这样的承诺到底是雄心勃勃，还是如往常一样毫无新意（例如，Qiu, 2009）。中国认为这是一个宏伟的目标，但一些西方学者（例如，Levi, 2009）则认为稀松平常。可从几个角度来评估这个问题。

一个角度是看提出的这个 2020 年的碳排放强度目标与目前"十一五"经济蓝图中确定的节能目标是否一样具有挑战性。这就要求首先明白为什么目前的 20% 的节能目标被认为非常具有挑战性。如前所述，中国要求 2010 年单位国内生产总值能耗在 2005 年水平的基础上削减 20%。2006 年，是能源效率驱动的第一年，虽然中国在 2006 年上半年扭转了能耗强度的上升势头，但是全年能耗强度仅下降了 1.8%。虽然这是自 2003 年以来的首次能耗强度下降，但距离 4% 的目标尚远。2006 年，中国 31 个省级行政单位中，只有北京实现了节能目标，单位 GDP 能耗减少了 5.3%，其次是另一个中国的大都市天津，能耗强度降低了 4%，上海降低了 3.7%，浙江和江苏都降低了 3.5%（国家统计局等，2007）。[①] 2007 年，在实现节能的共同努力下，中国能耗强度减少了 4%（国家统计局等，2009）。北京继续居首，能耗强度降低 6%，其次是天津和上海的 4.9% 和 4.7%（国家统计局等，2008）。这清楚地表现了北京对 2008 年"绿色"奥运会的承诺。不过，在此期间，有 7 个省的节能指标低于全国平均水平。2008 年，中国第一次超过了整体年均节能目标（4.4%），能耗强度减少了 4.6%（国家统计局等，2009）。这样的结果部分是由于经济危机减少了对能源的总体需求，特别是对能源密集型产品的需求。总体而言，在计划的前 3 年，能耗强度相比于 2005 年的水平减少了 10.1%。这表明，中国若想实现制定的节能目标，剩下的两年的总体表现必须要与前三年相同。此外，正如在下文将要讨论的，中国能耗强度的削减已经计入第二次全国经济普查对中国国内生产总值数据的修订因素，该普查反映了中国政府为改善其统计数据质量的不懈努力，以应对国内外对中国统计数据的质疑。经济数据修订表明，中国的经济增长速度比原先估计的更快，也更多地转向服务业，因此也有利于达到能耗强度指标。即便如此，中国实现其 20% 的节能目标也很不容易。2020 年新的碳排放强度目标要求在现有能耗强度指标之上，排放强度再减少 20% ~ 25%。中国要做到这一点显然要面临更大的挑战并付出更高的代价。

如果实现了这一目标，中国在全球共同承诺将温室气体排放在大气中的

---

① 关于为什么北京实现节能目标最成功的详细讨论，请参考 Zhang（2007a, 2007c, 2007d）。

浓度稳定在理想水平的行动中是否履行了中国应承担的部分？世界能源展望2009（国际能源署，2009b）已经将许多没有被纳入世界能源展望2007（国际能源署，2007）的政策纳入其基准方案。该预测将2020年中国的碳排放基准线定为96亿吨二氧化碳。在其雄心勃勃的百万分之450（ppm）二氧化碳当量方案下，中国2020年的二氧化碳排放量预计将为84亿吨，比基准线少12亿吨（国际能源署，2009b）。现在，让我们正确地看待中国提出的碳排放强度的目标。我自己的计算结果表明，在2006~2020年间，碳排放强度削减40%~45%将减少二氧化碳排放4.6亿~12亿吨，这比2009年世界能源展望为中国2020年设定的基准线低4.8%~12.7%。需要指出两个关键点。第一，即使是这个范围的下限，也代表了巨大的进展，因为它代表了比2009年世界能源展望的基线水平低4.8%。第二，如果中国能够实现自己提出的碳排放强度降低45%的目标，中国到2020年将比基线水平减少排放12亿吨二氧化碳，这正是世界能源展望在其雄心勃勃的450ppm情景下要求中国做的。这相当于450ppm情景下整个世界在2020年需要减排量的31.6%，这个份额高于中国占世界二氧化碳排放量的份额（28%）。显然，中国目标的上限（如果能实现的话）与450ppm情景中需要中国履行的义务是一致的。

可以说，只要中国在2006~2020年间削减40%的碳排放强度，中国就可宣称实现了碳排放强度的目标。这就出现该强度削减的说服力问题。国际能源署（2009b）估计，中国实施已在考虑的国家政策到2020年将减少约10亿吨二氧化碳。这表明到2020年，碳排放强度比2005年的水平减少了43.6%，说明中国的碳排放强度目标的下限很保守。强调这几个百分点的差距很重要吗？这对于一个小国而言也许并不那么重要，但对中国则不然。

中国2020年碳排放强度目标是否有进一步提高的空间？非常困难，但并非不可能。鉴于在2009年世界能源展望中考虑的能够使2020年中国从其基线水平削减10亿吨二氧化碳排放的诸多政策并不是专门针对气候变化制定的，中国可以加快实施这些政策的速度，加大这些政策的实施力度，并制定其他明确针对延缓和适应气候变化的政策。这将使中国的碳排放强度进一步降低。

那么，2020年中国能耗强度和碳排放强度的尺度或界限是什么？假设中国的年均经济增长率保持在2009年世界能源展望中采用的7.6%，而且中国能够将2006~2020年的能源使用量增长速度限制在经济增长速度的一半以内，那么到2020年，中国单位GDP的能源消费量将比2005年减少

42%。这种粗略计算假设 2006～2020 年的能源需求收入弹性系数为 0.5，因为该值在 20 世纪 80 年代和 90 年代就大概如此。由于在 2002～2005 年间中国能源消耗速度快于经济增长速度，这一弹性系数在将来很可能会更高，从而加快排放增长速度。因此，中国 2020 年能耗强度较 2005 年降低 42% 可被认为是中国能耗强度目标的上限。2005 年，无碳能源满足了中国总能源需求的 7.1%（国家统计局，2009），而且该比例到 2020 年被要求提高到 15%，因此能耗强度减少 42%，相当于在 2006～2020 年间碳排放强度削减 50%，这意味着中国可以进一步提高自己提出的碳排放强度削减目标。因此，中国在 2006～2020 年间的碳排放强度目标应定格为削减 46%～50%。政府间气候变化委员会（IPCC，2007）建议众多发展中国家到 2020 年将其温室气体排放限制在低于基准水平的 15%～30%。这个 46%～50% 的碳排放强度削减将导致中国 2020 年的绝对碳排放量削减比基线水平低 15%～21%。这将使中国的绝对碳排放量削减在政府间气候变化委员会的建议水平内。

中国的能源和 GDP 统计数据的可靠性问题

有一个雄心勃勃的承诺是一回事，而能否履行这一承诺则是另一回事。虽然中国承诺的水平对于其他国家的承诺水平和严厉度有着至关重要的影响，但更重要的是搞清楚那些所谓的碳排放量减少是否真实。这就涉及中国能源统计数据和国内生产总值的统计数据的可靠性问题。

中国统计数据的可靠性并不被普遍认可（例如 Rawski，2001）。中国在哥本哈根气候峰会上拒绝美国和其他工业化国家对其统计数据提出的增加透明度和检查的要求被当成是对达成协议的干扰而被反复引用。然而，只要中国的承诺是以碳排放强度的形式，那么就存在排放数据和国内生产总值数据的可靠性问题。

二氧化碳的排放系数将化石能源消耗转换为二氧化碳排放，假设二氧化碳排放系数为定值，那么碳排放数据的可靠性就取决于能源消耗数据。与出现在中国统计年鉴中工业产品统计数据表中的能源数据不同，一次能源生产和消费统计数据通常在发布后次年进行修订。正如所预期的，对生产统计数据作出的调整远远小于对消费统计数据的修改，因为比起数目众多的能源消费者来说，数目相对较少的能源生产企业的相关数据要更容易收集。表 6-3 给出了 1990～2008 年间中国一次能源总消费量和煤炭总消费量的初始值及最终值。20 世纪 90 年代后期和 21 世纪初期中国对能源消费总量数据的修订幅度是 1996 年之前的若干倍。1999 ~ 2001 年间能源消费总量的初始值被调高了 8% ~ 10%。这是因为在这 3 年，煤炭总消费量被调高了 8% ~ 13%，以反映没有计入统计数据内的一些主要产自小型、低效率、污染严重的煤矿的产煤量。这些煤矿在一场开始于 1998 年的被广泛宣传的全国性运动中被勒令关闭，但很快，为了保护当地就业机会创造税收以及地方官员个人利益的缘故，地方政府又重新允许许多这类煤矿开始运营。近些年来，能源消费量的初始数据与最终值之间的差距不那么大。

表 6 – 3　中国一次能源消耗总量和煤炭消耗总量的初始值和最终值（1990 ~ 2008 年）

年份	一次能源消耗总量			煤炭消耗总量		
	初始值 （mtce）	最终值 （mtce）	调整幅度 （mtce）	初始值 （mtce）	最终值 （mtce）	调整幅度 （mtce）
1990	980	987	0.7	741	752	1.5
1991	1023	1038	1.4	777	790	1.6
1992	1089	1092	0.2	816	826	1.3
1993	1117	1160	3.8	814	866	6.5
1994	1227	1227	0.0	921	921	0.0
1995	1290	1312	1.7	968	979	1.1
1996	1388	1389	0.1	1041	1038	– 0.3
1997	1420	1378	– 3.0	1044	988	– 5.3
1998	1360	1322	– 2.8	974	920	– 5.5
1999	1220	1338	9.7	819	925	13.0
2000	1280	1386	8.2	858	939	9.5
2001	1320	1432	8.5	884	955	8.0
2002	1480	1518	2.6	978	1006	2.9
2003	1678	1750	4.3	1126	1197	6.3
2004	1970	2032	3.2	1334	1382	3.6
2005	2233	2247	0.6	1539	1553	0.9
2006	2463	2463	0.0	1709	1709	0.0
2007	2656	2656	0.0	1846	1846	0.0
2008	2850 [*]	1958 [*]				

注：mtce = 百万吨标准煤。

[*] 2008 年的能源消耗与煤炭消耗数据是初始值。

资料来源：基于国家统计局各年的中国统计年鉴，中国统计出版社。

同样，中国国内生产总值也是先推出初步数据，然后再做修订。修订后的 2005～2008 年间 GDP 数据，又根据 2008 年 2 月公布的第二次全国农业普查和 2009 年 12 月公布的第二次全国经济普查数据做了进一步核实。随着国内生产总值和其中的服务业份额都被上调，中国的能耗强度初始值与最终报告值之间差距相当大。如表 6－4 所示，这些修改导致 2006 年的能耗强度初始值和最终值之间差别高达 45.5%。随着中国政府继续努力改善其统计数据质量，这种差距在不断缩小。

表 6－4　中国能耗强度削减：初始值和最终值

单位：%

年份	初始值	修订值	最终值	初始值与最终值的差别
2006	1.23（2007 年 3 月）	1.33（2007 年 7 月）	1.79（2008 年 7 月）	45.5
2007	3.27（2008 年 3 月）	3.66（2008 年 7 月）	4.04（2009 年 6 月）	23.5
2008	4.59（2009 年 6 月）	5.2[a]（2009 年 12 月）		13.3
2009	3.98[b]（2010 年 3 月）			

a 基于第二次全国经济普查中修正后的 2008 年 GDP 数据，该数据使得当年的 GDP 增长速率从原来的 9% 上调为 9.6%，并提高了服务业占 GDP 的份额。

b 作者根据国家发改委的报告称中国"十一五"前 4 年能耗强度较 2005 年减少 14.38% 的报道计算，见新华网 2010："发改委：已提前完成十一五减排目标"，新华网，3 月 10 日，< http：// news. sina. com. cn/c/2010－03－10/152019834186. shtml > ）。

注：括号内的日期为相应数据的公布时间。

从前面的讨论可知，国内生产总值数据对能耗强度或碳排放强度的影响要比能源消耗数据和排放数据更大。在哥本哈根气候峰会上，中国最终妥协同意开放其排放量数据以供国际咨询和分析。欧盟已提出将建设一个稳健而透明的排放数据和性能核算框架，作为贯彻落实哥本哈根协议的关键因素（欧盟委员会，2010）。这一切将如何制订仍有待观察。中国没有同意开放其国内生产总值数据供国际咨询和分析。只要中国的承诺是以碳排放强度的形式，建立一个稳健而透明的排放和性能的核算框架会有所帮助，但不足以消除国际社会对中国承诺的可靠性的担忧。前面所提到的中国对 GDP 数据的修订部分反映了中国政府持续改善经济统计数据的准确性和可靠性的努力。尽管这种修订不是被用来粉饰政府的能耗强度指标，但实际上这个指标确实受益。可见这种修改对实现 2010 年中国现有的节能目标以及中国提出的 2020 年碳排放强度目标带来巨大影响。

99

中央与地方的关系，节能与减排

鉴于中国庞大的规模和多样性，中央政府无法单枪匹马地在全国推行节能和环境保护。特别是经过 30 年经济改革，中央政府已把资源控制权和决策权下放给地方政府和企业。因而，低一级政府有效实施节能和减少污染政策的能力及动力成为关键。

决策权下放给地方政府使得环保管理权已掌握在地方官员手中。他们关心的是经济增长，目前中国的官员评价体系中，地方官员被提拔的基础是他们提高当地经济的速度。这个扭曲的激励机制诱使官员无视经济增长的环境成本。此外，中国目前的财政体制也在部分推动地方政府追求更高的国内生产总值增长，因为现行财政机制下很难调和中央政府和地方政府的利益（Zhang，2007c，2007d，2009a）。中国于 1994 年通过了分税制改革，即一部分税收完全由中央政府征收，一部分税收完全由当地政府征收，还有一部分由中央和地方政府共享。那些来源稳定、征税基础广泛、容易征收的税种归属于中央政府，如消费税、关税和车辆购置税。增值税和所得税由中央和地方政府共享，增值税的 75% 和所得税的 60% 归中央政府。结果在 1994 年，中央政府的收入比前一年增长了 200%。这导致了政府总收入的中央份额从 1993 年的 22% 上升到 1994 年的 55.7%，而其在政府总开支中的比例仅上升了 2%。到 2008 年，地方政府收入只占政府总收入的 46.7%，而开支却占政府总开支的 78.7%。为了支付地方文化和教育行业、支持农业生产和社会保障等方面的支出，地方政府几乎没有选择，只能把重点放在扩大本地的生产上面。通过征收城市维护和开发税、契税、耕地占用税和城镇土地使用税等来增加税收。

中国另一个与分税制有关的扭曲例子是差别电价。国家发改委要求各省级政府从 2006 年 10 月 1 日起提高 8 个高能耗产业的电价（表 6-5），但许多地方政府并未执行这项旨在对高耗能行业中被列为"淘汰类"或"限制类"的企业收取更高电费的规定，有 14 个省甚至继续为这些行业提供优惠电价。原因就在于地方政府缺乏执行这项政策的动力，因为从差别电价中获得的额外收入都归中央政府。作为激励，这项政策设计时就应将部分收入分配给地方政府，同时要求地方政府将这些收入专用于产业升级、节能减排（Zhang，2007c，2007d，2008，2009a）。

表6-5 中国8个高耗能行业的差别电价差异

单位：元/千瓦时

		现行差别电价标准	额外加价2006年10月1日起	额外加价2007年1月1日起	额外加价2008年10月1日起
8个高耗能行业	淘汰类	0.05	0.10	0.15	0.20
	限制类	0.02	0.03	0.04	0.05

资料来源：国家发展与改革委员会（NDRC）2006b，关于完善差别电价政策的意见，2006年9月，北京，< http: //www. gov. cn/zwgk/2006 - 09/22/content_ 396258. htm >。

上述例证表明，必须仔细研究导致地方官员对环境保护工作缺乏合作的主客观因素，为合作提供适当的激励机制。要让地方官员明白他们必须认真对待自己工作中的环境问题，一个办法是将节能和环保指标纳入到对地方官员业绩考评的总体评价体系中去。如前所述，为确保"千家企业节能行动计划"目标的完成，把实现能源效率的提高变成对这些企业负责人的工作业绩的考评标准。这种以业绩为基础的做法应该得到加强和推广，来确保地方官员对当地的节能和减少污染负责。应放弃以国内生产总值作为对地方官员进行考评唯一标准的做法。取而代之的是，官员的业绩考评不仅仅要看一个地区的经济增长，更要看其经济发展的模式和质量。沿着这个方向目前已有一些令人鼓舞的迹象，但比起中国面临的巨大挑战来讲还远远不够。

激励地方官员不再专注于单纯的经济增长目标的另一个办法是减轻地方政府的财政负担。要帮助他们支付前述的不成比例的政府开支的关键是扩大其税收。中央政府要为地方政府培养稳定而可观的收入来源。地方政府对物业税或不动产税的渴求十分迫切。在通过分税制改革的1994年，境内资源税划归给地方政府，而中央政府征收离岸资源税。目前，中国资源税是根据资源的开采量征收的。从1984年起，中国对每吨原煤征收2~5元人民币的资源税，煤焦为每吨8元，加权平均后约合每吨煤炭征收5元的资源税。原油的资源税为每吨8~30元。虽然自1984年以来煤炭和石油的价格显著上涨，但其资源税在过去的25年内保持不变。此外，目前仅针对包括煤、石油和天然气在内的7种类型的资源征收资源税。征收覆盖面太窄，远远不能满足节约资源和保护环境的需要。因此，扩大资源税目前的覆盖范围，改革计征方式，由从量征收改为从价征收，并显著提高征收水平，将有助于增加地方政府的收入，同时促进环境保护。

结　论

　　1980～2000 年间，中国在能源消费量翻一番的情况下实现国内生产总值翻两番的成就。但自 2002 年以来，中国能源消费增长速度开始快于经济增长速度。为了扭转这一趋势，中国首次在其五年经济计划中将投入指标作为一个约束，即在 2006～2010 年间的"十一五"期间，要求单位 GDP 的能源消费量减少 20%。普遍认为这是朝着以科学发展观建设和谐社会方向迈出的重要一步。过去 4 年中，尽管中国在节能降耗、减少污染和促进可再生能源的广泛使用方面作出了巨大的努力，但减排效果和质量不如预期理想，实现预定的节能目标困难重重。

　　面对国内节能降污和来自国际气候谈判方面要求中国进一步限制温室气体排放的压力，就在哥本哈根气候峰会之前，中国承诺到 2020 年将其碳排放强度在 2005 年水平的基础上减少 40%～45%。这一单方面的承诺清楚地表明了中国进一步将其经济增长与碳排放量脱钩的决心。中国提出的碳排放强度目标绝不像某些西方学者认为的是稀松平常，因为即使是这个目标的下限也比 2009 年世界能源展望的基准水平低 4.8%，更遑论目标的上限比 2009 年世界能源展望的基准水平低 12.7% 了。另一方面，在中国公布其碳排放强度的目标之前，实施正在考虑的国家政策将使中国 2020 年碳排放强度比 2005 年水平削减 43.6%。由于中国已经是世界上最大的碳排放国，而且中国占世界碳排放量的比例仍在继续上升，因此中国碳排放强度即使减少额外几个百分点，也对全球排放量有着重要影响。中国进一步削减其碳排放强度虽然很困难，但并非不可能。本文建议，中国在 2006～2020 年间碳排放强度削减目标可以定为 46%～50%。这将使中国的绝对排放减少量正好处在 IPCC 推荐的发展中国家水平内。

　　中国提出的碳排放强度目标不仅需要被认为是宏大的，更重要的是它必须可靠。要确定该目标是否可信涉及两个问题。一个是宣称的碳排放量的减少本身是否真实。这就提出了中国能源和国内生产总值统计数据的可靠性问题，因为国内外对中国的统计数据的可靠性一直存有质疑。中国在哥本哈根作出妥协，同意开放其排放量数据供国际咨询和分析只是一个开始，实际情况仍有待观察。只要中国的承诺是碳排放强度的形式，就有必要建立一个稳健而透明的排放和性能核算框架，但这样做仍不足以消除国际社会对中国承诺的可靠性的担忧。中国近年来对 GDP 和能源消耗数据的修订部分反映了中国政府持续改善中国经济和能源消耗统计数据准确性和可靠性的努力。这些修订表明，比起能源消耗和排放数据，国内生产总值数据对能耗或碳排放强度的影响更关键。这些修改也对实现中国现有的 2010 年节能目标及中国提出的 2020 年的碳排放强度目标带来巨大影响。

另一个问题是中国是否真的能够达成预定的目标，因为中国在实现其 2010 年节能 20% 的目标过程中已经面临并将继续面临巨大的困难。中国需要进一步加强现有的节能政策和措施。中国在最近几年已经提高了汽油和柴油的价格，削减了能源补贴，鼓励提高燃料使用效率，鼓励采用从源头减少排放的清洁技术。取消这些补贴虽然令人鼓舞，但这只是纠正能源价格的第一步。接下来的步骤包括将资源本身的成本纳入到价格中，以反映其稀缺性和外部性内部化的成本。更重要的是，中国需要大幅度加强产业结构调整力度，以控制高耗能、高污染和资源密集型产业的疯狂扩张。此外，鉴于中国在过去的 30 年中已将资源控制权和决策权转移到了地方政府一级，因此还必须确保地方政府行为与中央政策保持协调一致，并且有足够的资金实现地方政府自己的政策目标。

最后，应该强调的是，为了实现中国现有的 2010 年节能目标和 2020 年碳排放强度目标而颁布的上述政策和措施，显示了中国领导人的良好愿望和决心。但是，要真正实现这些期望的成果，需要严格执行和相互协调这些政策措施，例如上面提到的风电发展及其与电网规划和建设之间的协调就体现了这一点。这是确定中国能否实现其碳排放强度目标前景的决定性因素。毫无疑问，要实现这一目标对中国而言是一个巨大的挑战。中国能否将这一挑战转化成一个中国和全球气候变化的双赢结果，全世界都在拭目以待。

（樊腾飞 译）

参考文献

1. An, F. and Sauer, A. 2004, *Comparison of Passenger Vehicle Fuel Economy and GHG Emission Standards Around the World*, December, Pew Center on Global Climate Change, Arlington, Va, http://www.pewclimate.org/docUploads/Fuel Economy and GHG Standards_ 010605_ 110719. pdf.

2. Beijing Municipal Commission of Development and Reform（BMCDR）2006, *The 11th Five-Year Development Program for Energy Conservation in the Building Sector of Beijing Municipality*, 8 September, Beijing Municipal Commission of Development and

Reform, http：//www. beijing. gov. cn/zfzx/ghxx/sywgh/t662751. htm.

3. Chen, Y. H. 2010, 'NEA mandated wind power to be hooked up with the grids as a result of China's emissions reduction commitments', *21st Century Business Herald*, 30 April, http://finance. sina. com. cn/chanjing/cyxw/20100430/02257855241. shtml.

4. Cyranoski, D. 2009, 'Beijing's windy bet', Nature, vol. 457, no. 7228, pp. 372 – 4. Earth Policy Institute 2008, Global Wind Power Capacity Reaches 100, 000 Megawatts, 4 March, Earth Policy Institute, Washington, DC, http：// www. earth-policy. org/Indicators/Wind/2008. htm.

5. Energy Information Administration (EIA) 2004, International Energy Outlook 2004, US Energy Information Administration, Washington, DC.

6. European Commission 2007a, Communication from the commission to the European Council and the European Parliament：an energy policy for Europe, COM (2007) 1 final, 10 January, European Commission, Brussels, < http：//ec. europa. eu/ energy/energy_ policy/doc/01_ energy_ policy_ for_ europe_ en. pdf > .

7. European Commission 2007b, *Energy for a Changing World：An energy policy for Europe— the need for action*, European Commission, Brussels, < http：//ec. europa. eu/energy/ energy_ policy/doc/2007_ 03_ 02_ energy_ leaflet_ en. pdf > .

8. European Commission 2010, *International climate policy post-Copenhagen：acting now to reinvigorate global action on climate change*, COM (2010) 86 final, 9 March, European Commission Brussels, < http：//ec. europa. eu/environment/climat/pdf/com_ 2010_ 86. pdf > .

9. Global Wind Energy Council 2010, *Global Wind 2009 Report*, March, Global Wind Energy Council, Brussels, http：//www. gwec. net/fileadmin/documents/Publications/Global _ Wind_ 2007 _ report/GWEC _ Global _ Wind _ 2009 _ Report _ LOWRES _ 15th. percent 20 Apr. . pdf.

10. Huang, Q. L. 2008, 'Cleaner and more efficient coal-fired power generation technologies in China', *Huadian Technology*, vol. 30, no. 3, pp. 1 – 8.

11. International Energy Agency (IEA) 2007, *World Energy Outlook 2007*, International Energy Agency, Paris.

12. International Energy Agency (IEA) 2009a, *Cleaner Coal in China*, International Energy Agency, Paris.

13. International Energy Agency (IEA) 2009b, *World Energy Outlook 2009*, International Energy Agency, Paris.

14. Intergovernmental Panel on Climate Change (IPCC) 2007, *Climate change 2007： mitigation of climate change*, Working Group III Contribution to the Fourth Assessment Report, Cambridge University Press, Cambridge.

15. Levi, M. 2009, *Assessing China's Carbon Cutting Proposal*, 30 November, Council on Foreign Relations, New York.

16. National Bureau of Statistics (NBS) 2009, *China Statistical Yearbook 2009*, China Statistics Press, Beijing.

17. National Bureau of Statistics （NBS） various years, *China Statistical Yearbook*, China Statistics Press, Beijing.

18. National Bureau of Statistics （NBS）, National Development and Reform Commission （NDRC） and National Energy Administration （NEA） 2008, *Bulletin on energy use per unit of GDP and other indicators by region*, 14 July, National Bureau of Statistics, National Development and Reform Commission and National Energy Administration, Beijing, < http：//www. stats. gov. cn/ tjgb/qttjgb/qgqttjgb/t 20080714_ 402491870. htm > .

19. National Bureau of Statistics （NBS）, National Development and Reform Commission （NDRC） and National Energy Administration （NEA） 2009, *Bulletin on energy use per unit of GDP and other indicators by region*, 30 June, National Bureau of Statistics, National Development and Reform Commission and National Energy Administration, Beijing, < http：//www. stats. gov. cn/ tjgb/qttjgb/qgqttjgb/t20090630_ 402568721. htm > .

20. National Bureau of Statistics （NBS）, National Development and Reform Commission （NDRC） and Office of The National Energy Leading Group 2007, *Bulletin on energy use per unit of GDP and other indicators by region*, 12 July, National Bureau of Statistics, National Development and Reform Commission and Office of The National Energy Leading Group, Beijing, < http：//hzs. ndrc. gov. cn/newjn/t 20070809 _ 152873. htm > .

21. National Development and Reform Commission （NDRC） 2006a, *The top 1000 enterprises energy conservation action program*, NDRC Environment and Resources ［2006］ no. 571 （April）, National Development and Reform Commission, Beijing, < http：// hzs. ndrc. gov. cn/newzwxx/t20060414_ 66220. htm > .

22. National Development and Reform Commission （NDRC） 2006b, Suggestions for improving the policy on differentiated tariffs, September, National Development and Reform Commission, Beijing, < http：//www. gov. cn/zwgk/2006 – 09/22/content_ 396258. htm > .

23. National Development and Reform Commission （NDRC） 2008a, China had decommissioned fossil fuel-fired small plants with a total capacity of 25. 87 GW since January 1, 2006, 14 July, National Development and Reform Commission, Beijing, < http://nyj. ndrc. gov. cn/sdyx/t20080714_ 224054. htm > .

24. National Development and Reform Commission （NDRC） 2008b, *A circular on the evaluation of energy saving in 2007 of the top 1000 enterprises*, 27 August, National Development and Reform Commission, Beijing, < http：//hzs. ndrc. gov. cn/jnxd/ t20080903_ 234934. htm > .

25. National Development and Reform Commission （NDRC） 2009, *A circular on improving on grid feed-in tariffs for wind power*, 22 July, National Development and Reform Commission, Beijing, < http：//www. fenglifadian. com/zhengce/512169872. html > .

26. National Development and Reform Commission (NDRC) and National Bureau of Statistics (NBS) 2007, *Bulletin on energy use of the top 1000 enterprises*, 18 September, National Development and Reform Commission and National Bureau of Statistics, Beijing, <http://www.sdpc.gov.cn/zcfb/zcfbgg/2007gonggao/W020071009598162122784.pdf>.

27. Pew Charitable Trusts 2010, *Who's Winning the Clean Energy Race? Growth, competition and opportunity in the world's largest economies*, March, Pew Charitable Trusts, Philadelphia, http://www.pewtrusts.org/uploadedFiles/wwwpewtrustsorg/Reports/Global_warming/G-20percent20Report.pdf?n=5939.

28. Qiu, J. 2009, 'China's climate target: is it achievable?', Nature, vol. 462, pp. 550-1.

29. Rawski, T. G. 2001, 'What is happening to China's GDP statistics?', *China Economic Review*, vol. 12, no. 4, pp. 347-54.

30. Wang, P. and Ye, Q. 2009, 'China about to release new energy development plan by the end of 2009', Xinhua Net, 9 August, <http://news.sina.com.cn/c/2009-08-09/140918397192.shtml>.

31. Zhang, Z. X. 2000, 'Can China afford to commit itself to an emissions cap? An economic and political analysis', *Energy Economics*, vol. 22, no. 6, pp. 587-614.

32. Zhang, Z. X. 2003, 'Why did the energy intensity fall in China's industrial sector in the 1990s? The relative importance of structural change and intensity change', *Energy Economics*, vol. 25, no. 6, pp. 625-38.

33. Zhang, Z. X. 2005, Sustainable energy development in China: challenges ahead to 2020, Keynote address at the International Conference on Staying Ahead of the Energy Scenarios, Bangkok, 11 November.

34. Zhang, Z. X. 2007a, 'China's reds embrace green', *Far Eastern Economic Review*, vol. 170, no. 5, pp. 33-7.

35. Zhang, Z. X. 2007b, 'China is moving away from the pattern of "develop first and then treat the pollution"', *Energy Policy*, vol. 35, pp. 3547-9.

36. Zhang, Z. X. 2007c, Greening China: can Hu and Wen turn a test of their leadership into a legacy? Presented at the Plenary Session on Sustainable Development at the first Harvard College China-India Development and Relations Symposium, New York, 30 March-2 April.

37. Zhang, Z. X. 2007d, Energy and environmental policy in mainland China, Keynote address at the Cross-Straits Conference on Energy Economics and Policy, organised by the Chinese Association for Energy Economics, Taipei, 7-8 November.

38. Zhang, Z. X. 2008, 'Asian energy and environmental policy: promoting growth while preserving the environment', *Energy Policy*, vol. 36, pp. 3905-24.

39. Zhang, Z. X. 2009a, 'Is it fair to treat China as a Christmas tree to hang everybody's complaints? Putting its own energy-saving into perspective', *Energy Economics*, 3 December, <doi: 10.1016/j.eneco.2009.03.012>.

40. Zhang, Z. X. 2009b, 'In what format and under what timeframe would China take on climate commitments? A roadmap to 2050', International Environmental

Agreements: Politics, law and economics, Social Sciences Research Network, <http: //papers. ssrn. com/sol3/papers. cfm? abstract_ id = 1415123 >.

41. Zhang, Z. X. 2009c, 'The US proposed carbon tariffs, WTO scrutiny and China's responses', International Economics and Economic Policy, DOI: 10. 1007/s10368 – 010 – 0166 – 8.

42. Zhang, Z. X. 2009d, China in the transition to a low-carbon economy, *Energy Policy*, <http://www. eastwestcenter. org/fileadmin/stored/pdfs//econwp109. pdf >.

43. Zheng, X. and You, S. 2007, Heat reform in Tianjin China, Unpublished manuscript, School of Environmental Engineering, Tianjin University.

第七章
缩小中国地区间差距的前景

Jane Golley

引　言

改革开放之初，邓小平指出中国的经济发展必将使一部分人先富起来。
30 年来，遍及中国各省份和地区之间（及各自内部）的不平等现象在不断
扩大。从某种程度上说，这种现象是这个幅员辽阔的巨大国家实行市场经济
的必然结果。中国东部地区拥有许多历史和地域优势，使得这里的工业化要
早于全国其他地区。邓小平的开放政策以及后来的沿海发展战略，以一系列
优惠政策综合以上优势，明确地将促进东部地区发展置于优先地位。然而，
邓小平在谈到"两大形势"时坚持认为从长远来看"不会有贫富两极分
化"，其他地区的人们只需要一点点耐心。沿海省份在改革初期会享有优
势，但随后其利益将服从于内陆地区（邓小平，1987）。

1999 年底，江泽民宣布了西部大开发战略（WRDP），指出这一战略的
实施是贯彻邓小平提出的"两个形势"伟大战略思想、逐步消除地区差距、
巩固民族团结、确保边境稳定和社会稳定、促进社会进步的重要举措。在
西部大开发战略下，推出了无数的政策和项目，包括促进基础设施建设和
投资、保护西部脆弱的生态和环境、提高劳动力素质、推进企业改革和结
构改革、鼓励东西部合作、加快特定工业行业和重点项目的发展（如西电
东送工程和西气东输管道工程）。实现这一宏伟战略目标的时间框架已确定
为 21 世纪中叶，届时的设想是西部地区和其他地区之间的差距"大大缩

108

小"。

2002 年，胡锦涛同志指出"西部大开发"是建设"和谐社会"的重要组成部分。也许这个"巨大的系统性运动"还不够，本届政府于 2004 年正式推出了"振兴东北"计划，这一计划预计和西部大开发战略一起实施到 2020 年。此外，针对中部地区的"中部崛起"计划于 2005 年底正式宣布，虽然该计划中没有什么实质性的可确认的方案（Chung 等，2009）。至少在纸面上，中国共产党似乎正在郑重对待地区差距问题，除了东部最发达省份以外的所有省份都已身处在这样或那样的目标当中。

发展不平衡不仅是一个经济问题，也事关道德问题，对一个一直以平等原则作为政权合法性基础的政府尤其如此。看起来邓小平已经成功地说服了中国人民接受让有些人先富起来，但如果那些幸运儿与该国其他地区的差距继续扩大，而政府对此无动于衷，"这个政权的道德基础就会动摇"（Wang 和 Hu，1999：201）。这反过来又使地区发展不平衡问题成为一个有重要政治意义的问题。

我们没有任何把握可以预测未来 20 年中国的地区发展格局将如何展现，它取决于多种市场力量的不确定性和政策选择的不确定性之间的复杂相互作用。相反，本章首先给出了一个中国的地区形势的快照，这些情况代表和反映了工业发展的一些最新趋势。然后针对中国领导人提出的旨在刺激中国广大的内陆地区特别是西部地区的工业发展的众多战略，我们将研究中国实现哪怕其中一个地区战略目标的可能性，从理论和实证方面考虑其乐观和悲观的原因。尽管本章提供了一些迹象表明有些行业已经开始了由东向西的转移，但这里提出的证据平衡显示，在没有重大的政策调整的情况下，到 2030 年西部地区与其他地区间的差距充其量只会"轻微缩小"。

地 区 快 照

目前，中国共有 4 个直辖市，分别是北京、天津、上海和重庆；有 5 个自治区，分别是广西（壮族）、内蒙古、宁夏（回族）、西藏和新疆（维吾尔族）。"省"一词一般用来代表所有这些省级行政单位。本分析中不包括中国的两个特别行政区——香港和澳门。虽然针对中国的地区划分有许多种选择，但在这里我们的讨论重点是针对三个主要的大区域：东部、中部和西部。东部地区包括：辽宁、北京、天津、河北、山东、江苏、上海、浙江、福建、广东和海南；中部地区包括：黑龙江、吉林、山西、河南、安徽、湖北、江西、湖南；西部地区包括：新疆、甘肃、宁夏、陕西、青海、四川、贵州、云南、西藏、内蒙古、广西。内蒙古和广西是在 1999 年底西部大开发战略启动时被重新划入西部地区。下面所有的计算都是基于这个新的划分。另外，"沿海"一词相当于东部，"内地"则包括西部和中部。

表 7-1 给出了中国东部、中部和西部地区 2007 年的一些关键指标。在这里列出的所有指标（和几乎任何可以选择的其他指标）上，东部都优于其他两个地区。从东部到中部然后到西部的排名次序也是固定不变的，西部的城市化程度最低、教育程度最低、人们最贫穷、寿命也最低。西部工业国有化程度最高、出口份额最小、外国直接投资（FDI）也最少——这三个指标表明西部是中国各地区中改革最落后的。

表 7-1 地区印象（2007 年）

指　标	东部	中部	西部
人口（百万）	474.8	461.5	363.0
占全国人口的比例(%)	36.5	35.5	27.9
城镇人口比例(%)	55.0	43.3	37.0
6 岁以上人口中：			
小学学历或更低学历人口的比例(%)	35.8	36.7	49.0
高中学历或更高学历人口的比例(%)	23.0	20.3	15.6
预期寿命（2000 年时）	74.3	71.6	68.4
人均 GDP(元)	30131	15939	12229
工业产出中不同所有制企业所占份额(%)：			
国营或国家控股企业(%)	20.3	44.6	53.0
私营企业(%)	23.7	23.7	19.5
港资、澳资、台资及外资企业(%)	41.1	14.5	10.0
各地区出口占全国总出口额的比例(%)	88.2	8.0	3.8
各地区占全国总的外国直接投资的比例(%)	77.2	14.5	6.1
各地区占全国总预算收入的比例(%)	59.6	23.1	17.3
各地区占全国总预算支出的比例(%)	44.2	30.1	25.7

资料来源：作者的计算及中国国家统计局（NBS），《中国工业经济统计年鉴2008》，中国统计出版社。

当然，在各个地区内部也存在着显著的差异，这可以从表 7-2 的人均国内生产总值（GDP）中得到证明。2007 年，最富裕的上海的人均 GDP 是最贫穷省份贵州的将近 10 倍，而最近才重新划归西部的内蒙古的人均 GDP

表 7-2　人均 GDP 水平和增长率

地　区	2007 年人均 GDP(元)	平均年增长率(按目前价格)			
		1994~2000 年	排名	2000~2007 年	排名
东　部					
北　京	58204	13.9	7	14.6	19
天　津	46122	14.1	4	14.4	22
河　北	19877	14.3	3	14.6	18
辽　宁	25729	10.7	24	12.6	24
上　海	66367	14.7	2	9.8	31
江　苏	33928	12.6	13	16.3	8
浙　江	37411	13.9	6	15.7	12
福　建	25908	13.6	8	12.2	28
山　东	27807	13.5	10	16.5	6
广　东	33151	12.4	14	14.5	20
海　南	14555	6.1	30	11.3	30
中　部					
山　西	16945	10.5	25	18.6	2
吉　林	19383	10.8	23	16.0	10
黑龙江	18478	11.6	18	11.6	29
安　徽	12045	11.6	19	13.8	23
江　西	12633	12.6	12	14.7	16
河　南	16012	14.0	5	16.7	5
湖　北	16206	13.6	9	12.3	27
湖　南	14492	13.1	11	14.4	21
西　部					
广　西	12555	7.7	29	16.5	7
内蒙古	25393	11.8	16	23.3	1
重　庆	14660	—	—	16.1	9
四　川	12893	11.3	20	15.2	14
贵　州	6915	9.4	28	14.6	17
云　南	10540	10.9	22	12.4	26
西　藏	12109	14.9	—	15.0	15
陕　西	14607	11.7	17	18.1	3
甘　肃	10346	12.2	15	15.2	13
青　海	14257	9.8	27	15.9	11
宁　夏	14649	10.3	26	17.1	4
新　疆	16999	11.2	21	12.5	25
平　均	18934	12.3		13.4	

注："—"代表零。

资料来源：作者的计算及国家统计局（NBS）历年《中国工业经济统计年鉴》，中国统计出版社。

是中部省份安徽和江西的两倍多。这只是地区和收入水平之间的非线性关联的一个例证。值得注意的是，除西藏外，所有的西部省份在 1994～2007 年间（实际上是在改革开放的前 30 年）的人均 GDP 增长率都低于平均水平；而在 2000～2007 年间它们的表现又高于平均水平（新疆和云南除外）。此外，这两个时间段内西部人均 GDP 总量分别增加了 11.3% 和 15%，在后一时间段的增幅大于其他两个地区。但平均来看，三个地区在这一期间的增长率几乎相等，西部并没有超越其他两个地区。很难说经济增长率的提高是由于地区政策变化还是其他因素造成的，但这一现象似乎表明已经有了一些改变。这种变化是否会转化为较长时间内增长速率的持久差异仍有待观察。

2007 年，西部地区的年人均 GDP 为 12229 元——只有东部的 30131 元的 40%。2000～2007 年间，这两个地区的人均 GDP 的平均增长率几乎相同（尽管在地区内部各省之间存在着巨大的差异），按当前价格计算大约都为 15%。为了在 2050 年前彻底消除东西部的收入差距，西部每年的增长都需大幅快于东部地区。为了说明这一点，我们以 2007 年它们各自的收入水平为出发点，为了让东部和西部的人均收入在 2050 年相等，如果东部在此期间平均每年增长 10%，那么整个西部地区每年必须增长 12.33%。即使有了这样的平均增长率，到 2030 年西部的人均收入也仅相当于东部的 2/3。很明显，要想更迅速地缩小收入差距，地区间经济增长率的差距就需要更大。这引出了一个关键的问题：我们有什么理由期望西部（和中部）地区经济增长率在未来 20 年快于东部地区，从而缩小地区间平均人均收入差距呢？

近期工业发展趋势

中国不同地区在工业发展方面的差距是自 1978 年以来不断扩大的地区不平等的重要组成部分。图 7－1 说明了东部地区在中国工业总产值（GVIO）方面的主导地位。从 1978 年占总数的 59.2% 开始，东部地区的份额就一直稳步上升，到 2005 达到峰值 72.4%，然后在 2007 年份额略有下降至 70.4%。由于东部地区人口占总人口的比例为 36.4%，因此东部的人均工业产值远高于全国其他地区。近几年西部人均国内生产总值增长率的迅速改善是否反映了西部工业产值在更加迅速地增长以及随之而来的工业产值地区分布的变化？

在这个问题上，份额变化分析给出了一些启示。正如在较早的"中国

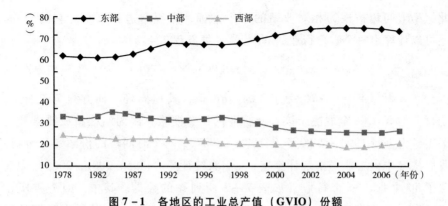

图 7-1 各地区的工业总产值（GVIO）份额

经济前沿"丛书（Golley，2003）中所指出的，份额变化分析将省级工业产值增长率分解为三个组成要素。其中，用 ΔYij 来表示 j 地区的 i 行业从基期到末期的工业产值的变化。根据定义，它等于 j 地区的 i 行业在基期的工业总产值 $Yij0$，乘以 j 地区的 i 行业在整个时间段内的增长率 Rij（见方程7.1）。

$$\Delta Yij = Yij0 \times Rij \qquad\qquad 方程 7.1$$

Rk 和 Rik 分别代表工业总产值的全国增长率和 i 行业的增长率。方程7.1 可以分解为三个组成要素（见方程 7.2）。

$$\Delta Yij = Yij0Rk + Yij0(Rik - Rk) + Yij0(Rij - Rik) \qquad\qquad 方程 7.2$$

方程 7.2 右边的第一项叫做国家增长要素，因为它是使 j 地区 i 行业的增长与国家趋势（Rk）完全匹配的部分。方程 7.2 右边的第二项是结构性的组成要素，反映了 j 地区 i 行业的增长多大程度上可以归因于这一地区的工业结合程度；如果在一个地区的工业结构中，主导产业的增长水平高于平均水平（Rik 较高），那么该地区的产出增长会快于全国其他地区。方程 7.2 右边的第三项是位置（或剩余）要素，因为它衡量比较了 j 地区 i 行业的增长率与该行业的国家平均增长率，从而反映了某一省的地方特色如何影响增长率。重新整理方程 7.2，我们给出了 i 行业在 j 省的净相对变化（NRC），它是实际变化与和国家变化部分的差值（见方程7.3）。

$$NRCij = \Delta Yij - Yij0Rk = Yij0(Rik - Rk) + Yij0(Rij - Rik) \qquad\qquad 方程 7.3$$

净相对变化（NRC）显示了 j 地区 i 行业的工业产值增长率是否快于或慢于全国平均水平，其值为正就表示快于全国平均工业产值的增长率。因此，NRC 可以被视为相对业绩的一个指标，方程右边各项是对它的解释。还可以计算出每个省全行业的 NRC 值（见方程 7.4）。

$$NRCj = \Delta Yj - YjORk = Yj0(Rk - Rk) + Yj0(Rj - Rk) \qquad \text{方程 7.4}$$

在方程 7.4 中，NRCj 是 j 省的 NRC 值，其他同理。如方程 7.4 所示，全行业的 NRC 完全取决于该省全行业的位置要素，因为结构组成要素变为了零。为进行 1994～2000 年及 2000～2007 年两个时间段的份额变化分析，我们从《中国工业经济统计年鉴》（国家统计局，1995，2001，2008）中选取了 30 个省、36 个行业（如表 7-3 所列）的数据。其中，因为重庆在 1997 年才成为直辖市，因此本分析中将其纳入四川省，以使两个时期的数据有可比性。如此一来，一些有意思的点出现了。

表 7-3 列出了 2000～2007 年间每个省和地区的全行业 NRC 值和平均年增长率。这表明了份额变化分析中的第一个关键信息：NRC 值为正数表示该省的增长率高于全国平均增长率（按当年价格计算为 22.3%），且 NRC 值就等于该省的增长率。东部和西部的增长率相同，均略高于全国平均水平，而中部略低于平均水平。因此，似乎并没有出现这样的情况：西部工业产值相对较高的增长率带动并提高了其经济增长率。那些地区总量显然没有表达出省一级的结果，而且值得注意的是，在中部的 8 个省中有 5 个省的 NRC 值为正，而东部 11 个省中有 5 个省的 NRC 值为负。这些东部和中部省份在地理上的邻近给我们提供了一些启示（尽管远不能称为证据），理论预测的产业转移可能已经开始（下文进一步讨论）。相比而言，西部省份的结果更不乐观，11 个省份中只有 3 个省的 NRC 值为正。

表 7-4 则提供了一个不同的观点，它给出了 2000～2007 年间东部、中部和西部的 36 个行业的 NRC 及位置组成要素。请注意，各地区中增长率高于全国平均工业产出增长率的行业（即结构要素为正的那些行业），其 NRC 可以记录为正，而每个行业的位置要素之和必须为零，因为它们反映了某一特定行业的区位优势。东部地区有 22 个行业的 NRC 为负值，表明该地区并非所有行业的表现都优于全国平均水平；同样，在东部有 18 个位置要素为负值，表明东部并不在所有行业中都占有区位优势。中部和西部各有 18 个和 15 个行业的位置要素记录为正，也表明这两个地区至少在这些行业有一些优势。有 13 个行业中东部的行业产值比例超过 80%，有 32 个行业中东部的行业产值比例超过 50%（见表 7-5）。其他地区要想取得进展，则需要

表 7 - 3　全行业 NRC 值和工业产值平均年增长率（2000～2007 年）

地　区	NRC（百万元）	平均年增长率（%）
东　部	2458.3	22.4
北　京	-2526.4	18.9
天　津	-2250.5	19.4
河　北	876.4	23.0
辽　宁	-1870.0	20.9
上　海	-7043.3	18.3
江　苏	3920.7	23.3
浙　江	4533.9	24.2
福　建	349.4	22.7
山　东	10426.9	25.6
广　东	-3999.8	21.2
海　南	41.1	22.9
中　部	-2968.0	21.7
山　西	2125.3	26.8
吉　林	-1324.8	19.6
黑龙江	-5255.8	13.4
安　徽	69.2	22.4
江　西	1783.3	27.1
河　南	3862.7	25.3
湖　北	-4950.8	16.3
湖　南	722.9	23.5
西　部	509.6	22.4
广　西	-121.2	21.9
内蒙古	2436.0	30.0
重　庆	889.1	23.1
四　川	-495.1	19.7
贵　州	-741.6	20.0
云　南	-38.5	11.9
西　藏	178.5	22.7
陕　西	-674.8	19.5
甘　肃	-106.9	20.5
青　海	-65.4	21.4
宁　夏	-750.2	19.3
全国总计	0.0	22.3

资料来源：作者的计算和国家统计局（NBS），《中国工业经济统计年鉴》，中国统计出版社，2001～2008。

表 7 – 4　地区 NRC 值和各行业的位置因素（2000～2007 年）

行　业	东部 NRC	东部 位置因素	中部 NRC	中部 位置因素	西部 NRC	西部 位置因素
煤矿采选业	425.7	– 660.0	1618.6	94.1	1089.6	565.9
石油和天然气开采业	– 2866.9	– 212.7	– 3045.2	– 614.5	– 646.5	827.2
黑色金属采选业	812.2	– 0.6	264.4	– 86.4	264.9	87.0
有色金属采选业	– 40.7	– 164.4	305.4	187.8	98.4	– 23.4
非金属矿物采选业	– 263.3	– 71.8	10.8	94.8	– 84.9	– 23.0
食品加工业	– 446.5	– 337.7	89.1	131.9	181.9	205.8
食品制造业	– 1142.2	– 601.2	120.7	281.8	244.8	319.4
饮料制造业	– 2312.8	– 407.3	– 589.0	125.3	– 334.2	282.0
烟草业	– 566.3	321.8	– 857.4	28.1	– 1689.2	– 349.9
纺织业	– 3615.1	896.0	– 1527.8	– 695.8	– 567.5	– 200.1
服装制造业	– 3027.1	– 19.4	– 192.3	28.3	– 56.2	– 8.9
皮革、皮毛及下游产品	– 1199.7	– 104.1	– 91.6	16.7	52.3	87.4
木制品加工业	96.7	– 201.1	221.7	144.9	80.4	56.1
家具业	657.5	120.2	– 16.8	– 108.7	26.7	– 11.5
造纸业	– 728.1	170.6	– 213.1	– 1.3	– 282.9	– 169.2
打印和记录媒介制造业	– 504.4	67.9	– 128.6	– 6.4	– 177.1	– 61.5
文化、教育及运动用品业	– 829.3	– 23.2	– 3.4	22.4	– 1.9	0.8
石油加工及炼焦业	– 2651.8	– 533.1	– 1479.2	– 701.0	956.7	1234.1
化学材料	762.4	1096.0	– 933.8	– 835.6	– 320.4	– 260.3
医疗和药品业	– 1222.8	24.6	– 448.7	44.0	– 422.8	– 68.6
化学纤维	– 1290.7	198.1	– 405.4	– 169.3	– 95.7	– 28.7
橡胶	– 215.7	100.9	– 78.0	– 21.4	– 109.6	– 79.5
塑料	– 747.6	19.0	– 83.4	6.8	– 70.0	– 25.8
非金属矿物制品	– 1208.9	57.1	– 284.1	173.8	– 477.4	– 230.9
黑色金属冶炼与轧制	8073.5	857.9	2184.7	– 120.7	978.7	– 737.3
有色金属冶炼与轧制	3456.2	– 55.0	2621.6	534.5	1604.6	– 479.5
金属制品	– 415.2	109.6	– 103.1	– 46.7	– 90.6	– 62.9
通用机械	3474.3	367.8	389.2	– 130.0	88.1	– 237.8
特种装备	– 261.3	– 396.5	117.3	82.2	327.5	314.4
交通运输设备制造业	2335.0	1360.8	– 939.8	– 1423.1	285.4	62.3
机电设备制造业	901.0	– 1.4	120.6	9.7	47.3	– 8.3
电信设备制造业	4950.3	1907.1	– 603.1	– 750.2	– 967.5	– 1157.0
仪器仪表制造业	228.6	66.1	11.9	– 1.4	– 53.7	– 64.6
电力、蒸气、热水供应业	2344.2	– 332.5	1212.9	103.5	1010.6	229.0
燃气生产与供应业	35.3	– 93.2	– 2.8	– 33.8	146.3	127.0
自来水的生产和供应业	– 538.1	27.5	– 230.3	– 33.7	– 109.0	6.2

资料来源：作者的计算和国家统计局（NBS），《中国工业经济统计年鉴》，中国统计出版社，2001～2008。

表 7 - 5　工业产值的地区份额（2007 年）

单位：%

行　业	东部	中部	西部
煤矿采选业	27.5	49.7	22.9
石油和天然气开采业	37.9	29.7	32.4
黑色金属采选业	60.6	22.1	17.4
有色金属采选业	26.9	40.6	32.5
非金属矿物采选业	51.5	31.9	16.7
食品加工业	60.1	25.1	14.8
食品制造业	59.8	25.4	14.9
饮料制造业	50.9	24.5	24.6
烟草业	37.1	29.2	33.8
纺织业	83.8	10.9	5.4
服装制造业	91.6	7.1	1.3
皮革、皮毛及下游产品	86.4	9.1	4.5
木制品加工业	68.9	23.4	7.7
家具业	85.5	9.3	5.3
造纸业	76.1	17.3	6.6
打印和记录媒介制造业	73.9	14.8	11.4
文化,教育及运动用品业	95.5	4.2	0.4
石油加工及炼焦业	63.8	20.6	15.7
化工原料及制品业	71.9	16.8	11.2
医疗和药品业	59.9	24.2	15.8
化学纤维	87.9	9.1	3.0
橡胶	81.4	13.4	5.2
塑料	85.3	10.1	4.6
非金属矿物制品业	64.6	24.4	11.0
黑色金属冶炼与轧制	66.8	20.2	13.1
有色金属冶炼与轧制	45.4	30.1	24.5
金属制品业	87.1	8.9	4.0
通用机械制造业	80.6	12.4	7.0
特种装备制造业	70.0	19.9	10.1
交通运输设备制造业	63.0	23.5	13.5
机电设备制造业	84.6	10.4	5.2
电信设备制造业	94.9	2.4	2.7
仪器仪表制造业	88.5	7.1	4.3
电力、蒸气、热水供应业	57.3	24.7	18.0
燃气生产与供应业	62.4	13.9	23.7
自来水的生产和供应业	68.6	17.4	14.1
工业总产值	70.4	18.1	11.5

资料来源：作者的计算和国家统计局（NBS），《中国工业经济统计年鉴》，中国统计出版社，2008。

在那些东部没有正的 *NRC* 值的行业获得正的 *NRC* 值。对中部而言，2000 ~ 2007 年间有 5 个行业是这种情况：有色金属采选业、非金属矿物采选业、食品加工业、食品制造业和特种装备业。除了有色金属采选业，东部在这几个行业中的产值份额远远超过了中部，这表明任何形式的产值地区分布平衡都需要很长一段时间，更遑论将这些行业集中在中部。对西部来说，也有 5 个行业符合要求：食品加工业、食品制造业、皮革与皮毛业、石油加工及炼焦业、特种装备业。这几个行业中，西部的产值占比在 4.5% 到 15.7% 之间，但皮革与皮毛业除外。值得注意的是，这些行业都不是显著的劳动密集型产业，反而在产业序列中属于资本密集型。我们把每个行业中的"人员工资"占总附加值的比例作为衡量行业劳动强度的指标，使用中国的投入产出表对 2005 年 44 个中国行业进行了计算。这些行业不完全对应于这里用到的 36 个工业行业，但是计算结果（从成衣制造业的 0.477 到原油和天然气行业的 0.091）至少显示出了各行业的劳动强度。那些对于中部和西部来说大有潜力的行业对国家工业产值的贡献并不大，没有一个行业进入行业前 10 名。

最后，表 7 - 6 对两个不同时期（1994 ~ 2000 年，2000 ~ 2007 年）的省一级结果进行了比较。该表并没有列出每个省和行业的详细数值结果，而是给出了每个省中 *NRC* 为正值（即是否主要靠结构因素和位置因素推动）的行业个数，以及位置因素有着积极贡献的行业个数。虽然由于各省表现的差异让我们很难对整个地区的情况作出概括，但是很明显地可以看到，2000 年以后东部各省 *NRC* 为正值的行业个数以及位置因素起积极贡献的行业个数普遍少于 20 世纪 90 年代。以广东为例，*NRC* 为正值的行业个数从 22 个下降到 12 个，而位置因素起积极贡献的行业个数从 29 降至 13。然而这种情况并不是孤例，北京、天津、河北、上海、浙江、海南也出现了类似情况。辽宁在这一趋势中显得格外突出，该省从位置因素中受益的行业个数从 1994 ~ 2000 年间的 3 个增至 2000 ~ 2007 年间的 22 个（注：辽宁省是东北三省之一，振兴东北计划从 2003 年起实施）。总而言之，该表的证据表明，东部地区的工业优势正在终结，这一点在与 Golley（2003）给出的结果对比中显得尤其明显。

中部地区的 8 个省中，有 5 个省的 *NRC* 为正值的行业个数以及位置因素起积极作用的行业个数出现了增加，江西的情况最明显（个数分别从 5 增至 25，从 4 增至 27）。而且这 5 个省份在行业层面的 *NRC* 值也是正的。西部地区的结果好坏参半。奇怪的是，西部各省中增长率高于平均值的行业个数增加最多的两个省是广西和内蒙古，这两个省在 2000 年初刚刚被重新划

表 7 - 6　各省工业增长的份额变化分析

地　区	NRC 为正		位置因素为正	
	1994~2000 年	2000~2007 年	1994~2000 年	2000~2007 年
东　部				
北　京	12	7	11	8
天　津	18	6	22	8
河　北	18	10	20	9
辽　宁	8	16	3	22
上　海	19	5	14	5
江　苏	16	15	16	19
浙　江	24	22	27	26
福　建	21	21	22	22
山　东	16	26	15	27
广　东	22	12	29	13
海　南	18	8	18	6
中　部				
山　西	6	13	7	13
吉　林	11	11	9	13
黑龙江	11	4	5	5
安　徽	9	15	5	12
江　西	5	25	4	27
河　南	18	25	22	30
湖　北	18	2	17	2
湖　南	11	21	7	21
西　部				
广　西	6	13	2	15
内蒙古	9	21	6	26
四　川	11	21	8	27
贵　州	13	10	13	10
云　南	11	11	9	11
西　藏	12	7	9	4
陕　西	9	12	8	14
甘　肃	13	7	12	9
青　海	10	14	11	17
宁　夏	15	12	16	15
新　疆	13	13	13	13

资料来源：作者的计算和国家统计局（NBS），《中国工业经济统计年鉴》，中国统计出版社，2001，2008。

119

分到西部地区，但广西并没有在行业层面确保 *NRC* 为正。四川（包括重庆）的情况似乎也在改善，同样的事情发生在青海和陕西，但程度较小；而西藏、甘肃、贵州、宁夏在这两个方面的表现都在变差。根据这些结果，目前很难说西部大开发战略正在为该地区的工业发展提供动力。当然，这并不意味着将来也是如此。

乐观的原因

无论是在理论上还是在现实中，都有很多理由相信，中国各地区间的发展不平衡将在未来 20 年里逐步缩小。根据新古典增长理论，较高的投资增长率在支撑东部的工业产值快速增长的同时也降低了资本在该地区的边际生产力，导致企业家将投资转向中国其他一些投资相对回报率较高的地区。以不同的机制为基础的"新"经济地理模型也有类似的预测：企业最终将搬迁到成本较低的欠发达地区（只要地区间的运输成本长期低于某一临界水平，而且地区间存在一些劳动力无法流动）（Krugman，1991；Puga 和 Venables，1996）。这些模型的基础是来自 Hirschman（1958）和 Myrdal（1957）的传统观点，他们分别描述了大多数工业化中心的经济最终如何衰落或扩散到欠发达的周边地区。由 Akamatsu（1962）提出的"雁行"同样描述了国家（或地区）间产业转移的过程，该模型后来被用于形容劳动密集型产业从日本（头雁）转移到韩国、中国台湾、新加坡和中国香港，后来再转移到东盟（ASEAN）经济体和中国沿海地区（从雁）的过程。大量的跨区域多样性的存在使各地区产生了各自的比较优势，这些比较优势的动态变化为地区间产业转移提供了动力，从长远来看，最终将使所有的"雁"实现工业化！最后，Lewis 模型应用于地区范围内也可以预测地区之间收入的长期平衡过程。特别是，考虑到一个地区（沿海地区）是现代"资本主义"或各工业行业的故乡，而这些行业完美（或大量）地吸引着来自其他地区（内地）的集中在维持生存的行业中的弹性劳动力。一旦这种剩余劳动力耗尽（或由于劳动力市场中的障碍导致劳动力无法自由流动），该模型预测整个经济体中的劳动力工资和人均收入都将上升（Lewis，1952）。从本质上讲，所有这些理论都认为各地区的收入最终将实现平衡。邓小平在采用开放政策并要求内陆省份有一点耐心时，似乎对这些理论的绝大多数（如果不是全部的话）都很熟悉。

蔡昉和王德文（2006）及蔡昉等人（2009）提供了一些证据证明在中

国沿海地区的产业聚集即使现在没有到达顶峰也快了。在 2006 年的"中国经济前沿"丛书中，他们指出，出现农民工短缺现象和由此造成的东部省份农村工资迅速上升的现象表明中国结束了其剩余劳动力无限的时期。这表明，企业可能（但并不保证）将开始在中国境内（即中部和西部地区）寻找其他生产地点。在 2009 年的"中国经济前沿"丛书中，蔡昉等人更进一步推进了这一想法，他们断言中国很可能会在未来几十年内维持劳动密集型产业，沿海地区成本上升将导致产业升级并向内地搬迁。他们还采集了2000～2007 年中国 31 万家制造企业的劳动生产率和工资数据，并据此认为中西部相对于东部较低的劳动力成本将使中国境内出现"雁行"模式。

蔡昉等人（2009）认为劳动密集型产业即将西迁，与此呼应的观点是，中国已经到达了其"刘易斯转折点"，其标志是曾在东部工业化过程中发挥过重要作用的农村劳动力过剩已经结束。Garnaut 和 Huang 研究了中国各地区和行业中熟练和非熟练劳动力的供需情况后，得出结论：

> 后劲十足的沿海地区将出人意料地很快从劳力密集型经济活动中转变，并会在资本或技术密集型行业再次建立优势。而乡村劳动力机会成本上升以及城镇工资成本上升将有助于遏制收入的两极分化，缓解日益紧张的社会矛盾及人们的担忧。（Garnaut 和 Huang，2006：32）

假如他们的观点是正确的，而且劳动力也可以跨省流动的话，沿海地区工资的增加将同样提高其他地区劳动力的机会成本，而赴东部地区务工的劳动力能够获得更高的工资，因此也有助于改善地区收入分配状况。最近的证据表明中国已经到达了一个转折点（见本卷 Garnaut，蔡昉和王美艳的章节），再结合蔡昉等人关于中部和西部地区成本优势正在增大的描述，中国区域发展的未来看起来十分光明。

地区政策有可能对实现这一成果作出积极的贡献。正如 Lai（2002）指出的，西部大开发战略的引入不仅是要减少地区发展差距，平息不满情绪，也是为了在加入世界贸易组织（WTO）后对必要的国有企业（SOE）改革给予支持，并鼓励西部地区扩大对外开放。在某种程度上，这些努力取得了成功，结合西部地区及地区之间在基础设施上的巨大改善，很可能会有越来越多的企业在该地区进行生产。振兴东北战略如果成功地促进了迫切需要企业改革的话，同样可以让东北地区越来越有吸引力，而中部省份自然可以因邻近东部而受益，因为前面指出的份额变化分析已经在一定程度上发生了。

实行能够确保剩余劳动力可以迁移到最有生产力的地区的政策，以及大力提高中部和西部地区的教育水平和劳动力素质也十分重要。当然，让这些地区同时工业化且均衡地迅速增长是不可能的，但是，其中任意一个地区的成功都将对消除地区发展不平衡起到积极的作用。

最后，另一个乐观的原因是工业发展显然不是地区发展唯一重要的因素。西部地区在中国的矿产和能源资源中占有很大份额，这些资源对于主要集中在中国东部和世界其他地区的许多工业行业至关重要。如果西部能够充分利用这些资源，即使其平均工业产值低于平均水平，它也可能拥有高于平均水平的人均收入（就如现在的西澳大利亚一样）。

悲观的原因

对于以上所有认为从长远来说收入将趋同的理论，都有与之相反的理论存在着；对于每一个能够证明实现收入趋同并不需要那么长时间的证据，都有与之矛盾的证据存在着。

有大量的文献在讨论中国快速增长的根源，其中争论的焦点在于这一增长的类型是粗放型还是集约型。前者表明增长主要靠快速的劳动力和资本积累推动，后者表明增长的基础是由技术进步、技术创新和技术扩散带来的生产力的提高以及人力资本的增长。早期有学者提出全要素生产率的增长是中国经济快速增长的关键因素，例如 Jefferson 等人（1996）、Borensztein 和 Ostry（1996），也有一些学者不认同这样的观点，他们认为资本投资是主导因素，如 Wu（2003）、Chow 和 Lin（2002）。假如这种增长是由资本投资所推动，则标准增长理论认为在地区间将会出现条件收敛，因为投资者最终将在资本存量低的地方得到较高的投资回报率。然而 Chi（2008）指出，鉴于人力资本存量的作用，这种想法过于简单化，并针对地区发展不平衡为什么可能会在可见的将来进一步恶化给出了明确的理论原因和实证原因。他特别指出，当技术变革是技能偏好型而不是如标准增长理论所假设的中立型时，人力资本存量较高的省份将继续吸引到较高水平的物质资本投资。这种技能—资本的互补性意味着，资本仍会继续流向东部地区，这与新古典主义的预测结果恰恰相反。Chi 的证据表明，大专层次的教育是这个技能—资本联系中最重要的因素，此外，中西部地区省级政府增加教育支出对于增加对这些省的大专层次人力资本存量作用不大（虽然对于减少小学层次比例、提高中学层次比例有一些影响）。根本结论就是，除非内陆省份能够极大提高其人力资本存量，否则资本流动将继续支持东部地区以更快的速度增长，地区间差距仍将扩大。

而一旦中国的增长改由生产率提高来推动，全要素生产率（TFP）的地区间差异会给地区间收入的平衡带来一些希望。Cai 等人（2009）计算得到2000～2007 年全要素生产率占工业产值增长的 18%～28%，而且发现在东北、中部和西部有更高的份额。全要素生产率的最高纪录在中部地区，这为中部奋起直追燃起了希望，而东部和西部地区的全要素生产率非常相近。西部在生产率方面似乎并没有大大地落后于东部地区，从这个意义上说，这是令人鼓舞的。但这样的结果让人感觉追上东部的希望不大，除非西部地区的全要素生产率可以提得更高。

Krugman（1991）对于市场经济中工业发展空间格局的描述指出，产业先集聚再分散的过程很可能最先发生在对成本最敏感、劳动最密集、对位置最没有要求的行业，这些行业不依赖于特定产地的原料，因为当工业核心区工资不断上涨，地区间交通联系不断改善时，迁移对这些行业来说首次成为有利可图的举动。如果针对 2000～2007 年的份额变化分析表明，正是这一类型的行业开始在中部和西部地区大放光彩（尤其是那些在工业产值份额方面排名靠前的行业，如电子及通信设备制造业，该行业产值占全部工业总产值的 9.8%，并且是劳动最密集的行业之一），那么我们会有一些乐观的理由了，因为中国已经开始这一进程了。相反，正如上面所讨论，在中西部地区表现良好的行业一般都不是那种可以到处迁移的行业（如采矿和选矿行业）和资本密集型的行业。反过来，这可能涉及中央政府针对某些在西部地区"优先"发展行业而明确提出的优惠政策，这可能违反了市场规律，并且从长远来看被证明是不可持续的。这是一个有待进一步研究的问题，这里不再进行深入讨论。详细讨论见 Golley（2007：第 8 章）。

根据上面提到的理论，关于从长远看来产业转移是地区间收入平衡的关键，另一个悲观的原因是理论和现实大多数时候并不相符。要中国的工业产值永远平均分布在其庞大和多样化的国土面积上既不可能，也确实不适当。仅举几个例子，实际上，根据对美国、澳大利亚和意大利的观察，部分地区会一直相对贫穷，人们总是从那里迁向该国的甚至世界上其他比较发达的地区。

并不是所有人都认为中国已经耗尽了它庞大的剩余劳动力资源。Meng和 Bai（2007）研究了 2000～2004 年间广东省 7 个工厂中非技术工人的工资，结论是这一时期的平均工资增长为负或者为零，"在工资增长如此小的情况下，很难说中国已经到了刘易斯转折点"（第 172 页）。同样，虽然

Athukorala 等人（2009）指出在经济快速增长的省份（广东、上海和广西），工人工资的增长速度要快于劳务输出的内地省份（四川、甘肃和青海），他们仍然认为"即使是在分散层面对官方数据进行分析，也表明在中国劳动力市场有着明显连续的双重性与过剩的劳动力条件"（第199页）。正如他们所指出的，除了1亿多从农村涌入城市的劳动人口（主要的方向是从西部涌向东部），产业改革还从国有行业释放出超过4000万工人等待进入迅速发展的非国有行业。工作适龄人口比例持续上升（预计将持续到2015年）和劳动参与率的增加是导致城市劳动力供应量增加的另一个原因（Golley和Tyers，2006），另外还有数千万未充分就业的农业人口和保守估计全国约710万已登记在案的失业城镇职工（国家统计局，2008）。关于何时会到达转折点尚需进一步的讨论，在到达那一点之前地区不平衡不会开始减小。

现阶段在政策方面，可能悲观的理由要多于乐观的理由。Naughton（2004）指出，西部大开发战略（WRDP）的许多项目（最明显的例子是横跨国土的能源项目）基本上都属于国家层面的，没有地区目标，不太可能明显改善收入的不均衡。他还注意到，在中央指导的地区战略中所固有的缺乏激励机制的问题，使得省一级和更低级别的领导人以贫穷为由争夺有限的WRDP资金。此外，西部和东北省份领导人的想法被认为过于保守，过于依赖中央政府的支持，再加上证据确凿的腐败和滥用分配的资金，这些都成为推行地区战略最主要的制约因素（Lai，2002；Chung等，2009）。Golley（2007）将西部大开发战略描述为一个"发展中国家"的地区政策，其中，中央政府似乎是通过国家所有权和法令来控制发展，而不是采取政策来成功地刺激当地自我可持续的增长。作为这项政策的一个例子，在2003年发表的一份政府白皮书中指出，大量的大学毕业生、科学家、技术人员和训练有素的专业人员被"分配"到新疆。如果这是国务委员说的"孔雀东南飞现象将被孔雀向西飞现象所取代"（Goodman，2004：327），它已经和市场没有多大的关系，完全是国家所为。它也否认了Naughton（2004）提出的在中国西部地区最有可能减少贫困并因而减少不平等现象的单一因素：向外迁移。外迁不仅为移民提供了机会，也缓解了某些地区的经济和生态压力。然而，人口大量外迁也带来了人才流失的威胁，使得长久以来落后地区发展工业更加艰难。此外，移民源源不断涌向东部有助于维持那里较低的工资，拖延工业企业搬迁到其他成本更低地方的决定。把这些与上面提到的目前工业发展的趋势以及西部地区在历史上和地理上的众多劣势（中部地区情况稍好）结合起来，就是中央政府之所以要在未来20年内尽力实现地区政策目标的一系列理由了。

结 论

30 多年来,作为一个发展中的市场经济体系的中国存在巨大且仍在加剧的地区发展不平衡。本章考察在欠发达的中部和西部地区,相对较快的工业发展速度是否有可能在未来 20 年内成为减少这些不平衡的关键因素之一。

乐观的回应是,是的,它是有可能的。2000～2007 年间的份额变化分析表明,东部地区工业占优势的辉煌岁月即将结束,该地区在许多行业的表现不及平均水平。除了这一证据,还有学者声称中国的劳动力过剩状况也即将结束,东部地区不断上升的成本将推动当地的产业升级,也激励企业向中部和西部地区搬迁。制定一个认真而坚定的向西部倾斜(或至少不向东部倾斜)的地区战略,再加上数额巨大的对基础设施和教育的资助,对于激发东部外围地区的自维持的工业发展有着积极的作用。东部地区收入的提高将增加对非本地产商品的需求,对于中国西部地区来说,东部地区有可能将扮演东部经济起飞时西方工业化世界所扮演的角色。如果所有这些优势都转换成西部地区的经济增长率的话,该增长率维持在 2% 甚至更高的机会非常小,即实现"大规模减小"地区差距的战略目标希望不大。但这并不是说地区差距不会减小,尤其是当把其他非工业因素考虑进来之后,例如人口外迁和资源收入会提高西部地区剩余人口的人均收入。

悲观的反应是否定的,即它是不可能的。即使东部的劳动密集型制造业成本的不断上升导致当地的产业升级,但产业转移的方向可能并不是向中国内地其他地方转移,而是向其他竞争对手国家转移,如印度和越南。那时中国西部只能用贫穷和不发达来形容,当然该地区可能会有少数几个工业化城市。缺乏国内的整合使东部地区日益融入全球经济一体化,而西部地区则越来越排除在世界和东部地区之外。

试图通过回顾过去来对未来进行精确的预测都是不明智的,因为这是不可能的。但很显然,未来 20 年内中国地区工业发展的真实路径将介于上面这两个极端之间。根据本文给出的证据,结合我过去十多年在这个课题上的研究,表明未来 20 年将会见证由有限的产业再分配部分支撑的有限的地区人均收入分布的改善,产业转移的方向是部分的中国的内陆各省。可以确定的一点是,某种形式的地区差距将会在相当长的时间内继续困扰着中国的决策者们。

(樊腾飞 译)

参考文献

1. Akamatsu, K. 1962, 'A historical pattern of economic growth in developing countries', *Journal of Developing Economies*, vol. 1, no. 1, pp. 3 – 25.

2. Athukorala, P. – c., Fukao, K. and Yuan, T. 2009, 'Economic transition and labour market integration in China', in R. Garnaut, L. Song and W. T. Woo (eds), *China's New Place in a World in Crisis*, ANU EPress, Canberra.

3. Borensztein, E. and Ostry, J. D. 1996, 'Accounting for China's growth performance', *American Economic Review*, vol. 86, no. 2, pp. 224 – 8.

4. Cai, F. and Wang, D. 2006, 'Employment growth, labour scarcity and the nature of China's trade expansion', in R. Garnaut and L. Song (eds), *The Turning Point in China's Economic Development*, Asia Pacific Press, Canberra.

5. Cai, F., Wang, D. and Yue, Q. 2009, 'Flying geese within borders: how does China sustain its labour-intensive industries?', in R. Garnaut, L. Song and W. T. Woo (eds), *China's New Place in a World in Crisis*, Asia Pacific Press, Canberra.

6. Chi, W. 2008, 'The role of human capital in China's economic development: review and new evidence', *China Economic Review*, vol. 19, pp. 421 – 36.

7. Chow, G. and Lin, A. – l. 2002, 'Accounting for economic growth in Taiwan and Mainland China: a comparative analysis', *Journal of Comparative Economics*, vol. 30, pp. 507 – 30.

8. Chung, J. H., Lai, H. and Joo, J. – H. 2009, 'Assessing the "Revive the Northeast" (zhenxing dongbei) programme: origins, policies and implementation', *The China Quarterly*, vol. 197 (March), pp. 108 – 25.

9. Deng, X. 1987, *Fundamental Issues in Present Day China*, Foreign Languages Press, Beijing.

10. Garnaut, R. and Huang, Y. 2006, 'Continued rapid growth and the turning point in China's development', in R. Garnaut and L. Song (eds), *The Turning Point in China's Economic Development*, Asia Pacific Press, Canberra.

11. Golley, J. 2003, 'Industrial location and regional development', in R. Garnaut and L. Song (eds), *China 2003: New engine for growth*, Asia Pacific Press, Canberra.

12. Golley, J. 2007, *The Dynamics of Chinese Regional Development: Market nature, state nurture*, Edward Elgar, Cheltenham, UK.

13. Golley, J. and Tyers, R. 2006, 'China's growth to 2030: demographic change and the labour supply constraint', in R. Garnaut and L. Song (eds), *The Turning Point in China's Economic Development*, Asia Pacific Press, Canberra.

14. Goodman, D. S. G. 2004, 'Qinghai and the emergence of the west: nationalities, communal interaction and national integration', *China Quarterly*, Special Issues New Series, no. 5, pp. 379 – 99.

15. Hirschman, A. 1958, *The Strategy of Economic Development*, Yale University Press,

New Haven, Conn.

16. Jefferson, G., Rawski, T. and Zheng, Y. 1996, 'Chinese industrial productivity trends', *Journal of Comparative Economics*, vol. 23, pp. 146 – 80.

17. Krugman, P. 1991, *Geography and Trade*, Leuven University Press and MIT Press, Cambridge, Mass.

18. Lai, H. H. 2002, 'China's Western Development Program: its rationale, implementation and prospects', *Modern China*, vol. 28, no. 4, pp. 432 – 66.

19. Lewis, W. A. 1952, 'Economic development with unlimited supplies of labour', *Manchester School*, vol. 22, no. 2, pp. 139 – 91.

20. Meng, X. and Bai, N. 2007, 'How much have the wages of unskilled workers in China increased? Data from seven factories in Guangdong', in R. Garnaut and L. Song (eds), *China: Linking markets for growth*, Asia Pacific Press, Canberra.

21. Myrdal, G. 1957, *Economic Theory and Underdeveloped Regions*, Gerald Duckworth, Essex, UK.

22. National Bureau of Statistics (NBS) 1995, China Industrial Economic Statistical Yearbook 1995, China Statistics Press, Beijing.

23. National Bureau of Statistics (NBS) 2001, China Industrial Economic Statistical Yearbook 2001, China Statistics Press, Beijing.

24. National Bureau of Statistics (NBS) 2008, China Industrial Economic Statistical Yearbook 2008, China Statistics Press, Beijing.

25. National Bureau of Statistics (NBS) various years, China Industrial Economic Statistical Yearbook, China Statistics Press, Beijing.

26. Naughton, B. 2004, 'The western development program', in B. Naughton and D. Yang (eds), *Holding China Together: Diversity and national integration in the post-Deng era*, Cambridge University Press, UK.

27. Puga, D. and Venables, A. 1996, The spread of industry: spatial agglomeration in economic development, CEPR Discussion Paper No. 1354, Centre for Economic Policy Research, London.

28. Wang, S. and Hu, A. 1999, *The Political Economy of Uneven Development: The case of China*, M. E. Sharp, Armonke, NY.

29. Wu, Y. 2003, 'Has productivity contributed to China's growth?', *Pacific Economic Review*, vol. 8, no. 1, pp. 15 – 30.

第二篇
全球化：挑战与机遇

第八章
汇率政策及宏观调控

肖 耿

中国的汇率政策及其对美元的意义

关于人民币与美元间的兑换汇率之争总是被置于两国国际收支失衡的框架下：美国民众超越储蓄能力的过度消费，中国的惊人生产能力及民众的过度储蓄。针对这一失衡现状可以迅速引出如下观点：美国应控制消费、增加出口；中国则应扩大消费、增加进口。两国汇兑之争的焦点就集中在如何实现"再平衡"。西方国家关注人民币是否会在短期内升值；然而中国更倾向于经济方面的体制与机构改革。

美国领导人乐于看到人民币在短期内大幅升值以刺激美国出口与就业；中国领导人却认为使人民币肩负巨大升值压力以满足西方贸易保护政策有失公平并且威胁到中国的发展。如何解释两国领导人观点上的重大分歧？中国对于人民币币值稳定的坚持又是服务于怎样的经济理性？

对于人民币持续升值的争论不仅仅源于就中国经常账户大量盈余的短期关注，而且关系到中国长期发展趋势的经济基础，包括高经济增长率、快速城镇化以及加速工业化进程、保持低的国家对外负债和政府财政赤字。这些长期发展趋势得益于中国 30 年的改革开放，"改革开放政策"将中国推向世界贸易并释放了中国强大的生产力。鉴于其他高增长工业经济体的发展经历，在长期发展趋势的影响下，中国人民的工资水平会逐渐上升，久而久之，伴随中国的消费水平的上扬，人民币最终会升值。

中国立场

中国将人民币与美元挂钩视作影响中美以及世界贸易投资关系的一个关键环节。中国担心如此仓促的名义货币关联会带来金融动荡，例如，投机资本大量流入中国，关联资产泡沫以及对外部门的短期就业与商业震荡。

对于中国，1985年日本应对"广场协议"的政策失误导致日元大幅升值直至1989年的泡沫破裂是前车之鉴，日本的泡沫崩塌引致其在保持贸易顺差的情况下长达20年之久的通货紧缩。

中国也十分谨慎人民币升值会鼓励国外投机资本的大量流入。由2005～2008年，人民币对美元基本保持每年5个百分点的稳步升值，与此同时，中国内地的股指在跌回至2000点以前，因为境外投机资金尤其是来自中国香港的投机资金的大量涌入，由1500点飙升至6000点。如果中国想利用人民币升值实现贸易平衡以及阻止境外投机资本涌入，那么人民币有可能会越过均衡水平的目标，导致泡沫和通货紧缩。

中国不愿意看到人民币预期升值还有另一个重要原因：中国的对外投资。对于一个拥有庞大储蓄和贸易盈余的国家，一个运作良好的金融系统应当支持私人及非国有资本对外投资与贸易顺差并行。然而如果美元持续对人民币贬值，中国国内的私人企业与金融机构是不愿意购买美元资产的。美元贬值预期以及短期内美国储蓄利率几乎为零使得私人部门的对外投资下降，出于对以上情况的考虑，中国人民银行（PBOC）不得不将几乎所有的贸易盈余用于建立外汇储备，这一举措使得中国的金融管制变得十分困难。

无论如何，人民币是否有名义升值必要还十分不明朗。中美两国间的实际汇率应当实现自我调节。这是因为，中国的物价变动率在确切意义上是等于人民币对美元升值率与中国通货膨胀率超出美国通货膨胀率那一部分之和。这一实际汇率变动绝大部分是由中国的生产力增长情况决定的。如果人民币升值幅度超出了中国生产力增长幅度，将会引致国内通货紧缩。与此相反，如果中国拒绝人民币与国内生产力增长率相匹配的升值，中国将会经历由非贸易结构部门的工资增长、物价上升导致的结构性通货膨胀，这一通货膨胀最终会使得实际汇率变动与生产力变动相匹配。如果中国经历了高于其生产力增长的通货膨胀，人民币将会有贬值压力。

诚然，如果中国犯下人民币持续对美元升值的错误——表面上是在反映中国生产力的飞速增长，那么中国的工资增长率将会被预期人民币升值率大致抵消。生产型企业如果冒险在人民币如此升值的情况下提高员工工资会有破产风险。事实上，在 20 世纪 50 年代至 60 年代日本经济高速增长期间，当日本还保持着 360 日元兑换 1 美元的汇率时，日本的工资水平与国内生产总值几乎保持着一致的高速增长节奏。于是，到了 70 年代美国政府要求日元升值以后，日本的工资增长从此停滞不前并且至今仍保持着当年水平。中国不想因为允许人民币过度升值而走上日本通货紧缩的老路。

还有一点值得注意的是，Hong Qiao（2007）在其近期内的一篇研究报告中指出：货币升值对于贸易净差额的影响是模棱两可的。Qiao（2007）的研究内容明确地指出了中国经济形势与日本当年的经历相一致的情况，并且支持了中国现今的汇率政策。

当谈到如何实现再平衡，真正关键的是实际汇率：以国际货币表示的两个经济体的相对物价水平决定了相对生产成本和进出口合作伙伴。因此，如果中国将人民币与美元挂钩，中国仍然能实现人民币对美元的实际汇率快速增长，代价是比美国高 5% 的通货膨胀率。很多之前高速增长的工业经济体——像日本、韩国、中国台湾与香港，它们在高速增长之时保持了 5% ~ 8% 的通货膨胀率，为的是让名义工资与物价水平向国际水平看齐。

因此，通货膨胀与名义货币升值都可以调整实际汇率。中国稳定汇率的方法是先稳定通货膨胀再实现升值，使实现增加就业、生产力、工资以及价格自由化的长期目标优先于通过汇率调整实现贸易再平衡。

政策备选方案

基于中国十分谨慎于利用人民币大幅升值的方式实现再平衡这一事实，至少现在中国是如此立场，考虑其他政策备选方案就显得十分重要了。在中国，一个被广泛接受的观点是实现再平衡应当聚焦于减少净储蓄盈余，形式诸如向家庭转移可支配收入、向企业发放股利、增加政府财政支出，等等，而并非调整人民币汇率如此简单。

中国以其高储蓄率闻名于世，储蓄率曾一度占国内生产总值（GDP）55% 之高，2007 ~ 2008 年间其经常账户盈余仍能占到 GDP 的 10%。如此高储蓄率的一个关键来源是中国的国有企业（SOEs）储蓄，2009 年中国国有企业储蓄为国家总储蓄值贡献了近乎一半（Prasad，2009）。从历史上看，这些大型国有企业由于受到政府严格管制而不能向其职工支付高额薪水，然而它们也不分发股利。即使在 20 世纪 90 年代经过现代企业化改革，大型国有企业的主要目标还是减少损失而非分发股利。它们无法产生自有购买力即使本企业股价上升，以此产生的巨大资本利得只能在消费方面收获十分有限的财富效应。国有企业的巨额储蓄倾向于投资已经有生产能力过剩趋势的部门。因此，国有企业私有化和放宽政府政策对于减少国有企业储蓄及其低效投资显得十分必要。

中国现今已很明显需要增加消费，但消费却被收入所限。中国在提高员工工资与生产效率方面任重而道远。如今，中国家庭收入占国民收入的比例为 35%。来自农村未受过高等教育的农民工对那一部分微薄的可支配收入变动是十分敏感的，在企业改革的前几十年，因为持续居高不下的非熟练劳工失业率，他们的月收入长期徘徊于每月 120 美元至 200 美元。

中国储蓄率十分高的另一个原因是中国家庭面对着很高的投资回报，比如住宅房地产回报。据我们之前的一项调研（Sun 等，2009）显示：过去30 年，对比日本 10% 以及美国 5% 的长期资本回报率，中国的长期资本回报率为 20%。不仅如此，中国家庭储蓄还要应对未来的大宗消费，比如独生子女未来的大学学费、医疗费用和退休养老费用。

西方国家的顾虑

中外观察家都表达了他们对中国对外出口生产部门和部分政府组织项目投资效率低下的顾虑。因此，中国中央政府近期加紧对所有新项目，尤其是那些容易导致资本过剩项目的监管。然而中国政府尚未改变总的经济刺激政策，并且继续以促进高效投资、增加就业与进口为焦点积极推进全球再平衡与全球经济复苏。

那些为中国 2.2 万亿美元外汇储备而焦虑的人们可以看看这个案例，从而可以明了中国为什么如此需要储备外汇。从 2002～2008 年，以每年8% 的增长率，中国自费留学的留学生由 102247 人增长至 161600 人。如果我们假设这样的增长率会在未来 10 年持续下去，到了 2018 年，中国赴外留学生人数将会达到 348882 人。如果每一个留学生在外学习 4 年，每年将会花费 6068 亿美元——相当于现今 30% 的中国外汇储备。在中国，中、高收入层家庭家长为儿女未来出国留学连续储蓄几年甚至 10 年以上已不足为奇。

价格扭曲和全球再平衡

驱使全球经济不平衡的一个关键因素是廉价货币，廉价货币与高危投资的微弱管制共同导致了美国及其他经济体资产与股票市场泡沫。泡沫为美国带来了暂时的资本利得，让美国人民减少储蓄并且超越他们的可持续收入水平进行消费。这已是众所周知的事实；然而公众讨论却忽略了同样的廉价货币也通过直接投资（FDI）和其他资本途径涌入中国。廉价外国货币，廉价的中国土地、能源、天然资源都导致中国生产部门巨大的产能过剩，降低了"中国制造"产品的价格。

美国现今近乎零的利率政策对于美国经济也许十分必要，但也很可能产生被投资者利用进行"套息交易"的副产品，投资者能够以很低的利率在美国贷款到利率很高的国家投资以获取利差收益，当利差收益率大于预期货币兑换率，投资者便可获利。如果中国能够很好地将其高额的外汇储备及人民币储蓄利用起来，使得国内投资达到一个更高水平以促进未来国民消费。这肯定能够造福全球再平衡进程。

持续增长的中国家庭收入和大额官方储备意味着中国投资者对国外资产需求的多样化提升。经过一段时间，跨境资本流动定会远远大于贸易流动。为了管理好这些跨境资本流动，维持稳定的汇率和大量外汇储备极有帮助，因为这两者的稳定性消除了中外投资者对汇率变化无常的顾虑。对于很多在中国设有分支机构和持有大量投资的美国跨国企业来说，它们在中国设立机构的同时也为美国增加了高附加值的就业岗位，维持稳定的人民币汇率也同等重要。

中国与美元的未来

现代中国政策制定者面临的最大挑战是如何应对来自世界及国内的廉价货币产生的资产及股票市场泡沫。当资产价格与消费者物价指数（CPI）上升，中国应当及时提高储蓄利率——如同印度之前非常成功地应对类似情形——以使实际利率稳定在一个积极的水平。更高的利率水平会吸引更多的想获取中国国内乃至国际更高的投资回报的资本流入，也会限制投机资本流动和低效、低回报的投资。

那么，中国政策制定者的立场对于美元来说意味着什么呢？我们已有一些十分清楚的暗示。

基于中国对机构和框架的限制，近期内中国政府将提高人民币名义汇率作为核心政策以应对中国及全球经济再平衡的可能性很小。这意味着美国政府想走弱势美元的道路变得异常艰难，如果美元无法对人民币贬值，未来不仅对欧元或日元贬值的帮助会收效甚微，而且有可能会导致欧盟及日本的经济震荡。

基于中美跨境投资和债券投资的巨大潜力，一个稳定的人民币汇率符合两国的长远利益。如果中美能够有效合作保持稳定的货币汇率与跨境交易秩序，我们很难相信以美元为基础的国际汇率体系会在可预见的未来崩塌。

长期内，当然会是在 2020 年以后或者 2025～2035 年之间，在中国经济完成了体制改革并成为完全现代化、更加民主化的经济体之后，人民币会成为国际货币并在国际上完全流通。到那个时候，美国、中国、欧盟、日本这四个经济体会更加紧密地联系在一起，以致该四国货币成为全世界的储蓄货币，彼此维持完全浮动的汇率。

少了对人民币的重新估值，全球经济再平衡很难实现。若不想发生大规模断层，中美都必须进行经济体制改革。中国更高的通货膨胀和美国更低的通货膨胀能够为两国实际汇率，而不是名义汇率带来调整。这就暗示了不仅美元需要走强，美国还需要去杠杆化，且减少美国政府赤字。

未来 20 年的挑战

未来 20 年的改革与发展，中国面临的主要宏观经济挑战是决定如何管理汇率、利率和通货膨胀率以使中国经济在西方经济体相对于新兴经济体萎缩的全球经济背景下维持一个稳定、高效、和谐的增长率。

要理解此挑战的深度和广度，关键要承认中国过去 30 年高速经济增长大部分是基于飞速的生产力增长和追赶。关于生产力的神话还会在未来 20 年继续（如果中国坚持市场导向改革和工业化及城镇化趋势）。因此，中国的非贸易型物品，比如非熟练工人工资和资产价格，相对于由国际设定的贸易型物品，都有可能继续上升。

在未来 20 年间，经过结构性通胀或人民币升值，中国非贸易品价格会与中国香港或美国或两者趋同。关键是中国领导人和人民能够忍受伴随生产力提高的通胀和人民币升值。

更重要的是，既然通胀和货币升值会造成价格扭曲、股票市场和收入的重新分配，政策制定者就非常有必要运用适当的混合政策区减轻调整过程中可能产生的断层。

举例来说，当结构性通胀发生，提高名义利率以避免负的实际利率产生的资产泡沫、保护没有经济能力进行投资和套期规避资产风险的中低收入者的银行资产就显得十分必要了。自 1991 年以来，中国城市居民房地产价格以每年平均 9% 的增长率增长，但贷款利率仅为 5%，而一年定期存款利率仅为 2%。资产结构性通胀和低存贷款利率暗示了一个严重的问题：我们投资的资产的实际利率是负值。这就是中国资产泡沫和存款者（通常指穷人）与贷款者（通常指富人）相关联的巨大收入再分配的根源。

如果中国无法保持一个正的实际利率，其资产部门的繁荣可能仍会继续，从而导致严重的投资效率低下和社会不稳定等问题。

一方面，如果中国不将利率提高至高于结构性通胀率的水平，那么中国就需要以严格资本管制应对投机资本流入。保持正的实际利率对于中国未来 20 年的重要性已无须赘言，因为中国在宏观调控方面的主要挑战就是提高投资和消费效率以吸引更多的经常项目盈余。否则，中国将会面临严重的国际贸易保护的压力。

另一方面，这一章内容向我们展示了中国很有必要依靠名义汇率的弹性去管理其日益上升的物价水平，除非中国能够容忍更高的结构性通胀和与之相关的货币升值。事实上，对于中国来说，实施浮动汇率制与允许适当的结构性通货膨胀并行会更加轻松。如果能够允许一定的通货膨胀，当通胀水平超过了生产力增长水平，人民币就会有足够的潜力与空间贬值。因此，通胀和名义货币升值的混合政策能够创造一个机制使得汇率市场上下浮动——减少对持有大量人民币投机者的吸引，因为这些投机者已成为中国外汇储备泡沫的关键驱动力。

应当指出的是，当人民币与美元挂钩，中方并不需要太担心新生的通货膨胀，因为毕竟货币挂钩有其自身的稳定功能。如果通货膨胀率上升超过了中国潜在生产力增长，市场会有人民币贬值的预期，这会吸引资本外流和货币供给的减少。就中国庞大的外汇储备而言，防止新生的通货膨胀并非难事。

只要中国开始容忍合理的结构性通胀和相关的增值，中国名义汇率上升的压力将会减小。

本章也着重强调了汇率不仅仅是贸易也是资产的兑换价格。事实上，资产市场的容量比贸易市场要大得多。维持稳定汇率以有效管理跨境资本流动可能比使用汇率来平衡贸易更加重要。对于中国，使用贸易政策诸如降低交易成本以平衡中国进口贸易会更加富有成效。

参考文献

1. McKinnon, R. 2006, 'China's exchange rate trap: Japan redux?', *American Economic Review*, vol. 6, no. 2, pp. 427 – 31.

2. McKinnon, R. Lee, B. and Wang, Y. D. 2009, *The global credit crisis and China's exchange rate*, Stanford Center for International Development Working Paper no. 391, Stanford University, Calif.

3. Prasad, E. 2009, 'Rebalancing growth in Asia', *Finance & Development*, vol. 46, no. 4, pp. 19 – 22.

4. Qiao, H. 2007, 'Exchange rates and trade balances under the dollar standard', *Journal of Policy Modeling*, vol. 29, no. 5, pp. 765 – 82.

5. Sun, W., Yang, X. and Xiao, G. 2009, Investment rate and FDI: a comparative analysis of return to capital among China, US and Japan, Paper presented at the joint symposium of US – China Advanced Technology Trade and Industrial Development, Beijing, 23 – 24 October.

6. Xiao, G. 2008, 'China's exchange rate and monetary policies: structural and institutional constraints and reform options', *Asian Economic Papers*, vol. 7, no. 3, pp. 31 – 49.

7. Xiao, G., Yang, X. and Janus, A. 2009, 'State – owned enterprises in China: reform dynamics and impacts', in R. Garnaut, L. Song and W. T. Woo (eds), *China's New Place in a World in Crisis: Economic, geopolitical and environmental dimensions*, ANU EPress, Canberra, pp. 155 – 78.

第九章
实际汇率和人民币

Rod Tyers　张　莹

引　言

在针对经常账户不平衡所进行的政治辩论中，人民币一直是其中的核心问题。在学术圈，当少数人，包括 Mckinnon（2006）在内，认为人民币升值不会解决美国所关注的不平衡问题的时候，许多研究都支持了人民币被低估的看法——从很小的边际低估到高达 50%①——一些研究结论认为，人民币单边升值是必要的（Cline，2005）。中国的汇率应该升值的预期通常基于 Balassa（1964）–Samuelson（1964）假说（BSH，巴拉萨—萨缪尔森假说）。这一假说隐含了经济增长与潜在实际汇率之间的正向关系，其中实际汇率由发展中国家可贸易部门的生产力赶超，以及相关的非可贸易部门的工资和价格上涨驱动。

来自 Lu（2006）、Fogel（2006）和 Tyers 等人（2008）所做的实证研究证据表明，自 1990 年代早期以来，中国可贸易部门生产率相对于美国增长了一倍（Gordon，2003，2006）。与巴拉萨—萨缪尔森假说一致，生产率状况似乎支持人民币对美元实际汇率升值。然而，更具争议的是这样的预期，即生产率提升推动真实工资的相对增长。从官方统计数据来看，很明显这在一定程度上是正确的（Garnaut 和 Huang，2006）。然而，没有城市户口的工

---

① 例如，参见 Frankel（2004）；Goldstein（2004）；Coudert 和 Couharde（2005）；Tyers 等（2008）以及 Cheung 等（2007a，2007b）。

人的实际工资并没有被正式记录，同时，其他经济学家如 Meng 和 Bai（2007）认为，真实工资的增长要慢得多，如果情况真是这样的话，至少要到 2000 年代中期。BSH 断言中国在可贸易部门生产率和真实工资上的较快增长会引起相对非可贸易品（主要是服务）价格的上升，这也是在整个 2000 年代中期我们所观察到的（Lu，2006；Tyers 等，2008）。尽管存在这些支持 BSH 的证据，人民币在 1990 年代中期和 2004 年之间并没有显著的升值。

解开这个谜题需要对 BSH 做一些扩展，最重要的是放宽一价定律适用于所有可贸易品这一假设。这样就大大拓宽了实际汇率的决定因素。这样一来，中国快速的经济增长对实际汇率的净效应看起来就取决于增长的来源、禀赋变化的结果以及生产率增长和可贸易性的部门分布。到 2000 年代中期这 10 年，相当重要的是中国不断增长的经常账户盈余的短期影响。这一经常项目盈余受惠于中国极高的总储蓄率和加入世界贸易组织（WTO）后实施的贸易改革。

我们展示了 2004 年后实际汇率出现贬值早期趋势时发生的一个强烈逆转。截至 2008 年，发生在 2004 年后的实际汇率贬值使中国相对于美国的生产成本上升了 1/3。我们考察了这一变化并且讨论了其决定因素。我们注意到，不断增长的生产成本与日趋紧张的劳动力市场相关，或部分与农村贸易条件的提升有关，而不是再次回到 BSH 的决定因素上去。谈到宏观经济政策，我们继而考察了对中国官方大量持有外汇储备的争议，发现这源于中国的资本控制和高储蓄率。然而，就国际标准而言，我们的研究表明，中国官方看起来并没有格外持有普通外国资产。接下来我们考察了作为货币政策的汇率目标，并得出结论：对于国际社会在人民币估值和出口方面施加的压力，中国若不能及时作出反应，结果无论对于中国还是全球利益都是有害的。

接下来一节是对到 2000 年代中期中国实际汇率路径所做分析的一个概要描述，表明储蓄率和贸易改革在这一时期的重要性。再接下来是对理解最近人民币升值趋势的证据的回顾，然后是对中国宏观经济政策所扮演角色的讨论。最后，由对政策含义的概述来总结本章。

1994～2004 年之谜

如果非可贸易（主要是服务）产业的平均劳动生产率在不同国家之间

是相同的，同时对应的可贸易产业的平均劳动产品 AT 在穷国较低，则根据 BSH 可得到，实际汇率 e^R 和 A^T 的国内外价值比、非可贸易品价值 p^N，以及工资率 W 之间的关系如下（方程9.1）[①]。

$$e_i^{\ R} = \left(\frac{P^N}{P_i^{\ N}}\right)^\theta = \left(\frac{A^T}{A_i^{\ T}}\right)^\theta = \left(\frac{W}{W_i}\right)^\theta \qquad\qquad 方程9.1$$

此处，实际汇率被定义为国内商品束相对于国外地区 i 对应商品束的价值。该价值是国内商品束如果被交易出去可以得到的国外商品束的数量。根据 BSH，一个比其贸易伙伴增长得快的经济体也具有：

1. 更快的可贸易部门生产率增长 $\hat{A}^T > \hat{A}_i^T$
2. 更快的工资率增长 $\hat{W} > \hat{W}_i$
3. 相对服务价格上涨 $\hat{P}^N > \hat{P}_i^N$
4. 不断升值的实际汇率（$\hat{e}_R > 0$）

继而，这一假说意味着，如果发展中国家由于可贸易部门劳动生产率较低从而更为贫穷，它们相对快速的经济增长应当与它们相对其较富有的贸易伙伴的实际汇率升值相联系。考虑到这是一个被广泛讨论的实际汇率理论，就并不奇怪为什么中国 1990 年代以来的经济快速增长伴随着广泛的实际汇率升值预期。

尽管支持 BSH 的宽泛的经验证据是含混不清的，当价格水平在不同时期以及多个国家之间进行对比的时候，会观察到，经济较快增长的国家其实际汇率开始升值（Cheung 等，2007b；Bergin 等，2006）。就中国的情况而言，我们观察到，整个 2000 年代中期可贸易部门较快的生产率增长和服务部门较高的价格上涨这些令人信服的证据（图 9－1）。然而，正如图 9－2 所表明的，直到 2003 年以后才观察到实际汇率升值。为了反映这一情形，在图9－3 中，我们使用了中国和美国生产者物价指数的月度数据，数据显示整个 2000 年代中期两者表现出相同的贬值趋势，随后是一个导向全球金融危机的急剧的升值。显然，为了理解中国实际汇率的演变路径，我们需要一个一般化的 BSH，这意味着放松其关键假设。

可贸易商品的一价定律

可贸易商品一价定律的失效已经在特定情况下被观察到（例如，Bergins

---

① 对这一关系的推导，参见 Golley 和 Tyers（2007）。

表 9 - 1　对中国实际汇率变化的贡献（1997 ~ 2006）

单位：%

较快的可贸易部门生产率增长，巴拉萨—萨缪尔森	+ 1. 6
较快的技术增长	- 0. 6
加入世贸组织（WTO）的贸易改革	- 4. 2
北美金融/资本账户流入	- 0. 4
金融/资本账户流出（高储蓄）	- 4. 8
1997 ~ 2006 年间的净效应	- 8. 1

资料来源：Tyers，R. and Golley，J. 2008，'China's real exchange rate puzzle'，*Journal of Economic Intergration*，vol. 23，no. 3，pp. 547 - 74。

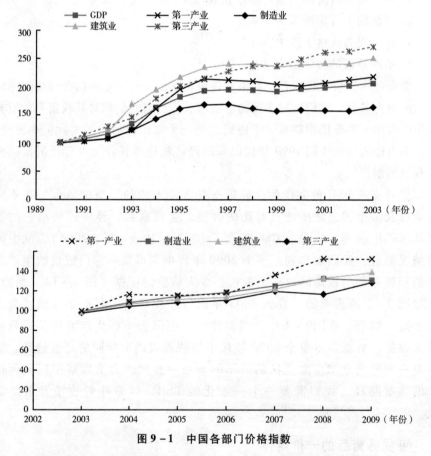

图 9 - 1　中国各部门价格指数

注：此处的各部门价格指数，分别为"第一产业"，即农业和农村服务业；"工业"，主要是制造业和建筑业（后两者构成"第二产业"部门）；"第三产业"，即其他服务业。

资料来源：价格指数根据国家统计局（NBS）2009 年的数量和价格数据，《中国统计年鉴 2009》，中国统计出版社。

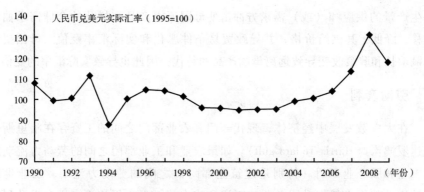

图 9 - 2　基于 GDP 价格的中国大陆对美国实际汇率

注：此处为中国大陆和美国之间的双边名义汇率指数，根据 $e_R = E \times P_Y / P_Y^{US}$ 进行平抑，其中 E 是以每单位本地货币所兑换美元数表示的名义汇率，P_Y 是本地 GDP 价格，P_Y^{US} 是对应的美国 GDP 价格。

资料来源：国际货币基金组织（IMF）2009a，国际金融统计，华盛顿特区。

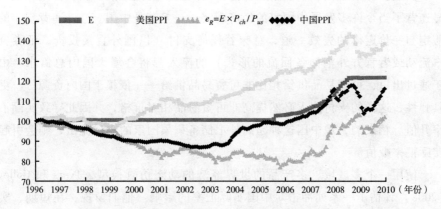

图 9 - 3　基于生产者价格的中国大陆对美国实际汇率

注：这里的本地价格，对美国而言，是生产者价格指数，对中国而言，是企业物价指数。中国的指数涵盖了更多的商品和服务，因此两者并不完全可比。隐含的实际汇率是黑色部分。

资料来源：国际货币基金组织（IMF）2009a，国际金融统计，华盛顿特区；国家统计局（NBS）2009 年，《中国统计年鉴 2009》，中国统计出版社；美国劳工统计局。

等，2006；Crucini 等，2005；Drine 和 Rault，2005）。不同国家的商品和服务并不是同质的，而是最低按原产国的不同来进行差异化的。[1] 提高可贸易

---

[1]　这是被最广泛采用的开放经济和全球贸易数量模型中的一个标准假定。例如，可参见 Dixon 等（1982）；Mckibbin 和 Sachs（1991）；Hertel（1997）；Dixon 和 Rimmer（2002）。

品生产量的供应和（或）需求方冲击使母国追求产品多样化的全球需求曲线下移，降低了其供给价格，并导致贸易条件恶化和实际汇率贬值。母国要素禀赋增长和政策改变导致远离母国产品的替代，因此也导致实际汇率的贬值。

劳动套利

在大多数发展中经济体，现代部门和农业部门之间的工资存在哈里斯—托达罗鸿沟（Harris-Todaro gulf）。如果农业和工业部门之间的劳动力流动低于农业和服务业部门（特别是建筑业部门）之间的劳动力流动，工业生产率的增长就不必然提升服务业的工资和成本——至少平均而言不会提升到相同的程度。[①]

封闭的资本账户[②]

假设实际汇率仅仅取决于相互进行商品贸易的国家间的相互作用，则明显违背了当今许多发展中国家的经济现实——尤其是中国。这一违背现实的假定与一价定律的失效一道，意味着任何支付（以国外直接投资、证券资本流动或者官方外汇储备回流的形式）的流入都将会增大国内总需求。由于通过出口，可贸易品供给相比非可贸易品供给——依赖于国内资源——更具弹性，这样的支付流入必然提高非可贸易品相对价格，并因此导致实际汇率升值。相反的，像中国这种超高外汇储备积累国家的支付流出，则会引起实际汇率贬值。

使用一个多区域、多产品的世界经济的动态仿真模型，Tyers 和 Golley（2008）评估了一系列冲击对中国实际汇率的影响。他们发现，在短期，实际汇率对金融资本流动是最敏感的，因此中国的过度储蓄倾向于使实际汇率贬值。在中期，BSH 的力量（可贸易行业的生产率增长）是很强的，正像贸易改革的效应一样，使内需偏离国内产品，并因此导致实际汇率贬值。在长期，实际汇率敏感地取决于影响非可贸易服务成本的因素。他们进而采用其模型对 1990 年代中期到 2000 年代中期的实际汇率贬值趋势进行分解。他们选择用于分析的特定汇率是中国（包括中国香港和台湾）和北美之间的汇率。这一汇率在他们所关注的时期内贬值了 8%。表 9 - 1 对这一

---

① Chang 和 Tyers（2008）为这一点提供了证据。

② 此处我们采用了资本账户的工作定义，广泛包括资产平衡表中与资产购买相关的所有流动。因此，它包括了更狭义定义的资本账户、金融账户和官方储备交易。

分解做了概要描述。

中国较高的生产率增长看起来已经为预期的 BSH 升值提供了推动力。中国国际收支的净资金流出和北美国际收支的流入都倾向于使中国实际汇率贬值。相似的，技术获取（减少了供给主要技术密集型服务的成本）和贸易改革也提供了预期贬值压力。综合来讲，中国和北美经常项目失衡对实际贬值的贡献超过了 5%。然而，令人惊讶的显著性发生在中国加入 WTO 后实施的贸易改革带来的效应，这一效应对实际汇率贬值的贡献超过了 4%。最终，这些经常账户失衡结合起来，被证明是至 2000 年代中期最重要的贬值推动力。

对中国而言，这一重要性可以从图 9-4 中明显看到，图 9-4 显示储蓄—投资缺口（经常账户盈余）在亚洲金融危机之后显著扩大了。这一净流出的扩张使国内需求转向国外，并且对中国实际汇率施加了下行的压力。为看到这一点，请注意资本账户净流入（经常账户支付的净流出[①]）和投资储蓄缺口的对等由标准总支出和核算恒等式得出。[②] 定义净流入为正，则资本账户盈余可以写作：$KA = S_{NF} - \Delta R = I - S_D$。其中 I 是投资，S_D 是国内储

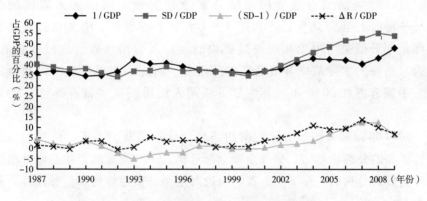

图 9-4 中国的投资—储蓄和外部平衡

注：由于误差和遗漏较大，我们调整了每一个子账户中测量最不准确的那些项目（通常是金融账户中净要素收入和净私人流入）以确保平衡。

资料来源：国际货币基金组织（IMF），2009a，国际金融统计，华盛顿特区；国际货币基金组织（IMF），2009b，世界经济展望数据库，4 月，华盛顿特区；国家统计局（NBS）2009 年，《中国统计年鉴 2009》，中国统计出版社。

---

① "资本账户" KA 的工作定义见下一条注释。

② 等式右边来自 GDP 中的总支出，$Y = C + I + G + X + M$；事实上，GNP 为 $YN = Y + N$，其中 N 为来自国外的净要素收入；GNP 核算恒等式为 $YN = C + T + S$，支付平衡表为 $BoP = O = KA + CA$，其中经常账户为 $CA = X - M + N$。

蓄总额，S_{NF}（国外净储蓄）是金融账户私人净流入，ΔR 是每年新增官方外汇储备。在存在资本管制的情况下，S_{NF} 大致等于正式批准进入的外商直接投资（FDI）。就中国的情况来说，该方程的双边都是负的，表明是净流出。特别的，中国 GDP 的 45% 是投资，超过一半的 GDP 是储蓄。然而，对解释实际贬值趋势而言，关键的观察是储蓄—投资缺口在整个 2000 年代中期是增加的。

2004 年以后的实际汇率升值

2005 年 7 月，中国政府启动了汇率改革，以表明其至少放弃事实上的盯住美元的汇率制度，名义上允许人民币汇率每日最多上下浮动 3%。2007 年人民币升值加速，截至 2008 年 7 月累计升值达 20%。其后，全球金融危机使中国政府重新回到了事实上的盯住美元的汇率制度。2004 ~ 2008 年的这一轮人民币升值是与中国国内显著的通货膨胀相伴随的，这一时期的国内通货膨胀暗含了潜在实际汇率的更大幅度的升值——相当于至少 30%。正如图 9 - 3 所显示的那样，中美双边名义和实际汇率升值是与中国相对美国更快的生产者价格指数上涨相关联的。最近，潜在的实际汇率升值趋势有所恢复。因此，为了控制国内通货膨胀，中国官方在 2010 年 6 月恢复了所谓人民币汇率"富有弹性"的说法。

2004 年以来人民币实际汇率的路径变化距离我们太近，使我们难以进行详细的分解。然而，撇开全球金融危机，一个明显的实际汇率升值的趋势是显而易见的。接下来，我们讨论对这一升值趋势的一些替代性的解释。

逐渐减少的经常账户盈余

经历了 1990 年代早期的快速上升以后，家庭储蓄率在 1997 ~ 2006 年间徘徊在 20% ~ 25%（Tyers 和 Lu，2009）。家庭储蓄率最初的激增是与 20 世纪 90 年代的一系列私有化和转型联系在一起的。那一轮私有化和转型增加了家庭对医疗、教育和退休支出的私人负担。最近几年，政府已经着手实施国家医疗和退休保险计划，包括将医疗养老保险扩大到农村地区和建立城市最低生活保障体系（Chamon 和 Prasad，2008；Wen，2008）。这些措施减少了家庭对于自身医疗、教育和退休支出的担忧，从而至少稳定了家庭储蓄率。与此同时，随着始于 2007 年的全球金融危机，政府支出开始激增。这减少了政府储蓄对国内储蓄的贡献。如图 9－5 所显示的那样，中国的经常项目盈余从 2005 年开始保持稳定且最近有收缩的趋势。先前一段时期的实际汇率贬值是与这一经常项目盈余的扩大以及随即而来的中国收入向海外支出转移的份额的不断增加相联系的。这一趋势的终止至少会阻止进一步的实际汇率贬值。

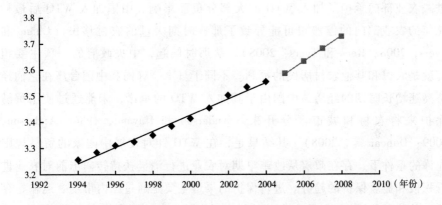

图 9－5　农业中的真实工资增长

注：纵轴是对数真实工资指数，其中农业部门名义工资由消费者物价指数（CPI）平减。

资料来源：部门名义工资和 CPI 来自国家统计局（NBS），《中国统计年鉴 2009》，中国统计出版社。

逐渐增加的寡头垄断租金

Lu 等（2008）指出，中国国有企业仍然主导着金属、汽车、飞机、交通运输、电信、金融和保险等行业，且这些行业在 2000 年代赢利极其丰厚。Tyers 和 Lu（2009）将这些利润归因于寡头垄断行为，而由垄断带来的租金随着中国加入 WTO 后的快速经济增长而迅速增长，使得这一时期企业的储蓄激增。这些租金对中国实际汇率的影响有两个渠道。首先，存在于大量非可贸易行业的较高的成本加成提升了价格从而引起升值。其次，国有企业获取的租金构成了公司储蓄的主要部分，这些储蓄倾向于使中国的支出转向国外，从而使实际汇率贬值。如 Tyers 和 Lu 所指出的，直到 2005 年，一直是后一个效应占优。最近公司储蓄率的下降（Bayoumi 等，2009）可能已经使这一平衡转向成本加成的升值效应上去了。

贸易改革的放缓

中国 2001 年加入世界贸易组织，使关税削减范围扩大，市场开放政策发生转变。不过，贸易改革从那时候起就已经放缓了。[①] 正如先前所讨论的那样，贸易自由化使实际汇率贬值，因此贸易改革的放缓看起来至少减轻了实际汇率带来的贬值压力。然而，贸易改革从来不是没有代价的帕累托改进。农业部门承担了加入 WTO 的大部分负面影响。中国加入 WTO 后最初几年的农业部门的停滞很可能导致了那一时期大量的农村移民（Chang 和 Tyers，2008；Rees 和 Tyers，2008）。从那时候起，中央政府的一项主要担忧就是农民和其他农村居民的福利。不同于日本、韩国和中国台湾在它们经济高速增长时期的经历，中国由于其加入 WTO 的承诺，未能通过使用贸易保护来将农村和城市区分开来（Anderson 和 Hayami，1986；Anderson，2009；Duncan 等，2008）。其结果是，在 WTO 针对发展中国家的贸易规则允许的条件下，存在政府从改革早期对农业进行消极扶持转向当前对农业进行积极和显著保护的趋势。进行保护的渠道主要是通过国内市场、运输、存储和其他预算措施。[②] 除农业以外，大量有悖于加入世界贸易组织前改革精神的贸易倾斜政策已经出现。自 2005 年以来，出口企业的增值税退税已经上涨了 9 倍——高达 17%——覆盖了大约 3800 种出口商品，包括纺织品、服装、玩具、机械、电器、药品、通信设备和钢铁（商务部，2009）。这些出口鼓励政策将国内供给转向了国外，提高了国内产品的相对价格，从而导致实际汇率升值。

逐渐上升的相对工资成本

图 9 - 1 的部门价格指数显示，2000 年代中期以来，服务业（第三产业和建筑业）相对于可贸易品部门的价格没有表现出任何上涨。这表明2004 年以来的升值不是由于 BSH 推力（中国可贸易部门相对高的生产率

[①] 根据世界贸易组织的贸易政策评论（*Trade Policy Review*，WTO，2008），关税仍然是中国的主要贸易政策工具之一。2007 年平均采用的 MFN 关税为 9.7%——与 2005 年相同。农业和非农业产品平均采用的 MFN 关税税率分别为 15.3% 和 8.8%——也与 2005 年相同。

[②] Huang 等（2009）清晰地指出了农业扶持政策的趋势。最近，温总理（2010）的讲话表明中国政府计划在 2010 年将农业部门补贴提高到 1330 亿人民币。这表明，农业税削减于 2000 年开始在安徽实施，在 2003 年扩大到了 30 个省份，有 28 个省完全取消了农业税。农民的总计收益估计为每年 1335 亿人民币。

增长）。的确，引人注目的变化是初级产品的价格指数，表明了农业贸易条件的显著改善。尽管这部分是由进口竞争商品较高的价格导致的，我们已经看到普遍影响农业和农村部门的政策的一些有利变化。这些变化将提高农村劳动力的边际产品，继而提高农村工人向东部城市移民所需要的激励。

如图 9-5 所显示，回归结果表明农业和建筑业部门的实际工资增长率在 2004 年左右的一个结构性转变。这些部门的劳动力主要是非熟练工人，而且农村劳动力市场是大部分非城市户籍的建筑业工人、其他服务业工人和制造业工人的来源。1994~2004 年间，官方的农业工人实际工资以每年3.1% 的速度增长（标准误差为 0.0012），而 2005~2008 年间为 4.7%（标准误差为 0.002）。①

在一项对广东非熟练工人真实工资的研究中，Meng 和 Bai（2007）使用了工资表数据以确保涵盖非城市户口工人。在控制教育水平和公司职位的情况下，他们发现，2004 年以前，这些工人工资的年均增长率仅为 0.5%~1.5%。然而，自 2004 年以后，农村工资开始迅速增长，表明真实非城市户口工资率自那时已经增加，并且这也可以从农业活动的净回报改善中预期到。越来越多的、潜在的"流动工人"都选择继续在农村就业。劳动力市场从紧的传闻越来越多，包括劳资纠纷频繁发生。这些劳资纠纷显示出制造业省份的劳动力市场的要价能力增强了。② 一个明显的事实是，城市劳动力供给增长放缓拉升了中国可贸易品和非可贸易品相对于其贸易伙伴的成本，并因此导致实际汇率升值。尽管在短期看起来是与对农业的激励措施相联系的——伴随着推动当地服务部门发展的基础设施的改善——但从长期来看，这一前景却是自然的延续。因为，已经临近的人口转型将会使中国劳动力总量在下一个 10 年开始下降（Cai 和 Wang，2006；Golley 和 Tyers，2006）。这一变化可能预示那些依靠农村剩余劳动力推动出口增长的（Dooley 等，2003）"复活的布雷顿森林贸易项目"（revived Bretton Woods trade account）地区的时代的结束——至少对中国而言如此（Feenstra 和 Hong，2007）。

---

① 增长率来自经过消费者价格指数（CPI）平减的农业部门对数名义工资率对时间的简单普通最小二乘回归（OLS）。增长率系数的标准误差在两条回归中都非常小，表明增长率显著的不同。

② 合资工厂发生的罢工和其他激进主义导致了作为中国经济增长发动机的广东省和浙江省的制造业工资在 2009 年显著上涨（Gardner，2010）。

宏观经济政策和人民币

根据定义，实际汇率和名义汇率是这样联系起来的：$e_R = P_Y / (EP_Y^*) = E \cdot P_Y / P_Y^*$，其中 E 是名义汇率（每单位本币可兑换的外币），P_Y 是国内商品束价格（GDP 价格），P_Y^* 是对应的国外国内生产总值（GDP）价格。由于国外价格水平在国内货币政策的控制范围以外，实际汇率（其决定如前述几节所讨论）的变化，要么通过名义汇率变化，要么通过国内价格水平的变化在国内传导。两者如何结合的选择是本国货币管理当局需要考虑的问题。在一个极端，实际汇率升值可以由名义汇率升值传导（以通货膨胀为目标），在另一个极端，则通过通货膨胀传导（以汇率为目标）。这是复杂的，特别是中国这种情况，实际汇率依赖于资本账户流动，而资本账户流动由外汇储备的积累控制，外汇储备的选择本身又是一项货币政策工具。

储备积累和货币重商主义

中国的储备积累已经招致了"货币重商主义"的指控（Aizenman 和 Lee，2006）。这意味着，被自由选择的储备积累用于确保实际汇率位于低水平。我们认为，对中国加以货币重商主义的批评是错误的。从之前我们推导的恒等式来看，其不公正的根源显而易见。这一恒等式为 $KA = S_{NF} - \Delta R = I - S_D$，从而，$\Delta R = S_D - I + S_{NF}$，其中 S_{NF} 包括正式批准的外国直接投资和非法的私人流入。只要国内总储蓄超过投资，并且资本控制阻碍了私人流出对 FDI 流入的匹配，ΔR 就必然是正的。确切的，我们可以说，中国的经常账户盈余必须有相应的储备积累，并且这一不平衡不受宏观经济政策可行变化的影响，严格地界定①，如果：

- 基于稳定考虑的资本管制是合理的
- 高私人储蓄率在短期内不受宏观经济政策的影响
- 当接近 GDP 的 50%（图 9 - 4）时，投资必然接近吸收能力
- 政府的收入增长过快以至于无法轻易用公共"负储蓄"抵消私人储蓄

---

① 这是 Xiao（2006）也持有的一个普遍观点，Xiao（2006）断言，"结构因素"和交易成本使得中国的经济调整滞后后，这意味着在短期内经常账户盈余不受宏观经济政策的影响。

　　轮流考虑上述四个条件。资本管制从概念上来讲是最简单的。它们源于"对汇率自由浮动的恐惧"和使中国的货币运行在东亚金融危机期间受到威胁的记忆。此外，中国人民银行仍然对中国的商业银行在兑换大量外币时保持谨慎。金融机构尚未充分脱离数十年的预算软约束。这一预算软约束与通过积累债务对国有企业进行政府补贴相关联。同时，也存在对商业银行缺乏渠道或者足够的货币衍生品市场经验以及债务工具来进行必要对冲操作的担忧。尽管 Ma 和 McCauley（2007）断言这种管制将不断发挥效用，但这些管制也正在缓慢地被放松。

　　正如先前所表明的，中国的高私人储蓄率是源于相对较高的家庭储蓄和格外高的企业储蓄。尽管前者已经停止上升并且被预期将会随着医疗和退休保险体系的发展而缓慢下降（Chamon 和 Prasad，2008）。后者，如 Tyers 和 Lu（2009）所声称的那样，取决于重点国有企业的盈利能力，因此是一个需要时间去解决的产业政策问题。因此高储蓄的原因是结构性的，同时是微观经济政策改革长期计划的主题。没有什么是单靠中央银行就可以解决的。

　　正如 Xiao（2006）所注意到的，储蓄超出投资的部分意味着投资率过低。然而，中国的投资率已经非常高了，超过 GDP 的 45%。很难想象，考虑到服务部门的规划和便利性约束还有多少新增项目可以被构想和实施。[①]此外，即使中国官方融资率很低，最近由中国人民银行做的一项调查显示，相当大一部分投资仍然是通过非国有部门进行的，而且费率就国际标准而言仍然很高。在中国，融资的中间成本降低到工业化国家水平尚需要时间，因此融资成本必然还将是投资的一个阻碍。[②]

　　最后，在全球金融危机之前，中国的财政政策维持了严格的收支平衡。在危机期间，政府承诺了实质性的财政扩张，包括雄心勃勃的基础设施投资计划，以减少国家储蓄和提高私人消费支出。但这会面临两点困难。首先，公共基础设施投资已经吸收了较大比例的 GDP，超过任何其他具有可比人均收入的发展中国家（Roland-Holst 等，2005）。其次，由于税收体系效率的增进和多数经济活动发生在相对应纳税的"现代"部门，税收增长已经快于 GDP 增长。然而，尚不清楚加速了的支出是否已经超过了税收。当然，

---

① 存在"白象"工程的证据，这也是存在许多争论的地方。
② Tyers 和 Golley（即将发表）模型化了高金融中介成本对中国增长率的影响。

政府债券的发行量尚未大幅上升。[①]

对"四个如果"的支持表明，中国政府对其储备积累速度和因此而来的由实际汇率加权的国内收入向国外支付转移的速度缺乏真正的判断力。国内储蓄率在近期稳定下来的程度表明储备积累在未来将会是更中性的力量。

流动性和冻结

至少在整个 2008 年，中国人民银行吸收了外币流入（出口收入）扣除进口成本的部分，——因为缺乏影响金融深化的长期改革和仍然存在的资本控制，中国的商业银行无法改变所需要的外币数量。这需要用新增加的本国货币来购买过剩的外币。为避免过度的流动性，年增储备都被冻结了。然而，中国人民银行所持有的国内贷款对这一冻结而言是不够的，因此"冻结债券"是表 9 - 2 所示的资产负债表的借方发放的。

表 9 - 2　中国人民银行的资产负债表（2009 年）

资　产	负　债
国内贷款——存款机构、其他金融机构和中央政府债权（GDP 的 13%）	货币基础——现金和银行准备金（GDP 的 43%）
官方外汇储备（GDP 的 55%）	冻结债券——对中国公众的负债（GDP 的 13%）
	其他负债，包括政府所有权（GDP 的 12%）

资料来源：中国人民银行 2009 年资产负债表，中国人民银行，北京。

恰如储备已经成为了资产负债表资产方的主导项目，冻结债券在负债方的重要性也已呈现。就效果而言，中国人民银行为国内储蓄者扮演了储蓄渠道的角色，这些国内储蓄者本来是要获取国外资产的，但是却受到资本管制的限制。因此来自国外的币值调整压力使中国人民银行面临两难处境。首

[①] 根据财政部，在 2006～2009 年之间，中国政府发行的债权价值为 8888 亿人民币（2006），7980 亿人民币（2007），8620 亿人民币（2008）和 7780 亿人民币（2009）——没有显示出增长趋势。除此之外，2007 年发行了 15500 亿特别债券从中国人民银行（PBOC）换取了等值外汇储备。结果是资产方大约占 GDP 8% 规模的从外汇储备到国内贷款的替代。

先，由于中国人民银行的资产主要以美元计价，而负债则以人民币计价，过分促使人民币升值会导致大量损失，并将需要由政府预算提供的人民币来补进。这一点在 2007 年通过由政府发行 2000 亿美元债券换取中国人民银行储备资产的方式进行了处理，这些储备资产被中国的"主权财富基金"持有，即由中国投资公司（CIC）所持有。[①]

　　如图 9-6 所示，这一冻结过程遏制了作为 GDP 一定比例的基础货币的发放，且这一过程一直持续到 2000 年代中期。其后，流动性大幅增长。我们认为这源于持续的金融改革。金融改革极大地扩展了商业银行的中间业务（替换了之前存在的相对成本较高的非正规信贷结构和信贷合作制）。这些是有价值的，但是与其相关联的存款扩张使总货币供给激增，造成了自 2006 年以来的通货膨胀压力。中国人民银行以提高银行储备和短期利率来进行应对。后者导致受人民币升值预期所驱动的投机性（非法的）私人资本的更多流入，从而在全球金融危机前后给人民币实际汇率带来了升值的压力。然而，如图 9-2 和 9-3 所示，危机期间出口需求的下降引起了短暂的实际汇率贬值。回到事实上的盯住汇率制度继而使从紧的货币政策和暂时的紧缩成为必须。

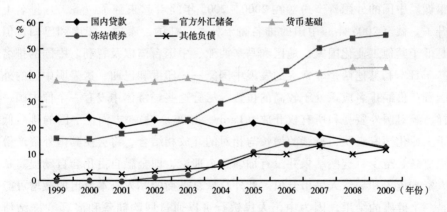

图 9-6　中国人民银行资产负债表的动态调整：
资产和负债占 GDP 比例

资料来源：中国人民银行。

---

① 中国投资有限责任公司（CIC）接手了之前建立的中央汇金公司作为其子公司。汇金公司主要在国内金融行业进行证券投资，而其母公司——CIC 则主要进行海外投资。感谢中国人民银行提供这一细节。

放松资本管制的效果

随着资本管制放松，金融账户私人流出的程度将会是一个重要问题。Prased 等（2005）指出，随着中国的私人投资者寻求其多样化投资组合，这可能潜在地造成人民币贬值的压力。这一力量的规模依赖于中国人民银行的外汇储备是否等价于私人部门想要持有的外国资产。可以通过对比工业化国家和发展中国家所持有的外国资产占其总资产组合的比例进行粗略的估计。然而，资产是大量的和各种各样的，净持有也缺乏详尽的记录。作为这些国家的一个样本，我们使用资本存量和资产平衡表流动记录对国外资产在总资产组合中的份额进行了一个粗略的估计。对这些结果，我们保持谨慎怀疑，因为资本存量在不同的国家其测算方式是不同的，而且较小的和较为开放的经济体可以预期有较高的国外资产份额，无论它们处于何种发展水平——就像中国香港、新加坡和英国的情况那样。

估算的国外资产份额在表9-3中列出。表9-4给出了这些国家和地区根据被估算的外国资产份额进行的排列。最引人注目的是，尽管有大量的官方外汇储备，与其他亚洲发展中国家和地区相比，中国在这个单子上的排名很低。中国的外国资产份额在2000~2005年间看起来翻了一番，且排名上升了。截至2005年，中国的排名高于日本、韩国、泰国、印度和巴西，但是低于其他工业化国家、地区和马来西亚、中国台湾以及智利。中国的排名高于日本和其他两个非常大的发展中国家——印度和巴西，这表明中国的外国资产份额排名应该处于较高的位置，尽管这些经济体中没有一个像中国一样已经对国外贸易和所有权开放（Lardy，2006）。另一方面，中国的排名低于工业化国家表明，持续的增长与相对的开放相结合，将会使其国外资产份额更高。至少，这些结果并没有加强这个理论，即金融自由化会自动提高私人资本流入和导致人民币升值。此外，恢复平衡的私人资本流出的激增可能是一个健康的结果，因为中国人民银行可以通过回购储备和清算"冻结债券"冻结私人流入即时抵消这一部分。这将使中国人民银行的资产负债表恢复到更传统的状况以消除中国投资公司的压力，同时也能稳定国内金融资本市场。

单边升值的情况

如果人民币自2004年以来的升值趋势（如图9-2所示）确实是由于从紧的劳动力市场所致，它便预示了人民币的长期升值趋势。对中国人民银

表9-3　总资产中国外资产份额的估计

国家和地区	国外资产占总资产比重（%）					
	2000 年	2001 年	2002 年	2003 年	2004 年	2005 年
中　　国	10	9	9	12	14	18
中国香港	55	56	55	59	60	64
日　　本	9	12	12	14	14	17
中国台湾	11	14	17	21	22	24
韩　　国	11	13	13	15	17	16
马来西亚	22	27	28	38	36	41
新加坡	48	50	51	57	57	58
泰　　国	18	20	19	19	17	17
印　　度	6	9	9	11	12	11
巴　　西	5	6	8	8	7	5
墨西哥	7	8	7	8	9	9
智　　利	21	23	22	26	25	25
澳大利亚	15	17	17	18	19	21
美　　国	22	19	18	22	25	35
欧盟 15 国	30	33	30	34	36	47
英　　国	63	63	52	54	54	68

注：国外资产占总资产的份额由外国金融资产和实物资产占国内总金融资产和实物资产的份额来近似。分子是拥有的海外资本存量加上官方外汇储备；分母是官方外汇储备加上国内资本存量，加上拥有的海外资本存量减去国内资本存量中外国拥有的部分加上 M2 再加上黄金存量。国际资本所有权由经常账户净要素收入流除以长期债券利率来近似。

资料来源：对于大多数国家，外汇储备、货币供给、黄金存量、经常账户的净要素收入流和长期债券利率数据来自国际货币基金组织（IMF）的各种出版物，国际金融统计，国际货币基金组织，华盛顿特区。中国台湾的数据来自台湾统计数据手册，2006。智利的货币供给数据来自智利中央银行；澳大利亚数据来自澳大利亚储备银行；新加坡数据来自新加坡货币管理局。中国和印度的债券利率来自 Datastream，欧盟 15 国、马来西亚和智利的债券利率来自经济学人信息部（Economist Intelligence Unit）。所有的资本存量估计数据都来自 GTAP 的全球数据库。

表9-4　国外资产占总资产份额的国家和地区排名

2000 年	2001 年	2002 年	2003 年	2004 年	2005 年
英国	英国	中国香港	中国香港	中国香港	英国
中国香港	中国香港	英国	新加坡	新加坡	中国香港
新加坡	新加坡	新加坡	英国	英国	新加坡
欧盟 15 国	欧盟 15 国	欧盟 15 国	马来西亚	马来西亚	欧盟 15 国
马来西亚	马来西亚	马来西亚	欧盟 15 国	欧盟 15 国	马来西亚
美国	智利	智利	智利	美国	美国
智利	泰国	泰国	美国	智利	智利

2000 年	2001 年	2002 年	2003 年	2004 年	2005 年
泰国	美国	美国	中国台湾	中国台湾	中国台湾
澳大利亚	澳大利亚	澳大利亚	泰国	澳大利亚	澳大利亚
韩国	中国台湾	中国台湾	澳大利亚	韩国	中国
中国台湾	韩国	韩国	韩国	泰国	日本
中国	日本	日本	日本	中国	泰国
日本	中国	印度	中国	日本	韩国
墨西哥	印度	中国	印度	印度	印度
印度	墨西哥	巴西	巴西	墨西哥	墨西哥
巴西	巴西	墨西哥	墨西哥	巴西	巴西

资料来源：根据表 9 - 3 中的外国资产份额排列。

行来说，允许一个对应的人民币升值就变得简单了。任何使人民币以快于潜在实际升值率的速度升值的决定都要求更为从紧的货币政策，并且可能使中国重新回到 1990 年代晚期阻碍增长的通货紧缩的状况。

McKinnon 对东亚美元标准存有偏好，在某个层面，来自美国的要求人民币升值的双边压力也可以理解。尽管来自中国的投资给美国经济带来了好处，美国存在巨大的经常账户失衡，这一经常账户失衡部分源于同中国的双边贸易，美国期望美元贬值可以纠正这一经常账户失衡（Woo，2006）。人民币汇率缺乏弹性不仅使美国政府感到沮丧——从而引发其批评性的辞令（Bernanke，2006）和"惩罚"中国的立法草案（Callan，2007）——也令欧洲感到沮丧，人民币对美元升值的负担是最大的。[①]

具有讽刺意味的是，尽管其他一些亚洲国家拒绝其本国货币相对人民币升值可能是由先前所提到的"货币重商主义"所驱动，我们相信人民币相对美元升值的缓慢却是内在驱动的。症结在于对金融（包括汇率）波动的恐惧，这一点可由金融危机期间人民币坚持盯住美元汇率制度所证实。如果中国政府不同意比潜在实际汇率升值速度更快的升值，它既可以实施一个相当紧的货币政策，从而导致进一步的通胀紧缩，也可以通过回到扭曲的贸易来加速潜在的实际汇率升值。

---

① 参见 RGE Monitor（2007a）。来自欧洲的辞令也表明了这一观点，如欧盟国际贸易委员会委员 Pascal Lamy 在 2003 年 12 月 23 日所做的讲话。

通过货币紧缩升值

在潜在实际汇率没有任何上升的情况下，中国人民银行可以很简单地宣布一个较高的美元对人民币的比值。这是由 Tung 和 Baker（2004）所提倡的选项，他们建议人民币的一次性升值幅度为 15%，并声称由于其他方面的通货膨胀压力，结果出现通货紧缩的风险微乎其微。在不存在潜在实际汇率升值的情况下，这一论点是缺乏根据的。

对更强势人民币的捍卫需要收紧国内货币供应（或者减慢其增速），大幅提升国内短期利率和提高其他融资障碍。如果升值幅度足够大，结果可能会使中国回到 1990 年代晚期的通货紧缩状况，而这会损害到可贸易品部门的就业。消费和储蓄将会下降，从而收入也会下降（或者增长减缓）。现代部门较慢的就业增长会降低资本回报，再加上更高的融资成本，会导致投资萎缩（或者降低投资增长），而储蓄相对规模萎缩则会极大影响中国的外部失衡。所以，对于外部平衡而言，有两种情况需要被考虑。

第一种情况，如果中国的家庭是乐观的，预期紧缩是暂时的并且无限制的经济增长会得到恢复。面对减少了的当期收入，他们会通过减少当期储蓄来平滑消费。然而，即使存在这样的储蓄率下降，由 Tyers 和 Zhang（2010）所展示的模拟显示，较低的就业增长对资本回报的影响同样会引起投资减少。然而，储蓄下降的值就规模来看是较大的，从而净效应会减少中国的经常账户盈余。因此将会发生人民币相对于美元的实际升值和北美经常账户赤字轻微的减少。其次，北美具有政治敏感性的产业就业也会有轻微的增加，尽管这是以美元相对人民币的实际汇率贬值导致服务业部门就业收缩为代价的。中国和北美都会遭受 GDP 总量和人均收入的损失。然而，中国的损失更为惨重——几乎相当于一年的经济增长。

第二种情况，中国的家庭是悲观的，并且认为紧缩是持久性的。为了应对货币紧缩和收入减少，他们的行为会像 1990 年代的日本那样——向前平滑消费和提高储蓄率。[①] 这将加剧中国经济活动和收入的萎缩。此外，由于储蓄没有下降但投资下降了，中国的经常账户盈余上升了。增加的资本流出引起实际汇率贬值，这表明，为了达到特定的名义汇率升值目标，这种情况下的货币紧缩会造成比以往更大的通货紧缩。在国际上，这一冲击会降低全

---

① Ito（2001：第 11 章，329～333 页）指出，在"广场协议"以后，日元相对美元显著升值，与此同时，日本的经常账户盈余上升，即使实际投资也上升了。

球利率和增加北美经常账户赤字。尽管北美的贸易条件和实际收入会有些许改善和增加，经常账户失衡的加剧和相关产业就业的下降会进一步使美国在政治上感到沮丧。可见，通过货币紧缩政策来使人民币升值是得不到什么的，除此之外，很难得到其他结论。

贸易征税

另外一个实现单边升值的"不健康"方式是通过贸易扭曲。我们可以不考虑提高进口关税，因为中国加入世界贸易组织的条件在应用关税和约束关税之间提供了非常小的空间。然而，出口限制是可能的——像日本在1980年代面对来自美国的相似压力的情况下所采用的那样。这些不是直接的贸易保护主义，从而不会引起来自国外重商主义者的反对。至少在原则上，像进口关税，它们被期望可以将国内需求从国外转向本国产品，并因此使实际汇率升值，也允许中央银行提高名义汇率。缺点是它们同时相当于对经济中最快速扩张的部门征税，因此牺牲了城市就业增长和收入增长。

相应的，Tyers 和 Zhang（2010）模拟了 2007～2009 年间仅对工业出口品征收 15% 关税的短期影响。如前文所述，他们同时考虑了存在乐观家庭和悲观家庭的情况。奇怪的是，在两种情况下，中国都经历了相对于北美的稳健的实际汇率贬值。这是因为，即使在储蓄率暂时下降的乐观情况下，中国的经常账户盈余也上升了。这违背了预期理论，因为其强调了最终需求的替代。真实的理论是关于中间品需求的。中国的出口制造业部门很大程度上依赖于进口零部件——主要来自亚洲贸易伙伴。[1] 当出口关税使出口制造业部门收缩的时候，进口部门也相应地萎缩了。总出口实际上以更小的比例萎缩，这是因为非进口投入密集的农业和服务业的出口有抵消性的扩张。净效应是中国贸易盈余的扩张。

在北美，经常账户赤字上升，与之前一样，真实 GDP 和真实人均收入只有微小的变化。然而，重要的是，中国的出口限制确实增加了北美的工业就业——再一次的，是以服务业就业减少为代价——尽管北美经历了本来应该有利于服务业部门的相对中国的实际汇率升值。在每一种情况下，至少在短期，出口限制不会使人民币升值变得更容易，事实可能恰恰相反。

---

[1] 一些重要的实证文献是围绕着中国作为其他亚洲国家所生产的零部件的组装者这一角色发展起来的。中国同美国的双边贸易盈余的部分原因在于亚洲区域内的贸易减少了亚洲其他经济体同美国的双边贸易盈余，却扩大了中国的盈余。可以参见 Athukorala（2005，2007）。

结　　论

相对于美国，中国可贸易部门生产率增长快于非可贸易部门，实际工资上涨更快，同时有相对的服务业价格上涨。这样一来，1990～2004年间中国实际汇率的平稳发展轨迹就违背了BSH，要解决这一问题需要将BSH一般化，需要一并考虑可贸易品一价定律的失效、开放的金融资本市场和更为复杂的劳动力市场特征。这为抵消BSH效应的贬值推动力开了一条通道，包括与超额储蓄相关联的资产负债表上的净资本流出。对1997～2004年间实际汇率平稳发展路径的分解显示，BSH的贬值推动力主要由超额储蓄和相关的资产账户上的净流出扩张抵消掉了，同时还有来自加入WTO的贸易改革的显著贡献。中国的实际汇率在2000年代中期开始升值，其时国内储蓄率趋于稳定，贸易改革也结束了。对这一时期相对产品价格和实际工资变化趋势的考察表明实际汇率升值不是源于BSH支配力的恢复，相反，似乎是源于与农业贸易条件改善相关联的农村劳动力市场的收紧，以及不断放慢的总劳动力供给。

以往的研究将大量注意力投向了过去10年间的人民币"低估"，但我们认为将此归咎于中国的货币政策——狭义地定义为外汇目标和外汇储备积累——是不正确的。关键的约束是资本管制和结构性决定的高储蓄。其中资本管制是出于在商业银行部门相对不成熟的情况下对金融（和汇率）稳定性的担忧。这些约束最终将会被放松，但是当它们仍然存在的时候，储备就会积累，并且汇率调整不会解决经常账户失衡问题。人民币升值唯一"健康"的方式将会是跟随潜在实际汇率的变化路径。我们表明，违背这一原理，通过货币紧缩政策来实施单边升值对中国来说将会是成本巨大的——并且很可能会通过收紧资本市场和逆向改变贸易条件损害到其他国家。此外，如果中国的家庭对冲击作出了悲观反应，经常账户盈余就会扩大，这与那些叫嚣着通过升值解决全球不平衡的人所要达到的效果恰恰相反。另外一种方法概念上可行但是并不更健康的单边升值方式是通过对制造业出口品征税。如前文所表明的那样，中国的出口制造业部门极度依赖于进口零部件，这种征税事实上是通过削减制造业出口中一定比例的零部件进口，同时扩大其他较少依赖进口的产品的出口，从而增加贸易盈余。这会在牺牲可观的经济增长的同时增加中国的经常账户盈余。总体而言同样会损害到北美经济。

在最近一段时期，面对明显的由劳动力市场驱动的潜在实际汇率升值趋势，中国人民银行通过允许人民币单边名义汇率升值来减轻国内通货膨胀的压力是合理的。在升值趋势没有快到足以使中国的贸易伙伴实现政治均衡这一程度上，国际压力最好集中于推动金融改革，包括更好地实施国有企业改革和建立一体化的退休和医疗保险体系。从长期来看，人民币实际汇率是否会持续上升将会依赖于包括可贸易品生产率增长、减少的储蓄和劳动力供给下降在内的升值推动力，以及包括服务业部门劳动生产率增长在内的贬值推动力的相对大小。

致　谢

本研究的基金支持来自澳大利亚研究理事会发现计划（Australian Research Council Discovery Grant），编号 DP0557889。感谢 Iain 和 Pingkun Hsu 为早期的分析所提供的帮助，感谢 Jane Golley，Yongxiang Bu，黄益平，Ross Garnaut，吴延瑞和胡永泰就该话题所进行的有益讨论。

（张川川　译）

参考文献

1. Aizenman, J. and Lee, J. 2006, *Financial versus monetary mercantilism: long run view of large international reserves hoarding*, IMF Working Paper WP/06/280, International Monetary Fund, Washington, DC.

2. Anderson, K. (ed.) 2009, *Distortions to Agricultural Incentives: A Global Perspective*, 1955 – 2007, Palgrave Macmillan and The World Bank, London and Washington, DC.

3. Anderson, K. and Hayami, Y. 1986, *Political Economy of Agricultural Protection: The experience of East Asia*, Chinese Academy of Social Sciences, Beijing [1996 publication in Chinese based on the original, Allen & Unwin, Sydney].

4. Athukorala, P. – C. 2005, 'Components trade and implications for Asian structural adjustment', in R. Garnaut and L. Song (eds), *The China Boom and Its Discontents*, Asia Pacific Press, Canberra.

5. Athukorala, P. – C. 2007, The rise of China and its consequences for East Asia: is the fear of export competition warranted? Conference on Reforms for Korea's Sustained Growth, East West Centre and Korea Development Institute, Honolulu, 12 – 13 July.

6. Balassa, B. 1964, 'The purchasing power parity doctrine: a reappraisal', *Journal of Political Economy*, vol. 72, no. 6, pp. 584 – 96.

7. Bayoumi, T., Tong, H. and Wei, S. J. 2009, *The Chinese corporate savings puzzle: a*

firm-level cross-country perspective, Columbia Business School Working Paper, December, Columbia University, New York.

8. Bergin, P. R. , Glick, R. and Taylor, A. M. 2006, 'Productivity, tradability and the long run price puzzle', *Journal of Monetary Economics*, vol. 53, no. 8, pp. 41 – 66.

9. Bernanke, B. 2006, Speech to the Chinese Academy of Social Sciences, Beijing, 15 December, < www. federalreserve. gov/BoardDocs/Speeches/2006/20061215 >.

10. Cai, F. and Wang, D. 2006, 'Employment growth, labour scarcity and the nature of China's trade expansion', in R. Garnaut and L. Song (eds), *The Turning Point in China's Economic Development*, Asia Pacific Press, Canberra.

11. Callan, E. 2007, 'Clinton and Obama back China crackdown', *The Financial Times*, 5 July.

12. Chamon, M. and Prasad, E. 2008, *Why are saving rates of urban households in China rising?*, Global Economy and Development Working Paper 31, December, Brookings Institution, Washington, DC.

13. Chang, J. and Tyers, R. 2008, 'Trade reform, macroeconomic policy and sectoral labour movement in China', in C. Chen and R. Duncan (eds), *The Impact of WTO Accession and Regional Trade Arrangements on China's Agricultural Sector and Food Security*, Asia Pacific Press, Canberra, pp. 268 – 304.

14. Cheung, Y. – W. , Chinn, M. and Fuji, E. 2007a, *China's current account and exchange rate*, Center for Economic Studies CESifo Working Paper Series no. 2587, Ludwig Maximilian University of Munich.

15. Cheung, Y. – W. , Chinn, M. and Fuji, E. 2007b, 'The overvaluation of renminbi undervaluation', *Journal of International Money and Finance*, vol. 26, pp. 762 – 85.

16. Cline, W. 2005, *The case for a new Plaza agreement*, Policy Briefs 05 – 4, Institute for International Economics, Washington, DC.

17. Coudert, V. and Couharde, C. 2005, *Real equilibrium exchange rate in China*, CEPII Working Paper No. 2005 – 01, CEPII, Paris.

18. Crucini, M. J. , Telmer, C. I. and Zachariadis, M. 2005, 'Understanding European real exchange rates', *American Economic Review*, vol. 95, no. 3, pp. 724 – 38.

19. Dixon, P. B. and Rimmer, M. T. 2002, *Dynamic General Equilibrium Modelling for Forecasting and Policy: A practical guide and documentation of Monash*, North Holland, Amsterdam.

20. Dixon, P. B. , Parmenter, B. R. , Suttonand, J. and Vincent, D. P. 1982, *ORANI: A multi-sectoral model of the Australian economy*, North Holland, Amsterdam.

21. Dooley, M. P. , Folkerts-Landau, D. and Garber, P. 2003, *An essay on the revived Bretton Woods system*, NBER Working Paper 9971, National Bureau of Economic Research, Cambridge, Mass.

22. Drine, I. and Rault, C. 2005, 'Can the Balassa-Samuelson theory explain long run real exchange rate movements in OECD countries?', *Applied Financial Economics*, vol. 15, no. 8, pp. 519 – 30.

23. Duncan, R. , Rees, L. and Tyers, R. 2008, 'Revisiting the economic costs of food self-sufficiency in China', in C. Chen and R. Duncan (eds), *The Impact of WTO Accession and Regional Trade Arrangements on China's Agricultural Sector and Food Security*, Asia Pacific Press, Canberra, pp. 203 – 28.

24. Feenstra, R. C. and Hong, C. 2007, *China's exports and employment*, NBER Working Paper 13552, October, National Bureau of Economic Research, Cambridge, Mass.

25. Fogel, R. 2006, *Why is China likely to achieve its growth objectives?*, NBER Working Paper W12122, National Bureau of Economic Research, Cambridge, Mass.

26. Frankel, J. 2004, *On the renminbi: the choice between adjustment under a fixed exchange rate and adjustment under a flexible rate*, NBER Working Paper 11274, National Bureau of Economic Research, Cambridge, Mass.

27. Gardner, B. 2010, 'China's labor situation is changing, not for the worse', *Roubini Global Economics-Asia EconoMonitor*, 1 June.

28. Garnaut, R. and Huang, Y. 2006, 'Mature Chinese growth leads the global Platinum Age', in R. Garnaut and L. Song (eds), *China: Linking markets for growth*, Asia Pacific Press, Canberra.

29. Golley, J. and Tyers, R. 2006, 'China's growth to 2030: demographic change and the labour supply constraint', in R. Garnaut and L. Song (eds), *The Turning Point in China's Economic Development*, Asia Pacific Press, Canberra.

30. Goldstein, M. 2004, Adjusting China's foreign exchange rate, International Monetary Fund seminar on China's Foreign Exchange Rate System, Dalian, China.

31. Gordon, R. 2003, 'Exploding productivity growth: context, causes and implications', *Brookings Papers on Economic Activity*, vol. 2, pp. 207 – 97.

32. Gordon, R. 2006, The US productivity growth 'explosion': dimensions, causes, consequences and aftermath, 48th Annual Meeting of the NABE, NBER Session, Boston, 11 September.

33. Hertel, T. W. (ed.) 1997, *Global Trade Analysis Using the GTAP Model*, Cambridge University Press, New York.

34. Huang, J. , Rozelle, S. , Martin, W. and Liu, Y. 2009, 'China', in K. Anderson (ed.), Distortions to Agricultural Incentives: A global perspective, 1955 – 2007, Palgrave Macmillan and The World Bank, London and Washington, DC.

35. International Monetary Fund (IMF) 2009a, *International Financial Statistics*, International Monetary Fund, Washington, DC.

36. International Monetary Fund (IMF) 2009b, *World Economic Outlook Database*, April, International Monetary Fund, Washington, DC.

37. International Monetary Fund (IMF) various issues, *International Financial Statistics*, International Monetary Fund, Washington, DC.

38. Ito, T. 2001, *The Japanese Economy*, MIT Press, Cambridge, Mass.

39. Lardy, N. 2006, 'China's interaction with the global economy', in R. Garnaut and

L. Song (eds), *The Turning Point in China's Economic Development*, Asia Pacific Press, Canberra.

40. Lu, F. 2006, *China's productivity growth: an international comparison*, China Centre for Economic Research Working Paper C200604, Peking University, Beijing.

41. Lu, F., Song, G., Tang, J., Zhao, H. and Liu, L. 2008, 'Profitability of Chinese industrial firms (1978 – 2006)', *China Economic Journal*, vol. 1, no. 1, pp. 1 – 31.

42. Ma, G. and McCauley, R. N. 2007, 'How effective are China's capital controls?', in R. Garnaut and L. Song (eds), *China: Linking markets for growth*, Asia Pacific Press, Canberra.

43. McKibbin, W. J. and Sachs, J. 1991, *Global Linkages: Macroeconomic independence and cooperation in the world economy*, Brookings Institution, Washington, DC.

44. McKinnon, R. I. 2004, 'The East Asian dollar standard', *China Economic Review*, vol. 15, pp. 325 – 30.

45. McKinnon, R. I. 2006, 'China's exchange rate appreciation in the light of the earlier Japanese experience', *Pacific Economic Review*, vol. 11, no. 3, pp. 287 – 98.

46. Meng, X. and Bai, N. 2007, 'How much have the wages of unskilled workers in China increased? Data from seven factories in Guangdong', in R. Gaunaut and L. Song (eds), *China: Linking markets for growth*, Asia Pacific Press, Canberra.

47. Prasad, E., Rumbaugh, T. and Wang, Q. 2005, *Putting the cart before the horse: capital account liberalization and the exchange rate in China*, Policy Discussion Paper 05/01, International Monetary Fund, Washington, DC.

48. Rees, L. and Tyers, R. 2004, 'Trade reform in the short run: China's WTO accession', *Journal of Asian Economics*, vol. 15, no. 1, pp. 1 – 31.

49. RGE Monitor (2007), 'Excessive Liquidity and Credit Growth in Emerging Markets', 11 May, info@rgemonitor.com.

50. Roland-Holst, D., Brooks, D. and Zhai, F. 2005, *Asia's long term growth and integration: reaching beyond trade policy barriers*, ADB Policy Brief No. 38, Asian Development Bank, Manila.

51. Samuelson, P. 1964, 'Theoretical notes on trade problems', *Review of Economics and Statistics*, vol. 46, no. 2, pp. 145 – 54.

52. Tung, C. Y. and Baker, S. 2004, 'RMB revaluation will serve China's self-interest', *China Economic Review*, vol. 15, pp. 331 – 5.

53. Tyers, R. and Golley, J. 2008, 'China's real exchange rate puzzle', *Journal of Economic Integration*, vol. 23, no. 3, pp. 547 – 74.

54. Tyers, R. and Golley, J. (forthcoming), 'China's growth to 2030: the roles of demographic change and investment reform', *Review of Development Economics*, [earlier version in Chinese published in *China Labour Economics*, vol. 4, no. 1 (2007), pp. 6 – 30].

55. Tyers, R. and Lu, F. 2009, *Competition policy, corporate saving and China's current*

account surplus, Working Papers in Economics and Econometrics No. 496, July, College of Business and Economics, The Australian National University, Canberra.

56. Tyers, R. and Zhang, Y. 2010, *Appreciating the renminbi*, Working Paper, Business School, University of Western Australia, Perth.

57. Tyers, R., Golley, J., Bu, Y. and Bain, I. 2008, 'China's economic growth and its real exchange rate', *China Economic Journal*, vol. 1, no. 2, pp. 123 – 45.

58. Wang, T. 2004, 'Exchange rate dynamics', in E. Prasad (ed.), *China's growth and integration into the world economy: prospects and challenges*, IMF Occasional Paper 232, International Monetary Fund, Washington, DC.

59. Woo, W. T. 2006, 'China's macroeconomic imbalances: the liquidity tango mechanism', in J. J. Teunissen and A. Akkerman (eds), *Global Imbalances and the US Debt Problem: Should developing countries support the US dollar?* Volume 1, Forum on Debt and Development, The Hague.

60. World Trade Organisation (WTO) 2008, *Trade Policy Review: China*, WT/TPR/ G/199, World Trade Organisation, Washington, DC.

61. Xiao, G. 2006, What is special about China's exchange rate and external imbalance: a structural and institutional perspective, Asian Economic Panel 2007, Brookings-Tsinghua Center and Brookings Institution, Beijing and Washington, DC.

62. US Bureau of Labor Statistics various issues, Producer Price Index Detailed Reports, US Bureau of Labor Statistics, Washington, DC.

63. 中华人民共和国商务部：《中国对外贸易和经济合作公报》，2005～2009。

64. 国家统计局（NBS）：《中国统计年鉴2009》，中国统计出版社。

65. 中国人民银行：资产负债表，2009。

66. 温家宝：《政府工作报告》，北京，2008。

67. 温家宝：《政府工作报告》，北京，2010。

第十章
中国和东亚贸易：
脱钩谬误、危机和政策挑战

Prema-chandra Athukorala   Archanun Kohpaiboon

在此次全球金融危机发生前 10 年，"脱钩"理论——这一观念认为东亚地区已经成为一个自足的经济体，有可能维持一种独立于传统工业化市场经济体发展模式的自身的经济增长状态——在亚洲政策圈一直是一个很流行的话题。[①] 这一理论的实证基础来自基于现有贸易数据所做的贸易模式的研究。研究表明，自 1980 年代末以来，东亚地区的国家间贸易（区域内贸易）连续增长——作为世界出口发动机的中国为这一过程提供了新的推动力。在国际生产链断裂和相关的网络贸易以东亚为重心快速扩张的背景下，一些研究对这一推断提出了质疑（Roach，2009：第一章；Bergsten 等，2006；Athukorala，2005；Garnaut，2003）。然而，脱钩理论继续主导着政策，大概是因为它很好地适用于了当今东亚的增长繁荣。

全球金融危机已经显示出脱钩理论的脆弱性，因为主要的亚洲国家，包括中国，都经历了急剧的贸易萎缩。因此，发生在东亚的政策辩论已经发生了一个"U"形转弯，从满足于脱钩理论转向对东亚经济增长重新回到平衡的要求，其看法是降低东亚经济增长对变化无常的全球商业周期的敏感性（ADB，2010；IMF，2010）。

[①] 参见 Urata（2006）、Yoshitomi（2007）以及 Park 和 Shin（2009）以及所引用文献。所有这些作者都关注"贸易脱钩"，他们不认为在发达国家的增长放缓的情况下，中国和印度这样庞大的亚洲经济体，仍然可以通过其国内消费的扩张继续其强劲经济增长。本章仅关注对"贸易脱钩"的争论。

脱钩理论是如何出错了呢？难道是因为该理论未能体现全球生产共享这一现实，支撑脱钩理论的贸易一体化理论难道仅仅是简单的统计游戏？东亚经济体在后全球金融危机时代所面临的政策挑战是什么？明确偏离危机前那种支持外向型发展策略的政策的新一体化政策反应是否存在空间？本章的目的是对这些问题进行考察，同时，以危机前贸易模式的系统分析为背景，通过对中国和其他亚洲经济体在危机之后的出口状况的比较分析，将这些问题联系起来。

脱钩理论是以传统的横向专业化概念为基础的，据此，国际贸易只是那些从开始到完成都是在一个国家内生产的商品之间的交换。它忽略了对全球生产共享①——生产过程被分解为相互分离的阶段，每一个国家在生产序列的特定阶段进行专业化生产——的连续过程的贸易流分析的含义，同时也忽略了中国和其他东亚国家在完整的全球生产网络中所扮演的日益重要的角色。在基于生产共享的贸易快速增长的背景下，出于三个方面的原因，基于横向专业化的贸易流分析可能会在本质和程度上导致对国家间贸易一体化的错误分析。

第一，在全球生产共享的情况下，贸易数据是重复计算的；因为中间品在具体化为最终产品之前会经过许多国际边界。因此，记录的贸易总量可能是最终品价值的许多倍。第二，更重要的是，即使控制了贸易量的重复计算，使用报告数据计算的贸易份额也可能导致对于"地区"和世界其他地区对于一个给定国家的经济增长动态的相对重要性的错误推断。这是因为，"分割贸易"和相关最终品贸易（"最终贸易"）是不可能遵循相同模式的。第三，在网络相关的贸易迅速增长的状况下，通过加总进口和出口估计出来的区域内贸易比率可能掩盖了进口和出口区域贸易的显著的非对称性。

在上述情况下，要想对贸易模式进行有意义的分析，就需要在报告的贸易数据中对产品零部件（以下称"组件"）和最终（组装的）产品进行系统分离。我们通过对贸易数据进行仔细分解做了这样的分析，其中贸易数据的分解是基于从联合国贸易数据报告系统获取的国际贸易分类标准第三次修订版（SITC，Rev.3）②。

---

① 在最近的文献中，许多替代性的说法被用于描述这一现象。包括"国际生产分割"，"纵向一体化"，"价值链分割"和"外包"。

② 分解步骤和分析中使用的零部件列表的细节请参见 Athukorala（2009c）。

出于本章的研究目的，东亚被定义为包括日本和其他东亚发展中国家和地区，这覆盖了北亚的新兴工业化经济体（NIEs）（韩国、中国台湾和香港）、中国以及东南亚国家联盟（ASEAN）的成员。在东南亚国家联盟国家中，缅甸由于缺乏数据没有被包括在内，文莱、柬埔寨和老挝由于其数据缺口而被作为剩余组。东亚的经历是在更宽泛的全球背景下被考察的，我们特别集中考察北美自由贸易区协定（NAFTA）成员国和欧盟的比较经验。

本章第一节考察全球背景下的东亚贸易模式，注意力放在生产共享和基于网络的贸易的本质及发展程度，东亚在这一国际交换新形式中的角色及其对区域经济一体化与全球经济一体化的作用。接下来的一节，我们使用最新的可得数据考察全球金融危机对东亚经济体的出口绩效的影响。再下一节论述后危机时代的政策挑战，注意力放在不断涌现的关于再平衡（或者再成形）发展策略的争论。最后一节概述主要的发现并得出一些一般性的推断。

危机前贸易模式

快速的出口增长是东亚在全球经济中崛起的显著特点。东亚国家在世界非石油出口品中的总份额从 20 世纪六七十年代至 2006～2007 年间增加了 3 倍——从 11% 增长为 33%。[1] 该地区的出口增量占了这一时期全球出口增量的 40% 还多。在 20 世纪七八十年代，日本主导了这一地区的贸易，其贸易额占该地区进出口总量的比重将近 60%。在过去的 20 年间，这一景象大大改变了，日本在全球贸易中的位置相对下降，而东亚发展中国家的份额快速上升。2005 年以来，这些亚洲发展中国家占区域贸易的份额超过了 80%。这一结构转变背后的主导因素是中国份额的上升[2]，但是这一地区的其他国家和地区（如中国台湾、韩国、马来西亚、新加坡、菲律宾、泰国和最近的越南）也都提高了其全球市场份额。

东亚地区快速的出口增长是由这一地区出口结构（从初级产品转向制

---

[1]　除非另外说明，本章贸易数量都以当期美元计。跨期对比计算是为了计算关系到所研究时期之间的平均值，从而减轻年与年之间贸易流波动的影响。所有的报告数据，除非另有说明，均整理自联合国 Comtrade 数据库。

[2]　有关中国作为主要贸易国的崛起和其崛起对这一地区其他国家和地区的影响的细节，参见 Athukorala（2009a，2009b）。

造业产品）的显著提升所支撑的。截至 2006～2007 年，制造业出口比例占亚洲总出口的 92%——高于 4 年前的 78%。在制造业内部，机械和运输设备（SITC 7），特别是信息和通信技术（ICT）产品和电子产品——在这一结构升级中扮演了关键的角色。亚洲在世界机械和运输设备出口中的份额从 1994～2005 年的 14.5% 上升到了 2006～2007 年的 42.4%，其中，亚洲的发展中国家在这一增加份额中的占比超过 4/5。截至 2006～2007 年，超过 58% 的 ICT 出口来自亚洲，其中，中国就占到了 23%（表 10 - 1）。在电子产品中，中国的全球市场份额在这两个时间段间从 3.1% 上升到了 20.6%。这一切都是由持续的全球生产共享进程和东亚国家进一步融入全球生产网络所驱动的。

表 10 - 1　制造业出口品构成（2006～2007 年）

单位：%

商　品　组	EA	日本	DEA	中国	TW + K	ASEAN	NAFTA	EU15	全球
化工产品（SITC 5）	0.1	0.1	0.1	0.1	0.1	0.0	0.2	0.2	0.2
资源型产品（SITC 6 - SITC68）	1.2	1.8	0.9	1.0	1.0	0.7	2.1	2.8	2.0
机械和运输设备（SITC7）	89.7	87.5	90.3	91.6	84.0	94.7	86.0	87.9	88.1
发电设备（SITC 71）	1.8	3.8	1.1	1.1	1.1	1.2	9.0	6.6	4.9
专门工业机械（SITC 72）	2.1	3.5	1.7	1.8	1.1	2.3	2.6	3.5	2.7
金属加工机床（SITC 73）	0.3	0.6	0.2	0.2	0.3	0.1	0.4	0.7	0.5
一般工业机械（SITC 74）	1.3	1.7	1.2	1.4	0.9	1.2	2.4	3.5	2.3
信息和通信技术产品（ICT）	60.5	33.2	68.9	69.2	59.7	78.3	27.6	22.9	41.1
办公/自动资料处理机器（SITC 75）	19.6	8.2	23.1	29.0	8.7	27.0	7.2	7.6	12.4
通信和录音设备（SITC 76）	18.7	9.0	21.7	28.3	16.1	14.9	9.6	7.9	13.1
半导体和半导体设备（SITC772 +776）	22.2	16.0	24.2	11.8	34.9	36.4	10.8	7.5	15.7
电器产品（SITC 77 - 772 - 776）	9.7	8.1	10.2	14.2	6.1	6.4	8.2	8.5	9.3
道路车辆（SITC 78）	12.7	35.0	5.9	3.2	12.6	4.4	26.5	36.4	23.0
其他运输设备（SITC 79）	1.3	1.6	1.2	0.7	2.3	0.9	9.3	5.7	4.4
杂项制造业产品（SITC 8）	9.1	10.6	8.7	7.3	14.9	4.6	11.8	9.1	9.8
专业和科学设备（SITC 87）	5.5	5.8	5.4	4.0	11.0	2.6	8.2	5.9	6.3
摄影器材（SITC 88）	2.3	3.6	1.9	2.4	1.2	1.3	1.3	1.8	2.1
总制造业出口	100	100	100	100	100	100	100	100	100
美元:10 亿	1826	428	1398	656	359	348	739	1366	4517

注：括号中为标准国际贸易分类（SITC）代码。EA = 东亚；DEA = 发展中东亚；TW + K = 中国台湾和韩国；ASEAN6 = 6 个主要东盟国家；EU15 = 欧盟 15 个成员国；NAFTA = 北美自由贸易协定国（美国、加拿大和墨西哥）。

资料来源：整理自联合国 Comtrade 数据库，纽约。

　　最好的全球生产共享强度指标是产品零部件在总制造业贸易中的份额。① 考虑全球生产共享的快速增长，产品组件在制造业贸易中的份额在这一地区所有主要国家都急剧上升了（表10-2）。在2006~2007年间，相比较全球平均27.1%的水平（进口的27.3%），东亚产品组件的份额占到了制造业出口额的34.1%（制造业进口额的42.1%）。产品组件所占比例在东盟国家中格外高。产品组件在出口和进口中的份额在这些国家之间有显著的相似性，反映了这一地区国家在产品组装上重叠的专业化模式。

表 10-2　制造业贸易中的产品组件份额

单位：%

地　区	出　口		进　口	
	1992~1993	2006~2007	1992~1993	2006~2007
东　亚	20.2	34.1	27.2	42.1
日　本	23.9	34.4	19.3	29.9
发展中东亚	17.3	34.0	29.0	44.2
中国大陆（PRC）	7.4	25.6	20.4	44.0
中国香港	15.8	33.3	24.1	48.5
中国台湾	24.7	44.2	29.5	38.9
韩　国	18.1	47.3	30.1	31.9
东盟（ASEAN）	22.7	44.2	36.0	47.9
印度尼西亚	3.8	21.5	27.0	21.8
马来西亚	27.7	53.6	40.5	50.0
菲律宾	32.9	71.7	32.6	61.3
新加坡	29.0	49.3	39.9	60.4
泰　国	14.1	29.9	30.6	36.1
越　南	n. a.	11.0	n. a.	19.1
南　亚	2.3	8.2	16.6	23.8
印　度	3.0	10.4	17.5	22.9
北美自由贸易区（NAFTA）	28.4	31.2	37.4	28.8
墨西哥	42.1	34.6	29.4	36.1
欧盟15国（EU15）	18.3	22.4	21.2	23.2
工业化国家	20.4	25.2	22.6	23.4
发展中国家	14.6	29.2	11.9	33.6
全　球	19.3	27.1	19.6	27.3

　　注：n. a. 数据不可得。

　　资料来源：整理自联合国 Comtrade 数据库，纽约。

---

①　此后，简洁起见，我们使用术语"组件"来代替"零部件"。

东亚贸易中组件密集度（产品零部件的百分比份额）的迅速上升是与区域生产网络内的跨界产品组件贸易密切相连的。正如在表 10-3 中所能看到的那样，产品组件贸易占东亚区域内贸易的份额远超过这些国家占世界贸易的份额，以及占同欧盟和北美自由贸易协定国家所进行贸易的份额。此外，产品组件占区域内进口贸易的份额远大于占出口贸易的份额——并且以更快的速度在增长。这反映出这一地区更多地依赖世界其他地方作为最终产品的市场而不是产品组件市场这一事实。在东亚内部，东盟国家在产品组件占区域内贸易流的高份额方面格外突出（在 2006~2007 年超过了 60%）。根据国家水平的数据，产品组件占制造品出口和进口的份额在新加坡、马拉西亚和菲律宾超过 4/5，在泰国超过 2/3。韩国和中国台湾与该地区其他国家也有可观的产品组件贸易。在 2006~2007 年间，产品组件贸易分别占到了中国从其他亚洲发展中国家和东盟国家进口的 59.2% 和 74%，占到了总进口的 44%。

表 10-3　双边贸易流中的产品组件份额（2006~2007 年）

单位：%

报告国	EA	日本	DEA	中国大陆	ASEAN6	NAFTA	EU15	全球
（a）出口								
东亚	47.6	32.9	50.1	51.6	54.5	25.1	24.1	34.1
日本	42.0	0.0	42.0	41.5	47.9	31.5	30.4	34.4
发展中东亚	48.1	33.4	53.9	0.0	65.2	22.7	21.6	34.0
中国大陆（PRC）	36.2	25.2	40.6	0.0	49.1	17.1	16.3	25.6
韩国	61.9	51.5	63.5	57.3	63.7	36.6	26.8	44.2
中国台湾	51.5	59.0	50.5	39.5	61.2	35.0	37.6	44.2
东盟 6 国（ASEAN6）	58.2	39.9	61.4	64.0	56.0	32.1	33.9	44.2
NAFTA	46.7	36.5	49.8	34.8	67.9	28.8	30.6	31.2
EU15	31.4	18.7	34.8	30.4	46.5	22.1	22.0	22.4
（b）进口								
东亚	51.7	48.8	52.8	34.8	68.3	54.7	33.1	42.1
日本	34.2	0.0	34.2	23.1	44.9	41.0	18.9	29.9
发展中东亚	55.5	47.7	59.5	0.0	74.3	40.3	31.7	44.2
中国大陆（PRC）	55.2	47.5	59.2	0.0	74.0	40.1	31.6	44.0
韩国	33.0	26.6	38.1	26.1	55.7	38.9	22.9	31.9
中国台湾	46.7	33.8	58.3	44.1	68.8	40.2	28.0	38.9
东盟 6 国（ASEAN6）	50.4	47.2	51.4	40.1	55.9	67.5	41.7	47.9
NAFTA	29.4	39.3	26.0	17.7	40.5	36.3	25.1	28.8
EU15	25.0	33.6	22.8	14.9	37.9	34.1	22.1	23.4

注：EA = 东亚；DEA = 发展中东亚；ASEAN6 = 6 个主要东盟国家；EU15 = 欧盟 15 个成员国；NAFTA = 北美自由贸易协定国（美国、加拿大和墨西哥）。

资料来源：整理自联合国 Comtrade 数据库，纽约。

东亚贸易中的中国

制造业产品主导了中国—东亚贸易流，占进出口总额的近 90%（表 10 - 4）。在中国进口自其他东亚国家的制造品总量中，产品组件所占的份额

表 10 - 4　中国同东亚其他地区的贸易

单位：%

A：商品进口	出 口		进 口	
	1994～1995 年	2006～2007 年	1994～1995 年	2006～2007 年
A1：总贸易	100	100	100	100
初级产品	16.2	10.4	23.5	13.5
制造业品	83.4	89.2	76.1	86.3
机械和运输设备（SITC 7）	20.8	46.6	26.4	49.7
电气和电子产品（75＋76＋77）	16.7	40.6	15.0	43.0
杂项制造业产品（SITC 8）	43.3	25.5	7.7	12.5
服饰（84）	18.5	10.3	1.3	0.4
A2：零部件	100	100	100	100
机械和运输设备（SITC 7）	90.2	95.5	92.1	95.1
电气和电子产品（75＋76＋77）	81.0	87.7	74.6	85.7
运输设备（78）	3.7	2.3	0.7	1.8
其他	9.8	4.5	3.8	3.3
B：制造业贸易中的零部件份额				
总制造业	7.5	25.6	17.9	44.4
机械和运输设备（SITC 7）	6.8	24.4	46.1	73.3
电气和电子产品（75＋76＋77）	30.3	49.3	73.1	82.5
运输设备	25.4	50.1	16.3	79.0
其他	1.4	4.0	18.0	14.4
C：与东亚贸易占中国全球总贸易的份额				
C1：总贸易	55.8	33.7	21.3	28.4
初级产品	74.6	59.2	27.9	15.5
制造业品	53.3	32.2	19.9	32.7
机械和运输设备（SITC 7）	53.7	33.1	13.4	32.0
电气和电子产品（75＋76＋77）	60.4	34.6	53.0	52.0
杂项制造业产品（SITC 8）	50.1	29.1	27.2	36.0
服饰（84）	59.1	38.1	45.1	52.9
C2：零部件	60.1	44.7	22.4	38.7
机械和运输设备（SITC 7）	59.8	44.6	21.7	38.6
电气和电子产品（75＋76＋77）	61.2	46.0	68.9	56.2
杂项制造业品（SITC 8）	44.2	23.2	5.6	21.7
服饰（84）	62.2	45.7	30.3	40.7

注：东亚＝发展中东亚和日本。

资料来源：整理自联合国 Comtrade 数据库，纽约。

从 1994～1995 年间的 18% 上升到了 2006～2007 年间的超过 44%。在制造业内部，机械和运输设备的产品组件在进口上所占的份额更高，在 2006～2007 年达到将近 3/4。产品组件在制造业出口中所占的份额在这些年间也有所上升，但是远低于它们占进口的份额。有趣的是，尽管在我们所研究的时期里，中国作为其他东亚国家市场的重要性上升了（见下文），这一地区对中国出口扩张而言的重要性反而显著降低了，它只吸收了中国 2006～2007 年间总商品出口的 33.7%——低于 1994～1995 年的 55.8%。东亚在中国进口总量中的份额从 1994～1995 年间的 21.3% 微幅上升至 2006～2007 年间的 28.4%。

表 10-5 概要描述了中国与其他东亚经济体间在个体国家和地区水平的贸易数据。面板 A 给出了中国来自这一地区的制造业进口的地理概况。面板 B 给出了有关中国作为东亚经济体出口目的地相对重要性的数据。中国制造业将近 60% 的进口来自东亚地区。这些进口中的一大部分来自日本、韩国和中国台湾。从其他东亚国家和地区进口的比例尽管在迅速增加，但仍然很小。2007 年，中国的进口只占东亚国家制造业出口总量的 21.2%。在个体国家和地区水平，中国的进口分别占中国台湾和韩国出口的 32.6% 和 27.2%。

表 10-5　东亚—中国制造业贸易

单位：%

地　　区	A:中国制造业进口的地理概况		B:按国家地区区分的对中国出口占总出口比例	
	1994～1995 年	2006～2007 年	1994～1995 年	2006～2007 年
东　　亚	58.2	58.6	7.6	21.2
日　　本	20.9	16.4	5.5	17.3
发展中东亚	37.1	42.2	8.2	21.6
中国香港	17.3	2.0	29.6	19.5
韩　　国	4.3	13.4	5.8	27.2
中国台湾	10.7	14.0	10.3	32.6
ASEAN	3.7	13.8	2.5	13.7
印度尼西亚	1.0	1.1	3.3	8.4
马来西亚	1.1	3.4	3.2	13.5
菲律宾	0.2	2.1	1.5	21.3
新加坡	0.8	2.3	1.8	12.2
泰　　国	0.7	2.3	1.8	11.2
越　　南	0.1	0.1	2.5	4.1
其他国家	41.8	41.4	1.5	3.7
全　　球	100	100	2.7	6.7

资料来源：整理自联合国 Comtrade 数据库，纽约；经济计划和发展委员会，贸易数据，CDROM，中国台北（台湾数据）。

中国同时也是菲律宾最重要的出口地之一，吸收了菲律宾超过 1/5 的出口。对所有其他东盟国家而言，这一份额要小得多——8% ~ 13.5% 不等。很显然，加总数据掩盖了东亚国家同中国贸易联系中的一些显著差异，中国的区域贸易主要集中在同日本、韩国和中国台湾之间的贸易。

区域内贸易模式

前一节揭示了正在出现的东亚贸易模式同全球贸易模式相比所具有的三个重要特征：第一，产品零部件贸易在东亚贸易扩张中扮演了更为重要的角色。第二，相比同世界其他地区的贸易，产品零部件贸易在区域贸易中所占的份额更大。第三，中国快速的贸易扩张反映了中国在全球生产网络中作为产品组装中心的角色；中国同东亚其他国家间的贸易联系是由用于组装最终产品的零部件所主导的，这些最终产品主要以世界其他地区为销售市场。给定这三个特点，传统的贸易流分析必然会导致对东亚区域内贸易——与全球贸易相比——对东亚经济增长的相对重要性的误导性描述。

为了阐明这一点，需分别估算总制造业品、零部件和最终产品（总制造业品减去零部件）的区域内贸易份额（表 10 - 6）。该表覆盖了东亚和其三个子区域的贸易，这一贸易关系到当代亚洲对区域一体化的政策争论。出于比较的目的，我们提供了北美自由贸易区和欧盟的数据。在提供总贸易（进口加上出口）数据的同时也分别提供了出口和进口数据，以便阐明源于东亚不断融入分割的全球交换的贸易模式可能存在的非对称性。①

由未调整的（标准的）贸易数据所描绘的贸易模式验证了脱钩理论背后的看法——亚洲特别是东亚，已经通过商品贸易进一步一体化了。在 2006 ~ 2007 年间，区域内贸易占到了总制造业贸易的 55.1%——高于 1986 ~ 1997 年间的 35.8%。东亚的区域内贸易水平高于同一时期北美自由贸易区的区域内贸易水平，并且在快速接近欧盟 15 国的水平。对发展中的东亚（除日本以外的亚洲）和 ASEAN + 3 而言，这些比值要比整个区域低，但是它们在以更快的速度增长。东盟的区域内贸易份额远低于其他两个子区域。

---

① 将产品零部件从总贸易（报告的）中区分出来所需的非加总数据只有 1992 年以后的（Athukorala，2009b）。

表 10 - 6　制造业贸易中的区域内贸易份额：总贸易、零部件和最终品
贸易（1992～1993 年和 2006～2007 年）

单位：%

	东亚	发展中东亚	ASEAN + 3	ASEAN	NAFTA	EU15
总贸易						
出口						
1986～1997 年	28.4	25.1	17.3	17.4	49.1	65.5
1992～1993 年	47.2	38.2	15.3	20.7	44.4	61.2
2006～2007 年	43.9	33.4	21.9	18.4	48.1	56.9
进口						
1986～1997 年	48.6	22.9	34.4	11.0	29.9	69.7
1992～1993 年	58.2	34.9	43	15.5	36.3	64.1
2006～2007 年	64.4	46.7	49.3	20.8	32.0	57.9
贸易（出口 + 进口）						
1986～1997 年	35.8	24	22.9	13.5	37.1	67.5
1992～1993 年	53.2	36.5	27.0	17.8	39.9	62.6
2006～2007 年	55.1	40.0	30.4	20.1	38.4	57.4
零部件						
出口						
1992～1993 年	50.2	42.6	33.7	30.3	43.5	62.3
2006～2007 年	61.1	53.9	35.3	25.4	46.9	55.9
进口						
1992～1993 年	65.9	35.3	39.6	20.2	39.5	58.0
2006～2007 年	66.9	50.9	47.8	22.9	39.9	55.2
贸易						
1992～1993 年	57.0	38.7	35.4	24.2	41.4	60.1
2006～2007 年	62.9	52.1	40.2	23.1	43.2	55.5
最终品						
出口						
1992～1993 年	46.0	36.8	11.4	16.1	44.7	60.9
2006～2007 年	36.9	28.3	17.0	15.9	48.7	57.0
进口						
1992～1993 年	55.4	34.7	43.4	12.9	35.3	65.6
2006～2007 年	63.0	42.8	50.2	20.6	30.2	58.5
贸易						
1992～1993 年	50.3	35.7	25.4	14.3	39.4	63.2
2006～2007 年	46.4	34.0	29.1	18.0	37.3	57.7

注：1. ASEAN +3 即 ASEAN + 日本 + 韩国 + 中国。

2. 最终品：总贸易 - 零部件。

3. 区域内贸易份额在计算中排除了中国大陆和香港之间的双边贸易流。

资料来源：整理自联合国 Comtrade 数据库，纽约；经济计划和发展委员会，贸易数据，CDROM，
中国台北（台湾数据）。

　　然而，当剔除掉产品组件贸易之后，这一情况就大大改变了：2006～2007 年间，东亚区域内贸易在最终品贸易上的份额为 46.4%——低于1992～1993 年间的 50.3%。对东亚而言，基于未调整的数据和最终产品数据的估计存在极大的不同，特别是对于发展中东亚和东盟。基于最终产品贸易估计得出的两期间贸易水平和这一期间区域内贸易份额的变化都显著更低。有趣的是，对于北美自由贸易区和欧盟，我们并没有观察到这一差异。

　　分别对进口和出口计算的区域内贸易份额清楚地表明了基于总贸易（进口加出口）数据推断区域贸易一体化的风险。东亚区域贸易一体化的程度存在显著的非对称性。不同于欧盟和北美自由贸易区，在东亚，区域内贸易比例（同时包括使用未调整数据和最终品贸易数据所做的测算）随时间的增长主要源于区域内进口的快速增长；区域内出口贸易的扩张一直较慢。对出口拉动的增长而言，东亚（和次级国家集团）对区域外市场（特别是NAFTA 和欧盟）的依赖远比在争论区域经济一体化时所普遍使用的标准区域内贸易比所显示出来的要高。例如，在 2007 年，东亚总制造业出口只有43.9% 是被区域内吸收的，相比较而言，在总制造业进口上，区域内贸易占到了 64.4%。对于发展中东亚，其对应的情况分别为 33.4% 和 46.7%。这一非对称性可以在东亚地区所有的次级区域中清楚地看到。当剔除掉零部件之后，区域内贸易占进口份额和占出口份额间的非对称性更显著。在区域生产网络区域内贸易存在严重的"零部件偏倚"和产品零部件的多次跨界条件下，这一点是可以理解的。在出口方面，最终产品贸易的区域内贸易份额从 1992～1993 年的 46% 持续下降到了 2006～2007 年的 36.9%，而在这两个时点之间，区域内贸易进口份额则从 55.4% 上升到了 63%。

　　总而言之，这些数据支持这样的假说，即在全球生产共享快速扩展的背景下，标准的贸易流分析会产生误导性推断。当零部件贸易数据从贸易流中剔除以后，这些估算结果表明，无论日本是否被包括在内，对东亚的持久增长而言，区域外贸易远比区域内贸易更重要。因此，不断上升的全球生产共享的重要性已经加强而不是削弱了东亚同更广泛的外部经济的联系。正如我们将会在下一节看到的那样，这一推断与全球金融危机爆发以后东亚的贸易流运行状况是基本一致的。

全球金融危机之后的贸易表现

　　2007 年末全球金融危机爆发以后，世界经济的显著特征是全球贸易的急剧下降——以快于大萧条期间的速度下降（Almunia 等，2010；Krugman，2009）。从 2008 年 4 月到 2009 年 6 月，世界贸易萎缩了大约 20%，几乎等于大萧条时期（始于 1929 年 4 月）前 30 个月贸易萎缩的总量。[①] 有趣的是，东亚国家在这一时期所经历的贸易萎缩甚至大于全球贸易总的萎缩量（图 10 - 1 和表 10 - 7）。

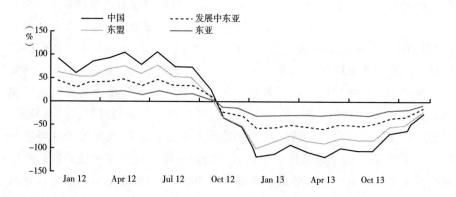

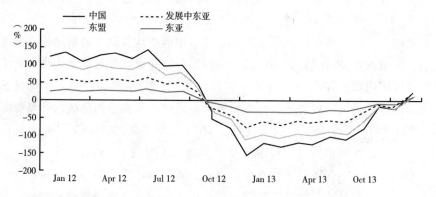

图 10 - 1　商品贸易增长：东亚，发展中东亚，中国和东盟
（2008 年 1 月 ~ 2009 年 11 月，与前一年同期相比的百分比变化）

资料来源：基于整理自 CEIM 数据库的数据。

Krugman（2009）指出，全球生产纵向一体化（全球生产共享的上升）的深入是当前危机比大萧条时贸易萎缩更严重的一个重要原因。纵向一体化意味着，某一最终产品（组装产品）的需求萎缩会对这一生产链中许多国家间的贸易流带来影响。同时，相对于最终产品，零部件需求对生产者所做

---

① 数据源于 Almunia 等（2010：图 5）。

表 10 - 7 东亚：总商品出口和进口增长（2007 年第一季度～2009 年第三季度，与前一年同期相比的百分比变化）

单位：%

	2008 年第一季度	2008 年第二季度	2008 年第三季度	2008 年第四季度	2009 年第一季度	2009 年第二季度	2009 年第三季度
出口							
东亚	20.6	21.0	19.3	-5.6	-30.1	-32.5	-30.2
日本	22.9	16.4	15.2	-8.1	-42.1	-41.1	-38.2
发展中东亚	19.0	21.3	19.9	-4.7	-26.6	-27.2	-24.2
中国香港	10.5	8.3	5.7	-2.1	-21.0	-23.4	-20.1
中国大陆	21.1	22.4	23.0	4.6	-20.1	-22.7	-20.3
韩国	17.4	23.2	27.1	-9.9	-24.5	-20.1	-20.3
中国台湾	17.4	18.2	7.6	-24.6	-35.9	-28.3	-18.5
东盟（ASEAN）	18.9	26.9	22.9	-10.3	-36.8	-39.3	34.2
印度尼西亚	31.9	29.4	27.9	-5.3	-32.5	-33.2	31.1
马来西亚	19.4	28.5	21.6	-12.6	-27.6	-28.2	3.8
菲律宾	-2.0	-0.6	2.0	-22.3	-33.9	-36.3	-37.2
新加坡	21.7	26.4	21.2	-12.9	-30.7	-31.2	-33.2
泰国	25.5	25.5	27.2	-10.2	-23.0	-24.4	-26.3
越南	27.7	31.8	37.5	6.0	-14.8	-11.7	-7.3
进口							
东亚	29.6	29	29.8	-4.1	-32.5	-33.1	30.7
日本	25.6	26.8	35.8	8.3	-29.0	-28.5	-28.1
发展中东亚	29.0	28.9	26.6	-8.0	-32.1	-34.2	-33.2
中国香港	12.0	9.6	7.0	-4.0	-20.8	-22.3	-25.2
中国大陆	29.4	32.9	25.9	-8.0	-30.8	-31.7	-30.3
韩国	29.0	30.5	42.9	-8.8	-32.8	-35.6	-11.9
中国台湾	26.1	19.2	20.3	-21.9	-45.9	-46.3	-47.2
东盟（ASEAN）	37.9	36.2	32.6	-5.0	-37.2	-36.7	-35.3
印度尼西亚	91.6	96.1	82.3	33.3	-35.9	-36.2	-34.2
马来西亚	16.1	17.3	14.5	-17.1	-36.8	-36.1	4.8
菲律宾	22.1	8.4	4.5	-23.4	-30.3	-31.3	-32.1
新加坡	32.1	35.4	32.9	-9.3	-30.0	-28.1	-29.2
泰国	39.6	25.7	37.8	3.8	-39.7	-40.5	-37.3
越南	69.0	61.0	22.8	-8.2	-36.5	-34.1	-31.1

注：增长率使用当期美元价值计算。

资料来源：整理自 CEIC 数据公司。

出的存货调整也十分敏感。考虑到全球生产共享对东亚贸易扩展更为重要，这一解释也适用于东亚相对于全球更严重的贸易萎缩。当然，当前危机中贸易量更严重萎缩还存在其他方面的原因。这些因素包括更大的贸易信贷萎缩，与 1930 年代相比，当前全球贸易中的耐用消费品比例更高，存货周期和准时化采购（JIT）实践方面通信技术更加进步。由于数据方面的制约，我们无法在考虑这些其他因素的同时系统地描述生产共享对贸易萎缩的影响。替代性的，本节将所有与这一话题有关的可得数据加以组织，以便进一步对该问题进行研究。

所有的主要东亚国家——包括中国，被那些热心于脱钩理论的人认为可以缓冲全球经济崩溃给其他东亚国家带来的冲击——自 2008 年第四季度开始经历了急剧的贸易萎缩（表 10－7）。这一地区贸易紧缩的显著同步性特征——在进口和出口上——与熔铸在区域生产网络中的东亚紧密的贸易联系和这一地区在全球生产网络中的独一无二的角色相一致。

在东亚国家中，日本是迄今为止受冲击最大的。日本出口中的一大部分是资本品和像汽车这样的高端耐用消费品以及电子机械、机床及其零部件。对美国和其他工业化国家市场的资本品和高端耐用消费品出口都极大萎缩了，继而导致全球经济下滑。另一方面，与脱钩理论的鼓吹者的预测相反，日本不断增长的对中国的出口也间接受到了中国最终（组装的）产品出口下降的影响（Fukao 和 Yuan，2009）。中国台湾和韩国出口萎缩的程度小于日本，但是，平均而言，也显著地高于其他东亚国家和地区。与日本的情况一样，对中国出口的增长并没有为韩国和中国台湾地区提供缓冲以应对全球需求下降对其造成的冲击。韩国、中国台湾和本地区位于第二序列的出口型国家相对于日本较低的出口萎缩，可能反映了消费者在危机背景下对具有价格竞争优势的低端消费品的偏好。

根据出口目的地对个体东亚国家出口增长率所作的考察并没有为这种观点提供支持，即认为由于地区增长动态，东亚经济体对世界范围内的贸易萎缩并不敏感。[①] 事实上，东亚内部贸易流萎缩速度之快超过了这些国家对美国和欧盟出口萎缩的速度。

这一地区大部分国家和地区对中国的出口萎缩的速度都快于它们从中国进口的萎缩速度——可能反映了中国企业在出口前景黯淡的情况下减少了产品零部件库存（表 10－8）。中国来自日本、韩国和中国台湾地区的进口衰退（以平均 23.5% 的速度）最严重。考虑到这些国家和地区在供给中国 ICT 组装活动——极大地受到了美国和其他国家进口需求萎缩的影响——方面所扮演的支配性角色，这并不奇怪。总的来说，中国的区域内进口以远快于来自美国和欧盟进口的速度萎缩了。

_____

① 这一推断基于从 CEIC 数据公司所获取的月度出口数据（由于篇幅限制此处没有报告）。

表 10 - 8　中国：基于贸易伙伴国的总商品出口与进口增长（2007 年第一季度 ~ 2009 年第四季度，与前一年同期相比的百分比变化）

单位：%

	2008 年第一季度	2008 年第二季度	2008 年第三季度	2008 年第四季度	2009 年第一季度	2009 年第二季度	2009 年第三季度	2009 年第四季度
出口								
东亚	23.7	25.1	28.2	4.5	-23.4	-24.2	-18.0	8.2
日本	12.1	18	18.1	7.9	-16.7	-23.8	-16.3	-6.7
发展中东亚	31.2	29.2	33.9	2.7	-24.1	-24.5	-28.7	7.5
韩国	33.1	38.3	52.9	7.5	-29.2	-36.6	-35.0	-3.0
中国台湾	15.4	21.1	17.3	-10.4	-34.5	-38.8	-21.4	20.1
中国香港	10.8	6.5	11	-9.9	-24.0	-21.6	-16.6	12.2
东盟（ASEAN）	34.2	26	27.4	2.8	-22.6	-16.8	-9.6	23
印度尼西亚	33.2	41.5	54.8	20.2	-26.4	-21.0	-24.0	21.3
马来西亚	33.3	28.2	20.8	7.1	-23.9	-12.2	-9.1	9.2
菲律宾	30.4	22.8	34.5	1.3	-11.8	-18.7	-8.5	18.6
新加坡	15.3	5.9	17.1	-0.6	-17.1	-12.3	-16.2	21.4
泰国	37.2	42.1	38.3	5.9	-27.3	-29.6	-14.3	21.1
越南	88.8	45.1	16	-11.1	-30.0	-15.9	36.3	58.9
美国	5.4	12.2	15.3	0.7	-15.4	-18.5	-16.7	1.4
欧盟	25	29.7	23.5	4.1	-22.6	-26.6	-23.6	-4.2
总出口	16.3	19	20.2	0.9	-21.1	-23.5	-20.3	7.2
进口								
东亚	18.8	24.1	13.2	-18.1	-33.7	-23.1	-12.5	30.2
日本	17	23.7	18.7	-5.0	-29.8	-21.4	-13.4	15.6
发展中东亚	19.6	24.3	10.8	-23.6	-35.3	-23.8	-12.1	37.7
韩国	14.9	25	14.8	-18.5	-26.6	-18.8	-10.2	33.6
中国台湾	24.5	24.2	5	-33.3	-43.9	-29.9	-14.9	43.8
中国香港	26	-2.5	11	-21.4	-49.1	-32.9	-33.3	-7.7
东盟（ASEAN）	19.9	23.8	12.7	-18.9	-33.8	-22.1	-8.9	12.2
印度尼西亚	31.7	30.3	17.3	-13.5	-38.0	-18.4	-6.3	69.6
马来西亚	18.4	29.5	22.4	-16.1	-25.0	-17.0	-3.5	60.3
菲律宾	12.7	5.7	-23.2	-48.6	-61.3	-51.7	-30.3	17.6
新加坡	6.7	35.5	27.4	-9.3	-23.7	-28.2	-11.9	27.2
泰国	26	22.9	15.8	-5.6	-29.2	-6.6	-0.9	29.7
越南	64.3	19	69.4	6.8	-7.9	23.6	-8.3	47.7
美国	29.7	23	15.7	3.7	-17.7	-13.1	-6.4	19.3
欧盟	25.9	33	22.7	2.3	-14.7	-11.2	-2.2	14.9
总进口	21.2	25	15.1	-12.2	-28.3	-19.6	-11.9	10.2

2009 第四季度：10 月份和 11 月份平均值。

注：增长率使用当期美元价值计算。

资料来源：整理自 CEIC 数据公司。

按中国进出口主要商品分类区分的出口增长数据的概要如表10－9所示。一个显著的特点是，机械类出口相对其他类别产品——特别是传统的劳动密集型产品（纺织品和服装，鞋类和其他杂项制造业品）——萎缩更为剧烈。如之前提到的，属于这一商品类别——尤其是ICT产品和消费类电子产品——的出口也大都是耐用消费品，对出口萎缩的反应更敏感。即使在需求萧条的背景下，在传统的劳动密集型产品上，发展中国家的制造业者即便是纯粹基于成本优势也能表现得更好。

表10－9　中国：基于商品类别的产品出口和进口增长（2008年第一季度～
　　　　2009年第三季度，与前一年同期相比的百分比变化）

单位：%

	2008年第一季度	2008年第二季度	2008年第三季度	2008年第四季度	2009年第一季度	2009年第二季度	2009年第三季度
出口							
总出口	16.3	19	20.2	0.9	－21.1	－23.5	－20.3
初级产品	16.3	24.9	29.9	8.6	－17.9	－13.6	－14.2
制造业品	21.2	23.8	22.0	2.6	－20.7	－18.2	－17.2
化学或相关产业产品	48.5	54	42.2	3.1	－25.2	－24.9	－23.4
塑料及其制品，橡胶及橡胶制品	13.8	10.1	16.1	10.7	－21.1	－17.1	－17.3
纺织原料及纺织制品	22.5	5.3	4.1	8.0	－11.4	2.6	4.2
鞋、帽、雨伞等	14.7	14.4	19.7	21.3	－1.3	7.2	8.2
基本金属及金属制品	23.3	18.5	26.4	22.0	－9.0	－1.5	－4.3
机械及机械用具等	15.9	－15.7	20.9	4.3	－31.6	－38.8	－42.1
电子产品	6.2	12.5	61.5	17.2	－33.5	－36.5	－37.3
电器机械及设备	20.3	27.0	20.4	－1.1	－21.5	－19.5	－20.2
杂项制品	41.5	39	31.7	9.1	－17.0	－19.7	－6.2
进口							
总进口	21.2	25	15.1	－12.2	－28.3	－19.6	－11.9
初级产品	73.5	74.9	72.5	5.2	－40.7	－35.3	－27.2
制造业品	16.3	19.1	11.4	－12.1	－26.2	－21.1	－19.2
化学或相关产业产品	19.6	23.5	19.6	－10.5	－23.9	－18.2	－16.3
塑料及其制品，橡胶及橡胶制品	16.3	22.5	22.7	－15.6	－29.2	－20.1	15.2
纺织原料及纺织制品	6.3	2.7	－3.4	－9.2	－22.8	－22.8	－23.2
鞋，帽，雨伞等	47.5	47.7	24.8	12.6	－2.8	－18.7	－22.2
基本金属及金属制品	14.1	5.8	8.3	－15.0	－26.3	－16.9	－2.7
机械及机械用具等	11.7	18.0	9.8	－10.7	－24.1	－17.9	－8.2
电子产品	16.3	19.9	15	－1.0	－19.8	－19.5	－3.2
电器机械及设备	9.5	17.1	7.4	－15.2	－26.3	－17.4	－6.7
杂项制品	11.6	20.8	1.4	－8.1	－5.4	1.6	2.2

资料来源：整理自CEIM数据库。

政 策 选 项

正是在写作本章的时候（2010 年 7 月中旬），"全球经济正在以好于预期的形势复苏"（IMF，2010：1）。美国和其他主要工业化国家的工业品生产已经开始复苏，并且世界贸易量的螺旋下降也减弱了。然而，由危机所释放出来的经济力量很可能继续猖獗多年。迄今为止的经济复苏主要是由前所未有的财政和货币政策刺激推动的，从而存在由源于财政脆弱性的政策可持续问题带来的下行风险。在中期，美国和其他受到危机影响的工业化国家将会储蓄得更多、消费得更少以逐渐减少大量累积的家庭和公共债务。考虑到这一全球经济前景，一直以来主要依赖出口拉动增长的中国和其他东亚国家政府可行的政策选择是什么？

在东亚政策圈，一直有着不断增强的对再平衡式增长——策动一个将总需求由出口转向国内市场的结构调整——的必要性的强调（ADB，2010）。其考虑的政策措施包括从激励结构上纠正出口偏倚以及减少储蓄倾向以推动国内消费需求和提升国内非可贸易品（服务）生产。这一政策倡导主要集中于中国。

对中国这种规模的大陆型经济体来讲，中国的出口依存度异常的高。由于占总商品出口超过 2/3 的组装品出口存在很高的进口依存度，中国出口占国内生产总值的比例（大约40%）总体上夸大了中国的出口依存度。然而，即便是调整估算（大约20%），出口比例对中国潜在的经济规模而言依然太高了。此外，异常高的国内储蓄率、巨大的人口基数、被高度抑制的国内金融体系和过高的城市—农村收入差距都表明了中国由政策引导的需求拉动型经济增长的巨大潜力。再平衡式增长不仅能够使中国有效地处理巨大的外部不平衡，同时缓冲外部需求冲击对增长势头的影响，也会在考虑到纠正城乡不平等和实现社会和谐的情况下，推动国家发展政策实现从关注数量增长到关注质量增长的关键性转变。

在全球金融危机开始之前，中国的领导层就已经认识到致力于从出口拉动型经济增长向国内需求拉动型经济增长的结构转型必要性（Roach，2009：229－33）。2006 年 3 月颁布的"十一五规划"强调建立稳固的、基础广泛的社会安全网（不仅包含社会保障还包括农村医疗和教育）对提高收入保障，从而减少持续抑制私人消费扩张的过多谨慎型储蓄的重要性。然而，中国政府至今还没有能够将这一政策付诸行动，大概是由于通过出口导向维持就业密集型产业增长的强大的国内政治压力（Yu，2007；Fan，2008）。

实现有效的再平衡增长自然会涉及人民币实际汇率升值[1]——即可贸易部门相对于非可贸易部门利润率的下降。但是这不太可能阻止（至少在短期）中国扮演区域生产网络中首要的组装中心这一角色。即使在30年快速增长之后，中国制造业平均3.2美元的小时工资也只有美国24.4美元小时工资的13%。[2] 中国近一半的劳动力仍然在从事农业活动，其劳动生产率平均而言仅为工业部门的1/8和服务业部门的约1/4。这一点，同熟练—非熟练工人工资差异——根据 Blanchard 和 Giavazzi（2006），两者比例在过去10年间从1.3上升到了2.1——一道，表明中国仍然有巨大的潜力将非熟练工人从农业活动转移到制造业和其他城市部门生产活动中去。[3]

在全球需求缓慢增长的背景下，出口竞争的压力很可能会成为贸易摩擦和贸易保护主义的兴起的温床（Bhagwati，1988；Erixson 和 Razeen，2009）。幸运的是，尚未出现像大萧条时期所发生的那样出现以设立关税壁垒为形式的贸易保护主义的回潮。然而，在美国和一些其他国家给予汽车制造业以大量金融支持外，已经有迹象表明一些国家以实施反倾销投诉、施加更严格的技术和动植物卫生检疫标准的形式诉诸于"伪装"了的贸易保护主义（Gamberoni 和 Newfarmer，2009）。美国议会通过的涉及对中国的贸易进行某种形式制裁的法律措施近年来已经成倍增加（Roach，2009：241）。因此，作为对非歧视性多边和单边贸易自由化的长期承诺，我们有理由设计一套策略以应对新的贸易保护主义。1997开始实施的《信息技术协定》似乎是一个可以效仿的榜样（Elek，2008）。同样的，也有理由使亚洲20国集团（G20）和东盟秘书处坚定地反对贸易保护主义倾向。作为保持出口市场开放努力的一部分，中国必须抵制使用出口补贴和其他选择性政策支持出口部门的企图。在美国和其他工业化国家失业上升和由此导致的反全球化回潮的时候，向这样的企图屈服有可能是解决反中国贸易制裁的一副处方。

面对世界需求增长放缓，亚洲政策圈所考虑的用于支持区域贸易增长的

---

① 应该通过调整名义汇率还是应该通过调整国内价格来实现这一目标仍然是存在争论的话题，这超出了本章的范围。参见肖耿、Rod Tyers 和张莹在本书中的章节。

② 数据来自美国劳动统计局网站（< ftp. bls. gov >）。

③ 最近一些年，中国工业化城市中有许多零散的工资上涨和工人短缺的案例。但是，考虑到中国经济还远未拥有一个正常运转的劳动力市场，不能就此推断中国出现了劳动力短缺的宏观经济趋势。这些案例可能很好地反映了不完全的劳动力市场中的技术错配和摩擦性错位，而非真实的劳动力短缺。

政策选项之一是建立一个包含东盟、中国、日本和韩国（可能也包括印度）的地区性的自由贸易协定（FTA）（Kawai 和 Wignaraja，2009；ADB，2009）。这一与该地区贸易网络相关的建议背后的逻辑在于，一般来说，全球生产网络（包括零部件和最终产品组装）中的贸易相比最终产品贸易（或者由有发布的贸易数据所捕捉到的总贸易）而言，其对关税的变化更为敏感（Yi，2003）。正常情况下，生产过程中的产品每跨界一次就被征收一次关税。因此，关税 1 个百分点的下降会引起纵向一体化体系中所生产产品生产成本的成倍下降——与常规贸易品 1% 的成本下降形成对比。对于先前在一个国家内部生产而后转向纵向专业化生产的产品，关税削减会使它们更盈利。因此，在理论上，在其他条件不变的情况下，FTAs 的贸易激励对网络贸易的效果要高于常规贸易。

　　然而，我们认为，考虑到亚洲出口动态对区域外市场的依赖，这是一个危险的策略。这一行动会招致美国和欧盟，可能还有其他国家的报复。作为FTA 的一部分，坚定承诺不增加对非协议国的已有关税和非关税壁垒难以避免这一威胁，因为一个亚洲范围的 FTA——考虑到它将会包含一些重要的世界贸易国——很可能引起贸易转移，即使是在现存的区域间关税水平上。在任何一种情况下，在当前持续的危机背景下，达成地区性 FTA 的可能性看起来相当小。尤其是中国可能并不愿意为此付出努力，这不仅由于中国对国内导向型增长的强调，也由于它对工业化国家作出了避免贸易保护主义回潮的官方承诺。[①] 考虑到中国带有地区生产成本差异特征的巨大的国内经济规模，东南亚国家政府也担忧任何的地区性贸易自由化企图都会给予中国吸收全球生产网络中外国直接投资以不平等的优势。[②]

　　事实上，任何 FTA 的贸易效果都非常依赖它所包含的原产地规则（ROO）的实质。尤其以 FTAs（或者其他特惠贸易安排）方式建立的网络贸易更包含了三个难题。第一，为网络相关的贸易明确制定原产地规则是相当复杂的事情。传统的增值税准则对这种贸易几乎不可行，因为这种贸易中的商品就其特征而言是低增加值的。唯一可行的选择是基于"税收线变化"（Change in tariff lines）的 ROOs，但是这会引起难以克服的管理问题，因为电气和电子产品以及相关零部件贸易在 HS – 6 位数上从属于相同的关税代码，而这是设计此类 ROO 的常用基础（Kohpaiboon，2008：App. 2）。例如，

---

① 例如，参见中国商务部部长最近为华尔街日报所撰写的文章（Cheng，2009）。
② 基于对泰国国外事务部高级官员的访问。

使用进口裸印刷电路板（BPCB）和其他本地采购的电子零部件（例如二极管、集成电路和半导体）组装印刷电路板（PCBA）的泰国电气设备组装工厂不能享有 FTA 的特许权，因为 BPCBs 和 PCBAs 从属于相同的 HS 代码（853690）。

第二，基于网络的全球生产共享过程具有新产品不断出现的特点。考虑到一连串修改 ROOs 所涉及的管理问题，以行政延误和（或者）规则调整面目呈现的贸易保护主义就可能出现（Elek，2008）。此外，考虑到区域外最终产品市场对东亚生产网络增长动态的重要性，维持对非成员国的贸易壁垒可能阻碍全球生产共享的"自然"扩张。

第三，当生产过程涉及从许多来源购买产品零部件的时候，很容易为了保护进口竞争产业扭曲 ROOs；对国内生产者而言，收紧针对一种关键投入要素采购的 ROOs，便足以保护其最终（组装）产品的竞争性。[①]

最后一点很重要，即某地区（和地区外）FTAs 运作有效的证据并不能预示其他地区性 FTA 的功能。大概是由于之前提到的操作上的复杂性，在FTAs 下提供的关税特许权的实际使用率非常低——对不同的产品类别从5% ~ 20% 不等（Takahashi 和 Urata，2008；Kawai 和 Wignaraja，2009；Kohpaiboon，2008）。此外，有证据表明关税特许权的使用率的高低与具体企业或产业相关，其使用率在大企业、有紧密贸易和 FDI 联系的企业以及对满足 ROO 要求更容易和直接的行业中的企业更高。其结果是，FTAs 不太可能有潜能促进中性和基础广泛的贸易的发展。

结　　论

基于传统贸易数据的区域内贸易份额，我们可以发现，东亚已经通过商品进一步实现了贸易一体化了。然而，当考虑到持续的全球生产共享进程和东亚在以中国为重心的全球生产网络中的独特角色的时候，区域内贸易比例随时间的增长主要源于快速增长的区域内进口，而区域内出口扩张持续性地

---

① 泰国—澳大利亚自由贸易协定（Annex 4.1）中关于电视设备的 ROOs 可以用于说明这一点。为了有资格享有特惠关税，电视生产者必须从本地采购三种组件（HS701120，854011和 854091）。然而，电视显像管（HS854011）不是在泰国生产的，并且泰国的彩色电视组装只在这一组件是从日本、中国台湾或者韩国购买的时候才是可行的。因此，即使 FTA条件下的对电视的特惠关税是很有吸引力的，泰国—澳大利亚 FTA 却实际上与泰国的电视组装工厂不相干。

滞后了。当研究得出的贸易数据对产品零部件贸易作出调整后，区域内贸易份额在进口和出口之间的不对称性就更清晰了。很明显，这一地区在贸易扩展上对世界其他地区的依赖事实上已经增强了。

这一推断基本上与全球金融危机开始以来的贸易流运行状况一致。这一地区贸易萎缩的显著同步性特征是与熔铸在区域生产网络中的东亚紧密的贸易联系相一致的。当许多人希望中国可以为这一出口萎缩提供缓冲的时候，结果却并非如此。

全球生产共享的深入强化了制定全球性而非地区性贸易政策的理由。考虑到这一地区经济体的全球定位，我们质疑组成地区性 FTA 能否带来任何显著的正收益。在任何一种情况下，在全球生产网络快速扩张并包含许多产业和国家的背景下，FTA 作为贸易自由化的方式是否可行都是值得怀疑的。

全球金融危机以来全球经济最近的和预期的发展为中国继续快速实施"十一五规划"中的增长再平衡政策提供了坚实的基础。考虑到国内要素市场情况的特点和全球生产共享进程中的持续变化，从中期来看，促进国内需求导向的增长和参与全球生产共享对中国而言是首选政策。成功的增长再平衡可以避免贸易摩擦和报复，从而对网络贸易的进一步扩展发挥辅助作用。一个扩大了的国内市场也可能通过减少单位生产成本来提升生产网络中出口企业的国际竞争力。将目光放远一点，一个成功平衡增长策略下的国内收入和工资的增长将会为中国向全球生产网络中的价值链上端移动提供条件。毕竟，全球生产网络中国际交换的大部分（超过 60%）是在工业化国家之间发生的，将来，中国必然会成为这些国家中的一员。

（张川川　译）

参考文献

1. Asian Development Bank（ADB）2009，*Asian Development Outlook 2009：Rebalancing Asia's growth*，Asian Development Bank，Manila.

2. Asian Development Bank（ADB）2010，*Asian Development Outlook 2010：Macroeconomic management Beyond the Crisis*，Asian Development Bank，Manila.

3. Almunia，M.，Benetrix，A.，Eichengreen，B.，O'Rourke，K. H. and Rua，G. 2010，'From Great Depression to great credit crisis：similarities，differences and lessons'，*Economic Policy*，April，pp. 219 – 65.

4. Athukorala，P. – c. 2005，'Product fragmentation and trade patterns in East Asia'，*Asian Economic Papers*，vol. 4，no. 3，pp. 1 – 27.

5. Athukorala, P. - c. 2009a, 'The rise of China and East Asian export performance: is the crowding-out fear warranted?', *World Economy*, vol. 32, no. 2, pp. 234 – 66.

6. Athukorala, P. - c. 2009b, 'China and Southeast Asia in the new division of labour', in L. Yueh (ed.), *The Future of Asian Trade and Growth: Economic development with the emergence of China*, Routledge, London, pp. 406 – 31.

7. Athukorala, P. - c. 2009c, *Production networks and trade patterns: East Asia in a global context*, Trade and Development Discussion Paper 2009/08, Division of Economics, Research School of Pacific and Asian Studies, The Australian National University, Canberra.

8. Bergsten, C. F., Gill, B., Lardy, N. R. and Mitchell, D. 2006, *China: The balance sheet*, Public Affairs, New York.

9. Blanchard, O. and Giavazzi, F. 2006, 'Rebalancing growth in China: a three-handed approach', *China and World Economy*, vol. 14, no. 4, pp. 1 – 20.

10. Bhagwati, J. 1988, *Protectionism*, MIT Press, Cambridge, Mass.

11. CEIC Data Company, New York. Data downloaded from www. ceicdata. com

12. Council for Economic Planning and Development n. d., *Trade Data*, CD-ROM, Council for Economic Planning and Development, Taipei.

13. Deming, C. 2009, 'China calls on the world's governments to learn from history', *Wall Street Journal*, 20 February.

14. Elek, A. 2008, *Immunizing future protectionists: preventing the emergence of more sensitive sectors*, Asia Pacific Economic Papers 372, Australia-Japan Research Centre, The Australian National University, Canberra.

15. Erixson, F. and Razeen, S. 2009, 'Fighting the urge for protectionism', *Far Eastern Economic Review*, vol. 172, no. 1 (January/February), pp. 28 – 31.

16. Fan, G. 2008, 'Renminbi revaluation and US dollar depreciation', in M. Goldstein and N. R. Lardy (eds), *Debating China's Exchange Rate Policy*, Peterson Institute for International Economics, Washington, DC.

17. Fukao, K. and Yuan, T. 2009, 'Why is Japan so heavily affected by the global economic crisis?', *voxeu. org*, 8 June.

18. Gamberoni, E. and Newfarmer, R. 2009, 'Trade protection: incipient but worrisome trends', *voxeu. org*, 4 March.

19. Garnaut, R. 2003, Australia and Japan: time to be important to each other again, Address to the Australia-Japan Business Committee Conference, Kyoto, 5 October 2003.

20. International Monetary Fund (IMF) 2010, *Global Economic Outlook: Rebalancing growth*, International Monetary Fund, Washington, DC.

21. Kawai, M. and Wignaraja, G. 2008, *The Asian noodle bowl: is it serious for business?*, ADBI Working Paper 136, Asian Development Bank Institute, Tokyo.

22. Kawai, M. and Wignaraja, G. 2009, 'Multilateralising Regional Trading Agreements in Asia', in *Multilateralizing Regionalism: Challenges for the Global Trading System*,

edited by Richard Baldwin and Patrick Low. Cambridge UK：Cambridge University Press.

23. Krugman, P. 2009, The return of depression economics, Lionel Robbins Lecture, London School of Economics, < http/cep. lse. ac. uk/_ new/events/special_ post. asp >.

24. Kohpaiboon, A. 2008, Exporters' response to AFTA tariff preferences：evidence from Thailand, Paper presented at the East Asian Economic Congress, Manila.

25. Park, Y. C. and Shin, K. 2009, 'Economic integration and changes in the business cycle in East Asia：is the region decoupling from the rest of the world?', *Asian Economic Papers*, vol. 8, no. 1, pp. 107 – 40.

26. Roach, S. 2009, *The Next Asia：Opportunities and challenges for a new globalization*, John Wiley, Hoboken, NJ.

27. Takahashi, K. and Urata, S. 2008, *On the use of FTAs by Japanese firms*, RIETI Discussion Paper 08 – E – 002, Graduate School of Asia-Pacific Studies, Waseda University, Japan.

28. United Nations (UN) n. d. , *Comtrade* database, United Nations, New York.

29. Urata, S. 2006, A shift from market-driven to institution-driven regionalization in East Asia, Paper presented to Conference on Economic Policy Reform in Asia, Stanford University, California, June.

30. Yoshitomi, M. 2007, 'Global imbalances and East Asian monetary cooperation', in D. – K. Chung and B. Eichengreen (eds), *Towards An East Asian Exchange Rate Regime*, Brookings Institution Press, Washington, DC, pp. 22 – 48.

31. Yi, K. 2003, 'Can vertical specialization explain the growth of world trade', *Journal of Political Economy*, 111 (1), 52 – 102.

32. Yu, Y. 2007, 'Global imbalances and China', *The Australian Economic Review*, vol. 40, pp. 3 – 23. Geng Xiao.

第十一章
亚洲外国直接投资和"中国效应"

陈春来

引　言

　　1990 年代特别是中国加入世界贸易组织以来，中国已经成为最受外国直接投资青睐的目的地之一。在 2008 年，流入中国的 FDI 达到了 924 亿美元。2009 年，即使面临对全球 FDI 流动造成严重影响的全球经济衰退，中国仍然吸收了 900 亿美元的 FDI 流入。截至 2009 年底，中国已经吸引了总计 7600 亿美元的 FDI 流入①，使中国成为迄今为止世界发展中国家中最大的 FDI 接受国。

　　然而，人们还是担忧，认为中国在吸引 FDI 上的成功过度了，从而挤出了其他国家的 FDI 流入。一些与中国相邻的亚洲经济体担心中国的出现不仅使 FDI 远离了它们，还使它们国内的投资者离开了本土经济，从而导致本国或地区制造业的损失和工作岗位的减少，并进一步削弱了它们的经济。

　　一个增长的中国可以通过为生产网络化创造更多的机会和提高对原材料和资源品的需求增加其他国家的 FDI 流入。与此同时，当跨国企业（MNEs）为低成本出口平台考虑替代性选址的时候，中国的低劳动力成本会将跨国企业从其他亚洲经济体吸引过去。理论上讲，任何一种资源当其可用数量有限的时候，对其资源流的竞争显然都会发生。然而，就 FDI 来说，

---

① 以 1990 年不变美元价格计算。

却很难证明这种"零和"假说。例如，FDI 流入在 2008 年只占到全球总固定资本构成的 12.3%（UNCTAD，2009），并且如果投资机会出现，国内资源和其他国际资本流会很快转换成新增的 FDI。

　　本章将实证考察中国在吸引 FDI 流入上的成功是否转出——或者补充了——其他亚洲经济体的 FDI 流入这一问题。接下来一节概述过去 30 年间中国 FDI 流入的状况，并讨论当前关于中国 FDI 流入对其他地区 FDI 流入影响的文献。再下一节阐述分析框架、假说、实证模型和变量设定。接着给出回归结果和对回归结果的讨论，最后得出一些结论。

中国 FDI 流入的增长

　　如图 11 - 1 所示，1982 ~ 2008 年间中国 FDI 流入的增长可以被宽泛地分为三个阶段：1982 ~ 1991 年的试验性阶段，1992 ~ 2001 年间的蓬勃发展阶段；2002 ~ 2009 年间的后 WTO 阶段。

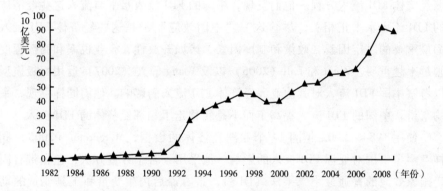

图 11 - 1　中国 FDI 流入（以当期价格计算）

注：数据不包括金融部门的 FDI 流入。

资料来源：国家统计局（NBS），《中国统计年鉴》历年，中国统计出版社。

　　在试验性阶段，中国的 FDI 流入量位于低水平但是稳定增长。FDI 流入集中在东南沿海地区，特别是四个经济特区（SEZs）①。在第二个阶段，中国 FDI 流入在 1992 ~ 1996 年间快速增长，但是在 1997 年后放缓，并且在 1999 年和 2000 年出现了下降，2001 年开始温和复苏。1997 ~ 2000 年间，

---

①　这四个经济特区是广东省的深圳、珠海、汕头和福建省的厦门。

中国 FDI 流入放缓主要是由东亚金融危机引起的。中国加入 WTO 以后，随着中国实施加入 WTO 的承诺和更广泛深入的贸易和投资自由化，至 2009 年因全球金融危机下降到 900 亿美元之前，中国的 FDI 流入迅速增长——从 2001 年的 469 亿美元上升到 2008 年的 924 亿美元。

中国在吸引 FDI 流入上的成功，特别是在其加入 WTO 以后，已经引起了不断增长的担忧——担忧中国的成功是以其他发展中国家，特别是与中国相邻的亚洲发展中经济体 FDI 流入减少为代价的。越来越多的实证研究集中于研究中国 FDI 流入对其他国家 FDI 流入的影响（Chantasasawat 等，2004；Cravino 等，2007；Eichengreen 和 Tong，2005；Resmini 和 Siedschlag，2008；Mercereau，2005；Zhou 和 Lall，2005；Wang 等，2007）。这些研究在 FDI 流入的测算和估计方法上存在差异。

Chantasasawat 等人（2004）使用了中国以及另外 8 个亚洲经济体——中国香港和台湾、韩国、新加坡、马来西亚、菲律宾、印度尼西亚以及泰国 1985～2001 年间的数据。他们使用两阶段最小二乘法估计了中国和其他亚洲经济体 FDI 流入方程。他们发现，中国的 FDI 流入水平与流入这些经济体的 FDI 流入水平正相关，尽管这一"中国效应"不是这些经济体 FDI 流入的最重要的决定因素。政策和制度因素，诸如开放性、企业税率和腐败程度则越来越重要。Zhou 和 Lall（2005）以及 Wang 等人（2007）运用面板模型以考察中国 FDI 流入对其他亚洲经济体 FDI 流入的影响。他们同样发现，平均来讲，中国的 FDI 流入提高了而不是转移走了相邻经济体的 FDI 流入。

使用 1984～2002 年间 14 个亚洲经济体的数据，Mercereau（2005）同样考察了中国对亚洲 FDI 流入的影响。他采用了若干计量方法，包括带有固定国家效应的普通最小二乘法（OLS），带有滞后内生变量和工具变量的动态面板估计方法。与以上研究相反，他没有发现中国 FDI 流入与其他亚洲经济体 FDI 流入之间存在正相关关系。然而，他也没有发现证据支持中国在吸引 FDI 上的成功是以这一地区其他经济体为代价的这一论点——除了新加坡和缅甸。与中国竞争低工资投资的经济体，并没有表现出受到特别的影响。低水平教育或低科学发展水平也不与更高的挤出相关联。一些经济基本面，例如健康的政府收支平衡和低通货膨胀，有助于解释 FDI 流入在亚洲经济体之间的分配。

Eichengreen 和 Tong（2005）采用了重力模型研究分析，结果显示，中国作为最重要的 FDI 目的地，其通过供应链生产连接鼓励了 FDI 向其他亚洲经济体的流入。然而，他们也有证据表明中国 FDI 流入转移走了欧洲的 FDI

流入。他们用距离对供应链连接的负面影响来解释这一转移效应。相反的，Resmini 和 Siedschlag（2008）通过增广重力模型分析了 1990～2004 年间中国来自 OECD 国家的 FDI 流入对欧盟和其他经济体 FDI 流入的影响。研究结果表明，平均而言，中国 FDI 流入与其他东道主国 FDI 流入和欧盟 FDI 流入是互补的。然而，这一互补性关系在不同国家之间并不相同，在欧盟比在欧盟以外更弱；同时这一补充性关系在所分析的期间中有递减的趋势。

最后，Cravino 等人（2007）考察了中国的外国资本存量对拉丁美洲国家和加勒比海国家的影响，没有发现从 OECD 国家——特别是美国——到中国的 FDI 转移是以拉丁美洲国家和加勒比海国家为代价的。尽管 1990～1997 年间中国来自 OECD 国家的资本存量增长快于拉丁美洲国家和加勒比海国家来自 OECD 国家的资本存量增长，这一相对增长从那一时期开始就放缓了。

以上的实证研究表明，中国吸引 FDI 的成功并非以挤出其他国家的 FDI 流入为代价。相反，有强烈的证据表明，平均而言，中国 FDI 流入形成了对其他东道主国家 FDI 流入的互补，特别是与中国邻近的经济体。

分析框架和实证模型

本文的研究使用重力模型以考察中国的 FDI 流入对其他亚洲发展中经济体 FDI 流入的影响。除了广泛用于对贸易流的研究以外，重力模型还被用于研究 FDI 流动。如 Dunning（1993）对 FDI 的"折衷范式"（OLI）解释所阐明的那样，许多因素影响 FDI 流动。由于这些因素位于不同区域，同时使用重力模型和 OLI 分析框架的一般理由在于任何一种因素都可以被归类为一种来源国要素（反映在所有权和内部化优势）或者一种东道国经济体因素（反映在本地优势）。来源国因素反映了一个来源国在所有可能的东道国经济体实施 FDI 的能力，而东道国经济要素是东道国经济体吸引所有来源国 FDI 流入的总体吸引力特征。

根据在解释 FDI 中所使用的重力模型和 OLI 分析框架，此处所使用的基本模型可以写作方程 11.1。

$$\ln FDI_{*j} = \beta_0 + \beta_1 \ln X_* + \beta_2 \ln X_j \qquad \text{方程 11.1}$$

在方程 11.1 中，FDI_{*j} 是从所有来源国流入东道国经济体 j 的总 FDI 流入量；X_* 是总来源国变量；X_j 是东道国经济体变量。

因此，来源国 j 的变量 X_j ——测算国家 j 的总对外投资潜能——是由其本身的技术和经济发展水平决定的，这些变量的关键特征是它们对来源国 j 的所有对外的 FDI 都是一样的，并且独立于目标国的因素。因此，总来源国变量 X_* 对每一个东道国经济体来讲是常数——尽管是随时间变化的。在实际应用中，我们使用所有来源国的世界总 FDI 流出来捕捉来源国变量 X_* 的效应。我们使用对数线性形式作为基本函数形式将从所有来源国流向东道国经济体 j 的 FDI 流入量与相关解释变量联系起来（总来源国变量和东道国经济体变量）。

假　说

如在许多研究中所表明的那样，决定 FDI 流入发展中经济体的本地要素主要是市场规模、经济增长、人均收入、劳动成本、资源禀赋、经济和政治稳定性，以及由东道主国政府提供的投资激励。接下来，我们简单考察这些本地因素中的每一项是如何在决定发展中东道国经济体的 FDI 流入规模上扮演重要角色的。

市场规模和东道国经济体的经济增长

作为决定 FDI 流入的本地要素之一的市场规模之所以重要，首要的理由是基于规模经济：较大的经济体可以为实现和探索规模经济、实现生产性要素的专业化和更有效地吸收外国投资者所希望引进的技术提供更多的机会。因此，我们预期市场规模较大的发展中东道国经济体的 FDI 流入规模会更大。然而，这一论点的重要性在开放经济体中是有争议的。这是由于，在开放经济体中，企业和产业可以在实现和探索规模经济上以国际市场替代对国内市场的依赖——在东亚和东南亚经济体中更是如此。因此，我们使用实际经济增长率对市场规模进行衡量，而不是使用 GDP 或者人均 GDP。

高的经济增长率反映了发展潜力，而发展潜力被认为是影响 FDI 流入的重要本地决定因素。第一，较高的经济增长水平代表了东道国经济体更好的总体经济情况，这对国外投资者是很有吸引力的。第二，较高的经济增长水平反映了本地基础设施条件的改善，这是吸引 FDI 流入的基本要素。第三，较高的经济增长水平意味着市场规模的快速扩张、国内需求的迅速增加和东道国经济体消费者不断增长的购买力，而这是市场导向的 FDI 的重要决定因素。很显然，预期增长更快的市场倾向于吸引更高水平的 FDI 流入。因此，假说是，流入的 FDI 与发展中东道国经济体的经济增长存在正相关性。在这一研究中，由 GR 所表示的实际 GDP 增长率被用于作为对所研究的东道国经济体发展潜力的综合衡量。

东道国经济体的要素成本

在 FDI 文献中，决定 FDI 流入的最重要的要素成本是工资率，特别是当 FDI 是出口导向的时候。因此，在东道国经济体设置 FDI 的决定中相关要素成本是劳动力成本。特别的，较低的劳动力成本被预期会引起更高水平的 FDI 流入，特别是对于出口导向型 FDI。然而，较低的工资率可能伴随着较低的生产率，从而有效工资可能实际上并不低。因此，最好的劳动力成本衡量是"效率工资"而非绝对工资率。效率工资可直接用方程 11.2 来测算。

$$EW_j = \frac{W_j}{\varPi_j} \qquad\qquad 方程 11.2$$

在方程 11.2 中，EW_j 是东道国经济体 j 的平均效率工资水平，W_j 是东道国经济体的绝对工资率，$\varPi_j$ 是东道国经济体的平均劳动生产率。效率工资作为劳动力成本测量指标具有无量纲的优点。

工资率和劳动生产率的跨国比较存在两个主要问题：一是不同国家存在不同的价格水平；另外一个问题是存在不同的汇率水平，特别是在发展中国家。为了避免这些问题，该研究使用了每个发展中经济体总劳动收入占总增加值的百分比作为对应的效率工资[1]。事实上，根据以上对效率工资的定义，衡量发展中东道国经济体总劳动收入增加值百分比的恰是平均效率工资[2]。在本研究中，我们预期效率工资与发展中东道国经济体的 FDI 流入水平负相关。

国家风险（国家信用评级）

对发展中国家 FDI 的研究特别强调经济和政治风险指标（例如 Lucas，1993；Singh 和 Jun，1995）。国家风险包括三个主要要素：宏观经济稳定性，例如经济增长、通货膨胀和汇率风险；制度稳定性，例如针对 FDI 的政

---

[1] 总劳动收入由工资率乘以总就业得到。工资率和就业率数据来自 ILO。总增加值数据来自联合国统计署（国民经济核算）。计算基于当地货币和当期价格。

[2] 平均效率工资的推导如下：$EW = W/\varPi = (Y/L)/(V/L) = Y/N$，其中 EW 是效率工资，W 是工资率，$\varPi$ 是劳动生产率，Y 是总劳动收入，V 是总增加值，L 是总劳动投入。

策、税收体制、法律规章的透明度、知识产权保护和腐败程度；还有政治稳定性，从政治自由度到监控措施。出于实证研究目的，存在一系列方法来估计国家风险，常用的方法是国家信用评级，国家信用评级在企业进行投资决策时为企业提供可用信息。

国家信用评级由机构投资者发展出来。根据对大约 100 名国际银行家对信誉度的理解的调查（包括经济、金融和社会政治稳定性），自 1979 年以来，机构投资者每年发布两次信用评级用来评估大约 150 个国家的信誉度。得分从 0（非常高的违约概率）到 100（最小的违约概率）。参与者根据这种评级对机构资产作出调整，给予那些承受全球风险和拥有复杂国家分析体系的机构以更高的权重。本研究使用对东道主国家的信用评级衡量投资者对国别风险的认识。假说是，国家风险越低（国家信用评级越高），FDI 流入水平就越高。由 CDR 表示的国家信用评级，整理自《机构投资者》杂志（*Institutional Investor* magazine）。

实证模型和变量设定

为考察中国 FDI 流入对其他亚洲发展中经济体 FDI 流入的影响，我们将从其他来源国流入中国的 FDI 流入——由 FDICHN 表示——作为自变量加进方程中。

这里至少需要考虑两方面的因素。第一个方面，在考察配置到哪一个低工资出口平台的时候，MNEs 可以选择在中国投资或者投资到另外的发展中亚洲经济体。在这种情况下，MNEs 会研究使得一个经济体更适合作为低成本生产地的经济体的所有因素。对中国的投资继而会减少流入其他亚洲发展中经济体的 FDI 流入。据此，FDICHN 的符号应该是负的。我们称此为"投资—转移效应"。

第二个方面是增长中的中国与其他亚洲发展中经济体的生产和资源连接。在制造业中，其形式是进一步的专业化和生产过程的进一步碎片化。一个投资者同时在中国和亚洲其他发展中经济体设厂以应对不同生产阶段的竞争。然后，产品零部件在中国和其他亚洲发展中经济体之间进行贸易。一个不同的互补的观点认为，随着中国不断增长，中国的市场规模会扩大，对矿产和资源的需求会相应的增加。随后，MNEs 会涌入中国进行生产和销售。与此同时，其他 MNEs 也会在其他亚洲发展中经济体投资以开采矿产和资源并出口到中国。这一条线的论证导致了对 FDICHN 符号为正的预测。我们称此为"投资－创造效应"。从理论上讲，对中国而言，我们不能够先验地确定投资创造和投资转移的净效果。因此，对这一问题进行实证检验非常重要。

为考察其他亚洲发展中经济体 FDI 流入的中国效应，我们使用方程 11.3 作为实证模型。

$$\ln FDI_{*j,t} = \beta_0 + \beta_1 \ln FDICHN_{*,t-k} + \beta_2 \ln WFDIOUT_t +$$
$$\beta_3 \ln GR_{j,t-k} + \beta_4 \ln EW_{j,t-k} + \beta_5 \ln CDR_{j,t-k} + v_j + \varepsilon_{j,t} \qquad \text{方程 11.3}$$

由 $FDI_{*j,t}$ 表示的因变量是 t 年从所有来源国流入亚洲发展中东道国经济体 j 的总 FDI 流入。FDI 的值——和所有以下相关变量——是以 1990 年不变美元价格计算的。一共有 5 个自变量。自变量 GR、EW 和 CDR 是上一节所假设和定义的。我们纳入了世界总 FDI 流出（$WFDIOUT$）作为自变量来控制 FDI 对流入亚洲发展中东道国经济体的 FDI 流入的总供给面效应。在附表 11 – A1 我们对因变量和自变量做了概要描述。

除 $WFDIOUT$ 以外，自变量都是滞后 k 年值。这一模型假定 $t-k$ 期自变量的效应只在 t 期之内出现并在这期间完成。方程 11.3 所示的关系会在 $k = 1$ 的情况下被考察，$k = 1$ 是最合适的滞后期选择。自变量 $WFDIOUT$ 是世界总 FDI 流出，由来源方因素决定，独立于东道国经济体的决定因素；因此，回归方程采用其当期值（$k = 0$）。估计得到的 $\ln FDICHN_{*,t-k}$，$\ln WFDIOUT$，$\ln GR_{j,t-k}$，$\ln EW_{j,t-k}$ 和 $\ln CDR_{j,t-k}$ 的系数均为弹性。下面的计量回归分析使用面板数据和固定效应模型以消除可能影响 FDI 流入的经济体固定效应和时间不变因素。

回归结果和解释

在本实证研究中，样本包括 12 个亚洲发展中经济体，时期从 1992 ~ 2008 年。这 12 个经济体是孟加拉国、中国香港、印度、印度尼西亚、马拉西亚、巴基斯坦、菲律宾、新加坡、韩国、斯里兰卡、中国台湾和泰国。附表 11 – A1 的第一列报告了固定效应回归结果。模型很好地拟合了数据。所有的自变量都有预期的符号并且在统计上都是显著的。

作为稳健性检验，本文还做了不包含 4 个南亚发展中经济体的回归，这 4 个国家是孟加拉国、印度、巴基斯坦和斯里兰卡。回归结果与包含了这 4 个南亚发展中经济体的结果类似，结果在表 11 – 1 的第（2）列中给出。模型表现很好：自变量有预期的符号，并且除变量 *GR* 以外都是统计显著的。

表 11 –1　1992 ～ 2008 年中国 FDI 流入对东亚、南亚和东南亚发展中经济体
FDI 流入的影响的回归结果，固定效应（因变量 *FDI*$_{*,j,t}$）

变　　量	(1)	(2)
常数项	– 7. 61（– 1. 72）*	– 12. 84（1. 96）*
LFDICHN	0. 48（2. 73）***	0. 47（2. 44）**
LWFDIOUT	0. 23（4. 33）***	0. 21（3. 07）***
LGR	0. 48（2. 17）**	0. 36（1. 24）
LEW	– 1. 00（– 2. 40）**	– 1. 02（– 2. 02）**
LCDR	2. 42（2. 42）**	3. 86（2. 15）**
观测值个数	170	108
组个数	12	8
R2：组内	0. 54	0. 43
组件	0. 82	0. 42
总体	0. 76	0. 40
F 统计量	31. 15***	15. 77***

* 在 0. 10 水平上显著（双边检验）。
** 在 0. 05 水平上显著（双边检验）。
*** 在 0. 01 水平上显著（双边检验）。
注：标准误为组内相关标准误；括号中为 t 统计量。

我们感兴趣的主要变量——FDICHN——在两个回归中符号均为正且非常显著。中国 FDI 流入 10% 的增长会使流入东亚、南亚和东南亚经济体的 FDI 流入增加大约 4. 8%。尽管存在中国 FDI 流入增长是以其他亚洲经济体 FDI 流入减少为代价的显著担忧，回归结果表明，在我们所分析的这一时期，由于中国的 FDI 流入，流入这些经济体的 FDI 增加了。

所观察到的关系可以与快速增长的中国经济体不断增加的资源需求和亚洲经济体之间的生产网络化活动联系起来。如表 11 –2 所示，亚洲经济体日益成为中国不断增长的原材料需求的重要供给者。对某些资源而言，亚洲经济体是中国的主要供给者——例如，印度尼西亚和马来西亚的动植物脂肪和油，中国台湾、印度和巴基斯坦的纺织品以及印度、印度尼西亚和韩国的矿产品。因此，中国的快速经济增长必然对原材料需求更大，这也为 MNEs 在亚洲经济体开展以资源为基础的 FDI 创造了巨大的机会。

表 11 - 2　中国来自亚洲经济体的原材料进口

单位：百万美元,%

	1995 年	2000 年	2005 年	2008 年
全部 12 个亚洲经济体				
动植物脂肪和油料（HS 15）	954(36)	804(67)	2131(64)	7092(63)
矿产品（HS 25，26，27）	2958(41)	5614(23)	16433(18)	43072(17)
木浆和纸制品（HS 47，48）	1367(43)	2684(40)	2386(23)	2495(15)
纺织品（HS 52，54，55）	5290(53)	5893(62)	5932(42)	5830(43)
印度尼西亚				
动植物脂肪（HS 15）	70(3)	245(21)	749(23)	2482(22)
矿产品（HS 25，26，27）	766(11)	1104(5)	2282(2.5)	5269(2)
木浆和纸产品（HS 47，48）	180(6)	928(14)	893(8)	1068(7)
马来西亚				
动植物脂肪（HS 15）	732(28)	471(39)	1271(38)	4084(36)
新加坡				
矿产品（HS 27）	1123(24)	852(4)	2206(3)	4325(3)
韩国				
矿产品（HS 27）	398(8)	2016(10)	3506(6)	9945(6)
中国台湾				
纺织品（HS 54）	1046(31)	1268(35)	1359(36)	1120(31)
泰国				
矿产品（HS 27）	7.6(0.2)	383(2)	806(1)	1803(1)
印度				
矿产品（HS 26）	153(8)	373(12)	5509(21)	14314(17)
纺织品（HS 52）	24(1)	186(7)	275(4)	1130(15)
巴基斯坦				
纺织品（HS 52）	173(5)	398(14)	581(8)	599(8)

注：括号中是占中国此种商品总进口数量的份额。HS 15 = 动植物脂肪和油料及其分解物；HS 25 = 盐，硫磺，泥土，石料，石膏，石灰及水泥；HS 26 = 矿砂，矿渣及矿灰；HS 27 = 矿物燃料，油，蒸馏产品等；HS 47 = 纸浆，木材，纤维质材料，废物；HS 48 = 纸和纸板，纸浆制品，纸和纸板；HS 52 = 棉花；HS 54 = 人造丝；HS 55 = 人造短纤维。

资料来源：作者根据联合国统计署数据计算（COMTRADE），商品贸易统计数据库，纽约；日内瓦 < http：//unstats. un. org/unsd/comtrade/default. aspx > 。

　　从亚洲经济体间相同产业内中间品和最终成品显著的双向贸易中，可以发现中国和其他亚洲经济体之间生产网络化的证据。许多亚洲经济体——特别是东亚和东南亚——都卷入了纵向一体化，特别是电子设备产业（HS 85）。如表 11-3 所示，中国和亚洲经济体之间电子设备产业的双向贸易值和份额已经相当可观了。自 1990 年代以来，它们之间相互依存的经济联系快速深化。亚洲经济体 FDI 流入水平的显著的中国效应能够反映出这一相互依存的关系。

表 11-3　中国和亚洲经济体在电气和电子设备产业（HS 85）的双向贸易

	对中国的出口（百万美元）	占对中国总出口的份额(%)	从中国进口（百万美元）	占从中国总进口的份额(%)
中国香港				
1995 年	1957	22.8	5736	15.9
2000 年	3203	34.0	10507	23.6
2005 年	4478	36.6	43029	34.6
2008 年	4153	32.1	80225	42.1
马来西亚				
1995 年	202	9.75	190	14.83
2000 年	2097	38.27	927	36.14
2005 年	12664	63.03	2641	24.90
2008 年	17226	53.66	4938	23.02
菲 律 宾				
1995 年	10	3.62	84	8.16
2000 年	860	51.28	438	29.92
2005 年	9146	71.06	1482	31.61
2008 年	14353	73.59	2386	26.13
新 加 坡				
1995 年	499	14.69	548	15.66
2000 年	1457	28.79	1745	30.29
2005 年	6370	38.57	6653	40.00
2008 年	6443	31.94	9763	30.22
韩 国				
1995 年	1103	10.72	473	7.07
2000 年	5089	21.93	1942	17.20
2005 年	25774	33.55	8241	23.47
2008 年	37648	33.57	18426	24.92

	对中国的出口 （百万美元）	占对中国总出口的 份额（%）	从中国进口 （百万美元）	占从中国总进口的 份额（%）
中国台湾				
1995 年	2005	13.56	485	15.66
2000 年	6413	25.15	1088	21.59
2005 年	28877	38.67	4887	29.53
2008 年	41507	40.17	7637	29.52
泰　　国				
1995 年	53	3.29	113	6.45
2000 年	816	18.63	416	18.55
2005 年	3706	26.49	1695	21.68
2008 年	5976	23.29	2962	18.95

资料来源：作者根据联合国统计署数据计算（COMTRADE），商品贸易统计数据库，纽约；日内瓦 < http：//unstats. un. org/unsd/comtrade/default. aspx > 。

　　根据以上回归结果很难断言中国效应主要是由资源需求所推动还是由生产网络化所推动，这仍然是一个留待将来研究的课题。然而，主要的结论仍然成立：中国 FDI 流入的增长显著与其他亚洲经济体 FDI 流入正相关。换言之，在最近几十年间，投资—创造效应优于投资—转移效应，因此中国和亚洲 FDI 流入是互补的。

　　对于本地变量，回归结果提供了支持假说的强有力证据。在影响流入亚洲经济体的 FDI 流入上，市场增长率（GR）是一个正向的统计显著的本地决定因素，结果表明一个经济体增长得越快，FDI 流入水平就越高。

　　一个东道国经济体的效率工资（EW）——劳动力成本的代理变量——是该国所接受的 FDI 流入量的负向的统计显著的决定因素。这表明 FDI 对亚洲经济体之间的效率工资差异是敏感的。同时也表明利用亚洲经济体的廉价劳动力是外国投资者在亚洲发展中经济体投资的主要动因之一。

　　一个国家的信用评级（CDR）对其 FDI 流入量有显著的影响。与高信誉度相伴随的经济、金融、制度、社会和政治稳定性可以被认为是提升 FDI 最有力的工具，因其对 FDI 项目的安全性和盈利性都有直接的影响。

　　最后，世界总 FDI 流出（WFDIOUT）变量的系数是正的和统计显著的。这意味着对亚洲经济体 FDI 流入的总供给方效应。

　　这一点也很有趣，尽管中国的 FDI 流入对其他亚洲经济体的 FDI 流入具有正的和统计显著的效应，但中国效应并非是这些亚洲经济体 FDI 流入最重要的决定因素。实证回归结果表明，在其他条件相同的情况下，东道国经济体的本地变量对其 FDI 流入的边际影响远大于中国效应。效率工资和国家信用评级的边际效应分别约为中国效应的 2 倍和 5 ~ 8 倍。

中国和亚洲经济体未来 FDI 流入的意涵

前一节的研究结果意味着，中国效应对亚洲经济体 FDI 流入的正影响可以从中国经济体不断增长的资源需求和亚洲经济体之间的频繁的生产网络化活动中得到证明。未来 20 年，FDI 流入正的中国效应会对亚洲经济体，特别是东盟产生更大的影响。

首先，随着东盟—中国自由贸易区（ACFTA）的创立和在 2010 年 1 月 1 日正式启动实施，东盟和中国之间的经济关系进入了一个新时代。ACFTA 包含了对商品和服务贸易以及投资的协定，这会加速和强化东盟和中国的经济一体化并导致 ASEAN 和中国之间贸易和投资的快速发展和扩张。除 ACFTA 以外，中国还与很多亚洲经济体都签订了双边自由贸易协定，这些经济体包括巴基斯坦、泰国、新加坡、中国香港和澳门，而且正计划同印度、韩国和中国台湾商谈签订双边自由贸易协定。减少和消除贸易和投资障碍——以特惠贸易协定实际上所具有效应的程度——不仅会引起中国和其他亚洲经济体之间贸易和投资的扩张，还会为第三方在亚洲——在中国和其他地方——进行投资创造机会。

其次，亚洲经济一体化的主要推动力之一是中国经济的快速增长。中国的经济增长和强有力的投资扩张为这一地区供给能量并为亚洲经济体提供了不断扩大和多样化的市场。根据日本政府内阁办公室所作的报告（NIKKEI. com 2010），预测中国经济在 2010 年后的 10 年将以每年 9.1% 的速度增长，并在 2020 年代以每年 7.9% 的速度增长。结果，预期中国将在 2030 年占到世界 GDP 总量的 23.9%——成为世界上最大的经济体。中国经济的快速增长将会继续对亚洲经济体产生显著影响。一方面，随着中国经济增长，中国人民的收入增长，对消费品的需求会增加；另一方面，中国的快速增长也会增加对资源和原材料的需求以支持持续的生产扩张。这两方面都不仅会为亚洲经济体向中国市场增加出口提供巨大机会，也会为跨国公司（MNEs）在亚洲经济体投资生产商品和开采资源并供给中国市场提供巨大机会。

再次，伴随着中国和其他亚洲经济体快速、深入的一体化，生产网络化活动——特别是纵向一体化——会进一步加深，每一个经济体都专业化生产其具有比较优势的产品。当前，中国和其他亚洲经济体都已经在电气和电子设备产业发展了大量的双向贸易。今后，随着中国和亚洲经济体的产业结构升级和重构，中国和其他亚洲经济体之间的双向贸易很可能扩展到其他产业——例如，汽车、机械和设备。基于跨国公司的比较优势和竞争力，亚洲的结构变化和产业升级会为跨国公司（MNEs）进行投资提供巨大的机会。

最后，伴随快速的经济增长，因其高的资本积累率和巨大的外汇储备，中国逐渐成为日益重要的对外 FDI 供应者。在 2004～2008 年间，中国对外的 FDI 从 55 亿美元增长到了 559 亿美元——增长超过了 9 倍。中国对外 FDI 的大部分流入了亚洲经济体——在 2008 年末达到中国总对外 FDI 存量的 71.4%。随着快速的经济增长，未来 20 年将见证中国 FDI 流出的快速增长。一方面，中国会加速产业重构和升级。一些劳动密集型制造业活动和产业会因为不断上涨的劳动力成本和伴随人口老龄化的劳动力减少而逐渐失去竞争力。其结果是，这些劳动密集型产业会从中国转移到其他经济体投资，其他亚洲发展中经济体作为候选地的可能性最大。另一方面，中国快速的经济增长会继续增加对资源和原材料的需求。为满足这一需求，中国会增加海外投资以扩展和保障资源和原材料的供给。随着中国成为亚洲日益重要的投资者，拥有丰富资源禀赋的亚洲经济体会成为中国对外投资的首选地。继而，总的来讲，在 FDI 方面，中国和亚洲经济体的关系在未来 20 年很可能继续保持互补性。

结　论

过去 30 年，中国巨大的 FDI 流入量令有的国家欢喜有的国家忧。中国真的挤出了其他亚洲经济体的 FDI 流入，抑或是实现了双赢？本章在大量文献的基础上试图通过对基于 FDI 折中范式（OLI）解释的本地优势假说进行实证检验来回答这一问题。三个主要发现可以概括如下。

首先，在亚洲发展中经济体 FDI 流入的本地决定因素方面，回归结果为检验我们的假说提供了很强的支持。主要发现是，在我们所分析的时期内（1992～2008 年），经济增长更快、信誉度更高或者在经济、金融、制度、社会和政治稳定性方面风险更低的那些经济体吸引了相对较多的 FDI 流入，而更高的效率工资或者更低的劳动生产率则阻碍了 FDI 流入。

其次，回归结果表明中国 FDI 流入对其他亚洲经济体 FDI 流入具有统计显著的正效应。中国 FDI 流入对亚洲其他经济体 FDI 流入的这一正的和互补性的效应与增长中的中国不断增加的资源需求和亚洲经济体之间的网络化生产活动密切相关。回归结果无法判定这两方面因素影响作用的大小，正的中国效应很可能同时来源于这两者，并指向一个核心结果，即这一效应是投资创造的，而非投资转移。这一互补性意味着对中国 FDI 的许多担忧是没有根据的。

最后，尽管中国的 FDI 流入对其他亚洲经济体的 FDI 流入有正的和统计显著的影响，但这一中国效应并不是亚洲经济体 FDI 流入最重要的决定因素。实证回归结果表明，在其他条件相同的情况下，东道国经济体的本地变量对其 FDI 流入的边际影响远大于中国效应。东道国经济体的本地变量——诸如快速的经济增长，与较高的劳动生产率相伴的较低的劳动力成本，经济、金融、制度、社会和政治稳定性方面较低的国家风险——在吸引 FDI 流入上扮演着根本性的角色。

在接下来的 20 年间，中国的经济增长和强有力的投资扩张将为这一地区供给能量并为亚洲经济体和其他国家提供不断扩大和多样化的亚洲市场。总体而言，伴随着中国和其他亚洲经济体之间快速的和深入的一体化，其他亚洲经济体 FDI 流入的正的中国效应将会持续。

附表 11 – A1　中国 FDI 流入对其他亚洲发展中东道国经济体 FDI
流入的影响的变量列表

变量名称	变量设定	来　源
因变量 $FDI^*_{j,t}$	t 年由所有来源国流入亚洲发展中东道国经济体 j 的总 FDI 流入（百万美元，1990 年价格）。	各种联合国出版物，世界投资报告。
自变量 $FDICHN^*_{,t}$	t 年由所有来源国流入中国的总 FDI 流入（百万美元，1990 年价格）。	各种联合国出版物，世界投资报告。
$WFDIOUT^*$	t 年世界总 FDI 流出（百万美元，1990 年价格）。	各种联合国出版物，世界投资报告。
$GR_{j,t}$	亚洲发展中东道国经济体 j 在 t 年的真实国内生产总值增长率（％）。	联合国统计署（国民经济核算）。
$EW_{j,t}$	亚洲发展中东道国经济体 j 在 t 年的效率工资率（％）。	根据 ILO 计算以及联合国统计署（国民经济核算）。
$CDR_{j,t}$	亚洲发展中东道国经济体 j 在 t 年的国家信用评级指数（得分从 0～100，100 表示最低的违约概率或者最好的信誉度）。	根据机构投资者的有关内容整理。

（张川川　译）

参考文献

1. Chantasasawat, B., Fung, K., Iizaka, H. and Siu, A. 2004, *Foreign direct investment in China and East Asia*, Hong Kong Institute of Economics and Business Strategy, viewed 30 May 2010, < http: //www. hiebs. hku. hk/working_ paper_ updates/pdf/wp1135. pdf > .

2. Cravino, J., Lederman, D. and Olarreaga, M. 2007, *Foreign direct investment in Latin America during the emergence of China and India*: *stylized facts*, Policy Research Working Paper 4360, The World Bank, Washington, DC, viewed 30 May 2010, < http: //ideas. repec. org/p/wbk/wbrwps/4360. html > .

3. Dunning, J. 1993, *Multinational Enterprises and the Global Economy*, Addison-Wesley, Wokingham, UK.

4. Eichengreen, B. and Tong, H. 2005, *Is China's FDI coming at the expense of other countries?*, NBER Working Paper 11335, National Bureau of Economic Research, Cambridge, Mass., viewed 30 May 2010, < http: //www. nber. org/papers/w11335 > .

5. International Labour Organization (ILO) nd, *LABORSTA*, International Labour Organization, Geneva, < http: //laborsta. ilo. org/ > .

6. Lucas, R. 1993, 'On the determinants of direct foreign investment: evidence from East and Southeast Asia', *World Development*, vol. 21, no. 3, pp. 391 – 406.

7. Mercereau, B. 2005, *FDI flows to Asia*: *did the dragon crowd out the tigers?*, IMF Working Paper, WP/05/189, September 2005, International Monetary Fund, Washington, DC, viewed 30 May 2010, < http: //zunia. org/uploads/media/knowledge/wp051891. pdf > .

8. NIKKEI. com 2010, 'China's GDP 4 times Japan's in'30: govt', *The Nikkei*, 29 May, Morning edition, viewed 1 June 2010, < http: //e. nikkei. com/e/fr/tnks/Nni20100528D28JFA12. htm > .

9. Resmini, L. and Siedschlag, I. 2008, *Is FDI into China crowding out the FDI into the European Union?*, Working Paper, European Trade Study Group, Johannes Kepler University, Linz, and University of Strathclyde, viewed 30 May 2010, < http: //www. etsg. org/ETSG2008/Papers/Siedschlag. pdf > .

10. Singh, H. and Jun, KW 1995, *Some new evidence on determinants of foreign direct investment in developing countries*, Policy Research Working Paper, no. 1531, The World Bank, Washington, DC, viewed 30 May 2010, < http: //ideas. repec. org/p/wbk/wbrwps/1531. html > .

11. United Nations Conference on Trade and Development (UNCTAD) various years, *World Investment Report*, United Nations, New York and Geneva.

12. United Nations Statistics Division nd, *COMTRADE*, Commodity Trade Statistics Database, United Nations, New York and Geneva, < http: //unstats. un. org/

unsd/comtrade/default. aspx > .

13. United Nations Statistical Division nd, *National Accounts*, United Nations, New York and Geneva, < http：//unstats. un. org/unsd/snaama/dnllist. asp > .

14. Wang, C. , Wei, Y. and Liu, X. 2007, ' Does China rival its neighbouring economies for inward FDI' , *Transnational Corporation*, vol. 16, no. 3, pp. 35 – 60.

15. Zhou, Y. and Lall, S. 2005, ' The impact of China's surge on FDI in South-East Asia：panel data analysis for 1986 – 2001 ' , *Transnational Corporation*, vol. 14, no. 1, pp. 41 – 65.

16. 国家统计局 （NBS） 各年：《中国统计年鉴》，中国统计出版社。

第十二章
全球金融危机与农村劳动力
向城市迁移

孔　涛　孟　欣　张丹丹

　　自 2008 年下半年以来，金融危机的蔓延造成全球出口订单大幅减少，并导致中国经济增长率的下降。由于中国的出口业以劳力密集型为主，且更多雇用的是农民工，因此人们普遍认为，这次全球金融危机会对农民工的就业和报酬造成非常明显的负面效应。在危机最严重的时候，下岗工人在倒闭的工厂外抗议，数百万外出打工者在叹息失去工作的同时开始收拾包袱准备提前返乡。同时，还有许多人在揣摩和担忧最坏的情况什么时候来临。决策者和学者都认为外来务工人员将面临明显不利的就业局面（Chen，2009；NBS，2009；Kong 等，2009）。在去年的"中国经济前沿论坛"论文集中，我们就曾估计，总就业人数的 13% ~ 19% 受到了全球金融危机的影响。但是，我们同时强调，对就业所造成的冲击，实际上是全球金融危机和中国的国内政策立场特别是紧缩的宏观经济政策和新劳动合同法的执行情况共同作用的结果（Kong 等，2009）。

　　随着为应对全球金融危机而采取的财政与货币扩张政策的实施以及外部需求的逐步复苏，中国经济大力反弹，2009 年国内生产总值增长率由第一季度的 6.1% 增长到第二季度的 7.8%。截至 2009 年底，该增长率实现了超过 8% 的既定目标。现在，眼前的危机已经过去，是时候来评估全球金融危机到底对外来务工者的劳动力市场造成了多大的影响，以及是短期的还是长期的影响。

　　运用在 RUMiCI 项目中所调查的城乡移民和农村住户的面板数据，本章比较了 2008 年和 2009 年城市中外来打工者在劳动力市场中的情况。令我们惊讶的是，金融危机对外来打工者的就业影响很小，且几乎没有工作时间或工资的减少。我们试着去了解这一结果背后的原因。我们发现全球金融危机所造成的不利影响主要是由从城市返乡的失业农民工以及这些失业农民工收入的减少抑制了农村部门的需求，这又反过来进一步抑制农村的非农业就业这一乘数效应所带来的。这个显著的乘数效应在之前的研究中却并没有受到注意。

本章的结构组织如下。下一节将回顾相关文献并推测我们预期观察到的劳动力市场应对经济下滑的调整。然后是对数据的讨论以及分别从城市和农村劳动力市场的角度来研究劳动力市场的调整方式。最后一部分是对本章的小结。

早期的研究发现以及我们的假设

Kong 等（2009）和 Huang 等（2010）的研究是两个关于全球金融危机对城乡移民影响的重要研究。利用中国六省农村中具有代表性的 1200 个家庭样本，Huang 等（2010）的研究发现，金融危机对农村移民就业的消极影响在一开始就已经很明显了。他们估计，2008 年 9 月至 2009 年 4 月期间，17%（最多达 4500 万人）的非农就业的农村居民要么失去了工作，要么延迟了他们离开农业的时间。但是农民适应危机的速度超过了预期。截至 2009 年 4 月，在刚开始就失去了非农就业机会的农民中已经有 2500 万又重新找到了新的职位，而截至 8 月底，这个数字已经上升到 3200 万。为了解释这一现象，Huang 等（2010）提出这一快速的复苏是由中国劳动力市场改进的灵活性以及农民工愿意接受较低的工资共同作用的结果。他们估计，这些被雇用的非农就业工人平均月收入下降了 2.4%——从 2008 年的每月 1086 元人民币降至 2009 年 1~4 月的每月 1062 元人民币。

另外两份由劳动与社会保障部所做的报告展现了更加乐观的景象。题为"中国就业应对国际金融危机方略"（MoHRSS，2009）的报告中显示，在 2008 年底至 2009 年 4 月期间，7000 万农村移民从城市回到了自己的老家，其中由于全球金融危机在城市中失去了工作的农民工有 2000 万。而在 7000 万的返乡农民工中有 95% 在城市中曾经找到过新的工作。城市中农民工的失业率实际不到 3%。城市中农民工的总数实际上从 2008 年的 1.4 亿增加到了 2009 年的 1.5 亿。

劳动与社会保障部（MoHRSS，2010）的另外一份报告则根据 2010 年初在 27 个省中 90 个县进行调查的数据分析了 2009 年移民的就业情况。这项调查共访问 9081 位农村移民，收集了包括他们的就业情况、工资报酬、在城市工作的意愿和就业的期望等信息。这份调查数据表明，农村移民的平均月收入从 2008 年到 2009 年增长了 12.9%，其中工资性工作者和自雇经营者月收入分别增长了 6.7% 和 11.5%。

这些研究显示，对首当其冲承担了大部分经济衰退影响的农民工群体来说，他们的就业水平在 2009 年底就基本上从危机中恢复过来了。然而，这些研究所提供的对收入改变的证据是相互矛盾的。此外，上述研究所采用的出发地数据并不能准确反映农民工在流入地的情况。在这一章中，我们采用建立在统一的调查设计基础上的农村住户和农民工调查数据来重新分析这一问题，并对全球金融危机带来的影响进行全面的分析。

在现代劳动力市场，负面的经济冲击会造成市场上失业或低工资的出现。但在一个发展中的经济体系内，对"现代部门"劳动力市场的需求冲击可能会由于这种经济体系内存在二元的劳动力市场结构而无法直接检测出来。由于二元经济结构，"传统部门"为大多数移民工人提供了一个"退回"的余地。每当现代部门的工资低于保留工资时，工人将重新回到传统部门就业，而这种移动成本通常并不太高（Lewis，1954；Ranis 和 Fei，1961）。2000 年东亚金融危机时期，这一情况曾经在印度尼西亚发生过，当时印尼数百万工人回到了农业部门，只在现代部门中出现了很少的失业情况（Hugo，2000；Manning，2000；Fallon 和 Lucas，2002）。

在中国，由于以下几个原因，现代部门与传统部门之间的关系更加特殊。首先，由于城市里福利政策准入的限制，移民为了家庭和孩子常常只能独自来到城市。因此，回流农村的成本相对较低。第二，在城市里，农民工一般没有失业保险以及健康或养老保险。若没有工作他们在城市里难以生存，而农业部门提供了一份维持生活水平的福利（住房和食物）。考虑到这两个部门之间的差异——选择低效率的城市部门的工资还是选择传统部门较高的保留工资，农民工返乡的概率最终会增加。实际上，唯一可以缓解金融危机冲击对移民就业和收入不利影响的方法就是回到农村，寻找合适的就业机会。

考虑到中国特殊的劳动力城乡流动的制度安排，任何经济冲击对农民工劳动力市场的影响都应该从以下两个方面来检查。首先，在经济危机发生的时候，受影响的农民工返乡寻找非农业就业或者成为半失业农民，这进一步又会抑制农业生产率。其次，由于农民工中存在一些受到经济危机影响而又不愿意返乡的人，因此我们可以观察到失业人数的上升，或从事非正规就业，或工资降低。

因此，为了更全面地分析全球金融危机对农民工所造成的影响，我们采用农村出发地区和流入地城市的数据——2008 年和 2009 年 RUMiCI 的调查数据——来分析城市和农村的劳动力市场。由于农村部门发挥了缓冲作用，我们预期农村部门将承受全球金融危机所带来的大部分影响。

数　　据

中国城乡劳动力市场（RUMiCI）的调查开始于 2008 年。抽样方法和调查基本情况可在互联网上找到（http://rumici.anu.edu.au）。这个调查的独特性在于它分别调查了三类不同的家庭户：包括在 15 个城市工作的 5000 户农民工家庭户（农民工调查），在同样 15 个城市的 5000 户城市居民住户（城市调查）①，以及从上述 15 个城市所在的省份中选取的 8000 户农村住户（农村调查）。RUMiCI 被设计成一个跟踪面板调查，其第二轮调查是在 2009 年进行的。

由于农民工流动性高（尤其是在经济不景气的时候），其样本的流失率非常高（达到了 60% 左右）。因此，在 2009 年的数据采集过程中，除了 40% 被成功追踪到的家庭户之外，我们用同样的抽样筐随机选取了一批新的样本家庭户，并将他们包含在第二波调查中。因此，2009 年的城市移民样本中包含了 40% 的在 2009 年成功追踪的 2008 年家庭户样本，以及 60% 的在 2009 年新抽取的家庭样本。相比之下，农村和城市居民家庭户的流失率要低得多（在 10% 以下）。

我们相信，全球金融危机的影响主要集中在 2008 年下半年至 2009 年上半年这段时间。RUMiCI 的两次调查数据涵盖了这段时期和这段时期之前的一段时期。在 2008 年的移民调查开始于 3 月，结束于 6 月，其中 93% 的采访完成于 5 月底。2009 年的调查进行了 6 个月以上，开始于 3 月，到 8 月结束，其中 73% 的采访完成于 5 月底（见附录 12 - A1 两年内的调查时间分布）。农村住户调查集中在 2008 年 3 月到 5 月和 2009 年 4 月到 6 月。因此，我们可以用 2008 年的数据来分析全球金融危机爆发前的情况，同时，用 2009 年的数据来说明全球金融危机期间的情况。通过比较两个时间段的调查，我们发现了危机前与危机爆发期间有关移民劳动力市场的调查结果的变化。

在这里，我们集中调查在劳动力市场上年龄在 16 ~ 65 岁的个人。② 农民工的样本量在第一次和第二次调查中分别为 7153 名和 7567 名。农村调查

---

① 城市调查覆盖了农民工调查的 15 个城市之外的另外 4 个城市。因此，城市调查一共覆盖了 19 个城市。

② 劳动力可以定义为年龄在 16 ~ 65 岁，包括现职工作者（包括重新雇用的退休人员），无酬家属工作者，失业或等待被分配工作的人。这一定义适用于农民工和农村样本。

样本量分别为 20451 名和 20408 名。要注意的是，在农村调查中涵盖了所有的家庭成员，包括调查期间不在家的成员。对于调查期间不在场的人，由其他在家的家庭成员进行代答。在大多数情况下，回答人为户主。因此，我们可以从农村住户调查中分析出移民和非移民个人特征上的差别。但是，农民工的数据可能会存在较大的测量误差。由于这种不准确性的存在，用在城市中的农民工调查来补充农村调查中移民数据的问题就显得十分重要。表 12－1 列出了两次调查的样本中人口的基本特征的简要统计。

2008 年移民样本平均年龄为 31.3 岁，而 2009 年大约上涨了 1 岁，平均 32.2 岁。其中约 58% 为男性，这两年结婚或者同居的比例分别为 63% 和 66%。学龄平均约 9 年，2009 年所取样本略高了 0.17 年。这一增长似乎是因为 2009 年所取样本中高中毕业生的比例稍高一些。

表 12－1　移民和农村样本的统计

| | 农民工样本 | | 农村住户样本 | | | | | |
| | | | 总样本 | | 外出农民工样本 | | 非移民样本 | |
	2008 年	2009 年	2008 年	2009 年	2008 年	2009 年	2008 年	2009 年
年龄	31.3	32.2	40.0	40.6	29.3	29.8	42.9	43.3
男性的比例	58.3	57.9	53.9	52.8	61.8	60.6	51.8	50.8
婚姻状况(%)								
初婚	62.0	63.9	77.2	77.3	54.9	55.8	83.2	82.7
再婚	0.8	0.9	2.2	2.8	1.5	1.8	2.3	3.0
同居	0.3	0.7	0.4	0.4	0.1	0.4	0.5	0.4
离婚	1.0	1.2	0.4	0.5	0.6	0.7	0.3	0.4
寡居	0.4	0.6	1.0	1.0	0.3	0.1	1.2	1.3
单身	35.4	32.7	18.8	18.0	42.5	41.3	12.4	12.2
受教育年限	9.1	9.2	7.5	7.5	8.5	8.5	7.2	7.2
教育水平(%)								
文盲	2.1	4.0	4.9	4.9	0.7	0.8	6.1	6
小学	12.9	12.1	17.6	17.7	7.6	7.4	20.3	20.3
初中	55.6	49.7	63.9	63.4	75.0	74.9	60.9	60.5
高中	25.5	27.6	13.5	13.9	16.7	16.8	12.7	13.1
专科以上	4.0	6.6	0.0	0.0	0.0	0.1	0.0	0.0
总计观察量	7153	7563	20451	20408	4317	4110	16134	16298

资料来源：作者的调查 RUMiCI。

相对于在城市抽样调查的农民工，农村总劳动力（包括移民和非移民）年纪要大得多。在 2008 年和 2009 年，他们平均分别为 40 岁和 41 岁。和移民调查结果一致，移民人口的平均年龄大约是 30 岁，而非移民样本年纪要大得多（约 43 岁）。这个年龄的差距表明年轻人比年纪大的人更愿意移民。我们在图 12 - 1 列出了不同样本的年龄分布，它清楚地展现出移民更多地集中于 20 ~ 30 岁这个年龄段，而非移民则更多地集中于 40 岁到 50 岁这个年龄段。

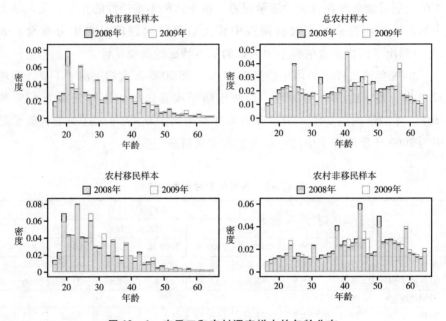

图 12 - 1　农民工和农村调查样本的年龄分布

资料来源：作者的调查。

农民工更有可能是男性。在农村总样本中，大约 53% ~ 54% 为男性，而农民工样本中男性的比例约为 58% ，农村移民中甚至更高，约为 61% 。农民工更可能是单身或者离婚。此外，一般而言，移民相比非移民受到过更好的教育。

全球金融危机对劳动力市场的影响结果：城市视角

在本节中，我们探讨这次全球金融危机对在 2009 年间留在城市的农民工的就业和报酬所造成的影响。

表 12 - 2 列出了两年内的就业与报酬的统计数据以及结果上的差异。表 12 - 2 的第一组数据显示了总样本的就业率从 2008 年的 98.7% 降至 2009 年

的 96.6%，也就是说，失业率增长了 2.1 个百分点。如果观察面板样本，我们会发现失业率只是轻微提高了 2.7 个百分点。考虑到 2009 年出口的大幅减少，这个程度的失业增长看起来微不足道。

表 12 - 2　城市中农民工的就业情况和收入（农民工样本）

		总样本			面板样本		
		2008 年	2009 年	差异	2008 年	2009 年	差异
第一组	受雇(%)	98.7	96.6	-2.1	98.8	96.1	-2.7
	自雇经营者(%)	22.5	28.1	5.6	31.6	38.3	6.7
	工资性工作者(%)	72.1	69.7	-2.4	61.5	59.3	-2.2
	家庭工人(%)	5.4	2.2	-3.2	6.9	2.4	-4.5
	劳动力总数	7153	7567	414	2829	2714	-115
		2008 年	2009 年	差异(%)	2008 年	2009 年	差异(%)
第二组	每周工作时间(小时)	63.1	63.1	0.0	65.8	65.5	-0.5
	工资性工作者	58.4	57.3	-1.9	58.9	57.7	-2.0
	自雇经营者	78.3	77.6	-0.9	79.3	77.7	-2.0
	各行业每周工作时间：						
	建造业	62.2	61.5	-1.1	61.7	61.5	-0.3
	制造业	54.6	55.2	1.1	55.7	55.0	-1.3
	零售/批发业	59.2	57.7	-2.5	59.6	58.2	-2.3
	服务业	58.8	57.4	-2.4	59.1	58.5	-1.0
第三组	每月收入或净收入(人民币)	1598	1820	13.9	1648	1842	11.8
	工资性工作者	1411	1631	15.6	1417	1661	17.2
	自雇经营者	2200	2297	4.4	2098	2128	1.4
	小时工资或净收入(人民币)	6.4	7.5	17.2	6.41	7.64	19.2
	工资性工作者	6.2	7.4	19.4	6.2	7.6	22.6
	自雇经营者	7.3	7.9	8.2	6.8	7.7	13.2
	第一个月收入或净收入(人民币)	899.6	978.1	8.7			
	工人领取福利保险的比例(%)	2008 年	2009 年	差异	2008 年	2009 年	差异
第四组	失业保险	11.9	12.2	0.3	11.8	11.9	0.1
	养老保险	18.9	20.6	1.7	19.7	20.8	1.1
	健康保险	55.9	68.2	12.3	59.8	67.9	8.1
	工伤保险	17.5	16.8	-0.7	16.6	16.8	0.2
	住房公积金	7.0	7.0	0	6.5	7.2	0.7

资料来源：作者的调查。

就总就业来说，自雇经营者在总样本中的比重增加了 5.6%。但是，这一增长在一定程度上是样本追踪偏差的结果。由于自雇经营者比工资性工作者的流动性小，他们更可能在第二次调查中被追踪到。为了衡量样本追踪消耗对自雇经营者的份额增加的贡献程度，我们进一步分析了面板样本。对于跨不同年份的同样的个体样本，我们发现，2008 年有 32% 的自雇经营者，而在 2009 年则有 38%，期间增长了 6 个百分点。从工资性工作者转变为自雇经营者是一种用来应对全球金融危机影响的战略。东亚金融危机期间（1998 年），在印度尼西亚的许多移民工人从正规部门转向非正规部门（Hugo，2000）。事实上，当我们比较 2008 年和 2009 年自雇经营者的职业分布时，我们发现，两年来减少最多的是小商店或工厂的业主，而 2009 年增加最多的则是街头小贩、垃圾收集工和店员（见附录 12 - A2）。后者更有可能被列为非正规部门就业。

另一种调整经济冲击下就业的方法就是测算减少的工作时间。表 12 - 2 的第二组数据分别总结了总就业工人以及自雇经营者和工资性工作者平均每周工作的时间。平均而言，总样本和面板样本的每周工作时间几乎没有任何变化。自雇经营者一般比工资性工作者的工作时间更长，这一现象并没有随着时间而改变。更重要的是，相对于 2008 年，在 2009 年，无论是自雇经营者还是工资性工作者的每周工作时间都没有减少很多。在 2009 年，自雇经营者的工作时间减少了 1%，而同时工资性工作者减少了 1.9%。相比其他行业，全球金融危机更可能影响到制造业。我们也分行业计算了工作时间（见图 12 - 2）。在这里可以观察到同样的情况：工作时间下降最多的是零售/批发行业，为 2.5%。制造业并没有观察到工作时间的下降，反而上升了 1 个百分点。显然，在经济衰退时期，中国劳动力市场不像某些西方劳动力市场，并没有发生就业分享。这是可以理解的，因为在一个拥有充足的非技术类劳动力供给的国家，当衰退结束之后，雇主不用担心招工方面的问题。

在 2008 年和 2009 年间失业率和工时的微小变化表明留在城市中的移民平均就业形势并没有受到显著的影响。这种情况可能会令人费解。考虑出口减少了 20%（MoHRSS，2009），应该对就业有更大影响。也许，由于农民工劳动力市场的弹性，对需求的冲击可以被工资的弹性所吸收。如果是这样，我们应该观察到收入上的一个下降的变化。

表 12 - 2 中第三组数据给出了总样本和面板样本中工资性工作者和自雇经营者每个月和每小时收入的变化。对于月薪或小时工资，我们不但发现没有减少，在 2009 年还有所增加。更令人惊讶的是，收入最大的增幅发生在

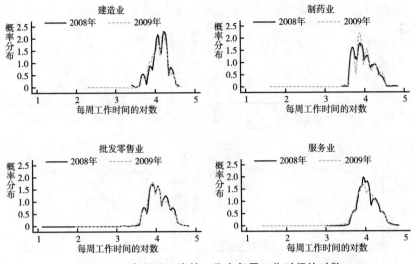

图 12 - 2 各行业工资性工作者每周工作时间的对数

资料来源：作者在调查基础上计算所得。

应该是受全球金融危机冲击最大的工资性工作者中。工资性工作者的每小时收入平均增长了 19%，而自雇经营者则增长了 8%。图 12 - 3 给出了各行业中工资性工作者的收入分配。很显然，在 2008 ~ 2009 年间，每个行业的小时工资都有所增加，特别是在面板样本中。

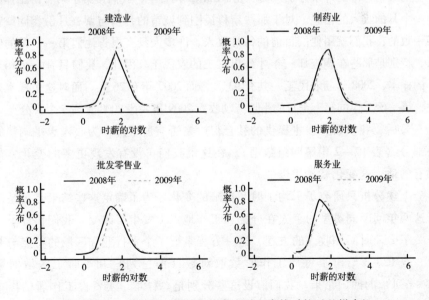

图 12 - 3a 各行业工资性工作者小时工资的对数（总样本）

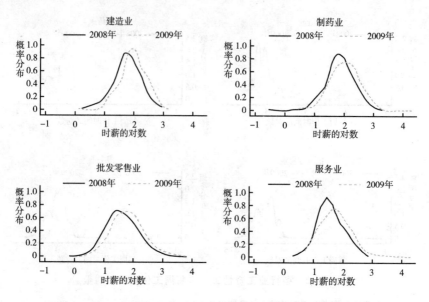

图 12 –3b 各行业工资性工作者小时工资的对数（面板样本）

资料来源：作者根据调查计算。

在表 12 –2 的第三组数据中，我们还研究了这两年新进入城市劳动力市场的劳动力的月薪是否有所改变。关注这个群体中的原因是他们是没有任何工作经验的最不熟练的外来务工人员。在 RUMiCI 调查中，我们搜集了第一份工作的第一个月的收入的信息。对于那些新移民刚到城市的月份与调查月份相同或基本一致的，我们就用他们目前的每月收入。许多人没有报告他们第一个月的收入，特别是那些在调查那一年才外出打工的农民工。因此，我们只有一个相当小的样本，2008 年新农民工一共有 93 人，而 2009 年有 26 人。而对这个样本来说，第一份工作的第一个月的平均劳动收入 2009 年要比 2008 年高 9 个百分点。

最后，我们研究雇主提供的社会保险是否有所下降作为收入水平调整的一部分（表 12 –2 中第四组数据）。在这里我们再没有发现更多的变化，如果有的话，这变化就是积极的。

上述分析只研究了平均工时和报酬的变化。为了确定这些结果是否是由于这两年间不同类型的工人在分配和工作地点上发生了改变，我们估计了一个关于劳动时间和收入的方程，这一方程掌握了个别行业和区域的特点与差异。表 12 –3 给出了每周工作时数取对数（前三列）和小时工资取对数（4 ~6 列）的回归结果。我们假设这些分别是总样本、工资性工作者的样本以及自雇经营者的样本的回归。

表 12 - 3　城市中移民的工作时间和小时工资方程式的回归结果（移民样本）

	每周工作时间的对数			时薪的对数		
	所有工人	工资性工作者	自雇经营者	所有工人	工资性工作者	自雇经营者
年龄	- 0. 011 [0. 002] ***	- 0. 015 [0. 002] ***	0. 010 [0. 005] *	0. 039 [0. 004] ***	0. 044 [0. 003] ***	0. 007 [0. 012]
年龄的 平方/100	0. 014 [0. 003] ***	0. 021 [0. 003] ***	- 0. 013 [0. 006] **	- 0. 062 [0. 005] ***	- 0. 069 [0. 005] ***	- 0. 021 [0. 015]
教育年限	- 0. 016 [0. 001] ***	- 0. 018 [0. 002] ***	- 0. 007 [0. 004] **	0. 048 [0. 003] ***	0. 053 [0. 003] ***	0. 036 [0. 008] ***
教育年限 * 2009 年的 虚拟变量	- 0. 005 [0. 019]	- 0. 013 [0. 020]	- 0. 004 [0. 046]	0. 069 [0. 038] *	0. 009 [0. 036]	0. 073 [0. 110]
性别 （虚拟变量）	0. 016 [0. 005] ***	0. 027 [0. 005] ***	- 0. 023 [0. 012] **	0. 130 [0. 010] ***	0. 126 [0. 009] ***	0. 123 [0. 028] ***
婚姻状况 （虚拟变量）	0. 013 [0. 007] *	0. 011 [0. 007]	0. 034 [0. 021]	- 0. 006 [0. 015]	- 0. 004 [0. 013]	- 0. 059 [0. 051]
首次外出打工 到现在的年数	0. 003 [0. 001] **	0. 004 [0. 001] ***	0. 002 [0. 003]	0. 027 [0. 003] ***	0. 025 [0. 002] ***	0. 026 [0. 007] ***
首次外出打工 到现在的年数 的平方/100	- 0. 010 [0. 005] **	- 0. 014 [0. 005] ***	- 0. 004 [0. 011]	- 0. 079 [0. 010] ***	- 0. 064 [0. 010] ***	- 0. 090 [0. 026] ***
是否是自雇经 营者（虚拟变 量）	0. 243 [0. 007] ***			0. 042 [0. 013] ***		
2009 年的 虚拟变量	- 0. 014 [0. 018]	- 0. 005 [0. 020]	- 0. 023 [0. 040]	0. 056 [0. 036]	0. 153 [0. 035] ***	- 0. 051 [0. 096]
行业 （虚拟变量）	是的	是的	是的	是的	是的	是的
城市 （虚拟变量）	是的	是的	是的	是的	是的	是的
观测数	13149	9777	3372	13149	9777	3372
R^2	0. 23	0. 11	0. 05	0. 22	0. 33	0. 13

* 10% 显著性。

** 5% 显著性。

*** 1% 显著性。

注：括号内为标准差。

资料来源：作者的估计。

由于控制了对城市和行业的影响，大部分的人口特征在劳动时间和报酬方程中似乎都表现出正常的模式。我们首先讨论劳动时间的方程。在总样本中，年龄与工作时间呈 U 形关系。这同样适用于工资性工作者，但对于自雇经营者这种关系却是相反的。受教育越多的人工作时间越少，这种关系在这两年中并没有改变。对于工资性工作者，在同一行业中，男性的工作时间比女性多 2%～3%，而对于自雇经营者而言，同一行业中的男性却比女性要少工作 2%的时间。已婚工人的工作时间要稍长一些，且移民的年数和工作时间之间的关系呈倒 U 形。自雇经营者的工作时间平均要比工资性工作者多 24%。最后，通过对个人、行业和区域的影响标准化，2009 年工人每周工作的时间和 2008 年几乎一样。

再看小时工资对数的方程，我们发现年龄和工资之间呈标准的倒 U 形关系。每多增加一年的教育程度，工资性工作者的小时工资就会增加 5.3%，而自雇经营者则增加 3.6%。这些回报率似乎并不随时间而改变。移民的年数和收入之间也呈现倒 U 形关系。自雇经营者每小时的收入比工资性工作者多 4.2%。控制了所有这些特性，在总样本中，2009 年的每小时收入与 2008 年统计上似乎并没有不同。然而，这并不适用于工资性工作者。对于工资性工作者而言，由于附有其他合作变量，他们每小时的收入增加了 15%。另外，自雇经营者则少挣 5%，但这个估计并不显著。

结合失业，工作时间和收入的变化，在全球金融危机发生时，那些没有失去工作或可以找到其他工作的外来工人看起来在工作时间和收入上似乎没有受到影响。实际上，作为工资性工作者，他们的收入增长了 15%。这似乎表明，对于农民工中的工资性工作者，劳动力市场的灵活性可以反映在聘用和解雇上。另外，自雇经营者部门在劳动力市场似乎有更多的灵活性，我们观察到越来越多的非正式就业，略有减少的工作时间和小时工资。

全球金融危机对劳动力市场的影响结果：农村视角

在上一节中，我们研究了在全球金融危机中仍然留在城市的农民工的劳动力市场表现。在本节中，我们运用农村住户样本来分析全球金融危机可能会对返乡的农村非农移民的就业和收入所造成的影响。

表 12－4 列出了就业和移民的统计数字。2008～2009 年期间，在我们

的样本中，农村劳动力总数只下降了 42 人。需要注意的是这里的农村劳动力是指那些年龄在 16～65 岁之间的，无论是就业或失业的人，包括那些已经迁移，但在家乡仍然拥有农村户籍的人，他们在移民中占了绝大多数。在这些劳动力中，这两年的就业率分别为 97.7% 和 98.9%，也就是说在这期间失业率降低了 1.2 个百分点（表 12－4 的第一组数据）。[①]

表 12－4　农村劳动力中返乡移民的就业和收入（农村样本）

		2008 年			2009 年			差异	
		频率	总劳动人口中的占比（%）	非移民人数中的占比（%）	频率	总劳动人口中的占比（%）	非移民人数中的占比（%）	频率	百分点（%）
		(1)	(2)	(3)	(4)	(5)	(6)	(1)－(4)	(2)－(5)
第1组	总劳动人口	20451			20409			－42	
	总就业	19978	97.69		20189	98.92		211	1.23
第2组	移民超过3个月的总人数	5106	24.97		4667	22.82		－439	－2.15
	到其他农村地区的	401	1.96	7.85	230	1.12	4.50	－171	2.54
	到当地城镇的	419	2.05	8.21	348	1.70	6.82	－71	4.77
	到本省其他城市或其他省份的	4273	20.89	83.69	4074	19.92	79.79	－199	58.89
	到其他地方	13	0.06	0.25	15	0.07	0.29	2	0.23
	首次移民总人数	725	3.55		518	2.53		－207	－1.01
移民意向		频率		非移民人数中的占比(%)	频率		非移民人数中的占比(%)	(1)－(4)	(3)－(6)
1 个月内		1727		10.32	1087		7.02	－640	－3.30
6 个月内		333		1.99	263		1.7	－70	－0.29
一年内		282		1.69	152		0.98	－130	－0.71
不确定		1989		11.89	1155		7.46	－834	－4.43
没有		12397		74.11	12832		82.85	435	8.74

①　就业者在这里被定义为现职工作者（工薪阶层，农民和个体户），无酬家属工作者或重新雇用的退休人员。

		2008 年			2009 年			差异	
		频率	总劳动人口中的占比（%）	非移民人数中的占比（%）	频率	总劳动人口中的占比（%）	非移民人数中的占比（%）	频率	百分点（%）
		(1)	(2)	(3)	(4)	(5)	(6)	(1)－(4)	(2)－(5)
	对农村非农业就业的影响	频率	总劳动人口中的占比（%）	非移民人数中的占比（%）	频率	总劳动人口中的占比（%）	非移民人数中的占比（%）	(1)－(4)	(3)－(6)
	农业工作 9 个月或以上	9835	48.09	62.68	11134	54.55	69.95	1299	7.27
	非农业工作 3 个月或以上	5857	28.64	37.32	4782	23.43	30.05	-1075	-7.27
		平均			平均			差异	变化（%）
第3组	农村非农业就业的每周工作时间	51.57			49.92			-1.65	-3.20
	工资性工作者	52.16			49.89			-2.27	-4.34
	自雇经营者	49.17			50.00			0.83	1.68
	农业工作日								
	平均（天）				154				
	0～99 天				3620	35.64			
	99～149 天				1123	11.06			
	150～199 天				1331	13.1			
	200～249 天				1554	15.3			
	250～299 天				913	8.99			
	300～365 天				1616	15.91			
第4组	非农就业的小时工资							差异	变化（%）
	总体	6.79			7.53			0.74	10.86
	工资性工作者	6.38			7.12			0.74	11.53
	自雇经营者	8.49			8.94			0.45	5.32

　　总劳动力人口中，在 2008 年和 2009 年约有 25% 和 23% 迁移到其他地方工作，即共有 2.2% 的减少。相对于 2008 年，在 2009 年中，移民所占比例下降了 8.6%，从 5106 人降至 4667 人。我们进一步将移民分为四个不同

类别：迁移到其他农村地区的，到当地城镇的，到本省其他城市或其他省份的以及到其他地方的。在这两年中，最大的移民群体是迁移到本省其他城市或其他省份的，这个群体和我们用来确定城市农民工样本的概念是一致的。这个群体在 2008 年和 2009 年分别占移民总数的 84% 和 80%，2009 年下降了 4 个百分点（表 12 - 4 的第二组数据）。

由于我们数据的面板性质，我们还可以研究在 2008 年移民而 2009 年没有移民和在 2009 年移民而 2008 年没有移民的人数（表 12 - 5 的第一组数据）。前者有 1371 人，而后者则有 1189 人。因此，我们得到净返乡农民工的人数为 182 人，占 2009 年移民总数的 4.3%，转换到全国而言就大约有650 万人。需要注意的是，在正常年份农民工外出打工的人数是净增长的。如根据世界银行（2009）的研究，在 2004 年和 2005 年期间，农民工人数增加了 6.4%，从 1.182 亿增至 1.258 亿。因此，650 万移民的净减少只是全球金融危机对移民影响的一个下限估计。如果我们把 2004 ~ 2005 年间农民工外出情况看做正常表现的话，那 2008 年和 2009 年之间实际返乡移民应该不低于移民总数的 10%，或者说总人数不少于 1400 万 ~ 1500 万。这个估计不包括临时返乡移民。也许这就是为什么这一估计值略低于 Kong 等（2009）对全球金融危机的影响的下限估计（13%）。

表 12 - 5　个人面板中的外出农民工和非农就业者（农村样本）

	2008 年移民而2009 年没有移民	2009 年移民而2008 年没有移民	净差额
外出农民工	(1)	(2)	(3) = (1) - (2)
频率	1371	1189	182
占 2009 年外出劳动力的比例(%)	32.5	28.2	4.3
非农就业者			
频率	2537	1431	1106
占 2009 年非农劳动力的比例(%)	53.0	29.9	23.1
占 2009 年总劳动力的比例(%)	12.4	7.0	5.4

资料来源：根据作者的调查计算。

鉴于外出务工者的减少，我们进一步探讨全球金融危机对初次外出打工和外出意向的影响（表 12 - 4 的第二组数据的第二部分）。RUMiCI 的数据包括了初次外出打工时点的资料。比较 2007 年 1 月至 2008 年中和 2008 年 1 月至 2009 年中这两个时期，初次外出打工的人数从 725 下降至 518 人，相当于减少了农村劳动力总数的 1% 。① 前一个阶段可以被视为是正常情况，并作为基准与后期进行比较，其中包括了短期超调效果。下降的这 1 个百分点意味着大约减少了 500 万名初次外出打工的农民工。②

关于移民意向，这次调查询问了那些在调查期间正准备外出打工的人的计划。与去年同期相比，有可能在 1 个月，6 个月和 1 年内迁移的成年人的人数都下降了，同时，明确表明将不外出打工的比例大幅上升，从 74% 增加到 83%（表 12 - 4 的第二组数据的第三部分）。由于 2009 年的调查主要集中在这一年的上半年，2008 年底负面冲击的记忆和黯淡的就业前景降低了农村劳动力成为农民工的积极性。

上文提供的数据表明，全球金融危机对农民工外出务工造成了重大的影响。一个净效应是不少于农民工总数 10% 的外出务工者回到了他们的家乡，从 2008 年底到 2009 年上半年一直没有外出。

这些移民他们返回农村后做什么呢？这些返乡移民最终是从事农业还是非农业的工作呢？他们怎么适应从移民到农村非农业或农业就业的收入转变呢？

首先，我们研究 2009 年的返乡移民是否在农业或非农部门工作。我们发现这些返乡移民中有 80% 重新从事农业工作，只有 20% 返乡后从事非农业的工作。

其次，我们研究了在这两年内农业和非农业就业的变化（表 12 - 4 的第一组数据的第一部分）。我们发现，那些在农业部门工作的没有外出的人占总非移民劳动力的比例上升了 7.27 个百分点（或者说，如果是以有农村户口的总劳动人口来算的话，则为 6.24 个百分点），而那些在非农业部门工作的没有移民的人则减少了相同的程度。在农村地区工作的人中，我们还利用了数据的面板特性来分析从 2008 年从事非农业工作转向 2009 年从事农业工作的人数（表 12 - 5 的最后一组数据）。有 2537 人从 2008 年从事非农业工作转向 2009 年从事农业工作，而同时，只有 1431 人由从事农业工作转向从事非农业工作。有净 1106 人转向农业工作，占持农村户口的总劳动力的5.4%，相当于 2730 万人。然而，这可能只是一个下限估计。假设在全球金融危机爆发前，农村非农就业人数每年增加 2%，全球金融危机对农村非农

① 在这一章，我们将总农村劳动力定义为有农村户口的劳动力。
② 这是基于 2005 年人口普查数据的 1% 中有农村户口的总劳动力计算出来的。这一数字在
2005 年为 5.05 亿。

就业的真正影响应不低于有农村户口的劳动力总数的 7.5%，相当于 38 万农村户口持有人。这比直接返乡产生的影响大得多。因此，除了全球金融危机造成的直接需求冲击，也许还存在着一个返乡的二次乘数效应。当大量移民在城市失去了工作，回到家乡，他们的收入水平下降，这反过来又减少了农村地区的非农产品和服务的需求，从而导致了对农村非农就业的乘数影响。

根据我们对面板数据的估计，如果我们将全球金融危机对移民返乡和从农村非农转向农业就业的影响考虑在内，在 2009 年，总的非农就业人数下降至 5300 万（1500 万返乡移民加上 3800 万从非农转向农业就业）。[①] 这是一个巨大的就业效应。

此外，我们分析了农村非农业就业是否存在工作时间上的调整（表 12-4 的第三组数据的第二部分）。我们发现，相比 2008 年，工资性工作者在 2009 年每周工作时间有轻微的减少，但是自雇经营者的工作时间却没有变化。对于前者，大约每周减少了 2.3 小时的工作时间，即 4 个百分点。但是，观察到工资性工作者工作时间上表现出的轻微的减少并没有考虑个人特征或行业和地区分布的改变。但是考虑了这些影响因素也不会对任何一个群体工作时间变化的估计（见表 12-6 的回归结果）。

考虑到在中国农村土地—劳动力的比例非常低，并且在这两年内这一比例不会改变，因此，农业劳动人口的增加应该就意味着失业的增加。为了说明农业劳动力就业的水平，我们利用 2009 年的调查问题"2008 年你在田间工作了多少天？"平均而言，那些确定自己有一份农地工作的人工作了 154 天，若以 365 天作为一年来计算的话，占 42%，若以 300 天作为一年来计算的话[②]，占 52%。在农业劳动者中，36% 的人只在田间工作 0~99 天，而工作超过 200 天的占 40%。这个群体从事非农活动的总天数平均为 8.4 天（表 12-4 的第三组数据的第三部分）。如果我们将样本限定为仅包含在 2008 年和 2009 年间，认为自己从事农业工作的群体——农业工作者的一个更强的表示，那么其在农业部门工作的平均时间轻微上升至 172 天，或者说是以 300 天一年计的话，占全年的 57%。在农村农业部门，这些数据都是就业水平的指标。

调查中最后有一点很重要，全球金融危机是否对农村非农就业的收入造

① 下限估计为 3350 万（650 万返乡移民加上 2700 万减少的农村非农就业）。
② 300 个工作日是一个正常的移民工人在城市中每年工作的时间。

表 12 – 6　农村非农就业的工作时间和小时工资方程的回归结果（农村样本）

	log(每周工作小时数)			log(小时工资)		
	样本总体	工资性工作者	自雇经营者	样本总体	工资性工作者	自雇经营者
年龄	– 0.004 [0.003]	– 0.006 [0.004]	0.007 [0.011]	0.037 [0.005]***	0.03 [0.005]***	0.073 [0.015]***
年龄的平方/100	– 0.002 [0.004]	0.001 [0.004]	– 0.015 [0.013]	– 0.052 [0.006]***	– 0.044 [0.006]***	– 0.095 [0.017]***
受教育年限	0.004 [0.002]*	0.002 [0.003]	0.012 [0.007]*	0.024 [0.004]***	0.028 [0.004]***	0.002 [0.010]
受教育年限* 2009 年的虚拟变量	– 0.007 [0.004]*	– 0.007 [0.004]*	– 0.001 [0.011]	0.013 [0.005]**	0.012 [0.005]**	0.018 [0.014]
性别（虚拟变量）	0.01 [0.011]	0.006 [0.011]	0.012 [0.030]	0.274 [0.015]***	0.259 [0.016]***	0.319 [0.040]***
婚姻状况 （虚拟变量）	0.052 [0.020]***	0.047 [0.019]**	0.081 [0.077]	0.007 [0.028]	0.037 [0.028]	– 0.134 [0.103]
自雇经营者 （虚拟变量）	– 0.058 [0.013]***			0.239 [0.019]***		
2009 年的虚拟变量	0.043 [0.031]	0.026 [0.032]	0.064 [0.088]	– 0.013 [0.044]	– 0.006 [0.046]	– 0.05 [0.118]
样本数	9508	7444	2064	9508	7444	2064
R^2	0.06	0.06	0.06	0.13	0.13	0.12

* 10% 显著性。

** 5% 显著性。

*** 1% 显著性。

注：括号内为标准差。

资料来源：作者的估计。

成了影响（见表 12 – 4 第四组数据）。有趣的是，工资性工作者和自雇经营者的每小时收入在此期间都有所增加。对于前者，每小时的收入几乎增加了 12%，而后者的增幅约为 5%。但是，一旦我们控制了人口、产业和区域特征，农村非农工作者这两年内的收入变化就会消失（见表 12 – 6）。

　　研究全球金融危机对家庭收入水平的影响是一个有趣的尝试，但不幸的是，我们只有 2007 年和 2008 年的家庭收入的调查记录数据，因此，这并不允许我们探讨全球金融危机对家庭收入的影响。然而，运用 2008 年不同类型家庭的家庭收入，我们可以提供了一些有关移民和非农就业减少对家庭人均收入的影响的指示性信息。表 12 – 7 列出了这些数据。2008 年，农村家庭人均收入水平为 9428 元人民币。我们将这些家庭分为四种类型：（1）外出务工人员和农村非农劳动力；（2）农村非农劳动力，但不包括外出劳动力；（3）外出劳动力，但不包括非农劳动力，以及（4）只有农业劳动力。将前三个类型家庭的平均人均收入和只有农业工人的家庭进行比较，我们发现，农业工作提供了最低的报酬。但奇怪的是，农村非农劳动力对家庭收入的贡献似乎要高于外出劳动力。这也许是因为农村非农劳动力大多住在家里，因此他们的收入都计算为家庭收入的一部分，而外出劳动力的收入中只有汇回家的部分包括在了家庭收入计算中。平均而言，前三个类型的家庭要比只有农业劳动力的家庭人均收入高 7% ~ 27%。

表 12 - 7　不同类型的家庭人均收入的比较

	家庭数	人均收入（人民币）	只有农业工人的家庭的差距	
			价值（人民币）	差距（%）
家庭总数	7912	9428	1001	11.9
有非农劳动力和外出劳动力的家庭(1)	657	10688	2261	26.8
有非农劳动力但没有外出劳动力的家庭(2)	2896	10237	1810	21.5
有外出劳动力但没有非农劳动力的家庭(3)	2004	9024	597	7.1
既没有非农劳动力又没有外出劳动力的家庭(4)	2355	8427		

2008 年的家庭类型	2009 年的家庭类型			
	有非农劳动力和外出劳动力的家庭(1)	有非农劳动力但没有外出劳动力的家庭(2)	有外出劳动力但没有非农劳动力的家庭(3)	既没有非农劳动力又没有外出劳动力的家庭(4)
有非农劳动力和外出劳动力的家庭(1)	237	106	249	69
有非农劳动力但没有外出劳动力的家庭(2)	104	1803	265	748
有外出劳动力但没有非农劳动力的家庭(3)	188	136	1353	367
既没有非农劳动力又没有外出劳动力的家庭(4)	30	430	174	1759
家庭总数	559	2475	2041	2934
从其他类型过渡的家庭的百分比	57.6	27.1	33.7	40.2

资料来源：根据作者的调查计算。

　　为了衡量外出劳动力和农村非农业就业减少对收入的影响程度，我们也列出了 2008～2009 年间，4 种家庭的过渡矩阵（表 12.7 的第二组数据）。最后一行列出了，只有农业劳动力的家庭从 2008 年的 2393 户上升至 2009 年的 2934 户。此外，在这 2934 户中，有 40%（1184 户）的住户在 2008 年有非农业劳动力或外出就业劳动力。由此可以预见，这 1184 户家庭受到全球金融危机的影响，其家庭收入水平降低了。

结　论

　　本章从危机期间那些仍留在城市和返乡劳动力的角度，研究了全球金融危机对农民工的劳动力市场结果所造成的影响。

　　我们发现，2009 年决定留在城市中的农民工在就业、工作时间和收入方面都只受到了很小的影响。

　　为了解开这一疑惑，我们进一步调查研究了农村劳动力的就业和收入情况。我们发现，在农村受全球金融危机影响最明显的就业效应是：不少于 15 万农村移民（超过移民总数的 10%）于 2009 年返乡。其中约 80% 的返乡农民工回到农村的农业部门工作，平均占到当年农业工人总数的 52%。此外，我们发现，由于全球金融危机对返乡移民的影响，农村非农就业人数减少到约 3800 万，占持有农村户口的总劳动力的 7.5%。同时，对于那些在农村非农部门工作的人，我们没有发现他们的工作时间和收入下降。

　　基于这些研究发现，我们认为在全球金融危机期间，农村的农业部门为返乡农民工和农村非农就业提供了就业的缓冲。由于这个缓冲作用，公开的失业率无法观察到。在目前的情况下，这确实是一件有助于政治稳定的好事，而这是以农业生产力下降为代价的。

　　但是，从长远来看，可以预见小规模农业将让位给大型的土地占有和更高的农业生产率。这就不可避免地将导致农地调整以及许多小土地所有者出售他们的土地。因此，他们必须通过其他方式缓和未来的就业冲击。现在的问题是该如何实现其他方式对就业冲击的缓冲？中国将如何完善全民福利制度并赋予外出务工者出售自己土地的权利，有效地将效率低下的以土地为基础的传统福利制度，通过土地交易使其转换成更适合现代经济发展需要的制度？在未来几十年里，决策者对这个问题的回答将对数以亿计的中国农民工的福祉产生重要的影响！

附表 12 - A1　农民工调查的时间分布（农民工样本）

单位：%

	2008 年	2009 年		2008 年	2009 年
三月	3.4	18.3	七月	0	9.4
四月	33.1	35.5	八月	0	8.1
五月	56.7	19.7	样本总数	6687	7199
六月	6.8	8.9			

附表 12 - A2　分调查年份自雇经营者的职业分布（农民工样本）

	2008 年		2009 年		变化(%)
	频率	%	频率	%	
半职业	21	0.01	27	0.01	0.00
业主	968	0.61	867	0.42	-0.19
街头小贩/垃圾收集	185	0.12	357	0.17	0.06
店员	147	0.09	394	0.19	0.10
招待服务工人	29	0.02	104	0.05	0.03
家庭雇工	4	0.00	4	0.00	0.00
理发师	39	0.02	52	0.03	0.00
修理/搬家/运输工人	63	0.04	84	0.04	0.00
厨师/厨房助手	36	0.02	47	0.02	0.00
司机	30	0.02	14	0.01	-0.01
其他服务劳动者	11	0.01	8	0.00	0.00
建筑工人	19	0.01	38	0.02	0.01
其他劳动者	38	0.02	74	0.04	0.01
样本总数	1590		2070		

（潘莉　译）

参考文献

1. Chen, X. 2009, '需要面对大约有 20 万农村移民失去工作的社会问题', Caijing. com. cn, 2009 年 2 月 2 日, 〈http://www. caijing. com. cn/2009 - 02 - 02/110051988. html〉.

2. Fallon, P. R. and Lucas, R. E. B. 2002, 'The impact of financial crises on labor market, household incomes and poverty: a review of evidence', *The World Bank Research Observer*, vol. 17, no. 1, p. 21.

3. Huang, J., Zhi, H., Huang, Z., Rozelle, S. and Giles, J. 2010, Impact of the

global financial crisis on off-farm employment and earnings in rural China, Unpublished manuscript.

4. Hugo, G. . 2000, 'The impact of the crisis on internal population movement in Indonesia', *Bulletin of Indonesian Economic Studies*, vol. 36, no. 2, pp. 115 – 38.

5. Kong, T. , Meng, X. and Zhang, D. 2009, 'Impact of economic slow down on migrant workers', in R. Garnaut, L. Song and W. T. Woo (eds), *China's New Place in a World in Crisis: Economic, geopolitical and environmental dimensions*, ANUE Press and Brookings Institution Press, Canberra and Washington, DC, pp. 233 – 60.

6. Lewis, W. A. 1954, 'Economic development with unlimited supplie of labour', *Manchester School*, vol. 22, no. 2, pp. 1139 – 91.

7. Manning, C. 2000, 'Labour market adjustment to Indonesia's economic crisis: context, trends and implications', *Bulletin of Indonesian Economic Studies*, vol. 36, no. 1, pp. 105 – 36.

8. 人力资源和社会保障部 2009 年，中国农村移民就业对全球金融危机的反应，有关抵御全球金融危机的中国就业战略的系列报告，未公布手稿。

9. 人力资源和社会保障部 2010 年，2010 年春季企业用工需求和 2009 年农村移民就业情况的调查，未公布手稿。

10. 国家统计局 2009 年，2008 年底中国农村移民总数为 2.2542 亿，新闻稿，国家统计局，2009 年 3 月 25 日〈 http://www. cpirc. org. cn/tjsj/tjsj_ cy_ detail. asp? id = 10471 〉。

11. Ranis, G. , and Fei, J. C. H. 1961. 'A theory of economic development', American Economic Review, Vol. 51 No. 4: 533 – 65.

12. World Bank (2009) From poor areas to poor people: China's evolving poverty reduction agenda: An assessment of poverty and inequality in China, World Bank, Washington D. C, Chunlai Chen.

第三篇
政策与改革：未完成的任务

第十三章
避免中国在走向繁荣的
路上出现经济崩溃

胡永泰

引　言

研究中国的经济学家们在预测中国经济前景黯淡和失败方面有着悠久的传统。例如，彼得森世界经济研究所的（Peterson Institute for International Economics）专家 Nicholas Lardy（1998）在 20 世纪 90 年代中期开始强调中国银行体系出现资不抵债和破产可能性，并认为从中期来看，中国银行很可能会出现挤兑并导致金融部门崩溃。进入 21 世纪，Gordon Chang（2001）又作出此类预测，他认为中国加入世界贸易组织（WTO），这会导致大规模的失业，中国的经济和政治体系将会崩溃。

这两个可怕的预测最终都被证明是错误的。实际上，2001 年之后，中国的 GDP 以两位数的增长率加速增长。Lardy 错了，虽然中国的银行实际上已经破产了，但是拥有它们的政府却并没有破产，而且可以在必要的时候救助它们。政府强有力的财政能力使得储户去银行挤兑是一种不理性的行为。Gordon Chang 也错了，因为 WTO 成员国的身份使得中国对 FDI 更具有吸引力，因为这确保了中国产品更顺利地进入美国市场，而不必等待美国国会每年对中国的最惠国待遇（MFN）身份进行审查讨论（McKibbin 和 Woo，2003）。

虽然这些中国经济失败论者们的预测迄今为止都是错误的，我们却不能保证这些预测在未来也不会成真。这同样不意味着可以排除出现失败和崩溃的可能，因为这些预测者们可能仅仅是在他们判断这些失败具体会从哪个方面发生上出现了错误。本章首先对中国在发展道路上可能会遇到的一些障碍作出评估，然后提出一些有助于中国克服这些障碍的建议。

中国走向繁荣的崎岖道路

考虑到过去 30 年中国经济的优异表现，那些预测中国经济失败和崩溃的预言者实令人惊讶。事实上，现在热情洋溢地对中国的未来表示乐观的观点远比轻视和悲观的观点更具普遍性。例如，高盛的 Jim O'Neill 等人（2005）预测说，中国的 GDP 将在 2040 年超过美国，尽管他们认为中国的 GDP 增长率将会逐步由 1979～2005 年的年均 10% 下降到 2030～2040 年的年均 3.8% 的水平。[①]

2006 年中国共产党第十六届六中全会上的有关讨论可以帮助我们更好地理解新出现的对中国经济的乐观主义和传统上的悲观主义。六中全会通过了一项正式决议，承诺中国共产党到 2020 年建立一个和谐的社会。这种提法显示出的最显著的一个含义是：现在中国的主要社会、经济和政治发展趋势可能无法引领中国进入一个和谐社会，或者至少无法足够快地达到和谐社会。

在《中共中央关于构建社会主义和谐社会若干重大问题的决定》中提到的不和谐因素中，包括全国各省之间和各省市内部在社会和经济发展上的不平衡、日益严重的人口和环境问题、社会保障和医疗卫生体系不完善以及严重的腐败问题。社会主义和谐社会将是一个在法治前提下构建的民主社会、一个以平等和公正为基础的社会、一个诚信和充满爱心的社会、一个稳定而又充满活力和秩序的社会，同时也是一个人类与自然和谐共处的社会。

过去 30 年中国的经济可以被比作一辆不断加速的汽车。中国共产党的领导层在 2006 年看出这辆车未来可能出车祸，因为多处存在隐患可能造成故障并导致经济崩溃。具体来说，主要可能产生三种故障：硬件故障、软件故障和能源供给方面的故障。

"硬件故障"是指一种经济机制的垮台，我们可以将之比拟成汽车底盘

---

① 对中国 1978～2000 年的高速经济增长的解释的争论，以及当由一个中央计划制的经济体转变为一个市场经济国家的时候，为什么中国没有像苏联地区那样经历经济衰退这一类讨论，详见 Sachs 和 Woo（2000）与 Woo（2001）。

散架。可能的硬件故障包括一次会导致信用崩溃的银行业危机、一次可能导致需要削减重要的基础设施和社会支出的预算赤字（而且很可能导致高通货膨胀和收支平衡出现问题），这种故障还包括政府干预导致非效率情况逐渐累积，最终致使生产力增长速度放缓等现象。

"软件故障"则是指政府管理方面存在的缺陷，这常常会导致广泛的社会动乱并扰乱整个社会生产，也会打击私人投资的积极性。这种情况和车内的人打架导致汽车出现车祸有些相似。软件故障可能会源于目前的高增长战略正在不断产生很多不平等和腐败现象，而这又会导致严重的社会动乱。同样的，软件故障还可能源于政府没能有效应对不断上升的社会期望，从而导致社会和经济混乱。

"能源供给故障"（或者我们称为"增长动力不足的问题"）是指由于遇到了内在因素的限制或者外在施加的限制，致使经济无法继续前进，这种情况类似于汽车燃料不足（内在限制），或者遇到了外人设置的路障（外在施加的限制）。这类故障的例子包括环境的恶化和贸易战导致的中国出口的下滑。

在可能导致中国的高速经济增长无法持续下去的每种故障之中，都存在很多事件，这远远超出了本章的范围。我们将把讨论限于在 2010 年 6 月的时候看起来较有可能发生的那些问题上。

潜在的硬件故障

在全球金融危机之后，中国会面对两个主要的潜在的硬件故障：财政政策弱化和生产增长率放缓。为了研究我们所关注的这些问题的来源，我们首先需要回顾这次全球金融危机的本质，并回忆一下这次危机是通过何种方式影响中国的，然后，我们还要回顾一下中国是通过何种类型的经济机制使得 2009 年的 GDP 增长率达到令人震惊的 8.7% 的水平。

全球金融危机于 2008 年 9 月 15 日于世界范围内爆发，投资银行雷曼兄弟在那一天宣布破产。这个事件对流动性产生了巨大影响，大批资金撤出，致使全球金融市场崩溃。这一扩大化的金融事件反过来又影响到总收入水平。2008 年第四季度，美国和英国的 GDP 增长率（同比）都变为负数，其中美国为 -1.9%，而英国的数据为 -2.1%。

对于中国来说，主要发达国家的 GDP 骤然下滑进而转化成为一次巨大的、突然的外来冲击，这种冲击包含两个部分：负向的出口冲击和负向的

FDI 冲击。[①] 这次冲击持续的时间很长，而且发生在中国经济本身已经开始放缓的时候，当然，中国经济的放缓是 2007 年 10 月中共十七大提出要立即实施紧缩的货币政策导致的。在十七大之前，宽松的货币政策逐步使 GDP 增长率由 2005 年的 10.4% 上升到了 2006 年的 11.6% 和 2007 年的 13%。而接下来，在紧缩货币政策影响下，2008 年第二季度的 GDP 增长率下降到了 10.4%，2008 年第四季度为 9.6%，2009 年第一季度更进一步下滑到了 6.1%，当然这其中出口和外国投资大幅下降所带来的挤出效应也起到了一定作用。

为了抵消外部紧缩所带来的影响，中国的回应是推出极度宽松的财政和货币政策。2008 年 11 月初，中国政府宣布推出一个 4 万亿元人民币的经济刺激计划，这个计划于 2009~2010 年实施，投资额约占这两年 GDP 总额的 7%。而货币上的宽松则更为明显，2009 年中国的广义货币（M2）数量增长了 28%。

虽然 2009 年的消费者价格指数（CPI）为令人放心的 -0.7%，但是"从全国来看，土地价格……在 2009 年几乎上涨了一倍"（"中国要求银行收紧对地方政府的贷款"，《纽约时报》，2010 年 2 月 25 日）。2009 年房地产交易总额较 2008 年上升了 80%（"市场不相信人们对中国房地产泡沫的恐惧"，《纽约时报》，2010 年 3 月 4 日）。[②] 2010 年第一季度，中国的土地价格出现了更大幅度的上涨，尤其是在几个主要的沿海城市。[③] 2010 年 4 月中旬，中国政府出台了收紧第二、三套房房贷的政策，希望以此来稳定地产价格。

快速上涨的房地产市场和政府对非经济手段（例如限制购买）的运用都是一些深层经济问题的症状，而如果中国经济想要在长期内持续增长的话，就必须解决这些问题。具体来讲，房地产业的繁荣是 2008 年 11 月开始实施的 4 万亿元人民币经济刺激计划所导致的整体投资繁荣的一部分。在这 4 万亿投资计划中，中央政府只计划出资其中的 1/3，这样一个事实

---

① 以同比数据来看，中国的出口增长率在 2008 年 11 月突然变为负数（-2.2%），而且在 2009 年 11 月继续保持负数。FDI 增长率同样在 2008 年 11 月突然下降为负数（-36%），而 2008 年 10 月的 FDI 增长率还为 35%。2009 年 11 月，FDI 增长率继续为负。FDI 增长率 2009 年 8 月至 2010 年 4 月下降到了历史最低点。

② 该篇报道同样指出在上海有人以每栋 4500 万美元的价格出售联排别墅。

③ 2009 年，上海市土地价格上涨了 200%，广州则上涨了 400%，温州更是上涨了 876%（"中国：没有一个家"，2010 年 2 月 21 日《金融时报》）。

可能会使人们认为，这项经济刺激计划只是政府创造足够的激励措施促进投资达到所提出的水平的一项工作议程，但这种解读是错误的。对此项经济刺激计划恰当的解读应该是：中央只是允许额外的投资达到规定的水平。

对政策的不同解读基于这样一个事实：中国经济的很大一部分还是由国家控制和所有的①，而这部分经济中的主体除了追求利润最大化之外还有其他目标。由于国家控制的企业（SCEs）在其投资失利的时候常常能够得到国家的援助，所以国家控制的企业和地方政府会患上"投资饥渴症"，这会导致利率无弹性现象出现。由政府委派的国家控制企业的负责人总是热衷于扩大企业的经营领域和范围，因为这会给他（或者她）个人带来三个主要的好处：如果能够证明自己可以掌控更大的局面，那么也就有更大的获得提升的可能；企业规模扩大将使自己获得更大的"赞助能力"以建立自己的政治基础；同时，在追求个人利益的时候可以有更多的潜在来源。与此相类似，地方政府的领导们也基于同样的原因而热衷于使他们所管理的地区的经济快速增长。

在中国的金融业中，国有银行占据主导地位，当国有银行扩大放贷规模以适应国有企业和地方政府高涨的投资需求的时候，一种"流动性探戈"（是指流动性强烈波动的现象，如探戈一般）现象就产生了。而一个长时间的"流动性探戈"必然带来的一个结果就是高通货膨胀和不良贷款（NPLs）②增加。1996～2001年，时任总理朱镕基严厉惩处出现不良贷款的国有银行负责人，使得这种"流动性探戈"几乎绝迹。其实事情的关键在于，无论什么时候，当国有银行的经理觉得自己受到的是一种软预算约束的时候，他们便会乐于扩大贷款规模，因为放贷规模的提高可以给他们带来前文所提到的那三种好处。

目前，中央政府主要有两套制度来防止"流动性探戈"失去控制。一个是规定所有的大型项目都需要经过国家发展和改革委员会的批准。再一个是所有银行都分配了信贷配额。

所以，当温家宝总理批准4万亿元人民币的经济刺激计划并提出中央只承担其中的1/3的投资的时候，他其实是在发放许可证：（1）允许国有企

① 国家控制的企业包括国有企业，也包括那些国家直接或间接具有控股权的上市公司。
② 更详细的关于自1978年经济放权以来经常性的救助国有企业（也被称为政府的软预算行为）怎样导致经济更易出现通胀的讨论，可以参考Woo（2006）。

业和地方政府增加投资以抵消私人部门购买力下降带来的影响；（2）允许国有银行扩大必要的放贷规模从而为被批准的项目提供资金。这其中也包含了使这个经济刺激计划成功的机制：通过最大化释放国有企业和金融机构的能力来刺激总需求。因为国有企业和国有银行被国家赋予了任务，如果将来某些被指定的项目失败的时候，企业和银行的管理者们也就可能无法完全被追究责任。

意料之中的，公众媒体偶尔会指出，某些行业的新投资导致生产过剩（例如钢铁、水泥、铝等）、炫耀性投资（例如宏大的城市中心区建设、高速铁路投资以及某些政府机构大楼的建设）、某些项目资金的私有化（例如大规模采购政府用车）。[①] 人们对这项经济刺激计划的另一个担忧在于，国有银行正把流动性洪水导入国有企业之中，却忽视了全球金融危机下私人部门日益增长的对资金的需求。迫于营运资本短缺的压力，两家知名的私人企业——日照钢铁和蒙牛集团，都不得不同意被国有企业收购。

尽管中国大规模的宏观经济刺激计划成功地使中国摆脱了不利的外部冲击带来的紧缩影响，但是我们认为这个计划也将在未来造成两个潜在的"硬件故障"。

第一个"硬件故障"是，这项经济刺激计划会使未来国家的财政位置弱化。2009 年，许多产业和基础设施的投资都是通过地方政府建立的 8000 多家本地的投资公司实施的。据估计，这些投资载体的贷款额占到了 2009 年 GDP 总量的 51%（当前中央政府债务只占 GDP 的 20%）。[②] 最近的经济刺激政策使国有企业的贷款再度增长，有可能会产生更大规模的不良贷款。有一点很重要，那就是我们应该看到，不良贷款不仅仅是金融行业的问题，也是一个财政问题。美国和英国在 2008～2009 年救助它们的金融体系的行为就清楚地证明了这一点。

考虑到中国的"流动性探戈"现象的历史，我们很担心此次经济刺激

---

① 可以参考 Forsythe（2009）；"中国：没有一个家"，2010 年 2 月 21 日《金融时报》；"审计发现中国经济刺激计划中存在资金乱用现象"，*Financial Chronicle*，2009 年 12 月 29 日，〈http://www.mydigitalfc.com/news/china-audit-inds-misuse-funds-tied-stimulus‑821〉；"中国扩大审计者的权利以应对经济刺激计划中出现的腐败问题"，2010 年 2 月 21 日《中国日报》（海外版），〈http://english.peopledaily.com.cn/90001/90776/90785/6898354.html〉。

② 51% 这一数据是根据以下数据计算得出的：Shih（2010）研究认为中央政府债务占到了 GDP 的 20%，而《金融时报》（"中国对不断增长的土地贷款威胁提出警告"，2010 年 3 月 28 日）报道说总债务占 GDP 的比例为 71%。

计划中放出的大部分贷款最终都会成为不良贷款。[①] 而最终的金融危机也可能使中国的金融体系像 2009 年的美国和英国那样几近崩溃，除非中国政府再一次对银行进行资产重组（就像 1998～2003 年那次一样）。如此大规模的资产重组不可避免地意味着国家将不得不减少在其他方面的投入。[②]

2009～2010 年的经济刺激计划可能引发的第二个潜在的"硬件故障"是整个经济的生产力增长减缓。除非国有部门 2008～2010 年的扩张（有时还是以损害私人部门的利益为代价来进行）能够被私人部门的大规模增长所取代，否则，从 1949 年至今的历史来看，我们没有任何乐观的理由认为温家宝总理在全球金融危机时期通过扩大产能来提振经济的做法不会拖缓未来的生产力增长（"共产党需要放松对中国的控制"，《纽约时报》，2010 年3 月 2 日）。[③]

潜在的软件故障

一个市场经济体若要顺利运行，需要一系列广泛的监管机构，包括简单直接的宣扬法治的机构和复杂的法律裁定机构。中国的增量改革策略和旷日持久的制度改革都意味着，中国的许多监管制度和机构是缺失或无效率的。这导致很多领域在管理上的失败，最为人所熟知的就是消费者和工人福利遭受的损害。

中国在保证食物供给和医药产品的安全性方面一直都存在着监管上的问题。为降低生产成本，在牙膏[④]、治疗咳嗽的药品[⑤]和动物饲料中[⑥]中添加有

---

① 一些观察家指出，自从 2003 年政府第二次对银行进行资产重组以来，不良贷款比率一直维持在较低的水平上，因此他们认为国有银行已经大幅度提高了它们的内部激励和风险评估能力，高不良贷款比率也已经成为历史。但是我们认为现在就宣称国有银行改革取得成功还为时尚早，因为 2003～2009 年是一个贷款快速增长的时期。

② Tong 和 Woo（2006）分析研究认为国家持续地对国有银行注资削弱了财政的稳定。

③ 关于国有企业是以私人领域的退步为代价来取得增长的这类讨论通常被冠以"国进民退"（即国有部门扩大而私人部门收缩）的称号。

④ "中国对被污染的牙膏展开调查"，2007 年 5 月 22 日《纽约时报》；"中国禁止在牙膏中添加有毒的工业溶剂"，2007 年 7 月 12 日《纽约时报》。

⑤ "从中国到巴拿马：有毒药品的轨迹"，2007 年 5 月 6 日《纽约时报》。

⑥ "动物饲料中的掺入杂物在中国是一个公开的秘密"，2007 年 4 月 20 日《纽约时报》；"宠物食品领域再次出现化学添加剂"，2007 年 5 月 9 日《纽约时报》。

毒的化学制剂①，儿童玩具中大量使用含铅颜料②，而渔业中也存在着过量使用抗生素的问题③。政府官员的玩忽职守是造成这些监管问题的主要原因。大家熟知的一个事件是原中国国家食品药品监督管理局局长郑筱萸被判死刑，其承认受贿并帮助药品和食品生产企业拿到产品生产许可证④。

在保护劳动者方面，中国也存在着明显的监管问题，尤其是在职业安全和工资支付领域。最近发生的一个令人震惊的涉及强制劳动的事件是，陕西省和河南省出现绑架儿童去黑砖窑工作的事件⑤⑥。《中国日报》官方报道称"在中国中部地区可能有高达1000名儿童被卖作奴隶劳动力"⑦。而一名试图进入黑砖窑寻找自己孩子的家长发现当地警察不仅不愿意提供帮助甚至还向他索取贿赂⑧；在事件的另一方，当地村主任的儿子是这座砖窑的所有者⑨。

这些关于黑砖窑奴隶劳动力的新闻报道中透露出来的两个令人极度失望的信息：一是这种可悲的状况已经持续了近十年⑩；二是"随着中国人口拐卖变得日益严重，强制劳动和性剥削现象也呈现出上升的趋势"⑪。公安部高级官员尹建忠（音译）承认，目前中国拐卖人口问题有恶化的趋势，他认为其中一个重要的原因在于目前的"法律体系和劳动体系中存在漏

---

① "随着越来越多的玩具被召回，所有矛头都指向了中国"，2007年6月19日《纽约时报》；"火车出轨了"，2007年6月19日《纽约时报》；"费雪公司宣布召回150万件中国制造的玩具"，2007年8月2日《金融时报》。

② 第一篇文章还报道了召回一款用煤油填充的假眼球，以及召回可能导致窒息危险的一款儿童手链。

③ "美国食品和药物管理局禁止5种来自中国的海产品销售"，2007年6月29日《纽约时报》；"一项棘手的、痛苦的贸易纠纷"，2007年7月3日《纽约时报》。

④ "原中国国家食品药品监督管理局局长因受贿被判死刑"，2007年5月30日《纽约时报》；"对于这两名儿童来说，这种药品禁止的太晚了"，2007年7月13日《纽约时报》。

⑤ "中国将调查胁迫劳动事件"，2007年6月16日《中国日报》（海外版）。

⑥ "中国的奴役劳动丑闻导致公众要求有关官员辞职"，2007年6月18日《纽约时报》报道说"工人们像被关进监狱一样被囚禁起来，有恶狗看管而且经常被打……那些被解救出来的工人在电视屏幕上展示了他们化脓的伤口和瘦弱憔悴的身体"。

⑦ "中国黑砖窑中被胁迫的儿童劳动力可能多达1000人"，2007年6月15日《中国日报》海外版。

⑧ "关于被胁迫劳动的报道震惊了中国"，2007年6月16日《纽约时报》。

⑨ "5人因强制劳动案件被逮捕"，2007年6月18日《纽约时报》。

⑩ 这一观点来自于中国广受欢迎的一份报纸——《南方都市报》；"中国的奴役劳动丑闻导致公众要求有关官员辞职"，2007年6月18日《纽约时报》的报道。

⑪ "越来越多的人被强制卖淫、劳动"，2007年7月27日《人民日报》海外版。

洞……具体来说，刑法在打击拐卖人口方面只保护妇女和儿童，忽略了成年人和十几岁的男性。目前还没有相关法规可以惩罚这类强迫被拐卖人口劳动和卖淫的行为"。这些法律漏洞也支持了我们的这一争论：当前政府监管失败的主要原因就是"政府官员的玩忽职守"。

但是，监管机构的玩忽职守并非造成当前中国社会紧张的唯一原因。当前的经济发展战略尽管可以取得很高的经济增长速度，却也造成社会高度紧张，因为在过去的 10 年中，这种经济发展战略在减少极度贫困方面是失败的，甚至还极大地加剧了城乡之间和地区之间的收入分配不公（Woo 等，2004；Démurger 等，2002）。亚洲开发银行 2004 年发布的一份关于亚洲 22 个国家的收入分配不公情况的研究报告显示，只有尼泊尔的基尼系数（47.30）高于中国（47.25）。同时，2004 年，中国最富裕的20% 人口的收入与最贫困的 20% 人口的收入之比（11.4）是亚洲最高的，而且远高于第二高的尼泊尔（9.5）。中国可能是当今亚洲最不平等的一个国家。

中国经济发展的第一阶段提供了更多的工作机会，从而显著地降低贫困。但是现在，仍然处于贫困之中的许多人需要的不仅仅是工作机会。他们首先需要的是获得一些帮助（例如通过教育和医疗卫生的介入来提高他们的人力资本）以使他们有能力去接受这些工作机会。

此外，当前的经济发展模式也催生出大量挪用国有资产、霸占土地用作工业发展以及贪污腐败的机会，因为中国目前缺乏一个有效监管政府工作人员的机制（Woo，2001）。这些情况必然使社会和谐难以持续。

如果中国具有更好的管理体系的话，发生公共事件的数量会很少。如果政府的行为受到独立机制的严密监控或者政府对于自己的表现更有责任心的话，那么政府在前期就会努力调节斡旋，避免冲突发生，同时政府工作人员也会减少权力的滥用。

增长动力不足的问题

中国这辆车正面临两个最主要的"能源供给方面的故障"，亦即增长动力不足的问题——贸易保护主义和环境危机。大家普遍认为二者之中贸易保护主义更可能在中期导致经济增长出现问题，在得出结论之前下文将主要集中于对这一问题的讨论，而且作者对于此问题进行了充分的分析（Woo 等，2007；Woo，2008）。

当前的经济发展模式使中国的空气质量变得极差，也正在污染越来越多的水源，可能也正在改变中国的气候。

水资源短缺是中国经济继续高速发展面临的最紧迫的环境威胁。[①] 目前，中国每年消耗可用的 8000 亿 ~ 9000 亿立方米水中的 65% ~ 75%，而按照当前的发展趋势，到 2030 年这一比例将上升到 78% ~ 100%[②]。当前的水资源状况已经非常危急，因为水资源的分配很不平均，而过去 15 年的降雨量也低于历史平均水平。现在，"中国的 660 个城市中大约有 400 个城市面临水资源匮乏的局面，其中 110 个城市水资源严重短缺"[③][④]。

随着中国北方旱季的延长、经济与人口的增长开始越来越多地抽取地下水，这导致地下水位每年下降 3 ~ 6 米[⑤]。运用卫星进行的一项研究显示，中国北方北纬 36°地区正在 "以每年两毫米的速度下沉"[⑥][⑦]。具体来看，"上海、天津和太原是最严重的地区，自 20 世纪 90 年代初以来已经分别下沉了两米以上（6.6 英尺）"[⑧]。黄河的命运就反映出了中国北方水资源的总体状况，"黄河自 1972 年开始每隔几年就干涸，在 20 世纪 90 年代，干涸的持续时间不断加长，几乎整年都有数百公里的河道是干涸的"[⑨]。

但是，水资源短缺和不断加重的水资源污染并非是威胁中国北方经济唯一严重的环境问题。由人类造成的沙漠化日益严重。根据国家林业局的统计，1999 年时中国国土的 28% 面临沙漠化，37% 面临着水土流失的危险。这份报告指出，沙漠化面积的 65% 都是由 "过度开垦、过度放牧、采伐森林和落后的灌溉方式" 造成的[⑩]。这种情况的一个直接后果就是沙尘暴的出

[①] 大气污染也是一个严重的问题。在世界银行确认的全球 20 大空气最脏的城市中，有 16 个是中国的城市。令人震惊的是空气中有毒的铅和汞含量要比预期的高，详见 "中国的经济奇迹包含着汞的威胁"，2004 年 12 月 18 日《金融时报》；"毒气在繁荣发展中的中国扩散"，2006 年 9 月 30 日《华尔街日报》。

[②] "高层官员警告称将出现水资源危机"，2006 年 11 月 7 日《南华早报》。

[③] "中国可能会一直高温和干旱"，2004 年 1 月 3 日《海峡时报》。

[④] 据报道，山西太原和天津的水资源短缺是最严重的（Becker，2003）。

[⑤] "中国北方城市随着地下水位的下降而出现下沉"，2001 年 8 月 11 日《南华早报》；Becker（2003）。

[⑥] "中国北方正在下沉……而南方在上升"，2002 年 3 月 18 日《海峡时报》。

[⑦] 根据 Becker（2003），"天津市将近 60% 的土地处于危险之中"。

[⑧] "包括奥运会主办城市北京在内的许多中国城市都在缓慢下沉"，法新社，2004 年 7 月 23 日。

[⑨] "中国可能会一直高温和干旱"，2004 年 1 月 3 日《海峡时报》。

[⑩] "中国四分之一的土地沙漠化，而人类是罪魁祸首"，2002 年 1 月 30 日《南华早报》。

现频率大增①，而沙尘暴"对中国北方的航空运输造成了巨大影响，损害了许多高科技制造业，同时造成人们的呼吸系统疾病。这种影响已经远达日本、朝鲜半岛甚至美国西部地区"②。根据水利部副部长陈来的估算，"根据目前中国控制水土流失的能力来看，中国需要将近半个世纪的时间才能控制水土流失并使生态系统恢复正常"③。

中国北方正在变得越来越干旱而且正经历着沙漠化，另外，大自然似乎在补偿我们或者嘲笑我们：自 1998 年开始，中国南方几乎每年夏天都会被大雨侵袭并带来严重的洪水，造成严重的人员伤亡和财产损失。④ 中国北方的干旱和南方的洪水并不是相互独立的事件，二者可能都是由中国的污染所引起的关联事件。我们在下文中将对这种可能性进行更多的探讨。

很明显，没有水的话，经济增长也不能持续。为了应对这个问题，中国政府 2002 年开始实施毛泽东 1952 年就提出的建造三条运河来把水引至北方的设想：一条是东部沿海的运河，将水由江苏引往山东和天津；一条是中部的运河，将水由湖北调往北京和天津；一条西部的水路，将水由西藏引往西北各省市⑤。东部的这条运河（将在现有的京杭大运河的基础上挖掘）已经于 2002 年开工挖建，而中部的运河也已于 2003 年开工。根据计划，西部的运河将于 2010 年中部运河第一期完工的时候开始挖建。

这一系列宏大的建设工程不仅将会遇到技术上的挑战，还会极具政治敏感性，在环境方面也存在巨大的风险。中部的运河需要从黄河地上河的大堤下面打通穿过，而西部运河在引水时将穿越温暖地区和寒冷地区。三峡大坝建造时移民数量达 110 万，而这个调水工程将会是一个更大的工程。使人们非自愿地迁移肯定具有政治上的潜在风险。而在国际层面，这项工程在政治上同样容易引起争论。西部运河的设计方案需要"在雅鲁藏布江上建造大

---

① 中国主要的沙尘暴的发生次数在 1950～1959 年间是 5 次，1960～1969 年间是 6 次，1970～1979 年间是 13 次，1980～1989 年间是 14 次，1990～1999 年间是 23 次，而仅 2000 年一年就发生了 12 次，2001 年为 26 次，2002 年为 16 次，2003 年为 11 次，数据来源于"时间的沙持续流逝：沙漠化以令人担忧的速度吞噬健康的土地"，2005 年 6 月 16 日《北京周报》。

② "数十亿棵树被栽植但是沙漠几乎没有减少"，2004 年 4 月 11 日《纽约时报》。

③ "中国四分之一的土地沙漠化，而人类是罪魁祸首"，2002 年 1 月 30 日《南华早报》。

④ 中国国家发改委的报告（2007）指出："降雨量的地区性分配显示，中国北方、西北地区东部、东北地区的大部分年均降雨量都在显著减少，平均每 10 年降低 20～40 毫米，其中北方降雨减少得尤其严重。而中国南部、西南部年均降水量显著上升，平均每 10 年增加 20～60 毫米……过去 50 年里，中国范围内的重大气候和天气问题的发生频率和强度都发生了改变。中国北方和西北的干旱、长江中下游和中国西南部的洪水都变得越来越严重。"

⑤ "雄心勃勃的运河网计划意在满足中国不断增长的需求"，2002 年 11 月 27 日《南华早报》。

坝然后每年转移 2000 亿立方米的水进入黄河"，这一计划被称为"使印度政府夜不能眠"的计划①。

许多反对这项调水工程的人士认为节约用水就可以在很大程度上解决中国目前的缺水问题，因为目前大量的水是被浪费掉的②。而中国水利用之所以如此低效，最主要的原因就是"中国的农民、工厂和家庭享用的是世界上价格最便宜的用水"③，而中国的人均水资源占有量只是世界平均水平的 1/4④。

还存在另一种令人沮丧的可能：价格机制和三条运河可能都无法解决中国缺水的问题，这样的话，中国的经济增长就难以持续，除非目前的这种经济发展模式得到根本性的改变。

为避免在通往繁荣的路上崩溃而应该遵循的改革议程

解决潜在的硬件故障

温家宝总理为了保持产能的充分利用，实施了大规模的以国有企业和国有银行为基础的宏观经济刺激计划，本文指出了其可能引致的两种"硬件故障"：大量的不良贷款可能致使国有银行崩溃，而救助这些银行则可能引发一场财政危机；国有部门排挤私人部门，可能导致未来中国生产力增长放缓。中国使用的宏观经济刺激工具在短期内使产能维持在充分利用的水平上，却破坏了长期产能高速扩张的基础。

我们的建议是，中国应该用以下三个新的互相关联的增长引擎来代替目前的宏观刺激计划：（1）鼓励更多的企业家出现；（2）根据未来人们的住房拥有情况来推进城市化；（3）发展一个现代金融体系以更大程度地发挥私人部门的作用。

通过帮助在沿海省份失去工作机会的内地农民工创业，可以适当抵消国有企业的扩张。这其中很多人有足够的经验去创建自己的工厂或作坊，全球金融时期，他们可以更好地利用不断发展的国际交通运输网络给内地省份带来生产成本方面的竞争力。对于这些创业者来说，遇到的第一个障碍就是信贷资金问题，政府应该立法承认中小私人银行机构，因为这类机构在满足这

---

① "中国的运河和大坝计划令印度担忧"，2006 年 10 月 23 日《印度时报》。
② "日益逼近的水资源短缺警告"，2004 年 6 月 10 日《海峡时报》。
③ "水资源的严重浪费将使中国很快面临严重干旱"，2006 年 3 月 8 日《南华早报》。
④ "日益逼近的水资源短缺警告"，2004 年 6 月 10 日《海峡时报》。

些新企业家的需求方面比四大国有银行更具比较优势。而这类银行的健康发展又需要强化谨慎的监管体系，同时降低对利率的管制。农用地也应该私有化，从而使创业者在向这些新的私人银行贷款的时候就有了附属担保物。由于大部分农民工来自于西部省份，政府应该首先在西部各省试验性地启动这第一个促进经济增长的引擎。

一个新的私人企业家群体的出现可以带来三个主要的好处：

- 对于目前的宏观经济刺激计划来说，这个新的群体的消费在维持总需求的水平方面具有重要的意义
- 与国有企业和银行相比，私人企业的生产力增长率可能更高
- 这些中小企业比国有企业更具有劳动密集性

第二个新的经济增长引擎是在未来可承受的住房拥有率基础上的城市化。过去 10 年和最近出现的房地产行业的快速增长反映的不仅仅是投机需求，其中还包含着一直被抑制的真实的购房需求——已经与高度的工业化、城市化进程相适应的真实的购房需求。① 刚刚从农村来到城市的那些人无法满足从银行申请房贷所需的条件，所以很多投资者买了多套房屋并出租给那些刚进入城市的人，这些投资者还希望不断提高房租，因为这些租客的收入也是不断提高的。以此来看，近来大部分的住房需求都是投机性的。

我们建议中国大陆学习中国香港和新加坡的廉租房模式，建立一个国民住房项目，这个项目允许新进入城市的人群可以租赁政府的房屋最长达 7 年，7 年之后这些人可以以建筑成本价格优先购买这些房屋。这种城市化中的"未来拥有"模式可以防止由于投机导致房屋空置进而引发不良贷款现象。中国也可以负担大规模的国民住房项目，因为在其他国家这类项目的最大成本是土地成本而非建筑成本，而在中国土地基本上都是国家所有的。②

我们提出的城市化形式可以在三个方面支持中国的经济增长：

- 通过维持房地产业的投资来供给所需要的住房，同时有助于维持目前的总需求水平

---

① 如果投机性需求是房地产市场繁荣的主导因素，那么房租不会出现大幅度的上涨（因为投资者们倾向于将他们所有的房屋都租出去）。但是，相比于 2009 年 3 月，北京市 2010 年 3 月的租金水平上涨了 19.6%。具体可见："调研显示房屋价格仍然处于高位"，《中国日报》海外版，2010 年 5 月 12 日，〈http://www.chinadaily.com.cn/metro/2010 - 05/12/content_9839054.htm〉。

② 我们应该注意到，房地产建筑业相对来说是劳动密集型的，而房屋装修更是高度劳动密集型的。

- 通过将银行的贷款重新引导至那些由农村移居来的人群，同时建立新的住房管理机构担当中介，可以有效防止不良贷款的出现

- 这项住房计划可以将收入进行二次分配，分配给来自农村的移民（这同样有助于预防"软件故障"），这一点有助于提振消费，从而可以有效抵消当前的宏观经济刺激计划完结时给经济带来的影响

我们应该注意到，第一个和第二个新的经济增长引擎是互相强化的。来自农村的移民成立自己的企业将不可避免地位于或者靠近城镇，从而可以更好地利用城镇的基础设施和集聚溢出效应。同时我们可以看到，为了使第二个引擎充分发挥作用而需要进行的制度调整同样有助于第一个新经济引擎的运行：农地私有化、取消户口制度、金融体系的自由化。

第三个相关的新的经济增长引擎则是使私人拥有金融机构合法化。[1] 健康的中小银行的出现有助于降低国有银行的主导地位，因此当国有银行因不良贷款崩溃时，经济受到的影响也就要小得多。私人银行（国内的和国外的）的进入可以降低四大国有银行的任何一个存在"太大而不能倒闭"的可能，因而也就可以减少现在的寡头垄断的银行体系所享有的软预算保护。国有银行中某些部门的私有化和大的国内私有银行的出现同样有助于加强国有银行的管理者们所受到的预算约束。而一个私人部门占据主要地位的现代化的银行体系的发展还可以在增加银行贷款数量的同时提高银行贷款的质量，这相当于在以市场为导向的投资代替宏观经济刺激计划的同时也降低了不良贷款的规模。[2]

解决潜在的软件故障

中国目前仍然存在赤贫现象，这一情况的一个重要的现实意义在于，当今的中国，继续推出更多相似的经济政策并不能产生有益的结构，因为发展的问题已经改变了。我们在前文曾经就此举例，在经济发展的第一阶段，提供更多的工作机会（通过减少经济管制）就可以有效减少贫困，而最近提供更多的工作机会已经不再有很好的效果了。

更加复杂的情况是，人们现在不仅仅希望政府发挥传统的职能（例如协调水资源的使用），还希望政府在更多领域有更好的表现（例如减少收入

---

[1] 那些国有控股的上市银行（尽管通常通过"法人"等政府控制的媒介持有股权）不列入我们所说的私人银行的范围之中。

[2] 国有资产管理方式和金融体系监管模式也需要进行改革，以减少不断对国有银行注资和重组的现象。

分配不公）。

　　最近中国农村地区出现的社会动乱的一个重要起因就是在将农用土地转变为工业用地的时候没有给予农民足够的补偿。因此，中国共产党中央委员会和国务院于 2006 年 1 月联合签发的"一号文件"宣称不仅要"稳定和监管土地使用权的转让并加快土地流通改革"，还要"扩大农村地区的民意传达通道并改进解决社会冲突的机制"（"政府承诺给予农民更大的发言权"，《南华早报》，2007 年 1 月 30 日）。①

　　为了确保社会的稳定从而使经济保持高速增长并最终赶上美国，民主、法治、消除腐败、土地改革和收入分配改革都是不可或缺的。

　　但要避开软件障碍肯定要比避开硬件障碍更加困难，因为政治改革是政府"软件"进行成功配置的核心。而中国治理"软件"的现代化需要实行自由选举、言论出版自由和独立的司法审判。

解决环境退化导致的动力不足问题

　　制定环境领域的有效政策是一项非常困难的任务，因为关于这个问题的很多科学我们还不清楚。例如，现在已经有可靠的证据证明中国排放的大量炭黑（未经充分燃烧的碳颗粒）在很大程度上导致气候模式改变，从而致使北方干旱而南方频发洪水（Menon 等，2002；Streets，2005）。大众媒体所称的"亚洲黄云"的最大来源就是中国和印度燃烧煤和化石燃料。污染和水资源短缺之间的这种关系进一步降低了通过价格机制或者三条运河解决中国水资源问题的可能性，除非当前的经济发展模式得到根本性的修正。

　　中国不能再分别制定实施水资源战略和能源战略了。在政策制定方面必须采用一种系统化的方式，因为不同的政策产生的结果之间是有联系的，这极可能导致意料之外的环境破坏。如果中国的气候变化是全球气候变化的一部分，一个可持续的发展战略就需要重新考虑人口中心的位置和各国在全球气候管理方面的国际合作。

　　中国面临的一个不利的现实是，除非在中期内重塑生态平衡，否则环境的限制将会中断经济的进一步增长。而世界其他各国面临的一个不利的现实则是，从地理上来看的一个大国若发生严重的环境恶害，其负面影响将不会仅限于一国之内。中国不断恶化的沙漠化首先给北京带来了越来越频繁的沙尘暴，而且自 2001 年 4 月起，中国的黄色灰尘不仅开始漂洋过海影响到了

---

① 作为一号文件签发意味着这将是新一年里政府最重要的工作任务。

日本和韩国，甚至越过大洋到了美国。中国的环境治理现在不仅关系到中国，同时也关系到世界的福祉。

当我们讨论调水计划的环境影响的时候，很重要的一点是我们要注意到，现在中国已经开始对这个重要的政府设施项目进行公开争论，而且这种争论不仅仅限于技术人员之中。这些争论的公众性（这些争论涉及的不仅仅是科学家、工程人员和经济学家），表明社会对环境的态度有了很大的发展。更重要的一点在于，公众预期的这种转变需要中国政府与自然和谐相处。但是任何政府都很难做到这一点，哪怕它们很希望这样做。因为绿色增长政策涉及体系化的方法以及科学性地理解许多生态子系统，同时，我们对这些子系统之间相互作用的本质的理解也不完全。

全球环境是中国可以协助建立一个和谐的世界体系的领域。[①] 具体来说，中国应该调动全球达成共识，从而形成一个国际研究联合体以研发清洁燃烧煤的技术，因为中国现在平均一个星期就新建一座火电站，因此中国有更多的机会来试验清洁燃煤技术。此外，考虑到中国和周围许多国家出现日益严重的水资源短缺现象（尤其在中国北方），中国应该筹办一个区域性的研讨会，在情况恶化之前，联合其他国家一起使用来自西藏高原的水。中国还应该调动和促进建立一个区域性研究机构来研究海水淡化饮用技术。如果清洁能源研究和海水淡化研究方面的全球合作取得成功，将促进整个世界的可持续发展。

解决贸易保护主义导致的经济动力不足问题

最后，我们主要探讨一下怎样减少这辆正在加速的汽车（也就是中国）撞上一个路障（而且是以贸易保护主义形式出现的路障）的可能性。不可否认的是，自从 2004 年以来，国际上对于中国的大规模贸易顺差的非议越来越多，而全球金融危机使得这些不满进一步加深。中国被指控在许多国际问题上负有责任，例如，中国为美国消费者提供了便宜的信贷从而导致了此次全球金融危机[②]，中国维持人民币兑美元的固定汇率其实是一种以邻为壑

---

① McKibbin 等（2008）提出了一个中国和世界其他国家可以采用的达成全球二氧化碳排放协议的例子。

② Nicholas Lardy 认为，中国与美国存在相互依赖的关系，他说"我们美国是一个对消费上瘾的瘾君子。而中国则是'毒贩子'，他们向我们提供信贷，这样就使得我们过度消费成为可能"（"中国与美国关系匪浅"，Winter Institute，在 2009 年 2 月 27 日美国明尼苏达的 St Cloud 大学研讨会上发布，2009 年 3 月 2 日正式发表，< http：//www. stcloudstate. edu/news/pressreleases/default. asp？storyID = 28126 >）。

的贬值政策[①]。

中国经常账户的长期盈余的根源在于国有企业和私人部门的储蓄总额超过了他们的投资消费总额。长期大规模的贸易顺差揭示了中国经济中一个深层次的、严重的问题：金融体系的功能失调（Liu 和 Woo，1994）。中国之所以产生大量的经常账户盈余，是因为没有足够的金融中介和产品。而之所以这些盈余随着时间不断增长，则是因为功能失调的金融体系无法分散风险以减少为防止不确定性而进行的储蓄，也没有能够成功地提供贷款来减少那些为投资进行的储蓄。解决中国的过度储蓄问题最好的方式就是建立一个完善的金融中介机制来协调私人储蓄和私人投资。

但是，为了公平起见，我们也必须指出，贸易的不平衡反映的是两个国家的经济状况：如果美国不是储蓄不足的话或许中国就不会出现过度储蓄。对于两国的贸易紧张局面，美国的肆意挥霍与中国的勤俭节约一样应该首先受到指责。此外，正如 Woo（2008）所指出的那样，即使中国的贸易平衡表上贸易没有顺差也没有逆差，美国依然会遭受技术创新所导致的结构调整和收入再分配的痛苦，美国的制度变革也会发生，全球化和移民进入美国也同样会出现，相比于贸易赤字扩大，美国工人因这些问题产生的愤怒和不满会更多。

如果现在美国加强自己的社会保障网络建设，从而降低更换工作的成本的话，中国和美国之间的贸易紧张关系便有望得到缓解。特别是，美国国会应该加快降低财政不平衡状况并扩大贸易调整项目，尤其应该提高年轻工人的技能。很重要的一点在于，只有中国和美国都实施正确的政策而非只有中国行动的话，中美之间的贸易紧张才有可能得到缓解。

为了缓解因贸易不平衡所引起的国际紧张关系，中国和美国除了应各自独立采取行动之外，还应该共同努力以防止关贸总协定—世贸组织（GATT-WTO）的自由贸易机制弱化。尤其是，中国从 WTO 体系中获益良多，但是迄今为止，中国在推动多哈回合谈判顺利完成方面所起的作用却很小。正因为中国的缺席，巴西和印度在贸易谈判中被当做发展中国家的领袖。根据2007 年 G4（美国、欧盟、巴西、印度）波茨坦会议中的美国贸易代表 Susan Schwab 的说法，巴西和印度收回了它们此前作出的削减制造业关税的承诺（该承诺是以发达国家削减农业补贴为交换得出的），并声称是因为

---

① "中国会服从吗？"，2010 年 3 月 17 日《纽约时报》。

"害怕会导致来自中国的进口增长"①。

随着美国保护多变自由贸易体系的决心不断减弱，中国应该在多哈回合谈判中变得更加主动，从而使世界贸易可以在减少贸易管制的道路上走得更远。这样的一个角色将很符合中国的利益，因为目前巴西正在通过与欧盟进行自由贸易区谈判来绕过多边贸易自由化。事实上，越来越多像巴西一样的国家"都越来越对一些多边协议持谨慎态度，因为这类协议往往要求削减关税，而这会使得这些国家更进一步陷入与中国的低成本竞争中。相反，这些国家正在寻求与富裕国家签订只符合双方需求的双边协议"②。现在是时候轮到中国站出来加入多边贸易体系之中，从而显示自己是一个负责任的参与者。这种国际姿态同样可以减少这类问题对中国本身的经济增长的影响，而且这类问题的影响就属于经济动力不足问题的一种。

结　论

据我们的估计，中国经济这辆汽车出现"软件故障"或者"动力不足问题"的可能性要高于其发生"硬件故障"的可能，因为前两种问题相对来说更加难以解决。对于大部分"硬件故障"，中国可以从世界其他国家的经验中学习应对方法，特别是东亚比较富裕的国家，而且中外在经济管理方法上的意识形态差异正在缩小。1868年日本的"明治维新"在经济追赶方面取得了成功，其敢于实施和采取"最好的国际化实践"的思路也适用于中国。

处理"软件故障"比处理"硬件故障"更困难主要源于两个原因。第一是中国发展政策的制定正面临越来越多的挑战。因为随着人民收入的快速增长，更重要的是随着人们对于外部世界的认知越来越多，民众对于政府的管理工作也抱有越来越高的期望。

第二个原因是对政府管理体制进行有效的重新配置需要的不仅仅是高度娴熟的政治技巧，还需要有良好的国内政治环境以及温和的国际环境，而后两个因素是大多数政治家们所难以掌控的。未来会如何发展取决于中国共产党是否足够自信，也取决于其是否有足够的技巧来引领民主变革并能在变革

① "Schwab对印度和巴西的立场感到惊奇"、"中国阴影笼罩着多哈的失败"，2007年6月22日《金融时报》。

② "巴西——将多哈脱离原本贸易协议的国家"，2007年7月5日《华尔街日报》。

后继续作为最重要的政治力量幸存下来。历史告诉我们，法国的君主和英国的君主在面对民众要求改革管理体制的呼声时作出了截然不同的反应，当然结局也是非常不同的。

解决发展动力不足问题比解决"硬件故障"问题更加困难，这是因为解决动力不足问题通常都需要进行一些迄今为止在世界上还绝少有成功经验的工作，有时还牵扯到一些强大的外国合作者，而本国与这些国家之间可能存在着巨大的文化差异甚至互相之间还存在隐性的竞争，有时为了解决问题我们可能会同时面临所有这些问题。解决动力不足问题需要国际各方的高度合作，而中国在历史上一直比较孱弱，从而无法实际参与国际合作，如果要想在更多问题上形成合作局面，中国和其他主要国家就需要重新考虑中国在世界经济中的责任问题。①

中国经济现在已经成为世界经济体系中的一股重要力量，中国社会中也正在拥有越来越多工业化国家中普遍存在的中产阶级群体。而中国经济持续的高增长使得实行一种新的发展战略成为必要，这种新战略除了保持经济发展以外，还应该强调创造一个和谐的社会和一个和谐的世界，而这需要中国改善管理体制，同时还需要全球为之提供动力和支持。

（王之堂　译）

参考文献

1. Asian Development Bank（ADB）2007, Key Indicators: Inequality in Asia, Asian Development Bank, Manila.

---

① 有关中国在未来世界经济中的作用的最新探讨可以参见 Garnaut 等人（2009）的论文集中的文章，例如 Woo（2009）的文章。中国与其最大的贸易伙伴在汇率机制上的争论就体现了处理一个"动力不足问题"所具有的困难。就这个问题，一种解决方法就是使人民币大幅度升值，但是这种解决方式是典型的欠缺全面考虑的一个实例（其他例子还包括，仅仅建设运河从南方向北方调水是不全面的，中国还需要减少碳排放并集中关注南部的城市化问题）。具体来讲，对于贸易不平衡问题，一种经济上更有效率同时政治上更加友好的解决方法需要以下条件：（1）使用多种政策工具来降低贸易不平衡（也就是说，不仅仅对人民币进行升值，还需要中国政府使采购政策自由化，同时，美国政府也需要努力扩大出口）；（2）如果问题涉及至少两个国家的政策，那么所需要的就不仅是一方调整政策了（也就是说，美国和中国都需要实施正确的政策，而非只有中国需要行动）；（3）需要追求的不能是一个单一的政策目标，而应该是一系列更加直接的福利目标（也就是说，不仅要减少中国的贸易顺差规模，还应该加强 WTO 的裁决体系，并使所有国家的 GDP 增长率维持在较高水平上）。

2. Becker, Jasper, 2003, "The death of China's rivers," Asian Times Online, August 26.

3. Chang, G. G. 2001, The Coming Collapse of China, Random House, New York.

4. Démurger, S., Sachs, J. D., Woo, W. T., Bao, S., Chang, G. and Mellinger, A. 2002, 'Geography, economic policy and regional development in China', *Asian Economic Papers*, vol. 1, no. 1 (Winter), pp. 146 – 97.

5. Economy, E. C., 2004, *The River Runs Black: The environmental challenge to China's future*, Cornell University Press, Ithaca, NY.

6. Forsythe, M. 2009, 'Is China's economy speeding of the rails?', *The New York Times*, 23 December 2009.

7. Garnaut, R., Song, L. and Woo, W. T. (eds) 2009, *China's New Place in a World in Crisis: Economic, geopolitical and environmental dimensions*, ANU E Press and Brookings Institution Press, Canberra and Washington, DC.

8. Lardy, N. R. 1998, *China's Unfinished Economic Revolution*, Brookings Institution Press, Washington, DC.

9. Liu, L. – Y. and Woo, W. T. 1994, 'Saving behavior under imperfect financial markets and the current account consequences', *Economic Journal*, vol. 104, no. 424 (May), pp. 512 – 27.

10. McKibbin, W. J. and Woo, W. T. 2003, 'The consequences of China's WTO accession on its neighbours', Asian Economic Papers, vol. 2, no. 2 (Spring/Summer), pp. 1 – 38.

11. McKibbin, W. J., Wilcoxen, P. J. and Woo, W. T. 2008, 'China can grow and help prevent the tragedy of the CO_2 commons', in L. Song and W. T. Woo (eds), *China's Dilemma: Economic growth, the environment and climate change*, Asia Pacific Press and Brookings Institution Press, Canberra and Washington, DC, pp. 190 – 225.

12. Menon, S., Hansen, J., Nazarenko, L. and Luo, Y. 2002, 'Climate effects of black carbon in China and India', *Science*, vol. 297, no. 27 (September), pp. 2250 – 3.

13. National Development and Reform Commission (NDRC) 2007, China's National Climate Change Programme, June, National Development and Reform Commission, Beijing.

14. O'Neill, J., Wilson, D., Roopa, P. and Stupnytska, A. 2005, How solid are the BRICs?, Global Economics Paper No. 134, 15 December, Goldman Sachs, New York.

15. Sachs, J. D. and Woo, W. T. 2000, 'Understanding China's economic performance', *Journal of Policy Reform*, vol. 4, no. 1, pp. 1 – 50.

16. Shih, Victor, 2010, "China's 8, 000 Credit Risks," *The Wall Street Journal*, February 8, 2010.

17. Streets, D. 2005, 'Black smoke in China and its climate effects', *Asian Economic Papers*, vol. 4, no. 2 (Spring/Summer), pp. 1 – 23.

18. Tong, J. and Woo, W. T. 2006, 'Keeping fiscal policy sustainable in China', in

R. Garnaut and L. Song (eds), *The Turning Point in China's Economic Development*, Asia Pacific Press, Canberra.

19. Woo, W. T. 2001, 'Recent claims of China's economic exceptionalism: relections inspired by WTO accession', *China Economic Review*, vol. 12, nos 2 – 3, pp. 107 – 36.

20. Woo, W. T. 2006, 'The structural nature of internal and external imbalances in China', *Journal of Chinese Economic and Business Studies*, vol. 4, no. 1 (February), pp. 1 – 20.

21. Woo, W. T. 2008, 'Understanding the sources of friction in US-China trade relations: the exchange rate debate diverts attention away from optimum adjustment', *Asian Economic Papers*, vol. 7, no. 3 (Fall), pp. 65 – 99.

22. Woo, W. T. 2009, 'China and international inancial reform', in R. Garnaut, L. Song and W. T. Woo (eds), *China's New Place in a World in Crisis: Economic, geopolitical and environmental dimensions*, ANU E Press and Brookings Institution Press, Canberra and Washington, DC, pp. 15 – 32.

23. Woo, W. T. and Xiao, G. 2007, 'Facing protectionism generated by trade disputes: China's post-WTO blues', in R. Garnaut and L. Song (eds), China: Linking markets for growth, Asia Pacific Press, Canberra.

24. Woo, W. T., Li, S., Yue, X., Wu, H. X. and Xu, X. 2004, The poverty challenge for China in the new millennium, Report to the Poverty Reduction Taskforce of the Millennium Development Goals Project of the United Nations, United Nations, New York.

第十四章
成本扭曲与中国的结构失衡

黄益平　王碧珺

一　引言

　　温家宝总理在 2003 年执政之初就已经开始担忧中国经济增长模式的质量和可持续性问题。在接下来的几年中，中国的政策制定者们多次警告，由于不合理的经济结构、不足的创新能力，对资源消费的过于依赖，日益恶化的污染问题、扩大的地区间发展不平衡以及收入差距等问题，当前的经济增长模式不可持续（温家宝，2006）。

　　以上政府对中国经济增长模式的担心也正是经济学家们多年来所忧虑的。例如，余永定从 20 世纪 90 年代末就开始讨论结构失衡问题，尤其指出了投资和经常账户盈余占 GDP 比重过高的问题（余永定，2007）。投资过度表明未来生产能力的过剩，而过大的外部账户失衡则削弱了中国强劲增长的可持续性。

　　对一些外部的观察者而言，讨论中国经济面临的风险似乎很奇怪。毕竟，中国是人类历史上唯一一个成功保持 GDP 年均增长 10% 长达 30 多年的国家。如果中国政府过去能够扫除阻碍经济强劲增长的障碍，那么未来也可以。中国目前已经在总量上超过日本，成为世界第二大经济体。

　　中国经济在当前全球金融危机中的表现再次加深了外部观察者对中国政府政策有效性的印象。2008 年底、2009 年初，由于出口巨幅减少，中国经济增长减速明显。但是，当局很快地通过大手笔的财政和货币扩张扭转了经济局面。到 2010 年初，经济已经返回到 12% 的增长率。一些专家则又开始担心通货膨胀和经济过热的风险。

自从温家宝 2003 年担任国务院总理以来，中国政府就采取了诸多政策试图减少出口激励，增加国内消费，调整结构失衡。但是，在过去的 7 年间，投资占 GDP 比重进一步上升，经常账户盈余不断增加，收入不平等问题恶化，几乎所有的失衡问题都变得更加严重。

中国政府对于经济结构失衡问题的清醒认识与处理这些问题的缺乏成效使得专家们对中国经济形势有截然不同的判断（黄益平，2010b）。一些经济学家将改革开放后中国经济的表现描绘为“中国奇迹”（林毅夫等，1996），他们相信如果经济继续保持高速的增长，中国很有可能在未来的 10～20 年成为世界最大的经济体。但是，还有一些经济学家更关注中国经济面临的风险，他们认为当前的改革方法不具有可持续性（Pei，2006）。更有悲观者预言中国经济即将崩溃（Chang，2001）。

需要指出的是，即使那些看好中国经济前景的乐观者也仍然担忧中国的结构失衡问题。乐观者和悲观者的区别在于，前者相信中国政府能像过去 30 年所做的那样处理好这些风险。然而，这是一个很牵强的假设。过去的表现经常可以预示未来的发展，但是那些期望落空的例子也很多。

抛开以上争辩，本文意在探讨关于结构失衡三个方面的问题：第一，中国结构失衡的主要表现是什么，其是如何发展的？第二，政府为解决结构失衡采取了哪些政策，到目前为止，这些政策的效果如何？最后，失衡问题的根本原因是什么，如何能够更有效地解决中国的结构失衡问题？

经济学家们对于中国结构失衡问题的原因有不同的解释（黄益平和陶坤玉，2010）。有的强调政府在推动经济更强劲增长中扮演的特殊角色（姚洋，2010）；有的指出，人民币被低估促进了净出口的同时也歧视了非贸易部门；还有一些专家认为落后的社会保障体系导致了居民消费不足。

本文关注的则是中国的非对称的市场化改革。在这一改革过程中，产品市场已经实现了市场化，但是要素市场仍然存在高度扭曲。这些扭曲压低了要素价格，降低了生产成本，相当于是对生产者和投资者进行补贴。而这些补贴在促进过去 30 年中国经济较快发展的同时，也引发了结构失衡的问题。因此，本文认为要消除结构失衡的关键在于要素的市场化改革。

本文的余下部分结构如下：第二部分描述中国结构失衡的主要现象以及演变过程；第三部分回顾政府为解决结构失衡问题采取的政策及评估这些政策的有效性；第四部分讨论中国非对称的市场化改革，并粗略估计要素市场扭曲的程度；最后部分则建议完成要素的市场化改革，从而再平衡中国的经济结构。

二 中国结构失衡的表现

虽然普遍认为中国的经济结构存在失衡，但一直以来却没有一个科学的标准来衡量失衡的程度。本文讨论中国的失衡问题采取相对的观念，即与其他国家的一般水平相比。然而，这种方法也有其问题。例如，投资占 GDP 比重的世界平均水平大约为 25%，但中国 35% 的水平或许并不能算太高。因此，在作出判断时也应该考虑诸如投资回报、产能过剩等其他指标。

那么，中国的投资比重的确过高吗？一些经济学家认为考虑到中国经济异乎寻常的强劲增长，中国较高的投资率并不过分（Garnaut，2006）。事实上，一旦中国成功地减少了经常账户盈余，其投资率会更高。

虽然中国的确需要靠投资来推动经济增长，但中国的投资率从 2000 年的 36% 增加到 2008 年将近 45% 的水平（图 14 - 1），已经超过东盟国家和亚洲新兴工业经济体的投资水平。同时，基于 101 个国家经验研究的"钱纳里标准"表明，中国在当前的收入水平下的投资率比标准高出 24%。以上事实都表明，当前中国的投资占 GDP 比重过高。

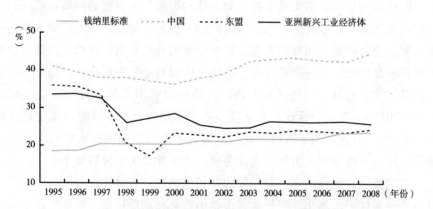

图 14 - 1　中国，东盟（ASEAN）和亚洲新兴工业经济体（NIEs）的投资占 GDP 比重

注："钱纳里标准"（Chenery Standard）是基于 101 个国家消费率和国民收入关系的经验研究得到的结果（Chenery and Syrquin，1975）。

资料来源：CEIC 数据以及作者的计算。

过高的投资率往往增加了经济过热、资产泡沫和产能过剩的风险。虽然东亚经济体素来以强劲的经济增长和较高的投资率而闻名，但在过去的 50

年里，只有其他 3 个亚洲经济体有超过 40% 的投资率，并且都没有像中国持续这么长的时间：新加坡 80 年代初投资率将近 50%，然而只持续到了 80 年代中期；马来西亚和泰国在 90 年代中期的投资率也一度接近 40%，然而接下来的亚洲金融危机使两个国家都经历了重创。

投资占 GDP 比重过高，相应的，消费占 GDP 比重则过低。"钱纳里标准"表明中国的消费占比应该达到 80% 的水平，但实际上大约低了 30%（图 14-2）。从 2000~2008 年，中国的消费占比下降了 15%。没有经济可以只依赖投资而增长，如果持续这样的趋势，中国的经济会面临较大的问题，甚至会变成政治问题。

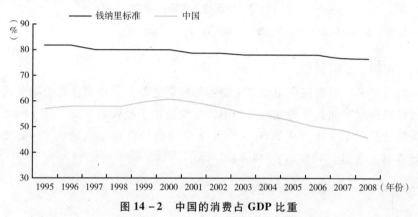

图 14-2　中国的消费占 GDP 比重

注："钱纳里标准"（Chenery Standard）是基于 101 个国家消费率和国民收入关系的经验研究的结果（Chenery and Syrquin，1975）。
资料来源：CEIC 数据以及作者的计算。

也许中国的结构失衡问题中，最引人注意的是其较大的经常账户盈余。2000 年，中国的经常账户盈余只占 GDP 的 1.7%；2001 年，盈余还稍许下降。但随着中国在 2001 年底加入世界贸易组织（WTO），其经常账户盈余开始攀升，尤其在 2004 年之后，盈余占比显著增加。到 2007 年底，中国的经常账户盈余已经达到 GDP 的 10.8%。尽管受全球金融危机影响，2008、2009 年盈余比重有所下降（图 14-3）。但这种下降是暂时的或是永久的，还值得探讨。

较大的经常账户盈余会带来一系列问题。第一，由于受限于当前的汇率体制，中国积累了大量的外汇储备，这意味着作为中低收入国家的中国正在借钱给更富裕的国家。第二，大量的经常账户盈余表明中国经济增长大约 1/3 依赖国外市场，一旦国外市场发生波动，必然会增加中国宏观经济的不稳定性。最后，大量的经常账户盈余也引起了国外许多国家的不满，并且可

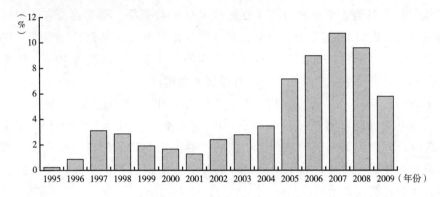

图 14 - 3　中国的经常账户盈余

资料来源：CEIC 数据以及国家外汇管理局。

能成为保护主义的借口。

根据定义，经常账户盈余等于储蓄与投资之差。东亚国家在金融危机后由经常账户赤字向盈余转变的过程中，主要是由于投资的下降（图 14 - 1）。中国的情况则不一样，从 2000 ~ 2008 年中国的投资率反而增加了 9%，同期储蓄率也增加了 17%（图 14 - 4）。

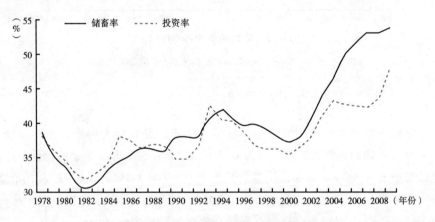

图 14 - 4　中国的储蓄和投资率

资料来源：CEIC 数据以及国家统计局。

可见研究储蓄行为对于理解经常账户的变化至关重要。21 世纪初，一个共识是，家户是总储蓄增加的重要贡献因素，而家户较高的储蓄则是由于社会保障体系发展落后。但是，这样一个看法正在改变，到 2004、2005 年，分解的数据表明，总储蓄的提高主要是由于企业储蓄的飞快增加（图 14 -

5）。因此，改变企业的储蓄行为，或者加大对企业的征税力度也许是解决中国经常账户盈余问题的有效手段。

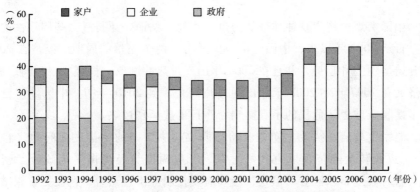

图 14 - 5　家户、企业、政府对中国总储蓄的贡献

资料来源：CEIC 数据以及国家统计局。

　　最近的数据又显示出新的变化：企业净储蓄开始下降，而政府的净储蓄开始上升。家户的储蓄也有上升趋势。

　　产业的构成、环境的变化也是结构失衡的重要表现。另一个重要的表现是收入不均。尽管政府加大力度促进农村地区经济发展，但城镇－农村收入比率比却从 1984 年的 1.7 增加 2009 年的 3.3（图 14 - 6）。更重要的是，居民的基尼系数从 80 年代中期的不到 0.3 上升到 2008～2009 年的 0.5，这样的水平在世界范围来看都偏高，表明可能会有很大的社会风险。

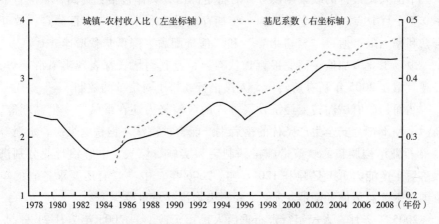

图 14 - 6　城镇－农村收入比率以及居民的基尼系数

资料来源：国家统计局和作者的编辑。

三　过去的政策努力

中国宏观经济表现往往被认为过于平稳，然而，还是有一些周期性的特征。自从 2003 年以来，中国经济至少经历了两个完整的周期。经济在 2003 年开始呈现上升趋势，并且在 2004 年出现过热的迹象。稳定一段时间之后，经济又在 2007 年和 2008 年初出现过热现象。到 2010 年初，中国经济已经基本摆脱全球经济危机的不利影响，并且再次呈现过热。

温家宝政府在执政之初就开始强调要解决中国的结构失衡问题（再平衡），以及转变经济发展方式。通常，宏观调控与经济再平衡政策紧密连接，有时甚至难以区分。但是，当政府要控制经济过热时，往往更重视结构调整。而当需要促进经济增长时，结构调整则常常要让位。

温家宝政府期间的第一次宏观紧缩政策开始于 2004 年。2004 年第一季度，中国固定资产投资同比增长达到 43%。同时，在食品价格的推动下，消费者物价指数（CPI）逐月上升，到当年的 7、8 月份，已经超过中国人民银行的警戒线 5%。

于是，政府采取了一系列的措施来控制经济过热。其中，最重要和直接的是抑制投资，包括提高钢铁、水泥、电解铝、房地产等行业建设项目资本金比例；核减全国各类开发区 4813 个；从紧控制新增建设用地；清理全国固定资产投资项目 70600 个；停止了江苏常州"铁本"钢铁项目的建设。

中国人民银行的政策则没有针对特定部门，具体包括：提高存款准备金率 0.5 个百分点；上调金融机构一年期存款基准利率 0.27 个百分点；放开贷款利率上限；通过"窗口指导"和"信贷配额"降低贷款增速。

由于工业增加值、商业银行贷款额、企业利润增长都表现出下滑趋势，宏观政策在 2005 年初有所转向，人民银行放松了对贷款的控制。

然而，政府试图转变经济发展方式的政策努力还在继续。一批高耗能、高污染和不符合安全生产条件的落后生产能力被淘汰。钢铁、煤炭、水泥等 11 个行业结构调整的政策措施得到制定和实施。煤炭、电解铝行业分别淘汰落后生产能力 1.1 亿吨和 120 万吨。2006 年，中央政府还要求各省的单位国内生产总值能耗降低 4%、主要污染物排放总量减少 2%。

2005 年 7 月，人民银行宣布重启人民币汇改。自 2005 年 7 月 21 日起，中国开始实行以市场供求为基础、参考一篮子货币进行调节、有管理的浮动汇率制度。在接下来的三年时间里，人民币对美元升值了 22%，实际有效汇率升值了 16%。

随着紧缩性政策的放缓，2006 年上半年，中国经济再次表现出快速发展的态势。2006 年第一季度，GDP 同比增长 10.2%，新增贷款 12500 多亿元，超过全年计划控制目标的一半。通货膨胀率在 2007 年和 2008 年初也开始回升。这些宏观经济条件的改变促使了新一轮的紧缩政策。

政府首先取消或降低了高耗能、高排放和资源性产品的出口退税。国家发改委等部门制定了《关于加强固定资产投资调控从严控制新开工项目的意见》，并再次上调了一些投资建设项目的资本金比例。同时，政府启动十大重点节能工程，关停 1.12 个分小煤矿，淘汰落后炼铁产能 4659 万吨、炼钢产能 3747 万吨、水泥产能 8700 万吨。

人民银行从 2006 年初到 2008 年初数次上调法定存款准备金率和人民币贷款基准利率，并要求金融机构要从严控制基本建设贷款投放。同时，财政部改变了积极的财政政策，实行稳健的财政政策。

受全球金融危机的影响，2008 年第三季度，中国的工业增加值从上半年的 16.3% 下降为 12.4%，GDP 增长从上半年的 10.4% 下降到 8.9%。到了 2008 年第四季度，GDP 实际同比增长只有 6.7%，而 2009 年第一季度进一步减少到 6.1%。

面对这样的经济形势，中国政府迅速作出反应。人民银行于 2008 年 9 月下调金融机构存贷款基准利率。从 2008 年第四季度起，急剧扩大贷款规模，到 2009 年，银行新增贷款总额达到 9.6 万亿元，为年初官方计划额度的近 2 倍。从 2008 年中起，人民币停止对美元升值，管理浮动的制度暂时由盯住美元代替。2008 年 11 月，国务院开始推行包括新增 4 万亿元人民币政府投资在内的一揽子"扩内需，促增长"的政策。从 2008 年 8 月 1 日到 2009 年 6 月 1 日，政府 7 次提高出口退税率（尤其针对劳动密集型产品）。

同时，中国政府也没有停止提高经济增长质量的政策努力。电信、航空等行业重组迈出重要步伐。全年关停小火电 1669 万千瓦，关闭小煤矿 1054 处。环境保护部暂停审批了数个建设项目。

中国政府还发布了《中国应对气候变化的政策与行动》白皮书，明确提出了 2020 年中国控制温室气体排放行动目标和政策措施。

在这些刺激政策下，中国经济从 2009 年第二季度起开始好转。到 2010 年初，中国政府已经开始考虑是否应该退出扩张性的政策。但欧洲主权债务危机的恶化使政府重新考虑退出的时机。

作为回顾，我们发现过去六年来，中国政府已经采取了许多政策措施来解决结构失衡和增长质量的问题。这些措施中虽然也有汇率、税率、资本金要求等，但大多数在本质上还是行政政策。整体而言，这些政策措施并没有达到预期的目的，几乎所有的经济失衡的指标都在恶化。

四　要素成本扭曲

为什么在这些政策努力下结构失衡问题却变得日益严重呢？一个可能的解释是这些政策的效果需要一段时间才能显现。例如，政府通过完善社会保障体系和减少个人税收负担来促进居民消费是一个渐进的过程。

更根本的解释是这些政策没有触及结构失衡问题的本质原因。经济主体的行为是由诸如居民收入、生产利润、投资收益等激励结构所推动的。正如马克思曾经指出的，当利润超过 100% 时，资本家愿意用性命去逐利。因此，只要投资收益很高，行政手段不足以减少投资活动。

的确，激励结构的扭曲一直以来伴随着中国的改革过程。改革开放以来，中国 GDP 增长举世瞩目。虽然经济学家们对于改革政策的核心有不同的理解，但大多数都认为应该让市场机制发挥更大的作用。用自由的市场来代替中央计划体系能够提高经济的配置和技术效率（林毅夫等，1996）。

然而，中国的市场化改革并不是一个对称的过程。经历了 30 多年的经济改革之后，几乎所有的产品市场都已经自由化，但是要素市场仍然存在严重扭曲。这种现象几乎存在于所有的生产要素之中，包括劳动力、土地、资本、资源和环境。这些扭曲严重影响了生产者、投资者和出口者的激励结构，应该为日益严重的失衡问题负责（黄益平，2010a；黄益平和陶坤玉，2010）。

劳动力市场扭曲的最明显的例子是户籍管理制度。早些年，户籍管理制度下，劳动力是不能自由流动的。20 世纪 90 年代中期以来，随着大量的农民开始涌入城市，户籍管理制度在阻止劳动力流动上不再有效。然而，因为这些农民工没有城市户口，在就业中仍然受到歧视，也无法享受普通城市市民的社会福利。更有甚者，即使做相同的工作，这些农民工的工资只有城市居民的一半，甚至 1/3。

因此，户籍管理制度为城市用人单位歧视对待农民工提供了制度上的途径，这尤其反映在劳动密集型的出口部门上。如果用人单位为农民工购买所有社会福利并且支付与城市员工相同的薪水，中国的出口部门也许就不会像如今这样庞大了。然而，也有一些人认为，如果中国农村存在足够的富余劳动力，户籍管理制度的去除并不会增加劳动力的成本。

资本市场的扭曲也很明显。中国的金融体系有明显的金融抑制的特征：高度管制的利率、受政府影响的信贷配置、频繁调整的法定存款准备金率以及严格控制的资本账户（黄益平和王勋，2010a，b）。早期世界银行的研究表明金融抑制常常导致一个国家的利率被压低若干个百分点。中国的资金成本被压低的另一个证据是 GDP 名义增长率与长期政府债券收益率之间的巨大差距（常常达到 8% 或更多）。

资本成本扭曲的另一个表现是被低估的货币币值。虽然经济学家们对于人民币被低估的程度有不同的估计，但人民币被低估这一事实却毋庸置疑（Goldstein 和 Lardy，2008）。被低估的货币相对地压低了国内资本的成本，不仅促进出口、抑制进口，同时也促进了贸易部门的发展，歧视了非贸易部门的发展。

土地成本的扭曲并不是很直观。高昂的土地拍卖价格常常占据中国各媒体的头条。然而，这些土地常常是用于房地产开发用途的。工业用途的土地成本非常低。在中国，农村土地归集体所有，城市土地归国家所有。各地方政府常常竞相用低廉的土地使用费来吸引投资。

能源和自然资源的价格扭曲随着国际价格的变化而波动。以石油价格为例，国家发改委规定，一旦国际价格波动超过 7%，国内价格也应该进行相应的调整。然而，当国际原油价格超过 80 美元/桶时，发改委由于担心提高国内价格会打击生产和消费，所以并没有相应地调整国内价格。

最后，如果把环境也看做一种生产的投入品，由于中国环境保护政策执行得不严格，其成本也是扭曲的。也就是说，生产者（不管是中国人还是外国人）对于其造成的环境污染都没有进行足够的补偿。

需要指出的是，要素成本的扭曲在中国并不鲜见。改革前，中国实行农产品统购统销政策，这项政策被普遍认为是为了保证农产品的稳定供给。然而，宋国青（1994）则指出这项政策实际上是将农村资源向城市工业部门转移[1]，目的是加速城市工业化的发展。

如今，目的也许是类似的。1978 年底，中国的领导集体决定停止阶级斗争，开始经济建设。GDP 增长率逐渐变成评价地方政府官员政绩的最重要指标。因此，地方政府有足够的激励推动经济尽可能快地增长。于是，被压低的要素价格，正如改革前被压低的农产品价格一样，成为促进 GDP 增

---

[1]　宋国青的文章中写于 1982 年，那时其还在北京大学读本科。

长的工具。

为了判断扭曲的程度，我们利用了黄益平和陶坤玉（2010）①的计算。诚然，这些估计值并不完全科学。然而，我们的主要目的并不是计算精确的数据，而是得到初步的图景（表14-1）。估计结果表明要素成本的扭曲在过去10年中显著增加，并在2006年达到最高点。

表 14-1　中国要素成本扭曲的估计值

单位：%

年份	劳动力	资本	土地	能源	环境
2000	0.1	4.1	0.5	0.0	3.8
2001	0.2	3.9	0.5	0.0	3.5
2002	0.8	3.9	0.4	0.0	3.3
2003	1.0	3.8	1.1	0.0	3.3
2004	2.0	3.1	0.9	0.6	3.0
2005	2.4	3.0	1.3	1.7	3.0
2006	2.7	3.1	2.0	1.6	2.8
2007	3.2	3.6	1.2	1.6	2.4
2008	3.6	3.4	1.0	0.7	1.9
2009*	2.7	3.5	0.9	0.7	1.8

资料来源：黄益平和陶坤玉（2010），以及作者的估计。

估计的结果也说明：第一，资本是目前为止最重要的成本扭曲要素；第二，劳动力成本扭曲逐年上升，这一结果是由于市场工资相对于农民工工资更快的增长，然而，随着农民工工资开始迅速提高，这种情况已经开始有所改变；第三，能源成本的扭曲波动很大；第四，总成本扭曲已经达到最高点，这表明也许最糟糕的时候已经过去。

这些成本的扭曲相当于是对生产者进行补贴，要素成本的降低，增加了生产利润，提高了投资回报，促进了中国的出口。成本的扭曲使得中国在很短时间内成为世界工厂。同时，也因为生产要素便宜，在中国加入WTO后，全世界的生产者和投资者都涌入中国。

扭曲的要素成本促进了经济增长，但是更多地促进了出口和投资。而后者则是中国结构失衡的关键原因。事实上，我们对成本扭曲的估计值能够较

---

①　具体的计算方法请参见黄益平和陶坤玉（2010）的附录。

好地解释中国的外部失衡：快速增长但近年有所减缓的经常账户盈余（图14 –7）。这表明，尽管汇率制度改革对于中国经济可持续增长很重要，但解决经常账户失衡问题则需要一揽子的综合政策措施（Goldstein 和 Lardy，2009；黄益平和陶坤玉，2010）。

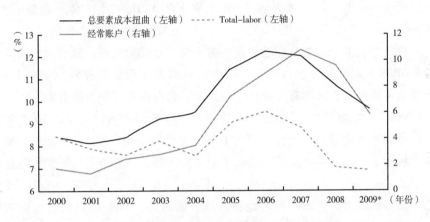

图 14 –7 要素成本扭曲与中国的经常账户盈余

注：Total-Labor 是总要素成本扭曲减去劳动成本扭曲。
资料来源：黄益平和陶坤玉（2010），以及作者的估计。

五 结束语

改革开放以来，中国经济增长举世瞩目。然而，投资过度、巨大的经常账户盈余、低效的资源利用以及环境污染等严重的失衡问题始终伴随左右。过去的 7 年，政府把再平衡经济结构、改变经济增长方式作为最重要的政策目标之一。但是，结构失衡的问题似乎更加恶化。

这些调整结构的政策没有达到应有的效果可能是由于时滞，例如，需要多年来提升消费者的信心。然而，这些政策的失效更可能是因为政府过多地依靠行政手段。这些手段可能在短期内有效，但是可能是不准确或不可持续的。例如国家发改委对投资项目的控制：政府为了控制总投资规模会关注那些新开工项目，但投资者却有很多方法避免上报"新项目"。

也有很多时候，政府采取的政策是对的，但是力度不够。当经济过热时，人民银行一般会提高利率、收紧流动性。但是，在大多数情况下，这些调整幅度都很小。为了减少外部账户盈余，政府也调整了出口退税率，甚至使货币升值，但这些调整也很难逆转日益恶化的失衡问题。

本文认为失衡问题的根源在于要素成本的扭曲。而这些扭曲则是由于不对称的市场化改革：产品市场的自由化与要素市场的严重扭曲。这些扭曲相当于是对生产者和投资者进行补贴，增加了企业利润，减少了居民收入。在过去的 10 年里，居民收入占 GDP 比重下降了 10%（白重恩和钱震杰，2009a，b）。这些扭曲促进了经济增长，但更多地增加了投资和出口。

解决中国的结构失衡问题需要一揽子的综合政策措施。政府应该摒弃其对 GDP 增长的绝对关注，毕竟，GDP 增长只是手段而非经济发展的目的。需要政策措施来打破国有企业的垄断力量，再分配国有企业的利润。

然而，关键的措施还是在于解决要素成本的扭曲问题，完成 30 多年前就开始的市场化改革，让自由市场来决定要素的价格。改革的过程中，要素成本可能上升，从而减缓经济增长，但是经济却能够获得更加平衡和可持续的增长。

某种程度上，中国政府已经在朝这方面努力。2009 年以来，政府的各部门启动了要素价格的改革，例如调整燃料和水的价格。政府在 2010 年也开始试点户籍制度的改革。金融市场的改革和资本账户的自由化也可以减少资本成本的扭曲。

完成要素的市场化改革可能需要若干年，例如，由于政府对于土地私有化持保留态度以及担心失地农民的生存问题，土地制度的改革困难重重。然而，本文认为更重要的是应立即着手，逐渐推进要素价格的市场化改革。只有这样，结构失衡问题才能得到有效解决。

（王碧珺　译）

参考文献

1. 白重恩，钱震杰，2009a，《国民收入的要素分配：统计数据背后的故事》，《经济研究》2009 年第 3 期。
2. 白重恩，钱震杰，2009b，《谁在挤占居民的收入——中国国民收入分配格局分析》，《中国社会科学》2009 年第 5 期。
3. 温家宝，2006，政府工作报告，国务院会议，北京，3 月 5 日。
4. 姚洋，2010，《调整经济结构，重启改革议程》，《财经》第 5 期。
5. Chenery, Hollis and Moises Syrquin, 1975, *Patterns of Development*, 1950 - 1970, Oxford：Oxford University Press.
6. Chang, Gordon G. , 2001, *The Coming Collapse of China*, New York：Random

House.

7. Garnaut, Ross, 2006, Making the international system work for the Platinum Age, Paper presented at the Seminar on the Occasion of Angus Maddison's 80th Birthday, 15 – 16 December, University of Queensland, Brisbane.

8. Goldstein, Morris and Nicholas Lardy, eds. , 2008, Debating China's Exchange Rate Policy, Peterson Institute for International Economics, Washington, DC.

9. Goldstein, Morris and Nicholas R. Lardy, 2009, The Future of China's Exchange Rate Policy, Peterson Institute for International Economics, Washington DC. Greenspan, Alan, 2005, "Current account," Speech at Advancing Enterprise Conference, 4 February, London, U. K.

10. Huang, Yiping, 2010a, China's great ascendancy and structural risks: Consequences of asymmetric market liberalization, *Asian-Pacific Economic Literature*, Vol. 24, No. 1, pp. 65 – 85.

11. Huang, Yiping, 2010b, Dissecting the China puzzle: Asymmetric liberalization and cost distortion, *Asian Economic Policy Review*, forthcoming.

12. Huang, Yiping and Kunyu Tao, 2010, Causes and remedies of China's current account surpluses, *Asian Economic Papers*, forthcoming.

13. Huang, Yiping and Xun Wang, 2010a, "Effectiveness of China's capital account controls," Project paper prepared for External Economy Institute, National Development and Reform Commission, Beijing.

14. Lin, Justin Yifu, Fang Cai and Li Zhou, 1996, *The China Miracle: Development Strategy and Economic Reform*, Hong Kong: Chinese University Press.

15. Pei, Minxin, 2006, *China's Trapped Transition: The Limits of Developmental Autocracy*, Boston: Harvard University Press.

16. Song, Guoqing, 1994, "From unified purchase and marketing system to land tax," in Qiren Zhou, ed. , *Rural Change and Chinese Development: 1978 – 1989 (II)*, Hong Kong: Oxford University Press (in Chinese).

17. Yu, Yongding, 2007, "Global Imbalances and China," *Australian Economic Review*, Vol. 40, No. 1, pp. 1 – 33.

第十五章
从农民工到市民：
中国特色的深度城市化

蔡　昉　王美艳

一　引言

人们通常在一般规律上了解在经济发展过程中，农业份额下降和劳动力部门转换的现象及其必然性。但是，人们对于这样的转变实际上是怎样表现的，每个阶段会呈现出什么样的特征，哪些变化是具有根本性意义的，哪些标识可以用来判断根本性的变化，认识得却不是十分清楚。由于以下几个原因，在中国，无论从理论视角，抑或实证视角，学者们对这种变化产生的看法都不尽一致。

首先，发展经济学理论的解说和预测不尽相同，观点莫衷一是。例如，刘易斯从其作出转折点描述和判断的意义上，说明他认为农业劳动力转移是一个持续并且单向的过程；而托达罗（1969）以及哈里斯和托达罗（1970）则把农业劳动力转移看做是一个有来有去的双向流动过程。

其次，先行国家和地区中不同的时期实际表现各异，似乎看不到完全相同的变化轨迹。

几十年前，当日本、韩国及其他国家通过大规模的农村人口城市化完成其现代化转型之时，许多发展中国家——尤其是拉美国家和东亚国家——却深陷于城市赤贫和贫民窟的"城市病"中。

再次，中国的变化十分迅速，如果发生一个根本性的变化，往往使人在认识上应接不暇。此外，诸如中国劳动力供给长期大于需求、农业剩余劳动力数量庞大等传统观念，也常常干扰人们从新的角度去认识新的情况。

不过，中国长期以来的劳动力转移路径及其正在发生的新变化，与刘易斯的二元经济发展过程及其转折点的描述十分吻合，启发我们可以把相应的理论概念借鉴来比照中国的实践。过去 30 年，由于人口政策和经济社会发展，中国在整个改革开放时期，都处在劳动年龄人口总量迅速增加且比重不断上升的过程中。计量经济学分析显示，1982～2000 年间，人口抚养比占单位 GDP 的比率降至 26.8%（Cai 和 Wang，2005）。

然而，目前城镇劳动年龄人口的净增量全部来自农村劳动力的转移，呈现逐年减少的趋势，预计到 2015 年，农村转移出来的劳动年龄人口无法满足城市的需求。此时，整个国家总的劳动年龄人口也停止增长，此后将开始萎缩。相应的，人口抚养比开始大幅度提高，传统意义上的人口红利消失。目前出现的普通劳动者工资上涨和经常性的民工荒现象，就是这种人口结构变化与高速经济增长保持对劳动力强烈需求之间产生矛盾的体现。

以刘易斯转折点的到来作为一个经济发展阶段的里程碑，从理论和实证的角度认识中国二元经济终结并揭示其相应的政策含义，有助于我们认识未来经济增长的潜力，以及保持社会和谐的关键领域。而农民工无疑是这个理论认识和政策关注中的一个主题词。[①] 可以说，农民工的地位和身份如何变化，决定着中国经济增长和社会稳定的前景。在 2030 年之前的 20 年中，中国人口转变的后果将进一步显现：2015 年前后劳动年龄人口将停止增长，2030 年前总人口将达到峰值。对于一个长期以来依靠丰富而便宜的劳动力实现了高速经济增长的国家来说，应对这些重大转变带来的挑战，挖掘人口红利的潜力，未雨绸缪，实现经济增长方式的转变，是保持增长可持续性的关键。

本文的以下部分是这样组织的：第二部分揭示刘易斯转折点到来的题中应有之义，在劳动力流动和劳动力市场变化趋势中，已经日益显示出农业不再是剩余劳动力的蓄水池，因而农民工进城的不可逆转性愈发确定。第三部分讨论"托达罗悖论"的政策含义，指出继续目前农民工"有来有去"的模式，从经济增长的角度已经没有合理性，而从社会发展方面更可能存在一定的风险。因此，恰当的政策选择应该是按照农民工市民化的思路推进城市化进程。第四部分讨论把农民工纳入城市社会保障制度中，或者更一般地

---

① "中国工人"被选为美国《时代》周刊 2009 年年度人物，并被排在第三名位置上，表明中国农民工不仅对于中国经济社会作出巨大贡献，而且对于世界经济具有重要意义。

说，把他们纳入城市公共服务对象的迫切性和可行性。最后部分对主要结论及其政策涵义做简单总结。

二 农民工进城的不可逆转性

关于中国是否（或何时）已经（或将要）到达刘易斯转折点，学界存在诸多分歧（Garnuat 和 Huang，2006；Cai，2008a，2008b；Garnaut，2010）。按照刘易斯（1972）和其他学者（如 Ranis 和 Fei，1961）的分析，对于一个二元经济社会来说，事实上存在两个转折点。当劳动力需求增长超过供给增长时——此时劳动者的工资水平开始提高——是第一个刘易斯转折点。在这个转折点，农业部门的工资并非由边际劳动生产率决定，也就是说，农业部门和现代部门的劳动生产率差异仍然存在。渐渐的，农业部门和现代部门的收入开始由各自的边际劳动生产率决定，且两个部门的边际劳动生产率最终相等，这时候便达到了第二个刘易斯转折点，亦即商业点。当达到后一个转折点，这个经济体就摆脱了二元经济。本章主要讨论第一个刘易斯转折点。

刘易斯转折点并不是也不应该是一个黑白分明的、把前后发展阶段截然切断的分界线，而更应该被看做是一个连接两个发展阶段的转折区间，或者是经济发展过程中的一个长期历史趋势的起点（Minami，1968）。就这点来说，虽然 2004 年算是具有转折点标识的年份，我们仍然借助这个转折点的分界，对其到来前后劳动力市场及其相关表现进行分析。在距离刘易斯转折点较远的情况下，农业中劳动力剩余程度高，劳动边际生产力趋近于零，劳动力转移出来并不影响农业生产，因而农民外出打工并不会引起农业生产方式的变化。此外，由于这个时期非农产业只是在边际上，并且不稳定地吸纳农业剩余劳动力，城市管理者为应对就业压力还经常排斥农民工（Cai 等，2001），此时，农业仍然作为一个剩余劳动力的蓄水池。而在进入刘易斯转折点之后，或者这个起点开始之后，情况发生了本质性的变化。

首先，农业生产方式对于劳动力大规模稳定外出作出了长期的调整。由于农业剩余劳动力的向外转移是持续大规模进行的，数量每年有稳定的增长，推动农业机械化和现代化对此作出反应，即农业技术变化逐渐从早年的不重视劳动生产率，转向以节约劳动力为导向。从农业机械总动力来看，改革开放 30 年期间始终是以比较稳定的速度在增长，在基数增大的情况下，近年来并没有减慢的迹象。而更为显著的变化是农用拖拉机及其配套农具的增长趋势和结构的变化。在 1978～1998 年的 20 年中，农用大中型拖拉机总动力数年平均增长 2.0%，小型拖拉机总动力年平均增长 11.3%，而在 1998～2008 年的 10 年中，大中型拖拉机总动力年平均增长率提高到 12.2%，小型拖拉机动力增长率则降到 5.2%。拖拉机配套农具的增长也类似，大中型配套农具年平均增长率从前 20 年的零提高到后 10 年的 13.7%，小型配套农具增长率从 12.1% 降低到 6.9%。

　　结果，随着生产中劳动投入降低、实物资本投入提高，中国农业的资本—劳动比——即实物投入与劳动投入之比——自 2004 年开始迅速提高（见图 15－1）。根据诱致性技术变迁理论（Hayami 和 Ruttan，1980），伴随农业机械化过程，农业中的剩余劳动力不断减少将是一个必然结果。1995～2005 年间，农业部门的总要素生产率（TFP）提高了 38%，而最迅猛的增长恰恰发生在 2004 年之后（Zhao，2010）。

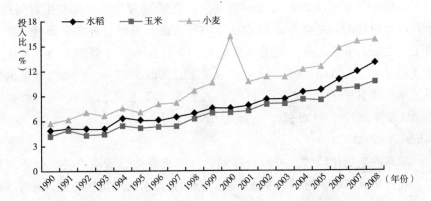

图 15－1　中国农业实物投入与劳动力投入之比的变化

资料来源：国家发改委，历年《全国农产品成本收益资料汇编》，中国统计出版社。

　　其次，城镇非农产业对农村转移劳动力的需求迅速增长。从劳动年龄人口变化趋势看，城镇人口的年龄结构变化快于农村，城市经济增长极度依赖农村转移的劳动力。如表 15－1 所示，据国家统计局的调查，从 2000 年至 2009 年，虽然全国打工时间在 6 个月以上的农民工由 7850 万增至 1.45 亿，增长率却在不断降低。这期间，城市地区的劳动雇用量在持续增长，且增长率保持稳定。2009 年，近 1/3 的城市雇工为农村移民，在建筑等行业农民工占垄断性数量。与此同时，农民工逐渐开始在城市真正定居和工作（Zhang 等，2009）。但是，城市很难为数量如此庞大的劳动力提供居所。

表 15 – 1　农民工与城镇就业的数量与增长速度

年份	农民工		城镇就业	
	人数(万)	年增长率(%)	人数(万)	年增长率(%)
2001	8399	7.0	23940	3.4
2002	10470	24.7	24780	3.5
2003	11390	8.8	25639	3.5
2004	11823	3.8	26476	3.3
2005	12578	6.4	27331	3.2
2006	13212	5.0	28310	3.6
2007	13697	3.7	29350	3.7
2008	14041	2.5	30210	2.9

资料来源：国家统计局（2009）；国家统计局农村社会经济调查司（历年）。

根据国家统计局 2009 年初的调查，截至 2008 年底，全国打工时间在 6 个月以上的农民工总量为 2.25 亿人。其中，跨乡镇以外外出流动就业的农民工人数为 1.4 亿，占农民工总数的 62.3%；在本乡镇范围之内从事非农就业的农民工人数是 8500 万人，占农民工总数的 37.7%。在外出就业的农民工中，常住户外出就业的农民工人数为 1.1 亿人，占农民工总数的 79.6%；举家外出户农民工人数为 2859 万人，占农民工总数的 20.4%（sheng，2009）。

从这两个变化趋势，可以观察刘易斯转折点前后劳动力转移的不同特征。在转折点之前，城镇或非农产业对劳动力需求的周期性变化，通常导致农业劳动力数量的反向增减，即农业就业规模不是由自身需求决定的，在统计意义上是一个余项，农业仍然是剩余劳动力的蓄水池。而在转折点到来的情况下，城镇和非农产业的劳动力需求波动，则较少引起农业劳动力的反向变化。即一方面农业不再具有消化剩余劳动力的功能，另一方面城镇和非农产业调节劳动力市场短期供求变化的能力也增强了。其结果是，农业不再作为剩余劳动力的蓄水池。

图 15 – 2 表明，大约以 20 世纪 90 年代中后期为转折，此前非农产业就业增长率与滞后一年的农业就业增长率都波动比较剧烈，统计上有较大的变异程度。由于劳动力总量在继续增长，两者多数年份都是正增长，并且由于农村劳动力转移要求与受非农产业就业的约束都很强烈，两个增长率之间的关系并不稳定。在 90 年代中期之后，两个就业增长率变异程度明显降低的同时，两者之间呈现显著的负相关关系。在 1998～2008 年间，两者相关系

数为 -0.748，农业就业以负增长为主。最显著的改变发生在 2004 年，这一年，非农产业就业高速增长和农业就业负增长关联密切。概括说来，我们应该把刘易斯转折点理解为一个转变时期，2004 年就标志着这个时期的到来。

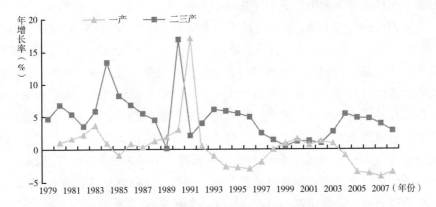

图 15 - 2　农业就业与非农就业的数量关系

资料来源：国家统计局，《中国统计年鉴》（历年），中国统计出版社。

三　"托达罗教条"的终结

托达罗因其对于迁移动因的研究而广为流传。而他的理论中最具影响的莫过于所谓的"托达罗悖论"。在其代表性文献中（Todaro, 1969; Harris 和 Todaro, 1970），他提出吸引农村迁移者的是城乡预期工资之差，即把城乡实际工资差由城市失业率进行修正。这样，就形成了一个悖论，即所有改善城市就业状况从而降低失业率的努力，则因扩大了城乡预期工资的差距，而加大农村劳动力的迁移动机。或者进一步，所有改善迁移者状况的努力，都会进一步引起迁移者的涌入，反而恶化迁移者在城市的就业和居住环境。与此相应，"托达罗悖论"则因而转化为"托达罗教条"，包括对农村向城市的迁移要加以控制，劳动力流动模式应该是"有来有去"，从而采取只是把迁移者作为临时过客等一系列政策倾向。[1]

"托达罗悖论"的一个假设是农业中不存在失业现象，背后的含义是，农业仍然是剩余劳动力的蓄水池。与此相对应，"托达罗教条"寄希望于通

---

[1]　关于"托达罗教条"的解释以及"托达罗悖论"的政策含义可以参见 Todaro（1985：第九章）。

过保持城乡劳动力迁移的两极在推力和拉力上面的平衡，发挥农村作为化解社会风险的功能。这样一来，更强化了农村地区充当剩余劳动力蓄水池的定位。从经济发展的层面，这个假设是缺乏动态的，没有把农业份额下降规律乃至二元经济发展的内涵充分考虑在内。

如前所述，中国经济已经到达刘易斯转折这个新的发展阶段，打破"托达罗悖论"乃至改变"托达罗教条"所隐含的政策倾向，是客观的必然结果。如果说在我们今天观察到的这个转折点之前，随着城市经济周期性波动农民工经常性返乡，把承包地作为一种后备就业机制，可以起到防止流动劳动力在城市遭遇失业风险从而陷入绝对贫困的作用，在缺乏对农民工的社会保护机制的条件下，不啻为一种经济和社会泄洪渠。但是，一旦农业不再是剩余劳动力的蓄水池，劳动力流动不再是"有来有去"式的，从终极方向上看，推力和拉力的均衡终将要打破，因此，这种以迁移劳动力的间或返乡为表现的风险防范机制，已经失去了存在的基础。

金融危机时期中国农民工对劳动力市场的反应，已经显示出其与国际经验的类似之处。如 2009 年他们返乡过春节，随即很快回城，经历了从制造业到服务业以及建筑业的就业调整，实现了相对充分的就业，以至于不久后出现了劳动力短缺现象。这充分意味着，用"托达罗教条"和"有来有去"的传统观念进行劳动力流动的管理，已经不符合时代的要求。

刘易斯转折点到来之前的阶段，每当遇到就业压力的时候，城市管理者就会将农民工赶走（Cai 等，2001），2008～2009 年间，为了应对金融危机对就业造成的负面影响，城市管理者放松了限制，日常服务业部门中的农民工就业人数占到了各行业首位。随着政府经济刺激计划的实施，由于投资结构向基础设施建设和服务业倾斜，更多不同的就业机会也随之而来（Cai 等，2010）。

这与日本的经历非常相似。1960 年代，在日本达到刘易斯转折点后，大批农民工在城市定居和工作，即便自那时日本的城市经济开始出现衰退，他们也没有再回到农村。相反，为应对经济危机，劳动力会由制造业调整到服务业及其他各种行业，结果，这些农民工定居下来，成为城市居民。

另一方面，农民工在城市长期居住和工作的意愿及倾向，与其缺乏稳定的市民身份的现实发生了抵牾。在企业面临困难时，农民工往往首当其冲，由于就业和收入都不稳定，加上社会保障覆盖率低，他们容易成为城市里的边缘人和脆弱群体。据调查（汝信等，2009），2009 年全国法院系统受理的劳动争议案件比上年同期增长 30%，在沿海地区增加幅度更高达 40%～

150%。其中，农民工是提起劳动争议最多的群体，而且他们的维权重点已经开始从讨回欠薪转向社会保障等问题。这一方面表明由就业和收入引发的社会风险的存在，另一方面也表明亟须改变管理劳动力市场的传统模式。此外，达到刘易斯转折点后的新发展阶段，应遵循经济发展规律的要求，把农民工的市民化作为新的战略思维，推进城市化进程。

"托达罗教条"终结的一个表现，是以农民工为主要构成部分的城市常住人口的加速扩大，从而加速了城市化进程。但是，在中国特有的户口（户籍注册）制度条件下，城市化速度更具统计学的意义。城市化统计和事实情况在于：当农民转变成为农民工时，统计学上就将其作为城市居民，但他们并非真正的城市居民。

在严格实行户籍制度，没有自发性人口迁移和流动的计划经济时期，农村户口和城市户口的划分，人为地将居民划分为城市居民和农村居民。如1964年的第二次人口普查和1982年的第三次人口普查，都是把非农业户口统计为城市人口，把农业户口统计为农村人口。

随着农村劳动力向城市流动规模越来越大，既然户籍制度调整的进程未能与这个人口流动保持同步，户籍身份不再能够准确地反映城乡的实际居住状态。针对这种新情况，1990年进行的第四次人口普查采用了"常住人口"的概念，即那些离开家乡进城超过一年的流动人口，也被算作城市常住人口。这次人口普查的结果，随后被国家统计局用来作为基础，对1982年到1990年的所有数据进行了调整。到了2000年的第五次人口普查，离开家乡进入城市的时间只要达到半年，即使没有改变户籍，也被作为城市常住人口。国家统计局也据此对1990~2000年期间的城市化数据进行了调整。从此以后，城市人口被定义为：在城市居住6个月或以上的居民，而无论其户口登记地在哪里。其结果是，城市化率与非农化率产生了较大的差距，2007年城市化率比非农化率高出12个百分点（图15-3）。

有人认为，由于现行统计中的城市人口，有很大一部分是务农者，因而城市化率略有高估，即被高估了10%（Chan，2009）。其实，城市化固然与产业特点有关，但更主要是按照人口的集聚程度来定义的，因此，部分人口从事农业并不应该成为判断城市化是否被高估的依据。由于户籍制度是中国特有的制度现象，背后具有丰富的福利含义，因此，我们仍然应该从户籍制度的角度和公共服务的内涵来认识中国式的城市化。

与计划经济时期严格执行人口迁移和流动控制的情形相比，农民工现在可以进入城市，不限期地自由择业和居住，这应该看做是户籍制度改革的重

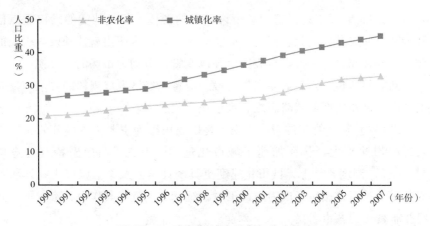

图 15 - 3　人口的城市化率与非农化率

资料来源：国家统计局，《中国人口和就业统计年鉴》（历年），中国统计出版社。

要一步，由此形成的城市化水平提高，不应该简单地被说成是高估。从这个角度来说，我不能认同 Chan 和 Buckingham（2008）的观点。他们认为，新一轮的户籍改革取得的成效对废除户口没有什么作用，农民工的境遇更加糟糕，也不能因为农民工在城市企业中广泛就业、在城市中自由居住，就得出中国的城市移民已经有了实质性扩张。

近年来非农业户口所占比例的显著提高，印证了户籍改革是颇有成效的。1990 ~ 1999 年，非农业户口的年均增长率为 2.3%，同期，城市"常住户口"的年均增长率为 3.1%；1999 ~ 2007 年间，非农业户口的年均增长率为 3.2%，同期，城市"常住户口"的年均增长率为 3.2%，这些增长率均快于世界平均水平（Cai，2010）。但是，这两者之间的差异还是非常明显的——农民变为工人和移民变为市民之间存在公共服务方面的鸿沟，未来需要缩小城市"常住"居民和真正城市居民之间的差异，进一步推进城市化进程。

从公共服务的均等性来讲，这种城市化模式的确具有非典型化的特点，即被统计为城市常住人口的农民工及其家属，没有享受到与城市户籍人口相同的社会保障和社会保护的覆盖，在诸如义务教育、保障性住房等其他公共服务方面，他们也没有获得均等的权利。这种非典型性的城市化，妨碍了城市功能的发挥，抑制了城市化对经济增长和社会发展的促进作用。具体来说，这种城市化模式首先导致城市化进程的不稳定性。无论是因经济周期因素还是最终预期，没有获得正式市民身份的农民工及其家属，仍然把农村老家作为自己的归宿。由于城乡消费模式的差异，没有归属感的农民工和家属，仍然按照农村的模式进行消费和储蓄，不能发挥城市化促进服务业发展和消费需求扩大的功能。

四 公共服务均等化的条件

刘易斯转折点还隐含着另外一层涵义，即地方政府对于外来劳动力的态度的转变。中国政府是一个发展型政府（Oi, 1999；Walder, 1995），而地方政府还可以看做是竞争型政府（Herrmann-Pillath 和 Feng, 2004）。更准确地说，地方政府在财政分权的条件下，有着强烈的发展本地经济的动机，因而尝试以有效率的方式最大化发挥政府职能。

这种关注经济发展的政府类型，对于政府所履行的职能，包括直接介入经济活动和提供公共物品，其最为关心的部分是有利于本地经济发展的领域。蒂布特（Tiebout）通过构造一个迁移者"用脚投票"（vote with their feet）的模型，解释地方政府提供公共服务的行为，尝试找到公共服务供给与需求之间的市场解。这个假说的含义是，由于迁移者对于由地方政府支出提供的公共服务有特定需求和偏好，他们会根据一个地区或社区的公共服务提供水平，选择自己的迁移目的地。反过来，地方政府如果对本地居民的数量具有特定的需求和偏好，则会通过调整自己的公共服务供给行为，尝试吸引或排斥迁移者。

虽然对于蒂布特模型有不同的看法，本文也并不需要承认地方政府的公共服务能够获得市场均衡解。但是，该假说为地方政府看到农民工对地方经济增长重要性的情况下，提供更好的公共服务具有了内在的激励相容因素。在刘易斯转折点之前，二元经济所具有的劳动力无限供给特征，决定了非农产业发展可以在不提高工资等就业待遇的条件下，劳动力需求得以充分满足，劳动力不会成为经济增长的瓶颈要素，因而，地方政府的主要干预领域不在劳动力市场，而是集中于招商引资。

而经济发展一旦到达刘易斯转折点，劳动力短缺经常性地发生，一方面，企业通过提高工资、改善待遇和工作条件等方式逐渐展开对劳动者的竞争，另一方面，从地方政府的行为上，我们也可以看到一种倾向，通过某种形式的劳动力市场干预，或者提高对农民工的公共服务覆盖水平，帮助本地区获得更好的劳动力供给环境。其中最引人注目的举措就是将农民工纳入城市劳动管理和社会保障体系，具体包括：制定和调整本地最低工资，加大社会保障和其他公共服务覆盖面。

例如，制定和调整本地最低工资，就是近年来地方政府经常用来干预工资水平的一种机制。自 1993 年当时的劳动部发布《最低工资条例》和 1994 年通过《劳动法》，地方政府可以根据地方生活水平差异，制定实施本地区的最低工资。在早期时间里，该法规实施的特点是标准较低、调整较少、较少应用于农民工。到了 1990 年代末期，最低工资水平和调整频率开始逐渐提高，进入 21 世纪后，改变愈发显著。随着 2004 年以后民工荒在各地普遍出现，意味着劳动力短缺成为经常现象，一方面，中央政府要求各地至少每两年进行一次调整，另一方面，各城市政府感受到劳动力短缺的压力，竞相提高最低工资水平（表 15 - 2）。这项举措也适用于农民工。与此同时，最低工资水平与市场工资水平同步提高。[①]

表 15 - 2 城市最低工资调整情况

单位：个数，%

年份	样本城市数	调整的城市数	样本城市平均增长率	调整城市平均增长率
1996	129	32	3.6(7.2)	14.4(7.2)
1997	142	80	7.6(8.0)	13.5(5.9)
1998	209	31	2.4(6.4)	15.9(7.7)
1999	227	152	16.9(14.2)	25.3(9.4)
2000	255	79	8.8(15.9)	28.7(15.8)
2001	274	122	9.2(16.8)	20.7(20.0)
2002	286	167	9.8(11.4)	16.8(10.3)
2003	286	77	4.4(8.3)	16.3(7.7)
2004	286	186	15.6(16.6)	24.0(14.9)
2005	286	132	10.9(15.5)	23.6(14.9)
2006	286	253	18.4(14.4)	20.7(13.6)
2007	286	154	10.8(14.3)	20.0(13.9)
2008	286	200	13.6(11.9)	19.4(9.4)

注：括号中的数字为标准差。
资料来源：根据城市最低工资数据库（由中国社会科学院人口与劳动经济研究所收集）计算得到。

此外，许多地方政府还通过与劳动力输出省份的协作，帮助企业联系劳动力的稳定和定点供给；许多城市逐步放松关于农民工落户的条件，如规定

---

① 关于农民工工资的增长情况，请参见 Cai 等（2009）。农民工的工资可以作为非熟练劳动者和市场决定工资的代理指标。

了购房面积标准、劳动合同年限，以及社会保险累计缴纳年限等落户标准，并且这些类似的标准逐步得以降低；地方劳动和社会保障部门灵活地掌握社会保险缴费水平，以扩大对农民工的覆盖率。所有这些政府努力，表现出地方政府对于以人为核心的城市化的激励相容。

然而，对农民工来说，最必需且最为欠缺的公共服务是养老保险和失业保险。从有关劳动和社会保障的法律法规上讲，享受基本社会保障制度的覆盖，是城市农民工的权利。然而，实际中他们参加社会保险的比例，迄今为止仍然很小。据 2009 年的调查，在城市打工 6 个月以上农民工的养老保险覆盖率为 9.8%，失业保险覆盖率仅为 3.7%（sheng，2009）。既然农民工加入各种社会保险没有法律障碍，现实中覆盖率低的问题在于农民工个人和企业的缴费意愿。在他们的缴费观念发生根本改变前，为了吸引更多的劳动力，地方政府可以采取各种举措扩大公共服务的覆盖面，这也会促成中央政府第四次社会保障改革。刘易斯转折点到来对于中央和地方政府的公共服务意愿具有重要影响，农民工在社会保障领域享受充分而均等权利的条件也已经成熟。

总的来看，将农民工纳入城市保障体系涉及三方面问题。第一，长久以来，政府一直对社会保障基金能否负担农民工这个庞大的群体心存顾虑；第二，即便农民工和其雇主有参加社会保障的想法，但社保基金无法转移或转让的问题也制约了他们的意愿，毕竟，农民工的工作并不稳定；第三，社保基金的高缴费率加重了雇主的负担，因而也影响了他们参与的积极性。

从养老保险制度覆盖农民工的条件看，目前的职工基本养老保险制度主要由两个部分组成，即统筹的部分和个人账户部分。社会养老保险资金是按照现收现付的原则征缴和支出的。在 1997 年开始实行现行制度后的很长一段时间里，由于历史欠账的原因该资金账户严重亏缺，只好与个人账户混账管理，以后者弥补前者的不足，形成个人账户的空账运行。统筹账户亏空的原因有两方面。第一，改革之前没有养老金积累，但政府承诺所有国有企业职工的退休保障，而这些退休人员在城市职工中占据了极大比例，也就是说，改革之前便累积了巨额的历史债务。第二，根据联合国（UN，2009）的统计预测，自改革伊始，中国的抚养比便开始上升，并将不断提高。

不过，近年来社保体系的状况已经发生了显著改变。首先，和许多1997 年前退休的"老人"一样，1997 年后退休的人获得了社保养老金的充分保障。其次，随着辽宁省社会养老保障制度试点的完成，以及试点地区扩大到了 11 个省份，个人账户已经有了一定的积累，反映在每年的社会养老保险资金收支中，盈余超过 7000 亿元人民币。再次，现有在城市就业的农民工年龄多介于 20～30 岁，如果把主要由年轻人构成的农民工纳入社会养老保险制度，则意味着大幅度降低抚养比。也就是说，农民工的加入不仅可以增强社会统筹能力，也能通过个人账户的积累为自己未来储蓄。这一切说明基本城市保障体系正在发生积极的改善，如果该体系能将农民工完全纳入其中，不仅不会出现财政困难，反而会缓解财政压力（Cai 和 Meng，2003）。

缺乏可转移性也是制约农民工加入基本养老保险的最关键的制约因素。截至 2007 年，还有 19 个省以及部分地区市级没有建立基本养老基金。低水平的社会统筹制约了基本养老金的流动，也阻碍了高流动性的农民工加入其中，一旦劳动力市场发生波动，大批农民工就会退出该体系。考虑到只有个人账户部分可以返还，而社会统筹部分则不能返还，造成不论是农民工还是雇主都没有参加的意愿。

为了解决这个问题，中央政府最近出台了《城镇企业职工基本养老保险关系转移接续暂行办法》，此办法规定，参加基本养老保险的工人发生跨省劳动力转移时，保证将其基本养老保险个人账户和统筹账户资金一并转入新的工作所在地。这项新规定为农民工养老金转移提供了制度性的保障。

从失业保险制度覆盖农民工的条件看。迄今为止，农民工加入失业保险的比例微乎其微。2008 年《劳动合同法》颁布实施，要求企业主与农民工签订合同，以便于将农民工纳入各种各样的社会保障项目中。这种做法，除了受农民工"有来有去"的托达罗教条的传统观念影响之外，另一个担心是，农民工就业不稳定、流动性大，可能形成贡献不充分而受益的现象。正如前面所分析的，托达罗教条使我们无法正确理解农民工在劳动力市场中的地位。

目前，失业保险的最低缴费期规定是 1 年，受益期为 12 个月到 24 个月。农民工的就业状况丝毫没有超越这个制度框架的特殊之处。根据最近的一项调查（Zhang 等，2009），除去占全部调查对象 11% 的外出不足 1 年的农民工，一年之内岗位变动和城市变动次数较多外，农民工总体上一年的岗位和城市变动次数都少于 1 次，而且外出时间越长，变动频率越小（表 15-3）。此外，农民工通常具有较低的保留工资和岗位预期，一旦失业找到新工作的时间周期较短。也就是说，农民工的就业状况完全可以满足最低缴费期和规定受益期的要求。

表 15 - 3　农民工外出年限与就业流动性的关系

单位：个数，%

年　　限	有效调查人数	占全部百分比	年均变动工作次数	年均变动城市数
1 年以下	362	11	4.00	3.89
1~3 年	658	20	0.87	0.76
3~5 年	454	14	0.50	0.42
5~8 年	475	15	0.34	0.27
8 年以上	1268	39	0.18	0.14
全　　部	3217	100	0.82	0.75

资料来源：张秀兰等（2009）。

　　自 2003 年以来，失业保险基金收入显著大于支出，每年结余规模巨大，2008 年累积结余达到 1288 亿元，累积结余为 2008 年支出额的 5 倍。失业保险作为一种现收现付制度，意味着当年的基金收入不应该显著大于当年基金支出，更不应该形成一个大规模的累积结余。这种过度结余，意味着参保人贡献与受益的不对等，从而会降低民众的参保意愿。通过调整这个制度安排，提高包括农民工在内的职工参保激励，不仅可以扩大农民工的失业保险覆盖面，还可以进一步完善劳动者的社会保障机制。

　　事实上，地方政府已经越来越意识到，需要提高社会保障来应对劳动力短缺问题，地方劳动和社会保障部门也在不断调整各种中央政府允许调整的社会保险项目的缴费率。为了应对全球金融危机，中央政府采取了一系列支持就业的政策，允许符合条件的企业延迟缴纳社会保险金，减少个人缴纳部分。利用临时政策的灵活性，一些地方政府——尤其是那些在金融危机前就感受到劳动力短缺的地区——通过降低缴费率，提高了社会保险覆盖面。

　　此外，在全国范围的普遍的劳动力短缺状况发生后，一些现象也开始出现了。首先，一些劳动移民目的地的政府开始与劳动力输出地建立正式的合作机制，以确保本地企业有稳定的劳动力供给。其次，某些市级政府通过放松一些标准让农民工获得城市户口，例如，购买一定面积的住房；签订用工合同和缴纳社会保险的年限。所有这些主要由地方政府在推动，也体现了在以人为本的城市化进程中激励相容的特点。

五　结语

　　引起世人瞩目的中国奇迹，不仅表现为前所未有的高速经济增长率，还表现为中国在较短的时间内，较为完整地走完了西方国家在更长期的时间里才完成的各种转变，包括人口转变和经济发展阶段跨越。这样一个浓缩的经济发展和转型过程，为发展经济学观察二元经济向一体化经济转变中的阶段现象，以及转轨经济学检讨从计划经济向市场经济转变所需要的条件，印证相应经济学假说，提供了良好的案例。特别是，中国刘易斯式的二元经济发展跨越了刘易斯本人在理论上预见的第一个转折点，为该理论模型注入了新鲜养分。反过来，借鉴相应的分析范式和概念，判断中国经济社会面临的新挑战和新机遇，也对中国进一步发展提供了有益的理论工具。

伴随着刘易斯转折点的到来，农民工成为城市经济发展不可或缺的劳动力供给来源，非农产业对农民工的需求成为常态，农业不再是剩余劳动力的蓄水池，因此，农村劳动力转移不再是"有来有去"式的。按照经济发展规律，城市化应该与非农化更加紧密地结合在一起同步进行。然而，过去10年中国超常规的城市化速度，是在没有提供均等的公共服务的条件下，仅仅把居住超过6个月的农民工统计为常住人口的结果。

既然现存的城市公共服务的排他性来自于户籍制度，相应的改革逻辑顺序则是放开户籍制度。但是，由于城市政府在面临为农民工及其家属提供公共服务，特别是创造社会保障覆盖、子女义务教育和升学、保障性住房等方面的均等机会时捉襟见肘，虽然一些地区进行了改革户籍制度的种种尝试，但总体而言，户籍制度改革迄今为止没有取得根本性突破。不过，一旦我们认识到户籍制度的核心是公共服务的供给，而中国特色的地方政府在劳动力短缺逐渐成为普遍现象的情况下，会利用公共服务供给覆盖水平的扩大，加速农民工实际上市民化的进程，以此保持城市劳动力供给的可持续性。当户籍人口与非户籍人口享受相同的公共服务时，户口就失去了原来的意义。如此一来，户籍制度改革也被囊括在农民变为工人、移民变为市民的转变过程中了。

与其他发展中或转型国家相比，中国的户籍制是独一无二的一种制度。中国二元经济的发展，其特点在于，农民转变为城市工人，但无法享有城市公共服务，也没有渠道将其纳入社会保障。在这种特征下，中国实现了快速城市化，直至达到刘易斯转折点，出现劳动力短缺。具有中国特色的新一轮的城市化，将是推进农民工向市民转变。正如中国的发展造就了人类历史上最大规模的农民工群体一样，未来20年，中国也将推动世界上规模最大的移民群体转变为城市居民。

参考文献

1. Cai, F. 2008a, *Approaching a triumphal span: how far is China towards its Lewis turning point?*, UNU-WIDER Research Paper, No. 2008/09, United Nations.

2. University World Institute for Development Economics Research, Helsinki.

3. Cai, F. 2008b, *Lewis Turning Point: A coming new stage of China's economic development*, Social Sciences Academic Press, Beijing.

4. Cai, F. 2010, 'How migrant workers can contribute to urbanization: potentials of China's growth in post-crisis era', *Chinese Journal of Population Science*, no. 1, pp. 2 – 10.

5. Cai, F. and Meng, X. 2003, 'Demographic transition, system reform, and sustainability of pension system in China', *Comparative Studies*, vol. 10.

6. Cai, F. and Wang, D. 2005, 'China's demographic transition: implications for growth', in R. Garnaut and L. Song (eds), *The China Boom and Its Discontents*, Asia Pacific Press, Canberra.

7. Cai, F., Du, Y. and Wang, M. 2001, 'What determines *hukou* system reform? A case of Beijing', *Economic Research Journal*, vol. 12.

8. Cai, F., Du, Y. and Wang, M. 2009, *Migration and labour mobility in China*, Human Development Research Paper, no. 9, United Nations Development Programme, Human Development Report Office, New York.

9. Cai, F., Wang, D. and Zhang, H. 2010, 'Employment effectiveness of China's economic stimulus package', *China & World Economy*, vol. 18, no. 1, pp. 33 – 46.

10. Chan, K. W. 2009, Urbanization in China: what is the true urban population of China? Whichis the largest city in China?, Unpublished memo.

11. Chan, K. W. and Buckingham, W. 2008, 'Is China abolishing the Hukou system?', *The China Quarterly*, vol. 195, pp. 582 – 606.

12. Department of Rural Surveys various years, *China Yearbook of Rural Household Survey*, National Bureau of Statistics, China Statistics Press, Beijing.

13. Garnaut, R. 2010, Chapter 2 in this volume. Garnaut, R. and Huang, Y. 2006, 'Continued rapid growth and the turning point in China's development', in R. Garnaut and L. Song (eds), *The Turning Point in China's Economic Development*, Asia Pacific Press, Canberra.

14. Harris, J. and Todaro, M. 1970, 'Migration, unemployment and development: a two sector analysis', *American Economic Review*, no. 40, pp. 126 – 42.

15. Hayami, Y. and Ruttan, V. 1980, *Agricultural Development: An international perspective*, Johns Hopkins University Press, Baltimore and London.

16. Herrmann-Pillath, C. and Feng, X. 2004, 'Competitive governments, fiscal arrangements, and the provision of local public infrastructure in China: a theory-driven

study of Gujiao municipality', *China Information*, vol. 18, no. 3, pp. 373 – 428.

17. Institute of Population and Labour Economics n. d. , *Urban Minimum Wages Database*, Institute of Population and Labour Economics, Chinese Academy of Social Sciences, Beijing.

18. Lewis, A. 1954, 'Economic development with unlimited supplies of labour', *The Manchester School*, vol. 22, no. 2, pp. 139 – 91.

19. Lewis, A. 1958, 'Unlimited labour: further notes', *The Manchester School*, vol. 26, no. 1, pp. 1 – 32.

20. Lewis, A. 1972, 'Reflections on unlimited labour', in L. Di Marco (ed.), International Economics and Development, Academic Press, New York, pp. 75 – 96.

21. Minami, R. 1968, 'The turning point in the Japanese economy', *The Quarterly Journal of Economics*, vol. 82, no. 3, pp. 380 – 402.

22. National Bureau of Statistics (NBS) various years, *China Population and Employment Statistical Yearbook*, China Statistics Press, Beijing.

23. National Bureau of Statistics (NBS) various years, *China Statistical Yearbook*, China Statistics Press, Beijing.

24. National Development and Reform Commission 2010, *The Report on the Implementation of the* 2010 *Plan for National Economic and Social Development and on the* 2010 *Draft Plan for National Economic and Social Development*, The Third Session of the Eleventh National People's Congress, Beijing.

25. National Development and Reform Commission various years, *Compilation of Farm Product Cost-Income Data of China*, China Statistics Press, Beijing.

26. Oi, J. C. 1999, 'Local state corporatism', in J. C. Oi (ed.), *Rural China Takes Off: Institutional foundations of economic reform*, University of California Press, Berkeley.

27. Ranis, G. and Fei, J. C. H. 1961, 'A theory of economic development', *The American Economic Review*, vol. 51, no. 4, pp. 533 – 65.

28. Ru, X., Lu, X. and Li, P. 2009, *Analysis and Prospects of China's Social Situation*, 2009, China Social Sciences Academic Press, Beijing.

29. Sheng, L. 2009, New challenges migrants are faced with on employment during the financial crisis, Paper presented to Urban-Rural Social Welfare Integration Conference, Chengdu, Sichuan Province, 16 April.

30. Tiebout, C. M. 1956, 'A pure theory of local expenditures', *The Journal of Political Economy*, vol. 64, no. 5, pp. 416 – 24.

31. Todaro, M. P. 1969, 'A model of labour migration and urban unemployment in less developed countries', *American Economic Review*, vol. 59, no. 1, pp. 138 – 48.

32. Todaro, M. P. 1985, *Economic Development in the Third World*, Longman, New.

33. York and London. United Nations (UN) 2009, *The World Population Prospects: The* 2008 *revision*, United Nations, New York. < http: //esa. un. org/unpp/ > .

34. Walder, A. 1995, 'Local governments as industrial firms: an organizational analysis of China's transitional economy', *American Journal of Sociology*, vol. 101, no. 2, pp. 263 –

301.

35. Zhang, X. , Tian, M. , Liu, F. , Gao, Y. , Chen, L. and Hu, X. 2009, Survey report of migrant workers' pension system, International Conference on Migrant Workers' Pension System, Ministry of Human Resources and Social Security, Beijing, 15 - 16 September. Zhao, W. 2010, Analysis on potentials of China's agricultural growth after Lewis turning point, Unpublished working paper.

第十六章
自主创新促进可持续发展

吴延瑞

引　言

经过 30 年的快速增长，中国经济目前正处于走向下一个发展阶段的十字路口。虽然中国的经济增长确实十分惊人，但它也耗费了大量的资源，并对环境造成了损害。为了维持今后几十年的高速增长，就必须加强科技进步的作用。一国的技术进步可以通过从国外转让技术，也可以通过自主创新来实现。前者对中国经济的作用在学术上已被广泛讨论过了。例如，Wei 和 Liu（2006）研究了中国的制造业部门出口和外国直接投资所导致的生产力溢出效应；Tian（2007）和 Liu 等（2009）调查了外国直接投资和跨国公司所造成的技术溢出效应；Kuo 和 Yang（2008）分析研究了知识溢出效应与区域经济增长。然而，中国学术界对本土公司的创新能力和所取得的成就的研究很有限。[①] 本章的目的是探讨中国的自主创新能力和探索创新的潜力，从而为未来的可持续增长提供一个关键的要素。本章首先回顾了中国的创新能力以及所取得的成绩，紧接着从企业的层面上对创新作一个分析，随后又从国际角度来研究中国的创新，最后讨论了创新对中国的可持续发展的影响。

[①] 对中国研发部门的综合调查由 Gao 和 Jefferson（2007）；OECD（2009）和 Zhang 等（2009）提供。Wei 和 Liu（2006）与 Jin 等（2008）的研究对之也略有涵盖。

中国的创新能力及所取得的成绩

自 1949 年中华人民共和国成立以来，中国就已经实施积极的科学技术发展方略。该方略一直偏重于国防部门的技术进步。直到最近，科学技术作为经济增长的关键要素才被更普遍地认可和推广。2006 年初，国家中长期科学技术发展计划（2006～2020）正式发布。①"2020 计划"的目标就是到 2020 年，将中国建设成一个以创新为主导的社会，并在之后成为全球领先的创新者之一。

未来 10 年中国科学技术发展的主要目标和重点在"2020 计划"文件中已经详细说明了。根据这份文件，中国将：

● 在未来 15 年内，在 11 个主要部门，如能源、水资源和环境保护领域，给予技术进步优先权；

● 进一步提高国家知识产权体系，加强知识产权保护相关法律和规定的执法；

● 通过让企业参与国家项目，并为它们提供税收优惠等其他金融支持来鼓励企业发挥创新的关键作用；

● 提高在科学技术上的投入，到 2020 年，中国的研发支出将占国内生产总值的 2.5%；

● 到 2020 年，中国至少有 60% 的经济增长来自技术进步；授予中国国民的专利和期刊引用总数预计将排在世界前五位。

为了评估中国的自主创新能力，可以考虑这几个指标。制约自主创新最重要的因素就是研发经费。近年来，"2020 计划"的实施结果表现为研发支出的急剧增长。例如，在 2005～2009 年间，研发方面的开支实际平均增长了 19.4%——增长速度是国内生产总值的两倍。② 因此，在中国，研发方面的开支占 GDP 的比例（或者说研发密度）从 1990 年的 0.71% 上升至 2009 年的 1.62%（图 16－1）。图 16－1 中的数据还表明，中国的研发人员数量（等同于全日制）从 1992 年的 67 万人增至 2008 年的 190 万人。近年来，这一增长尤为迅速，在 2005～2008 年间，它以平均 13.4% 的速度在上升。此

---

① "2020 计划"是 2006 年 2 月 9 日由中华人民共和国国务院颁布的（www. gov. cn）。

② 研发支出的平均增长率是根据国家统计局（2009，2010）以及 YHT（2009）数据计算而得。

外，科学、工程以及药学专业的应届毕业生从 1995 年的 476110 人增加到了 2008 年的 270 万人（国家统计局，2009）。

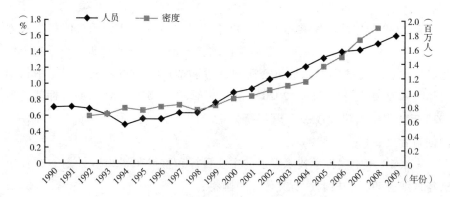

图 16 - 1　中国的研发的密度和人员

资料来源：国家统计局，《中国统计年鉴 2009 年》，中国统计出版社；国家统计局 2010 年、2009 年国民经济和社会发展统计公报，国家统计局；YHT 2009，《中国高新技术产业统计年鉴》（2009 年），国家统计局和科技部，中国统计出版社。

随着研发投入的增大，中国的创新能力和成果也有所增加。例如，国内专利申请和注册数分别从 1995 年的 69535 项和 41881 项增至 2009 年的 878000 项和 502000 项（图 16 - 2）。在同一时期，中国申请境外专利数也在增加，从 13510 项增至约 99000 项，境外专利注册数也从 3183 项增至 80000 项（国家统计局，2009；科技部，2010）。另外，据报道，中国科学家和工

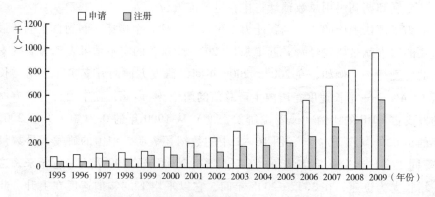

图 16 - 2　专利申请和注册数（1995 ~ 2009 年）

资料来源：国家统计局，《中国统计年鉴 2009 年》，中国统计出版社；国家统计局 2010 年、2009 年国民经济和社会发展统计公报，国家统计局；科技部（MST）2010 年，中国科技统计，科技部，〈www. most. gov. cn〉。

程师所发表的论文也从 1995 年的 65000 篇增至 2007 年的 208000 篇。①

中国地区间的差异很大。中国的 31 个行政区研发密度各不相同，在 2008 年最低的有 6 个行政区少于 0.5%，而同时最高的有 4 个行政区超过了 2%（表 16-1）。在人力资源方面，拥有研发的科学家和工程师的幅度从最少的西藏每 100 万人只有 161 位到最多的北京有 9833 位。从表 16-1 中还可以看出，在 2008 年专利注册的人数从最少的西藏每 100 万人只有 32 项到最多的上海有 1296 项。一般来说，沿海地区和全国其他地区（即中西部地区）之间存在较大差距。此外，如果将每 1000 个科学家和工程师注册专利的个数定义为展现研发能力的指标，在一般情况下，省级绩效和投入是正相关的，正如图 16-3 预期和描绘的一样。但是，这个数据还指出了至少两个明显的异常点，那就是 2008 年北京不佳的表现以及浙江出色的表现。

表 16-1　中国区域性研发统计（2008 年）

地　区	支出占 GRP 的比例 （%）	每百万人口中科学家和 工程师人数（位）	每百万人口拥有 专利的个数（个）
沿海地区均值	1.96	2830	601
北　京	5.25	9833	1047
上　海	2.59	4212	1296
天　津	2.45	3293	577
江　苏	1.92	1887	579
浙　江	1.60	2067	1034
辽　宁	1.41	1538	247
广　东	1.41	2186	650
山　东	1.40	1408	283
福　建	0.94	1345	220
河　北	0.67	535	79
中部地区均值	0.85	731	84
湖　北	1.31	1103	147
安　徽	1.11	655	71
黑龙江	1.04	1168	120
湖　南	1.01	604	96
江　西	0.97	540	52
山　西	0.90	974	67

---

① 这些数字是基于 YHT（2009）中查找到的科学引文索引（SCI），工程索引（EI）和科技会议录索引（ISTP）数据库而得。

续表 16 – 1

地　区	支出占 GRP 的比例 （%）	每百万人口中科学家和 工程师人数（位）	每百万人口拥有 专利个数数量（个）
吉　林	0.82	1085	109
河　南	0.66	583	97
广　西	0.46	426	46
海　南	0.23	172	40
西部地区均值	0.81	597	80
陕　西	2.09	1352	117
四　川	1.28	768	164
重庆市	1.18	995	170
甘　肃	1.00	593	40
宁　夏	0.69	694	98
贵　州	0.57	257	46
云　南	0.54	357	44
内蒙古	0.44	647	55
青　海	0.41	377	41
新　疆	0.38	366	70
西　藏	0.31	161	32

资料来源：国家统计局，《中国统计年鉴 2009 年》，中国统计出版社，YST（2009）。

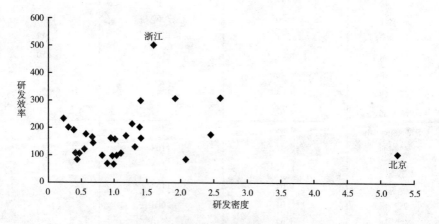

图 16 – 3　中国的研发密度和效率（2008 年）

注：研发效率定义为每百万科学家和工程师注册专利的个数。

资料来源：研发密度和效率值的计算采用的数据来自国家统计局，《中国统计年鉴 2009 年》，中国统计出版社；YST2009 年，《中国科学技术统计年鉴》（2009 年），国家统计局和科技部，中国统计出版社。

企业层面的创新

在促进国家创新能力的增长方面，中国企业发挥着重要的作用。自20世纪90年代中期以来，中国企业已经成为研发投资和执行的主要参与者（国家统计局，2009）。截至2008年，其在研发投资和支出中占有70%以上的比例（图16-4）。这一增长同样反映出与全国总数相比，企业部门注册专利份额正在改变。这一比例从1995年的12%增至2008年的34%。[1] 但是，中国企业作用的增大会导致更多市场驱动下的研发投资。这反映为两个指标的变动。首先，基础与应用研发的费用占研发总支出的比例由1995年的32%下降至2008年的17%（国家统计局，2009）。其次，"发明"专利占国内专利总数的比例从2004年达到最高峰的25.9%后一直下降为2008年的22.7%（国家统计局，2009）。[2] 政策制定者面临的挑战就是要确保以市场为导向的研发活动不是在以牺牲国家长期创新能力建设的情况下增长的。

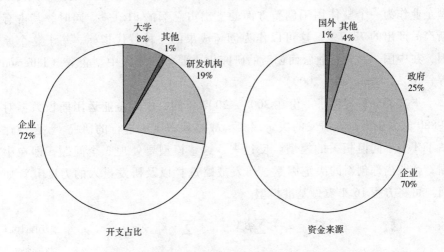

图16-4　中国的研发开支占比与资金来源（2008年）

资料来源：国家统计局，《中国统计年鉴2009年》，中国统计出版社。

在创新活动和努力方面，企业之间和部门之间都有差异。国家统计局在2007年首次进行了全国范围内企业创新活动的调查。收集了3年内（2004～

---

① 这些占比数是根据国家统计局2009年统计的中国专利数据计算而得。

② 中国的专利一般分为三类：发明专利，实用新型和外观设计。

2006）的企业层面创新活动的详细信息。此次调查覆盖了所有大中型公司并对小型公司进行了抽样调查。[1] 其中调查的 299995 家企业中有 2674 家大型企业（0.9%），29622 家中型企业（9.9%）和 267699 家小型企业（89.2%）。只有 86342 家公司（不到总数的 1/3）真正从事创新活动（国家统计局，2008）。据这次调查，发现大型企业参加研发活动的比率最高（83.5%），其次是中型企业（55.9%）和小型企业（25.2%）。在行业层面上，参与率排在前五名的行业分别是药物（63.7%），仪器及办公设备（60.7%），烟草（55.2%），通信和其他电子设备（46.8%）和特别的测量仪器（46.5%）。[2] 其中除了烟草行业以外的这些行业都属于所谓的高科技行业。[3]

在 2006 年，创新型企业平均会将公司营业收入的约 1.9% 用于创新。虽然这个数字要大于中国整体的研发力度，但是企业间仍存在着巨大的差距。大型企业平均用于研发的投资额约占公司业务收入的 2.7%，远超过中型企业（1.8%）和小型企业（1%）（国家统计局，2008）。2006 年，大中型企业作为一个整体用于创新方面的支出占总额的 81.1%。同时，其占有新产品产出的 78.7%，这可以作为创新成果的一种替代指标。基于这个原因，在中国，有关企业层面创新的研究仍主要集中在大中型企业（Jefferson 等，2003；Girma 等，2009）。

下文的分析提供了一份在 2005～2007 年间，中国企业运用面板数据对 19880 家大中型企业研发的决定因素、战略和密度所进行的研究。[4] 已经评估了 3 个不同但相关的模型。反过来，这些模型要处理 3 个问题，即在中国，企业内部创新的决定因素、研发战略选择以及研发投入的力度究竟如何。可将方程 16.1 看做基准模型。

$$Y_{it}^{*} = \alpha_{o} + \sum \beta_{j} X_{iy(i-1)} + \sum \gamma_{j} Z_{ijl} + \varepsilon_{it} \qquad \text{方程 16.1}$$

在方程 16.1 中，Y^{*} 是一个潜在变量，在研发战略模型和创新决定因素要素模型中取值 1 或 0，在第三个模型（即研发支出的密度）中定义为研发

---

[1] 根据 2003 年通过的官方企业分类标准，中国企业进行分组使用的三个标准为：员工人数、销售收入和资产价值。例如，在制造业部门，员工数在 2000 人以上的为大公司，300～2000 人的为中型公司，300 人以下的为小型公司（www. stats. gov. cn）。

[2] 括号中的百分比数字是根据国家统计局 2008 年数据计算得出的研发活动的参与率。

[3] 国家统计局在 2002 年 7 月颁布了一个公告，明确了高技术工业统计分类的目录。

[4] 更详细的介绍和讨论可参见 Wu（2010）。

密度。滞后变量（X）用来反映企业年龄、规模、债务负担水平、生产技术、无形资产和长期投资的水平的影响。X 变量滞后了一个时期，以避免模型中潜在的同步性问题。具体来说，这些变量（X）的定义如下：

- AGE，表示公司成立到现在的年数
- SIZE，表示公司规模，用员工的人数来衡量[①]
- DEBT，表示公司的负债程度，用总负债与总资产的比率来衡量
- TECH，表示公司的生产技术水平，用资产净值与就业数的比率来衡量（即资本劳动比）
- INTANG，表示公司是否具有无形资产（如专利），如果公司有无形资产就定义为 1，若没有则为 0
- INVEST，表示公司是否有长期投资，若有则为 1，否则为 0

其他因变量，即方程 16.1 中的变量 Z，反映与所有制、地点、所处行业和时间等因素有关的差异、企业的绩效、出口状况和行业集中度。这些变量（Z）包括：

- EFF，表示公司效率的指标，用企业的劳动生产率来衡量，即产出价值与总就业人数的比例
- EXP，表示公司是否有进出口业务，如果有则为 1，否则为 0
- HERFINDAHL 指数，表示公司在本行业的竞争力水平，计算基于中国工业部门的 4 位分类法
- Ownership 虚拟变量，表示公司的所有权，共分五类，分别为国有、香港投资者、澳门和台湾（HMT）的投资者，外国投资者以及其他控股企业（相对于其他所有的公司）
- Region 虚拟变量，表示公司的地理位置，共分六类，分别为北京、上海、珠江三角洲、六个中部省份、东北三省以及西部，其中东北三省为基准[②]
- Sector 虚拟变量，表示公司所属的行业，共分 12 类，以官方标准行业分类（SIC）为基准

[①] 当然，在这里，公司规模还有其他衡量方法，如总产值，总销售价值等。选择雇员人数可以使得一些意见由于缺少数据而减少。

[②] 具体来说，中国的 31 个行政区域被分成 6 组，由 6 个虚拟变量来代表：REG1（北京，天津，河北和山东），REG2（上海，江苏和浙江），REG3（广东、福建、广西和海南），REG4（山西、安徽、江西、湖北、湖南和河南），REG5（辽宁、吉林和黑龙江）以及 REG6（内蒙古、宁夏、西藏、新疆、甘肃、贵州、青海、陕西、四川、云南和重庆）。

这三个模型的估计结果列于表 16－2。根据模型 1 的分析结果，相比其他企业，大型或老牌企业更有可能为创新投资。出口型和资本密集型企业同样更有可能投资于研发。有长期投资、无形资产或绩效好（用劳动生产率测度）也更有可能投资于研发。创新的概率往往随着时间而上升，竞争开始增多，然后创新的概率开始降低。这与其他经济体提供的证据相符（Aghion 等，2005；Tingvall 和 Poldahl，2006）。经常背负着沉重的债务或是由境外投资，特别是来自中国香港、澳门和台湾的，所拥有的企业投资与研发的概率比较小，后者大量存在于珠江三角洲。这一发现意味着，外国公司来华主要是利用中国的廉价劳动力，中国的政策在鼓励外企投资创新方面不成功。

表 16－2　计量估计结果

变　量	模型 1		模型 2		模型 3	
	系数	p 值	系数	p 值	系数	p 值
常数项	－ 2.2088	0.000	－ 1.3537	0.000	0.1013	0.025
AGE	0.0098	0.000	0.0087	0.000	0.0024	0.000
AGE2					－ 0.00005	0.000
SIZE	0.0000	0.051	0.0000	0.000	0.0000	0.543
EXP	0.3319	0.000	0.2535	0.000	0.0321	0.000
DEBT	－ 0.1763	0.000	－ 0.2149	0.001	－ 0.6026	0.000
TECH	0.0001	0.000	0.0000	0.009	0.0000	0.832
EFF	0.0000	0.011	0.0000	0.771	－ 0.0001	0.000
INTANG	0.2223	0.000	0.1789	0.000	－ 0.0358	0.000
INVEST	0.4580	0.000	0.3566	0.000	0.2252	0.000
HERFINDAHL	3.0130	0.000	2.6715	0.000	3.8713	0.000
HERFINDAHL2	－ 9.6779	0.000	－ 8.3931	0.004		
Region 虚拟变量	有		有		有	
Ownership 虚拟变量	有		有		有	
Year 虚拟变量	有		无		有	
R^2	0.1480		0.0842		0.6091	
样本数	59640		27102		13446	

注：模型 1 和 2 的估计使用二次爬山（hill-climbing）优化算法和最大似然（Huber-White）标准差。模型 3 的估计预计使用了面板估计广义最小平方方法（EGLS），用横截面加权和怀特（White）标准差（由 eviews6 提供）。

资料来源：作者自己的估计。

虚拟变量的估计系数（表中没有报告）同样显示了，从事制药业、制造机械、运输设备、通信及其他电子设备的企业，相比别的企业，更有可能投资于创新。这些产品主要集中在高科技部门。事实上，在 2007 年，从总体水平上来说，高技术产业的平均研发密度远高于全国平均的 1.4%。例如，在 2007 年，研发开支占部门增殖的比例，制药业为 4.7%，飞机和航天器行业为 15.4%，电子和通信设备行业为 6.8%，计算机和办公设备行业为 3.9% 以及医疗设备和仪表制造行业为 6.3%（YHT，2008）。估计结果同时也意味着，国有和股份制企业，相比其他企业，更有可能去创新。[①] 还有一个有趣的发现，位于中西部地区的公司，特别是西部地区的，相比其他地区的企业，更有可能将资金用于研发。这可能反映了一个事实，即国有企业（SOEs）在中西部地区的经济中起到了更重要的作用，分别在这两个地区的企业中占到了 25.1% 和 30% 的比例。相比而言，在沿海地区这一比例只占到 15.6%。国有企业在创新中所起作用表明，私有化并不总是有利于创新的（至少在中国的私有企业在创新上可以发挥更突出的作用之前）。

根据表 16 - 2 的模型 2 的估计结果，持续的创新者，定义为在调查期间每一年都投资于研发的企业，更可能是大企业、老企业、出口企业或高资本劳动比率企业（或资本密集型技术）。持续的创新者也有长期投资或无形资产。我们发现，高负债和成为持续的创新者之间是负相关（表 16 - 2）。相对有效率的企业，相比其他，并不一定更有可能是持续的创新者。由来自香港、澳门及台湾的投资者控股的或位于珠江三角洲的企业，相比其他，都不太可能是持续的创新者。在一般情况下，国有企业和股份制企业更可能持续创新，位于中国西部的或参与制药业、机械制造、运输设备、通信及其他电子设备的企业，也更可能持续创新。如预期一样，这些产品的生产再一次主要集中在高科技行业。

我们发现，企业的研发密度与企业年龄之间的关系呈负相关（Wu，2010）。然而，进一步分析，事实证明公司的研发密度刚开始增长，然后随资本年龄开始下降（表 16 - 2，模型 3）；转折点估计约为 25 年。由于样本中企业的平均年龄是 17，大多数中国企业仍然在倒 U 形的上升（左边）阶段。至于竞争和研发密度之间的关系，就像 Aghion 等（2005）与 Tingvall 和 Poldahl（2006）所论证的那样，这里并没有呈现倒 U 形的证据。相反，表 16 - 2 中展示了研发密度和竞争之间的关系是呈负相关的。这就

---

① 详细的结果发表在 Wu（2010）。

支持了一个论点，即主导企业比非主导企业更趋向于创新（Blundell 等，1995）。

在表 16-2（模型 3）中进一步显示出，企业的研发密度与长期投资、出口的地位、大的规模、高资本密集度存在正相关，虽然后两个系数并不显著。同时还发现，企业的研发密度与企业的负债、效率和无形资产呈负相关。如果一家公司拥有无形资产，它可能意味着，该公司在其领域中做得很好（例如是以新产品或专利），需要研发投资只是保持其领先优势。效率和研发力度之间呈负相关关系是一个谜。这可能反映了国有企业在创新中的作用。相比其他企业，中国国有企业普遍效率比较低，但是，它们是中国研发活动的主要参与者。这与代表国有企业的虚拟变量的正系数所反映的是一致的。这些发现意味着中国正面临着一个两难的问题：进一步的经济改革需要改革国有企业或使国有企业私有化，而同时中国的民营企业却并不准备承担研发投资的风险。因此，对创新而言，政府需要制定帮助国有企业向私有企业过渡的具体政策。

国际视角

在 2007 年，中国在世界上的主要研发国家中排名第三，仅次于美国和日本（表 16-3）。但是应当指出，中国与世界上最大的两个研发投资国之间仍然存在很大的差距。例如，在 2007 年，中国的研发开支总额分别只占美国和日本的 28% 和 70%。从研发的密度来看，虽然中国仍落后于世界上最大的支出国，但已远远领先于处于类似发展阶段的主要经济体，这在图 16-5 中已清楚地展示出来。如果保持目前在研发开支上的增长，我们推测，中国将按照韩国和日本的创新路径，成为世界上最具创新能力的国家之一。

此外，近几年，基础和应用研究支出合在一起占总研发支出的份额呈现下降趋势。在 2008 年只有 17.2%，而在主要的工业化经济体中这个比例则高得多，并随时间的推移而上升或相对稳定。因此，中国研发的支出模式偏离了全球趋势，而偏重于投资在"发展"研究方面。如上所述，这对国家创新能力的建设可能会有长远的影响。举例来说，一个新兴的趋势就是，在 2008 年授予的专利中，属于"发明"类别的专利只占 22.7%。由于投资随着时间的推移而增加，因此，中国研发的结构和质量正在改变。

表 16-3 全球前五大研发支出国（2007 年）

国家	研发支出（2000 年 PPP 价格,10 亿美元）	占比（%）			研发人员（百万人）
		商业	政府	其他	
美国	311.4	66.2	28.3	5.5	1.426
日本	124.6	77.7	15.7	6.7	0.938
中国	87.1	70.4	24.6	5.1	1.736
德国	58.7	68.0	27.8	4.3	0.506
法国	35.6	52.0	38.2	9.8	0.372
英国	33.3	46.5	30.0	23.4	0.349

PPP = 购买力平价。

注：美国研发人员的数字为 2006 年的数据。

资料来源：研发支出和人员数据来自经济合作与发展组织在线数据库 < www. oecd. org > 。

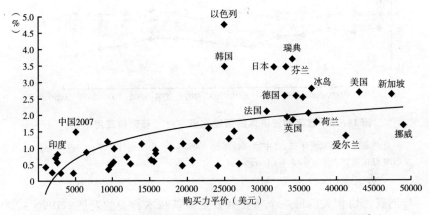

图 16-5 主要经济体的研发力度和人均国内生产总值（2007 年）

注：研发密度是指在每个国家研发支出占国内生产总值的比例。人均国内生产总值为 2005 年不变的国际价格。

资料来源：世界银行 2010 年，世界发展指标，世界银行网站，华盛顿。

2006 年，中国第一次超过美国，成为世界上拥有最多研究人员的国家。[①] 截至 2008 年，中国的研发部门有超过 190 万雇员，其中超过 84%（约 160 万）为科学家和工程师。[②] 在同一年，中国的大学中大约有 610 万学生就读于科学、工程和医学专业，其中包括 759000 名研究生（国家统计局，2009）。因此，在未来几十年中，中国在研发的人力资源方面的潜力，

---

① 根据经济合作与发展组织在线数据库中数据得出 < www. oecd. org > 。

② 这些数字来自中国国家统计局的科学技术统计年报 < www. stats. gov. cn > 。

无疑将是世界上最大的。国家在人力资源方面的比较优势同样反映在研发支出的结构上。在 2007 年，劳动报酬约占研发总成本的 25%，这一比例远低于同一年的许多 OECD 成员国，如日本（占 39%）、韩国（占 44%）、英国（占 48%）、美国（占 57%）、法国（占 57%）以及德国（占 60%）。① 这表明，中国在劳动力成本方面仍然拥有相当大的比较优势。但是，支付给科学家和工程师低报酬是有风险的。当今世界，熟练的工人是相当容易跳槽的，低报酬可能导致中国在国际人才市场上缺乏竞争力。

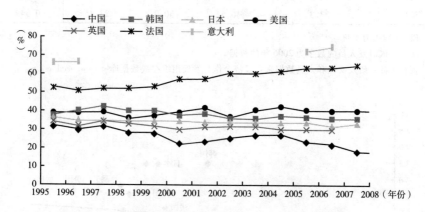

图 16 - 6 选定的经济体的研发支出占比（基础和应用研究）

资料来源：国家统计局，《中国统计年鉴 2009 年》，中国统计出版社；经济合作与发展组织在线数据库 < www. oecd. org > 。

与创新密切相关的另一个重要因素是高新技术行业的发展。1996～2007 年间，这一部门价值增值的平均增长速度达到 18.7%，是中国经济增长速度的两倍。电子及通信设备部门以 28.8% 的增长速度主导了这一增长，紧随其后的是计算机及办公设备制造业的 18.8% 以及医学设备和仪表制造业的 18%（图 16 - 7）。2008 年，高新技术产业作为一个群体占中国总制造产量的 12.9%（DPD）。2002～2008 年间，该部门的出口值以平均 44.9% 的速度增长。② 和世界上高科技主要出口国相比，中国拥有全球最大的市场份额（表 16 - 4）。在 2007 年，中国的高科技产业同样占全国制造业出口总额的 29.7%。这个数字与世界第二大出口国的美国持平，但是，仍远远落后

---

① 劳工赔偿占总研发费用的比例是根据经济合作与发展组织在线数据库中数据估计而得 < www. oecd. org > 。

② 根据 YHT（2008）的数据计算出来的一个名义增长率。

于其他东亚经济体，如菲律宾（68.95%）、马来西亚（51.7%）、新加坡（46.4%）和韩国（33.4%）（表16-4）。这样的话，观察中国是否能够在高新技术产业的发展上跟上他的亚洲邻居将会很有趣。

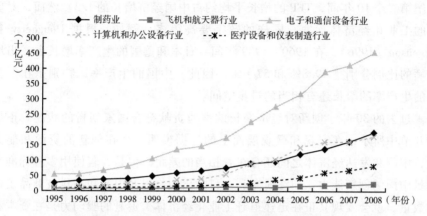

图16-7 高技术部门的增值（1995年不变价格）

资料来源：YHT 2002年，《中国高新技术产业统计年鉴》（2002年），国家统计局和科技部，中国统计出版社；YHT 2008年，《中国高新技术产业统计年鉴》（2008年），国家统计局和科技部，中国统计出版社。

表16-4 选定经济体的高科技部门的出口（2007年）

单位：%

国　　家	制成品出口所占的百分比	全世界占比	国　　家	制成品出口所占的百分比	全世界占比
中　　国	29.7	18.6	马来西亚	51.7	3.6
美　　国	28.5	12.7	英　　国	19.5	3.5
德　　国	14.2	8.6	墨西哥	17.1	1.8
日　　本	19.0	6.7	菲律宾	68.9	1.6
韩　　国	33.4	6.1	巴　　西	11.9	0.5
新加坡	46.4	5.8	印　　度	5.3	0.3
法　　国	18.9	4.5	俄罗斯	6.9	0.2
荷　　兰	25.7	4.1			

资料来源：世界银行2010年，世界发展指标，世界银行网站，华盛顿。

对未来经济增长的启示

准确评估创新对中国经济增长的贡献是对技术上和理论上的挑战。实证文献中对增长的会计式分析占主导地位，并侧重于传统的索洛型创新或全要素生产率（TFP）增长的分析。Wu（即将出版）查阅了超过70份研究中的不少于150个全要素生产率的增长率的估计，发现在20世纪90年代至21世纪第一个10年间，TFP的增长平均约占中国经济增长的1/3。然而，对更多的工业化经济体而言，同样的数字要高得多。例如，根据 Dougherty 和 Jorgenson（1996），在1960~1989年间，日本和德国的生产率增长占产出增长额的比例分别是49.8%和57.6%。因此，中国的生产率，特别是在创新上的生产率的增长还有相当的进步空间。

过去的30年，创新对经济增长的微薄贡献符合国家创新的状况。正如前几节中所示，在宏观和微观层面上的证据说明了，在创新的资源和能力上，中国和发达经济体之间还存在着相当的差距。但是，若使用多种标准来衡量中国的创新能力，如注册专利、科学出版物以及引文和高科技商品出口的数量，就会发现其正在迅速追赶工业化经济体。追赶的驱动力是在资本和人力资源上不断增加的研发投入。这种追赶将使国家实现其创新潜力成为可能，对于未来20年内中国的可持续增长来说，这一点至关重要。为了达到这个目标，中国的决策者必须解决一些新出现的问题。

第一，在研发投资的总额方面，中国领先于在类似发展阶段的其他国家，并且还在迅速追赶 OECD 经济体。但是，中国在有些地方还可以做得更好。例如，中国高科技部门的研发密度落后于世界上的主要参与方（表16-5）。5个高科技部门中有4个（例外是飞机和航天器部门）在研发密度上存在着巨大的差距。即使是在飞机和航天器产业中，2007年中国的研发密度也大约只有德国、法国和英国的一半（表16-5）。

第二，在中国，随着研发活动的扩张，重要的是不要忽视研发的质量。在前面的章节已经介绍过近几年在基础和应用研究的投入相对减少的证据。这也反映在中国国内专利总数中，"发明"专利只占了很小的份额。如果这种趋势继续下去，中国创新的长期资本甚至未来经济增长的可持续能力都将受到影响。

第三，民营企业（包括外国公司）在创新中的作用应得到加强，这可以通过执行更严格的知识产权保护法律、法规和适当的激励创新的政策规定来实现。如之前的章节所示，在世界主要经济体中，企业部门在创新中起主导作用。虽然中国的民营企业正在迅速扩大，但在创新方面，它们落后于国有同行，更不要说其他国家的私营企业了。这可能是由于中国体制的限制，如有限的融资渠道和非国有企业的政府补助。

表 16 – 5　选定经济体的高技术部门的研发密度（2006 年）

单位：%

行　　业	中国	美国	日本	德国	法国	英国	意大利	韩国
制造业总体	3.4	10.2	11.0	7.6	9.9	7	2.4	9.3
高科技行业总体	5.7	39.8	28.9	21.5	31.9	26.6	11.1	21.3
制药	4.7	46.2	37.1	23.9	33.4	42.3	5	6.3
飞机和航天器	14.9	24.1	11.5	32.9	31.1	31.1	45.2	26.1
电子及通信设备	6.4	43.3	13.4	28.8	50.9	23.9	11.6	25.1
计算机与办公设备	3.8	34.7	缺	14.9	27.7	1.4	8.4	14.2
医疗设备和仪表	5.2	48.3	31.9	13.6	19.0	7.8	6.7	10.3

注：n. a. 表示不详。

资料来源：YHT 2008 年，《中国高新技术产业统计年鉴》（2008 年），国家统计局和科技部，中国统计出版社；YHT 2009 年，《中国高新技术产业统计年鉴》（2009 年），国家统计局和科技部，中国统计出版社。

最后，创新上还存在着相当的区域差距。这不仅仅归咎于中国的整体区域差距，同时也是由中国的知识和技术传播所造成的。这就应该建立相关机制，以确保更多的创新资源分布在整个华人地区。

结　　论

总之，在过去 30 年，中国已经在发展自主创新能力上取得了相当大的进展。这一趋势自 2006 年以来，通过执行发展科学和技术的"2020 计划"得到加强。它也奠定了中国经济增长模式从资源密集型转变为创新主导型的可能性的基础。中国在创新方面的投资已迅速增长，其结果是创新成果的扩大。

近年来，一个重要的发展就是中国企业在创新中所发挥的作用扩大了。现在，中国公司在国内是研发的主要投资者。但是，在与创新有关的企业特征方面，不同所有制和规模以及在不同行业和地点的企业间存在着异质性。这份研究表明，国有企业在研发方面的表现明显优于外商投资企业和中国民营企业。这是中国的困境。随着经济改革的深化，国有企业面临着私有化压力。与此同时，非国有企业（包括外国和本国私有企业）不准备承担研发活动的相关风险。这种情况就需要制定具体的政策来鼓励参与创新的非国有企业，并完善相关法律制度来为中国的知识产权提供有效的保护。

这项研究还表明了中国和处于世界领先地位的创新者之间的差距。为了缩小差距，在未来的几十年，中国的决策者应多加注意以下几个问题。首先，尽管中国是世界上最大的高科技产品出口国，但是，中国在高科技部门的研发力度仍落后于世界上的主要参与者。其次，虽然企业在创新中的作用得到加强，但是还存在着忽视基础和应用研究的危险，这在更长的时期内对国家创新能力的建设至关重要。最后，创新投资和产品的数量和质量在经济的转轨过程中应该被监测。增长不应妥协于创新的数量。

（潘莉　译）

参考文献

1. Aghion, P., Bloom, N., Blundell, R., Griffith, R. and Howitt, P. 2005, 'Competition and innovation: an inverted-U relationship', Quarterly Journal of Economics, vol. 120, no. 2, pp. 701 – 28.

2. Blundell, R., Griffith, R. and van Reenen, J. 1995, 'Dynamic count data models of technological innovation', Economic Journal, vol. 105, pp. 333 – 44.

3. Dougherty, C. and Jorgenson, D. W. 1996, 'International comparisons of the sources of economic growth', American Economic Review (Papers and Proceedings), vol. 86, no. 2, pp. 25 – 9.

4. 发展与规划部门 2009 年，2008 年中国高科技行业发展的分析，科学和技术统计的报告，no. 25，发展与规划部门，科技部，北京。

5. Gao, J. and Jefferson, G. 2007, 'Science and technology take-off in China: sources of rising R&D intensity', Asia Pacific Business Review, vol. 13, no. 3, pp. 357 – 71.

6. Girma, S., Gong, Y. and Görg, H. 2009, 'What determines innovation activities in Chinese state-owned enterprises? The role of foreign direct investment', World Development, vol. 37, no. 4, pp. 866 – 73.

7. Jefferson, G., Hu, A. G., Guan, X. and Yu, X. 2003, 'Ownership, performance, and innovation in China's large-and medium-size industrial enterprise sector', China Economic Review, vol. 14, no. 1, pp. 89 – 113.

8. Jin, F., Lee, K. and Kim, Y. – K. 2008, 'Changing engines of growth in China: from exports, FDI and marketization to innovation and exports', China and World Economy, vol. 16, no. 2, pp. 31 – 49.

9. Kuo, C. – C. and Yang, C. – H. 2008, 'Knowledge capital and spillover on regional economic growth: evidence from China', China Economic Review, vol. 19, no. 4, pp. 594 – 604.

10. Liu, X., Wang, C. and Wei, Y. 2009, 'Do local manufacturing firms benefit from transactional linkages with multinational enterprises in China?', Journal of International Business Studies, vol. 40, pp. 1113 – 30.

11. 科技部 2010 年,《中国科技统计》,科技部, < www. most. gov. cn > 。

12. 国家统计局,《2007 年工业企业的创新调查统计》,中国统计出版社。

13. 国家统计局,《中国统计年鉴 2009 年》,中国统计出版社。

14. 国家统计局,《2009 年国家经济和社会发展统计公报》,国家统计局。

15. Organisation for Economic Cooperation and Development (OECD) 2009, Measuring China's innovation system: national specificities and international comparisons, STI Working Paper 2009/1, Statistical Analysis of Science, Technology and Industry, Organisation for Economic Cooperation and Development, Paris.

16. Tian, X. 2007, 'Accounting for sources of FDI technology spillovers: evidence from China', Journal of International Business Studies, vol. 38, no. 1, pp. 147 – 59.

17. Tingvall, P. G. and Poldahl, A. 2006, 'Is there really an inverted U-shaped relation between competition and R & D?', Economics of Innovation and New Technology, vol. 15, no. 2, pp. 101 – 18.

18. Wei, Y. and Liu, X. 2006, 'Productivity spillovers from R & D, exports and FDI in China's manufacturing sector', Journal of International Business Studies, vol. 37, pp. 544 – 57.

19. World Bank 2010, World Development Indicators, The World Bank, Washington, DC.

20. Wu, Y. 2010, Are Chinese enterprises innovative? R & D determinants, strategies and intensity, Economics Discussion Papers, University of Western Australia, Perth.

21. Wu, Y. (forthcoming), 'What do we really know about productivity growth in China?', in L. Xu (ed.), China's Economy in the Post-WTO Environment: Stock markets, FDI and challenges of sustainability, Edward Elgar, Cheltenham.

22. YHT2002,《中国高新技术产业统计年鉴》(2002 年),国家统计局和科技部,中国统计出版社。

23. YHT2008,《中国高新技术产业统计年鉴》(2008 年),国家统计局和科技部,中国统计出版社。

24. YHT2009,《中国高新技术产业统计年鉴》(2009 年),国家统计局和科技部,中国统计出版社。

25. YST2009,《中国科技统计年鉴》(2009 年),国家统计局和科技部,中国统计出版社。

26. Zhang, C., Zeng, D. Z., Mako, W. P. and Seward, J. 2009, Promoting Enterprise-Led Innovation in China, The World Bank, Washington DC.

第十七章
中国医疗卫生体制与未来 20 年改革

Ryan Manuel

导　言

　　医疗卫生问题在中国，尤其是在农村地区，一直是个引起广泛不满的话题。虽然最近有一系列的改革措施频频出台，政府也史无前例地大规模投资卫生领域，但这一情况依然没有改善。现在中国百姓都认为"看病难，看病贵"，简明地概括了许多中国公民面临的医疗难题。

　　对中国医疗卫生体制之未来的分析需要一些历史背景。本章将把中国医改的发展历程分为三个阶段。第一阶段是 1950 ~ 1978 年的集体主义时期。鉴于当时的中国公共卫生体制具有高效率的公共财政体系和"直上直下"式的传输机制，它在"花小钱，得大利"方面处于世界领先位置。

　　第二阶段是 1980 ~ 2003 年的后集体主义时期。此阶段中国与其他发展中国家相比，其医疗体制从人均收入角度来看仍可称得上是效率较高，但从获取途径角度来看却极不平等。集体主义时期在中国的终结，伴随而来的是中国医疗成本的急剧膨胀（很大程度上是由医方引导的额外需求、滥开药和滥用高技术服务现象引起的），令人担忧的医疗资源高度不平等，以及医疗安全率的不断下降。医疗服务提供者和患者共同面临机制缺陷和动机缺陷问题。当前的公共财政体系不甚有效，只能加剧不平等；再加上城乡差异，都使得上述问题恶化并阻碍了改革进行。

　　从第三阶段（2003 年至今）开始之初，也正是和谐社会思想的提出之时，便一直存在着大量有关如何进行医改的争论。2003 年，"新型农村合作医疗制度"（NCMS）的引入，以及公共财政"覆盖农村"战役的打响，使得更多公共资金被投入到医疗系统中来。

许多需求方面的社会医疗保险项目得以实施，这些项目也将成为中国未来 20 年医改的主要驱动因素。

总体来看，这些改革建议可被大致分为两类。第一类建议，意在利用建立在社会医疗保险制度之上的需求战略，来增加体制内可使用的资金数额；另一类建议则与英国国民健康保险制度（NHS）相类似，着眼于使公共资助的门诊机构起到"看门人"和"面向公共医院的推荐人"的作用，增加投入并在此基础上建立独特的中国医疗体制。

但无论哪种改革都似乎不够充分。一个机构模型反映了中国政府面临着如下困难。公共投资的增长看上去并不能改变医务工作者个人的动机缺陷。由于缺乏监管、协调和指导，中央政府实现社会福利目标频频受阻，尽管有额外的资金投入也不管用。从 2009 年发布的医疗改革方案来看，虽然解决中国医疗领域的理论难题已经取得了一些进展，但是结构性问题依然存在。未来 20 年改革是否有效，要视中国政府能否有效地处理各种危害体制的结构性问题和动机缺陷而定。

中国医疗卫生领域发展的历史

中国医疗卫生体制的发展历程共分三个阶段。第一阶段——建立在社会主义计划经济之上——以各级政府提供的公共医疗服务为特征，在城镇地区由公共财政支持，在农村地区由社区筹款支持（Liu，2004：149 - 156）。这种平等主义社会模式运用强有力的政府结构来保障健康。农村地区的集体农庄和城镇地区的工作单元——换言之"单位"——都为其成员提供医疗保健。义务医疗保险和初级保健可以经由集体农庄或单位直达个人。在此条件下，许多不同的治疗层级产生了，再加上派遣赤脚医生提供当地初级保健的创造性举措（Smith，1974：429 - 35），使得整个中国社会的人口健康水平有了显著改善。这些成就是在低预算环境及一个公共健康投入占国内生产总值（GDP）低得不成比例的社会里取得的，而它们很大程度上要归功于预防性初级保健措施的应用，以及在"平等主义社会阶段"（Liu，2004：533）中确保群众可以通过多种途径获取医疗保健（如图 17 - 1）。

许多学者认为，中国公共医疗体系的结构特点对其出色的医疗成就起着

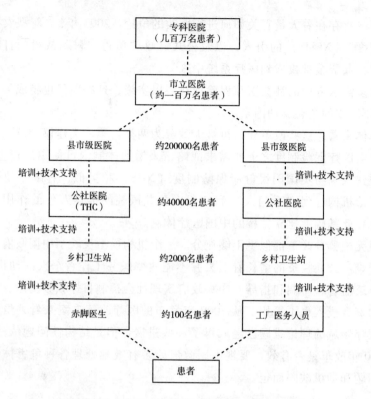

图 17 - 1　1987 年前中国农村的医疗保障层级

关键作用。① 在此体系之下，乡村卫生站、乡镇卫生院（THCs）以及县医院由垂直的行政系统整合成为三层次的系统。县卫生局对当地医疗服务状况负责，制订计划并分配当年政府预算。县级机构监管镇、村设备，提供转诊服务、培训和高水平的三级医疗。

　　更为重要的是，村级组织的社会医疗保险体制所提供的资金占全部医疗支出的50％以上。在合作医疗制度（CMS）覆盖率达到顶峰之时，它覆盖了农村人口的90％。合作医疗制度支持的医疗服务可依赖于预缴计划。因此在这个时期，国家在给予医疗提供者（特别是二级和三级医疗层面）财政支援方面扮演了重要角色，而公社向个人提供义务社区医疗保险。

　　到20世纪70年代中期，中国已经建成有效的农村医疗体制。体制为一系列的制度安排所支撑，包括得当的设备和人员网络、社会融资占医疗支出的很大比例，以及协调医疗服务提供者和鼓励医疗工作者为社区利益服务的

① 范例见 Bloom 和 Tang（2000），Liu（2004）和 Smith（1974）。

种种机制（Chernichovsky，1995）。三层"直上直下"系统中的激励非常高效，能够促进高水平的初级保健。

城镇地区同样也有与国家财政支持和垂直行政体系相结合、高效率组织管理的医疗体制。与农村地区不同的是，此种医疗体制依靠工人的雇主——"单位"来组织医疗保障。患者只需要缴付很小一笔费用，医疗服务主要购买者和提供者的角色由单位来扮演。工厂的医务人员就像农村的赤脚医生那样，其职责就是完成基本初级保健任务，在需要时将病人转入上级医疗机构。在此治疗层级之上，医疗保障体制的员工都是全职医生。

这两种医疗体制中，主要大医院代表最高级的护理，公共卫生机制则起到这些医院"看门人"的作用。1980 年之前，公立医院服务费用受政府控制，被维持在极低的水平上（约占实际花费的 20%），而政府通过弹性预算为患者提供住院治疗补贴，防止医院陷入入不敷出的窘境。医院没有向患者提供不必要且会加重患者经济负担的护理或药物的动机，因为预算限制非常宽松。

这项体制奠定了中国现代医疗设施的基础。虽然今天工厂医务人员不再担任初级保健工作，赤脚医生和乡村卫生站也由私人运作，但国家医疗体制结构和体制内病人分流趋向依然保持着同集体主义时期一样的特点。

公社的终结与社会化医疗

随着邓小平时代的到来，中国经济结构与公共服务供应体制急剧转型。国家本身的角色发生了根本变化。这种变化包含大规模的竞争，以及不同程度上省、乡、村级政府间的分权。随着管理模式的转变和由此而来的中国就业结构和税制的变化，医疗服务的本质也改变了。包括医疗保障在内的社会领域的发展，在公共政策议程上已经变得不那么重要了。

即便如此——就中国经济增长来看也属正常——根据一些宽泛的人口健康指数，中国人民的健康状况在持续提高。平均预期寿命从 1981 年的 67.9 岁提高到 2003 年的 71.8 岁。1991～2005 年，新生儿死亡率从每千人 50.2 降至 19，孕妇死亡率从每千人 88.9 降至 47.7（WTO，2009）。

而且，据人均国际标准来看，中国的基本医疗系统相对全面。安全饮用水、产前护理、住院分娩、早期接种疫苗的覆盖率在城镇地区分别是 99、96、93 和 95，而在农村地区分别是 80、86、62 和 85（卫生部，2004）。

尽管广泛的基本健康目标都有所改善，但这一阶段中，中国医疗卫生领域内的不满情绪亦在持续积聚。1993～2003年，自评发病率和卧床时间大幅增加。① 到2003年，居住在城镇和乡村地区的患者对医院的不满比率达到61%和54%，而这一数据在1993年还分别是8%和14%（卫生部，2004）。患者对医院系统的不满与成本膨胀和获得途径稀缺有很大关系。

这种体制转变是宏观战略转型的结果，是建立在中国政府采取"家庭承包责任制"原则（特别是农村地区）的基础之上的（Saich，2003：18－30）。"家庭承包责任制"原则究其核心，即认定家庭是社会保障的第一道防线。因此，作为这一原则的必然结果，政府仅在"家庭无力自我照顾之时、政府行动有效之时"才介入其中。最重要的是，为社会服务买单的重担首先落在了个人肩上。

与个人投入增长形成对比的是政府投入的大量削减。1978～2004年间，中国医疗开支年增长率为12%，高于9.4%的GDP增长率。尽管医疗开支大大增加，但政府投入占全部医疗开支的比例却从1978年的32%降至2004年的17%（NBS，2005）。医疗开支在政府总预算中的比重从1980年的2.4个百分点，降至2004年的1.9个百分点（卫生部，2010）。

因此，在和谐社会思想提出之前，中国在医疗保障上的公共投入远低于大多数发展中国家（见图17－2）。

财政结构使得政府分配给医疗服务提供者的资金大幅减少。各级医院名义上虽为政府资助，却需要自己筹集相当数量的资金。集体主义时代一结束，中央政府软预算措施也就告一段落了，1985年，像医院这样的医疗服务机构在硬预算约束面前束手无策。这一情形导致医疗体系内可供使用的公共资金急剧减少。世界银行的一项调查（1997）显示，全部政府补贴对医院运作总成本的支持不高于15%。这对医院和医生都产生了巨大的影响。

即使是名义上受政府全额资助的公共卫生机构也被预算短缺问题严重困扰。② 20世纪80年代初期，全部的机构收入都由政府预算来完成，然而到了1992年，政府对医疗机构的收入贡献率已减至35%。预算差额由收取的医疗服务费来补足。到1996年底，政府预算仅保证基本工资的50%，或公共医疗机构总收入的25%（Xu，1997）。

---

① 根据1993、1998、2003年三组国民家庭健康调查数据生成，参见卫生部（2004）。
② 这里的公共卫生机构指的是，仅提供诸如免疫、基本卫生监测之类公共物品的机构，而不是常规医院或乡镇卫生院这样提供公共、私人、殊价物品的机构。

2003年公共机构医疗开支的国际比较

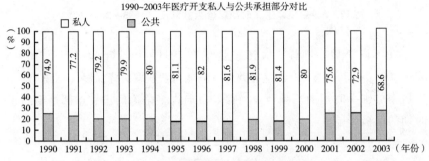

1990~2003年医疗开支私人与公共承担部分对比

图 17 - 2　后集体主义时期公共投入

这些措施的结果就是，后集体主义时期内，为公共医疗提供资金的责任最终落在了个人身上。

究竟个人能否承担得起这部分沉重负担？这些主要问题直到今日也被反复问及。2003 年中国国民健康调查显示，在 4 级农村地区约有占总人口68％的民众因为价格原因拒绝寻求医疗救助。①

Yip 和 Hsiao（2008）的回顾性研究证明，每年中国有3％的家庭被医疗费用拖入贫困。然而，真实数据有可能更加令人痛苦，因为许多人出于经济负担沉重或担心医疗服务不够有效的考虑，往往会向家人隐瞒病情。因此，"无力照顾自己"的家庭非常多。让人忧心的是，越来越多的人无法就诊因为付不起门诊护理费用，而这部分费用理应是最低的。

由于中国公民医疗保险获取不足，获得医疗保健所必需的个人开支增加的后果就更加严重。农村社会医疗保险覆盖率从 1980 年的大约 90％降至 1989年的 10％（世界银行，1993：28）。直到新型农村合作医疗制度建立之前，覆

---

① 4 级是相关社会经济状态最差的农村地区。根据平均收入所做的社会经济分层，各区域被划分为 1 至 4 层（卫生部，2004）。

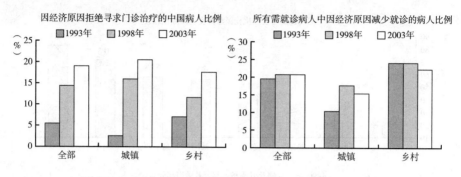

图 17 – 3　后集体主义时期就诊人数降低（1993～2003 年）

盖率还在不断下降。同样，城镇覆盖率在 1993～1995 年间降到了2%～3%（NBS，2006：125，908 – 9）。这导致患者只能自费获取医疗保健（见图 17 – 3）。

　　后集体主义时期的影响至今尚存。目前许多争论的出发点都是要纠正这一时期的消极影响。

结构性问题

　　正确评价支撑医疗体系的公共财政体制，不仅对理解该体系是如何建立起来至关重要，而且对理解中国医改的未来也至关重要。

　　因此，本节将就公共财政机制对中国医疗体系的影响作简要介绍，特别是对后集体主义时期的影响。

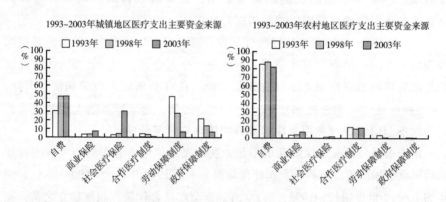

图 17 – 4　后集体主义时期医疗支出来源（1990～2003 年）

　　人民公社时代结束后，财政责任体系在 80 年代初期被引入，并持续至 1994 年（Wong，2007）。此次改革主要涉及中央和省级政府关系的问题。

鉴于当时省级政府的动机主要是刺激当地工业发展，因此资金也几乎都用在当地工业上。这就促进省级层面上资金数额的积聚，同时加剧了现存的横向和纵向的不平等（Wong，2007：2）。然而，这也使中央财政几近破产，因为税收大大减少了（世界银行，2005；Wong，2007；Fock 和 Wong，2008），且社会支出也大大削减。

1994 年，分税制正式引入，当地税收和中央税收被明确划分。此次税制改革的主要目的是加强中央财政地位、分割当地政府与处于当地政府地理管辖范围之内的企业这两者收入之间的直接联系。分税制理论上使中央政府通过财政转移扮演重新分配收入的角色，保证资金在中国各层政治体系中自由流通。

然而，分税制没能解决中国税制潜在的结构不平衡问题。中央政府收入增加了两倍还多（Wong，2007：7），但是收入增加的代价是将资金短缺转移给了下层政府（如图 17 - 5 所示）。

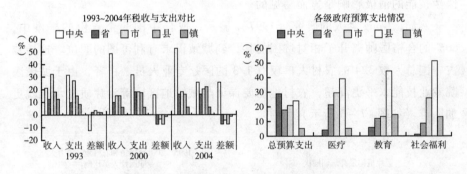

图 17 - 5　税收与支出变化（1993 ~ 2004 年）

此举对公共医疗来说极其重要，因为下级政府才是直接支付社会福利费用的机构。图 17 - 5 展示出各级政府所负责的社会福利。它清楚表明，收入分配与福利指令分配并不是成比例的。各级政府因此都面临筹集收入以支持社会计划的持续压力。而规模较小的县受到的财政压力会相当大。由于无法在农村收取非常规费用（2002 年国家禁止农村乱收费），以及受到从上到下"专项拨款"的限制，横、纵向支出不平等给低级医疗服务提供者，特别是欠发达地区带来的损害更加严重。

理解支出能力差异对理解中国医疗体系十分关键。税收不足使得政府很难通过支持医疗服务提供者、医疗政策或者组织来规范医疗行为。如 Chou 和 Wang 的研究（2009：694）所示，政府预算赤字对地区医疗支出有长期深远影响。筹资不足给公共医疗支出戴上了一道沉重的枷锁。Chou 和 Wang 认为，在其他条件均等的前提下，预算赤字每增长 1000 万元人民币，医疗支出就会减少 26.3 个百分点。

除了各级政府间纵向的不平衡，中国经济发展还存在区域间横向不平衡，整体上沿海省份经济增长率高于内陆省份。随着 1994 年分税制改革的进行，财政资源分布与地区收入更为接近，这进一步加剧了收入不平等的影响。因此，Liu 等人（2009：978 – 979）认为，财政转移是加强而非削弱了横向收入差别。越发达的省份越有可能从税收转移中获利。

结果是，能看得起病的人才有对医疗保健的需要，富裕沿海地区的公民生病时更可能去就诊（Zhang 和 Kanbur，2005：194）。这样一来，农村地区二、三级医疗专业人员就极为缺乏了。因为昂贵的器械能生出更多利润、配发更多奖金，所以边远医院的合格医务人才有前往大城市医院发展、农村地区受过训练的医疗工人有前往县市医院谋职的强烈经济动机。这对农村地区医生技能的消极影响是显而易见的。

例如，Gong 等人的研究（1997）显示，取自中国 8 个省份的样本中，80% 的合格医师离开了相对贫困的县，到城镇谋求有利可图的职位。这导致占中国总人数 3/4 的农村人口仅有 1/3 的医疗专业人员。再者，由于城镇医院专业技能水平更高超，农村地区要保证与城镇地区同等治疗质量水准就更加困难（如图 17 – 6 所示）。

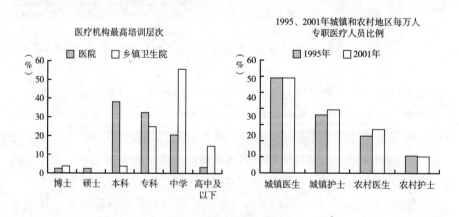

图 17 – 6　城乡医疗职业技能及比率

缺乏技能高超的工作人员对患者而言有害无益。例如，中国农村地区医疗工作者比例过低产生了严重不良影响。根据 Liu 等人的近期研究（2009），结构性问题对中国医疗卫生体制的覆盖范围产生了负面作用。省级差异、城乡差异十分明显。城镇地区覆盖率（61%）平均比农村地区高 15 个百分点。低覆盖率也反映在欠佳的医疗结果上，广泛研究清晰显示，每千人中医疗人员、医师、护士、助产士的人数与母、新生儿、5 岁以下儿童的死亡率呈负相关（Anand 等，2008；Chen 等，2004）。

2005 年，农村地区新生儿死亡率比城镇地区高 2.4 倍，而孕妇死亡率是城镇地区的 2.5 倍。另有健康研究结果证明，贫困地区的寿命预期比国家平均水平低 4 岁。

中国医疗领域内的恶性循环

中国医疗卫生体制已经受到这些结构性问题的影响，医疗提供者的动机缺陷也已产生。从供给方看，出于有效补贴基本医疗服务的考虑，中国政府作出努力，允许对相对复杂的服务收取更高费用，此举迫使医师在高消费病人和低消费病人之间作出选择。从需求方看，患者对此体制的反应也意味着，该体制更像是个"炸面圈"，因为在其中需求被挤压到最低或最高的层级，而不是过去那种高效的"直上直下"的体制。

深嵌于体制内的各种动机引导体制走上恶性循环的道路。平均每张医院账单金额都已经接近农村平均年收入的水准，约占城镇平均可支配收入的2/3（卫生部，2009；NBS，2009）。高价医疗账单经常直接导致贫困，所以工人和农民都尽量避免看病。

然而医疗机构——由于国库补贴不足——同样也面临收入不足的困境。它们最好的员工常常流向更高级机构中任职，它们有动机提高价格、使用高科技器械、过度提供医疗护理。这样一来，贫困群众就更加没有动机去寻求医疗护理了，因而此循环不断进行。

现存有效需求不足的境况恶化下去，因为人们看不起病了。公共医疗提供者资金不足，被迫向低质量护理收费，或者被迫接受补给不足的现状。这使得有能力支付医疗服务费用的患者离开低层机构，比如乡村诊所、乡镇卫生站等，转而向人员培训程度更高、资源更优的高层医疗机构投诊。但是高层机构同样面临资金紧缺，同样有通过过度提供医疗护理来收取额外资金的动机，所采取的方式包括滥开药方、滥用检测和强制复诊等。

因此，中国医疗卫生体制有需求上的矛盾存在。许多地区严重供给不足，但更多地区则遭受着有效需求低导致的习惯性使用不足的困扰。[1] 尽管人们希望接受医疗护理，但他们无力支付费用，或者在能支付时被向上推至县、市级机构受诊。这些医疗提供者不仅价格更昂贵，离患者居住的距离也更远。

价格屏障使患者获得医疗护理的途径受阻。付不起医药费的人们病势不减，甚至病情更加严重，以至于需要更贵的高级护理。这也导致了一种动量分析的出现：如若患者不能作为低消费病人获得服务而是作为高消费病人返回，就会引起获得途径短缺和成本膨胀问题。[2]

通过保险打破恶性循环

21 世纪最初几年，中国政府颁布了一系列意在提高医疗保险机制总覆盖率的需方措施，对上述问题作出了最早的回应。基本社会医疗保险体制作为全国范围内的一项政府体制，将起到第三方支付以及给予医疗护理资金援助的新机制的作用。[3]

需方政策改革试图通过改变对医疗护理的有效需求打破上述怪圈。社会医疗保险享受补贴且由政府组织管理，政府可以减少巨额医疗支出造成的风险，并通过分担风险使必要的医疗护理费用停留在大众力所能承受的水平之内。最初的目标是在 10 年之内将社会医疗保险体制推广至覆盖全体公民。尽管该体制还未能实现全面覆盖，但在最近 5 年中它已在中国城乡地区迅速扩展蔓延。政府已宣称将在 2011 年实现全面覆盖，目前其新型合作医疗制度的覆盖目标几乎均已提前达到。

尽管赔偿率有所不同，城乡社会医疗保险（SHI）体制采用共同供款方式。在农村，资金由个人缴纳、地方政府强制性供款、中央政府供款共同支付。

举个例子，早期新型合作医疗制度（2003～2005）规定个人缴费标准不低于 10 元，地方财政资助不低于人均 10 元，中央财政按人均 10 元安排补助资金。补贴标准在中央政府要求之下一再提高，时至今日政府补贴额最

---

① 一个简单的衡量：平均病床占有率在医院为大约 60%，而在乡镇卫生院为约 40%（卫生部，2009）。

② Liu（2009）对此提出两个近期例子，显示约一半的城市患者和 60% 的农村患者完成了肺结核的全部疗程。同样的，仅有 12% 的城市高血压患者和 7% 的农村患者在治疗后血压回归到正常水平。

③ Dong（2009：595）对此政策的战略目标有很好的概括。

低为人均 80 元，筹资总额最低为人均 120 元。

在城镇地区，城镇职工基本医疗保险制度（常被称为基本医疗保险，或 BMI）的建立，意在覆盖城镇地区的全部职工和退休人员。其资金费用由用人单位（缴费率为职工工资总额的 6% 左右）和职工（缴费率一般为本人工资收入的 2%）共同承担。当有需要时，地方政府可以补足基本医疗保险基金；但政府主要还是起到指导和资金管理的作用。使用者同时有两个账户：个人账户支付门诊费、急救和医药费用；社会统筹基金（占用人单位缴费的 70%）支付起付标准以上、最高支付限额以下的医疗费用。患者先行预付，然后受保险补助。

20 世纪 80 年代的免费城镇医疗服务被废除后，无单位城镇居民或离职职工便陷入无险可保的处境。21 世纪最初 10 年的中期至后期，国务院颁布指导意见，决定建立城镇居民基本医疗保险制度，在 79 个城市中覆盖这部分居民，到 2007 年该项制度已经推广到 300 多个城市。此制度的基本结构与新型合作医疗制度相类似，都由个人和政府共同缴费，目前据估计已经覆盖 4000 万居民。有预测称此制度在未来还将继续扩展。

以上所有新制度都属于灾难事件保险基金，主要目的在于补偿患者住院阶段的支出费用。如在新型合作医疗制度中，所筹基金为消费者提供了"重病和人力成本"的支付账户，并统筹归入县级合作医疗基金之中（卫生部，2006）。消费者先行支付住院费，随后由镇级行政机构进行治疗后补偿，县级合作医疗制度基金最后清偿。新型合作医疗制度补偿主体是住院费，而在有些县门诊费用也在补偿范围之内。[1]

改革有效性

早期预测认为，即使新型合作医疗制度施行时间尚短、财力有限，但它在改善医疗获取途径方面是有效的。许多中国研究发现，新型合作医疗制度建立以来，整体医疗系统利用率和获得途径都有所提高，一定程度上受保人群的经济负担也得以减轻。一项针对山东省试点县的调查表明，受新型合作医疗制度覆盖的农村人口比起未受覆盖人群，其医疗系统利用率平均要高 10~15 个百分点（Jackson 等，2005）。Wagstaff 和 Lindelow（2008）分析一系列数据之后，认为城镇地区的基本医疗保险提高了医疗系统利用率。

[1] 一项 2006 年世界银行调查显示，在 27 个数据可获得的国家中，根据覆盖模式的不同，内科护理的补助比例从 100% 至 60% 不等（Wagstaff，2007）。

很多问题仍未解决。保险制度焦点在于住院补偿，也就意味着医疗保障系统是为适应相对昂贵的高级护理建立的。个人支付在前、补偿在后的运作方式使得逆向选择和道德风险频频发生。[1]

也许更重要的还是最近有研究称，需方改革之后灾难事件费用似乎反而上升了。此前对新型合作医疗制度的早期评估似乎显示，保险能降低医疗费用，因此医疗服务需求有所增加。[2] 然而与先前的国际例证不同的是，医疗护理的实际成本还在上升。[3]

这里存在着显著的理论误差，即认为医疗保险和医疗结果之间的关系需要有医疗机构居中协调。实际上，供给方才是导致成本膨胀的源头——因为中国的医疗提供者是靠收取服务费生存的，它们有强烈动机将需求方转入边际利润更高的医药和护理服务。[4] 如果医师和保险所有者已经受动机缺陷影响，且资金还在源源不断流入医疗体制内，那么流入的公共资金便面临着仅能加速成本膨胀而不能优化行为模式的风险了。

需方战略与结构性问题

如果我们仅把需方改革视为资金增长、而不去纠正医疗系统内的动机和结构问题的话，那么城乡差距、省际差距等结构性问题很可能在将来愈演愈烈，而且我们预计从各种差距中衍生出的类似不公平结果也将延续。

近期有调查针对上述问题作出研究。Yip 和 Hsiao（2009）采用 2003 年国家卫生服务调查报告和个人调查数据，得出结论称政府对城镇地区投入比农村地区高 5~6 倍。需方开销分布如下：2002 年市级医院吸收了供方补贴的 50%，县医院仅吸收 9%；相比之下，乡镇卫生院仅收到补贴的 7%。

此外，现存需方政策中内在的退化倾向依然存在。比如说，城镇基本医疗保险制度是基于缴纳一部分工资收入之上的；然而统筹资金的风险体现在市级层面而不是更广的县、省级层面。因为资源无法跨市传输，所以人口或公共卫生优势明显、收入较高的城市会比精算风险高、高薪工人少的城市更有能力提供丰富的医疗支持服务。

横、纵向资金分配不公平的现状同时被强化。比如，新型合作医疗制度

---

① 关于此问题更细致的分析见 Manuel（2008）。
② 关于需方改革的影响详情，可参见 Lei 和 Lin（2009）。
③ Wagstaff 和 Lindelow 的研究特别列举了越南和墨西哥的例子。
④ Liu 和 Mills（1999）对此有经典分析。

也允许从家庭或地方政府手中获得额外供款。世界银行对 2005 年新型合作医疗制度回顾作出的研究显示，新型合作医疗制度预算高于人均 50 元的法定最低标准（17 省 189 市抽样结果为人均 62.9 元），当地收入和覆盖模式一旦变化，预算结果也随之变化（Wagstaff，2007）。经济发展程度较高的地区因而能向体制提供更多资金。

进行需方改革需要控制改革的机构既有权威性，又有筹集资金、转移风险的手段。[1] 但新型合作医疗制度明显缺乏培养机构能力的资金。例如，中国卫生部宣称，2004 年地方政府财政部门支付的各试点县管理开支总额为 8500 万元人民币，约人均 1 元（Hu，2004：2）。

问题是，贫困的县预算较少，管理开支负担可能相对沉重。据 Meng 分析，中国西、中、东部地区的管理开支分别占到预算开支的 9.8%、5.1% 和 3%，因此特别需要额外收入的地区却更可能陷入收入短缺。而且中央政府规章禁止使用新型合作医疗制度基金支持管理开支。

在此消极情形之下，县政府常常更加不愿意使用已经筹集的新型合作医疗制度基金。相对贫困的政府考虑到预算短缺，就有可能设计出限制覆盖率和福利的保守计划，来抑制开支、避免过度消费（Wong，2007）。

在农村地区，随政策落实时间不同，每个受益人受资助的最低标准大致相当于人均医疗总开销的 1/5。[2] 所以，医疗费用覆盖率实际是有限的，许多服务不在覆盖范围或者仅仅被部分覆盖，资金中可扣除部分比例高、上限低、共付保险率高。

更有许多研究证明，新型合作医疗制度未能像此前所预计的那样，起到有效改善医疗获取途径和减轻穷人经济负担的作用。与高收入受保人相比，低收入受保人较少使用医疗护理服务，也从新型合作医疗制度那里受到较少补偿（Mao，2006）。

结构性问题如何阻碍改革

现存资金方面的不平等不仅阻碍医疗服务的供给，而且损害医疗机构的

---

[1] Bloom 和 Xingyuan（1997）对农村地区机构能力的必要性有复杂阐述；他们的研究对能力不足地区的偿付结构做了广泛论述。

[2] Zhang（2005：20）使用 2004 年的计算；Wagstaff 等（2009）在 2007 年做了类似的假设。他们使用的数据可从以下网址中找到 < http：//www.moh.gov.cn/publicfiles//business/htmlfiles/zwgkzt/pwstj/htm >。

动机。[1] 以上综述的需方改革的种种作用就为此提供了一个极好的案例。使用新型合作医疗制度基金的行政职责已经叙述清楚[2]：中央政府追求的是社会福利和整体医疗服务的改善，负责筹集资金、为各省指明目标；省政府责任多在于设定目标和具体分析，它们判断各县的相对效果、对每年资金筹集和支付决策施加影响。[3]

新型合作医疗制度基金的经营管理责任主要落在县政府肩上，包括"规划受资助的合作医疗层级，设定合理退款方针，计算支付上限、补偿和补偿规模比例分配"（卫生部，2006）。县政府可以根据"资金筹集和当地情况"宽松地制定新型合作医疗制度补偿范围和标准（卫生部，2006）。

镇政府的责任集中在对乡镇卫生院的高效管理上，这一般被认为是新型合作医疗制度模式的核心（Wu，2007）。其职责包括保证药物和基本医疗设施供给、保证医疗机构的功能。所以，镇政府管辖之下的乡镇卫生院是传递系统的中心，它为乡镇居民提供外展服务并联系全部预防性服务，包括儿童免疫接种、疾病控制、传染病预防、母婴保健以及计划生育等，同时起到连接高级护理的纽带作用。然而乡镇卫生院所付出的时间和行政管理服务不在补贴范围之内。乡镇卫生院希望当地政府给予资金支持，但政府本身在财政问题上也自顾不暇。因此乡镇卫生院的资金低于其他医疗层级就毫不奇怪了。

乡镇卫生院的从业医师面临着一种困境。他们并不具备与大医院诊治病人所需的同等培训水平，也无法获取同等的医疗资源或设备。他们的预期角色只是"看门人"和初级医疗提供者。在乡镇卫生院运行体系之下，简单的诊疗价格会低于成本，而相对复杂的诊疗价格则高于成本。所以医师为了增加收入，会有动机来诊治病情复杂的患者。

同样，当乡镇卫生院管理者发现自己面临资金短缺难题时，可以预计到，他们为了节省费用会鼓励医师将患者转诊至县或市级医院。此种利用模式会使乡镇卫生院的收入随着病情复杂患者的减少而减少，因为诊断这些患者实际上是另一种形式的补贴。

乡镇卫生院管理者和镇政府官员的行为以这种方式达到了一致。镇政府

---

[1] 本节遵循 Wilson（1989）的方法论原则，认为官僚机构亦可作为利己单元开展活动，而且，此种利己动机体现在通过维持资金保障自身生存上。

[2] 以下叙述可见卫生部（2006）；任何翻译和编缩错误都由本章作者负责。

[3] 省级政府应"建立 CMS 基本药物目录，规制调查基础，分析医疗准入、财政平衡和资金支出"，结算并"努力提高国内农民的受益水平"（卫生部，2006）。

官员政绩评价只需保证乡镇卫生院不致破产即可，所以他们并没有督促医师或管理者起到"看门人"作用的动机。

为使体制正常运作，县政府需有能力要求镇政府官员对乡镇卫生院的行为施加影响，然而县政府几乎没有这样做的动机。这是因为县政府官员的动机是矛盾的。官员政绩考核标准虽有些微省际差异，但大致如下：

(1) 管辖之内的医疗组织机构是否破产；

(2) 新型合作医疗制度基金在财政上是否可行；

(3) 新型合作医疗制度登记率；

(4) 医疗工作者人数；

(5) 包括疫苗接种等在内的一般公共医疗措施。

治疗过程中的信息不对称意味着，一些测量标准如治疗方案、处方率、药物化验等并不能用来评价政府成绩。与实际医疗结果不同，新型合作医疗制度登记率会被考量并能影响省级政府对县级政府的评价。所以说，即便新型合作医疗制度建立在自愿基础上，政府行政管理者也有动机确保全部公民登记；但即便医疗体系是公立的，他们也没有动机考虑提供的服务究竟如何。

此外，医疗结果无法测量，使得政府官员需依靠医院管理者来确保医师行为对社会有益。尽管县医院、乡镇卫生院都是公立的，它们的动机却与私营机构并没有两样。地方政府可向院方提供资金，以及特殊公共卫生干预的目标，例如免疫接种目标。然而在此同时，医院的主要任务是战胜资金短缺生存下来。

只有在高消费患者人数足够的情况下，医院才能生存。更重要的一点是，奖金支付制度是医院对医生行为的控制机制。此类奖金是对工资的补充，一般不在正式合同书中——或者说在公共记录里是查不到的。世界银行研究（2005：43）显示，医院收入与医生奖金之间似乎有某种关联，但能证实此假说的数据很难监测。

最后，地方政府和医院/乡镇卫生院有动机增加职工数量。鉴于中央章程已规定职工基本工资且一般只存在软预算限制，额外增加职工不仅对医院/乡镇卫生院有好处（可以获得额外收入），对地方政府也有好处（可以获得支持、权力和影响力）（Shih 等，2008）。

中央或省政府给予的非常规补助金以及定向转移资金，同样能用于购买更新昂贵的设备，这就为更复杂的医疗增收过程打开了方便之门。

患者被迫对动机作出回应。既然他们预付在前，也就需要自己决定去哪一级医院看病，同时承担所有经济风险。新型合作医疗制度的诊后赔付结构鼓励患者到乡镇卫生院层级就诊。乡镇卫生院有动机使病人提高消费，而且按服务收费的医疗系统模式中也有许多信息不对称问题。乡镇卫生院的职工也不如县医院的职工训练有素。[①]

患者不仅要衡量哪一级医院最适合自己并为治疗先行买单，还应该规范医疗提供者的行为。理论上说，应该向个人消费者提供更多资金允许患者发表意见[②]。但医患关系中的信息不对称使个人很难一对一规范医生行为，所以患者也不可能发表什么意见。而且，患者对新型合作医疗制度的运行或偿付行为没有发言权，他们的选择只剩下离开或者坚持自己的选择。医疗系统绝大多数是公立或公营的，所以离开的选择也受到限制。因此，个人规范提供者的行为是非常困难的。

因为风险最终被推到患者头上，而且官员缺乏有效、一致的动机，中国政府的需方战略似乎本身就是不充分的。社会医疗保险体制没有改善动机缺陷问题的机制，也不能改良或监测医生间的代理问题。政府官员、医院管理者、医生之间的动机矛盾使得患者只能自己来操作、规范医疗系统以及缴付资金——但他们并不擅长这个角色。

动机缺陷也阻碍供方改革

更重要的一点是，动机矛盾也影响到中国政府进行供方改革的能力。从"政府主导"的例子来看，此种供方理论已经在媒体中引起广泛关注，据一些研究称，它在政府内部也引起不小的反响。[③] 根据这种理论，中国政府应该尽可能对所谓"基本医疗"负责。初级护理层面的公共社区医疗提供者供应的服务由大额补贴支撑，患者缴纳小部分款额。提供者应利用更多公共资金支撑的培训项目改进技术，以及提高相应地区内乡村医生的技能。在治疗的更高层次，新型合作医疗制度和基本医疗保险这样的公共医疗保险体制应该得到加强，增多的资金应用于提高社会医疗保险对住院费的覆盖力度。

这种改革战略有两个主要问题。第一个与成本有关。当前中国公共医疗提供者的总收入大致相当于政府总支出的 1/7，中国没有财政能力提供全额

---

① 如上对集体主义时期供给的概述，患者也能以一种低层、私人的方式接受治疗——乡村医生，但由于这些医生不受体制管理，也不享受公共资金分配，因而未将他们纳入模式中。

② 基于 Hirschman "消费者对公共提供者看法"的经典特征描述（Hirschman 1970：17－37 概述了此模式）。

③ Gu（2009：124）对国内政治的描述要具体得多，虽然他对需方改革的偏好非常明显。

支持。① 另外，这些供方战略聚焦于建立一种"小型国民健康保险制度"，政府致力于向社区中心注入资金，其中包括繁多的培训项目以保证社区中心人手充足。但这并不能解决医院的困难。目前，供方改革的焦点是加强社会医疗保险机制，解决它尚未充分覆盖的问题。

而且，当前中国医疗体系面临的动机缺陷问题恶化了。公立医院会用多出的收入付给职工奖金。因为这样那样的原因，比如声誉原因，保留乡镇卫生院里的社区医疗工人或者保证当地医疗服务质量将会很困难。乡镇卫生院、县医院、官员之间的动机矛盾还将延续。

2009 年 4 月医疗改革

想了解中国政府对未来 20 年的医疗改革的看法，最好的例证就是其最新的医改方案。② 改革方案——《关于深化医药卫生体制改革的意见（2009～2010）》——于 2009 年 1 月被采纳并于 4 月初发布。③ 该方案承诺"着力解决'看病难，看病贵'问题"。

改革方案似乎比较赞同供方改革建议。基本公共卫生服务经费标准将有所提高（"2009 年人均基本公共卫生服务经费标准不低于 15 元，到 2011 年不低于 20 元"），同时更多经费将被用于改善公共卫生和基层服务质量。中央政府也提出将更多药品列入国家基本药物目录。

在此之上，中央政府保证主导供给方的医疗卫生改革。它承诺"合理确定药品、医疗服务和医用材料支付标准"；坚持"医务人员的工资水平要与当地事业单位工作人员平均工资水平相衔接"；规定"基层医疗卫生机构提供的医疗服务价格，按扣除政府补助后的成本制定"；最后确保药品"零差率销售"。药品收入不再作为基层医疗卫生机构经费的"主要补偿渠道"。而且，政府认为这将对"乡村医生承担的公共卫生服务等任务给予合理补助"。关键是，地方政府将会为这些措施制定标准。方案中没有提到哪一级政府将为提供者筹资，但从监管机构来推断应该是地方政府。

从需求一方来看，社会医疗保险补助增加，所以基金提高到最低每人每

---

① Gu（2009：124）对此作了计算，根据卫生部（2007）和 NBS（2007）。

② 最新的改革是开创性的。它由国务院选定，李克强领导。许多跨国咨询公司、国内外大学和智囊团都参与其中。具体改革细节可见 < http：//shs. ndrc. gov. cn/ygjd/ygwj >。

③ 以下部分为节选，详见 < http：//shs. ndrc. gov. cn/ygjd/ygwj >。任何翻译错误都是作者之过。

年 120 元。改革重点将会放到门诊费上，报销范围也将扩大。

门诊费用报销规模和比例将提高。在农村地区，县政府被要求报销新型合作医疗制度基金的更高额度。①

改革最震撼的部分是公立医院转制。政府保证偿付非营利性医疗机构的"基层"工作，也鼓励"合格"医生参与诊所运作或自行建立诊所。预想的报销机制是通过社会医疗保险体制报销，虽然医疗提供者将被迫签订一份"指定保险合同"。同样的，政府将"积极稳妥地"把公立医院转制为民营医疗机构。

最后，方案承诺进行监管体制改革。这些改革包括"鼓励"地方政府"积极探索政事分开、管办分开的有效形式"。其中最重要的措施是正在商议中的"医疗保险经办机构与医疗机构的谈判机制"。如果有效实施的话，该举措毫无疑问将把改革向前推进一大步。

前景与总结

然而，中国政府似乎陷入了试图多管齐下而不得的窘境。它既希望能"合理确定药品、医疗服务和医用材料支付标准"，同时又承诺提供大量资金给需方规划，而在此规划中个人不得不面对政府动机缺陷。

我们可以清楚看到，随着保险覆盖率扩大、保险基金增加，运用需方规划改革医疗服务提供者偿付体系的能力也将提高。然而要改变提供者的行为，就需要扭转当前模式。如果能够从以前的事后偿付模式转换到新的契约模式，其中保险公司真正起到第三方购买者作用并且能运用多元购买手段的话，保险机制将会有所受益。以不同地理区域和不同医疗机构为对象的许多中国研究都记录了模式转换后购买能力、获得途径和患者满意度的提高（Yip 和 Eggleston，2001；Yip 和 Eggleston，2004；Wang 等，2005；Hsiao，2007a，2007b；Wagstaff 等，2009）。

诸如此类的模式转换也需要中国政府在许多层面上明晰其政治结构和战略。例如，中央政府层面上对当前保险机制负责的是卫生部与劳动和社会保障部两个部门，而改革提案在中央层面的两个部门间经常出现冲突。②

---

① 即所谓的"85 - 93 规则"，其中规定县政府每年需报销不低于 85%、不高于 93% 的新型合作医疗制度基金资金。

② Hsiao（2007b）对此有详细论述。

在中国监管结构中，明晰度不够这个问题不断在横、纵方向加深。比如说，中央政府希望能"合理确定药品、医疗服务和医用材料支付标准"，但地方（最可能是县级）政府才会实际规范这些措施的标准。然而也正是地方政府有强烈动机保证医院和社区医疗中心——已经在很长时间内得不到国库充足供款——不至于破产倒闭。因此，一个扭曲的、仅允许医疗机构在高/低成本医疗服务中做抉择的体系的延续，只会使各类改革收效甚微。

体系的改变不仅面临行政和财政上的困难，也与近来中国监管权力集中的趋势背道而驰。根据 Barry Naughton 对 2010 年全国人大所做的敏锐观察，当前中央政府应对全球金融危机的举措是温家宝总理所说的"宏观调控"的结果。所谓宏观调控即必须坚持运用市场机制和宏观调控两种手段，在坚持市场经济改革方向、发挥市场配置资源基础性作用、激发市场活力的同时，充分发挥我国社会主义制度决策高效、组织有力、集中力量办大事的优势（温家宝，2010）。

很难理解怎样才能"集中力量"办医疗卫生领域里的"大事"。例如，更多公共医疗卫生计划的专项拨款已经在省级层面上引起广泛争论，以试图降低当前中国体系内的横向财政不平等。但当前纵向不平等意味着 50% 的额外资金将被直接投入城镇需方规划中，而对改变低层官员和医疗提供者的动机作用极其有限。很难看出中央层面的"集中力量"如何能够不加重目前的动机缺陷。

中国未来 20 年医疗卫生改革真正前途光明的措施是，从宏观调控转移到我们所说的"微观调控"。所有的改革方案都需考虑供给方和需求方。

真正的供方改革要求部门中立。政府应消除高、低消费患者之间的界限，判定医疗机构的性质地位，监察地方官员的动机改革。同样，政府还需尽力保证高层级资金的安全，使镇、县政府成为有效的监测者、测量者和调整者，使医疗机构确保"看门"的高效率。为调整当前医疗人员和患者竞相前往更发达地区的动机，横、纵向政府间财政改革也是有必要的。最后，对改革的失利群体应该作出一些让步[1]——他们无疑将带来巨额财政支出和行政困难。

关于未来 20 年的另一种选择是彻底的需方改革。一些需方体系，如基本医疗保险系统和新型合作医疗制度，需要对它们服务（以及给予其资

---

[1]　此观点最先由 Eggleston 等（2008：163）提出。

金）的人群负起责任来，这样才能为提高服务质量创造巨大激励。如果这些需方体系能够实行新偿付机制以及自由认购，结果就会更优。构想成真的关键不仅在于完成先前计划、到 2011 年实现全面覆盖，而更在于解决适用性和不平等问题。比如允许城市间基本医疗保险流动，就是不错的起点。而更好的措施有：维持甚至继续助长需方体系的基金增长趋势；将医疗保险归入中央政府单个部门的管辖之内；整合城镇无业人员与农村机制，确保他们与基本医疗保险制度保持一致；最后，使医疗卫生体系具备完全的适用性。

若考虑到未来 20 年的改革，就无法避免今天的问题——这些问题又与过去的事件息息相关。财政和公共福利体系的不平等与医疗服务供给不平等挂钩。此外，不平等的交织交错产生动机缺陷，给中国公民带来不良后果并在今天阻碍改革进行。2009 年 4 月的改革提案必然会触及引发人们对医疗卫生领域不满的制度缺陷。即便不触及这些动机问题，系统化的改革也已举步维艰。因此，很难说我们对未来 20 年改革不持一丝谨慎态度。

过去 10 年中，中国中央政府加大医疗投入的决心之大是值得赞赏的。虽然前路漫漫，但针对基金和动机缺陷双管齐下的措施如得以施行，那将对未来 20 年的中国医疗卫生体系产生巨大影响。

（徐婷婷　译）

参考文献

1. Anand, S. Fan, V., Zhang, J., Zhang, L., Ke, L., Dong, Z. and Chen, L. 2008, 'China's human resources for health: quantity, quality, and distribution', *The Lancet*, October.

2. Bloom, G. and Tang, S. 2000, 'Decentralizing rural health services: a case study in China', *The International Journal of Health Planning and Management*, vol. 15, no. 3 (January), pp. 189 – 200.

3. Bloom, G. and Xingyuan, G. 1997, 'Health sector reform: lessons from China', *Social Science & Medicine*, vol. 45, no. 3 (January), pp. 351 – 60.

4. Chen, L., Evans, T., Anand, S., Boufford, J. and Brown, H. 2004, 'Human resources for health: overcoming the crisis', *The Lancet*, January.

5. Chernichovsky, D. 1995, 'What can developing economies learn from health system reforms of developed economies?' *Health Policy* vol. 32, January, pp. 79 – 91.

6. Chou, W. L. and Wang, Z. 2009, 'Regional inequality in China's health care expenditures', *Health Economics*, vol. 18, no. S, pp. 137 – 46.

7. Dong, K. 2009, 'Medical insurance system evolution in China', *China Economic Review*, January.

8. Eggleston, K., Ling, L., Qingyue, M., Lindelow, M. and Wagstaff, A. 2008, 'Health service delivery in China: a literature review', *Health Economics*, vol. 17, no. 2 (January), pp. 149 – 65.

9. Fock, A. and Wong, C. 2008, *Financing rural development for a harmonious society in China*, World Bank Policy Research Working Papers, no. 4693 (January), The World Bank, Washington, DC.

10. Gu, E. 2009, 'Towards Universal Coverage: China's New Healthcare Insurance Reforms', in *China's Reforms at 30: Challenges and Prospects* (edited by Dali Yang and Litao Zhao), World Scientific Publishing, Singapore, pp. 115 – 164.

11. Hirschman, A. 1970, 'Exit, voice and loyalty', Harvard University Press, Connecticut.

12. Hsiao, W. C. 2007a, 'The political economy of Chinese health reform', *Health Economics, Policy and Law*, vol. 2, no. 1, pt 3 (June), pp. 241 – 9.

13. Hsiao, W. C. 2007b, 'Why is a systemic view of health financing necessary?', *Health Affairs*, vol. 26, no. 4 (July), pp. 950 – 62.

14. Hu, T. 2004, 'Financing and organization of China's health care', *Bulletin of the World Health Organization*, January.

15. Jing, F. 2004, 'Health sector reform and reproductive health services in poor rural China', *Health Policy and Planning*, vol. 19, no. 1 (October), pp. 140 – 9.

16. Gong, Y. Bloom, G. and Wilkes, A., 1997. Health human resources in rural China. *IDS Bulletin* vol. 28, no. 1, pp. 71 – 79.

17. Lei, X. and Lin, W. 2009, 'The new cooperative medical scheme in rural China: does more coverage mean more service and better health?', *Health Economics*, vol. 18, no. S, pp. 25 – 46.

18. Lin, S. 2005, 'Excessive government fee collection in China', *Contemporary Economic Policy*, vol. 23, no. 1 (January), pp. 91 – 106.

19. Liu, M., Wang, J., Tao, R. and Murphy, R. 2009, 'The political economy of earmarked transfers in a state – designated poor county in western China: central policies and local responses', *China Quarterly*, no. 200 (December), pp. 973 – 94.

20. Liu, X. and Mills, A. 1999, 'Evaluating payment mechanisms: how can we measure unnecessary care?', *Health Policy and Planning*, vol. 14, no. 4 (January), pp. 408 – 13.

21. Liu, Y. 2004, 'Development of the rural health insurance system in China', *Health Policy and Planning*, vol. 19, no. 3 (May), pp. 159 – 65.

22. Manuel, R. 2008, *The Political Economy of Health Care in China: Henan and the new CMS system*. Unpublished MPhil Dissertation, University of Oxford, pp. 1 – 100.

23. Mao, Z. (2006). *Health System of China Overview of Challenges and Reforms*. United Nations Health Partners Group in China working paper, Beijing.

24. Ministry of Health 2004, *An Analysis Report of National Health Services Survey in* 2003, Center for Health Statistics and Information, Ministry of Health, Chinese Academy of Science and Peking Union Medical College Press, Beijing.

25. Ministry of Health 2007, *Chinese Health Statistical Yearbook*, Ministry of Health, Beijing.

26. Ministry of Health 2009, *Chinese Health Statistical Yearbook*, Ministry of Health, Beijing.

27. Ministry of Health 2010, *Chinese Health Statistical Yearbook*, Ministry of Health, Beijing.

28. National Bureau of Statistics (NBS) 2005, *China Statistical Yearbook* 2005, China Statistics Press, Beijing.

29. National Bureau of Statistics (NBS) 2006, *China Statistical Yearbook* 2006, China Statistics Press, Beijing.

30. National Bureau of Statistics (NBS) 2007, *China Statistical Yearbook* 2007, China Statistics Press, Beijing.

31. National Bureau of Statistics (NBS) 2009, *China Statistical Yearbook* 2009, China Statistics Press, Beijing.

32. Naughton, B. 2010, 'Understanding the Chinese stimulus package', *China Leadership Monitor*, vol. 28, no. 2, pp. 1 – 12.

33. Saich, T. (2003). *Enhancing economic security in transition: Pluralism in service delivery.* International Labor Organization Working Paper, no. 32 (SES Paper), pp. 1 – 33.

34. Shih, V., Zhang, L. and Liu, M. 2008, *When the autocrat gives*, Working Paper Department of Political Science, Northwestern University, accessed online 24/1/2010, available at: http://faculty.wcas.northwestern.edu/~vsh853/papers/shih_ zhang_ liu_ autocratgives08. pdf.

35. Smith, A. 1974, 'Barefoot doctors and the medical pyramid', *British Medical Journal*, vol. 2, pp. 429 – 32.

36. Wagstaff, A. 2007, *Extending health insurance to the rural population: an impact evaluation of China's new cooperative*, World Bank Policy Briefing Impact Evaluation Series, no. 12, The World Bank, Washington, DC.

37. Wagstaff, A. and Lindelow, M. 2008, 'Can insurance increase financial risk? The curious case of health insurance in China', *Journal of Health Economics*, vol. 27, no. 4 (June), pp. 990 – 1005.

38. Wagstaff, A., Yip, W., Lindelow, M., & Hsiao, W. 2009, 'China's health system and its reform: A review of recent studies.' *Health Economics*, vol. 18 (S), pp. 7 – 23.

39. Wang, H., Yip, W., Zhang, L., Wang, L. and Hsiao, W. 2005, 'Community – based health insurance in poor rural China: the distribution of net benefits', *Health Policy and Planning*, vol. 10, no. 3 (January), pp. 361 – 74.

40. Wen, J. 2010, Report on the work of the government (2010), Third Session of the